KB269224

진인진

공간평화의 기획과 한반도형 통일프로젝트

개성공단

김병로
김병연
박명규
외 지음

진인진

서울대학교 통일평화연구원 통일학연구 **21**

개성공단
공간평화의 기획과 한반도형 통일프로젝트

초판 1쇄 발행 2015년 7월 29일

저   자 · 김병로, 김병연, 김윤애, 김정용, 김천식, 박명규,
          송영훈, 이효원, 정근식, 정은미, 홍순직
발행인 · 김영진
발행처 · 진인진
등   록 · 제25100-2005-000003호
주   소 · 경기도 과천시 별양상가1로 18(과천오피스텔 614호)
전   화 · 02) 507-3077~8
팩   스 · 02) 507-3079
홈페이지 · http://www.zininzin.co.kr
이메일 · pub@zininzin.co.kr

ISBN 978-89-6347-228-7 93340

본 단행본은 [서울대학교 교내 연구비]의 지원을 받아 수행된 교내 연구과제의 결과물로 출판한 것입니다.

25년 전 이미 통일을 성취한 독일, 우리에겐 부러움과 선망의 대상인 독일이 한반도를 보며 경탄해 마지않는 것이 하나 있다. 바로 개성공단이다. 통일 이전 수많은 인적, 물적 교류와 왕래를 했던 독일이지만 양국(동서독)이 협력하여 개성공단과 같은 사업을 운영해볼 생각은 미처 하지 못했다고 한다. 물론 독일과 한반도는 여러 면에서 다르고 특히 지리적 조건이 주변 여러 나라로 연결되어 있어서 상대적으로 폐쇄된 한반도와 달라 양국의 경제 협력 필요성이 절실하지 않았을 수도 있다. 그러나 전쟁과 수백만의 살상으로 적대와 불신이 존재하며 비무장지대(DMZ) 안에 엄청난 화력과 병력을 집결시키고 있는 위험천만한 상황에서도 공업단지를 운영하고 버젓이 관광을 하고 있는 한반도의 현실이 독일인들에게는 상식적으로는 납득이 잘 되지 않는다. 갈등과 분쟁이 치열한 위험지역에 공단을 건설하고 관광을 한다는 발상에 놀라움과 경이로움을 감추지 못하는 것이다.

더욱 놀라운 사실은 개성공단이 자리 잡고 있는 지리적 위치다. DMZ 북측 지역에서 너무 가까운 곳에 자리 잡고 있기 때문이다. 1차 북핵 실험으로 정국이 뒤숭숭하던 2006년 10월 개성공단을 처음 방문했을 때 가장 놀랐던 것도 바로 개성공단이 북측 CIQ(출입경관리소)에 인접하여 조성되어 있다는 점이었다. 일산이나 파주와 같은 우리의 접경지역도 DMZ에서 그리 멀지 않은 곳에 있기는 하지만, 그래도 남측 CIQ에서 일산이나 파주가 육안으로 보일 정도는 아니다. 그에 비하면 개성공단은 북측 CIQ를 나오자마자 바로 저만치에 새로 조성된 공단이 보일 정도여서 DMZ와 바로 인접해 있음을 실감케 한다. '불바다' 운운하며 남북이 설전을 벌일 때면 금방이라도 전쟁이 터질 것 같은 위험천만한 한반도에서 DMZ 인근에 이런 프로젝트가 어떻게 가능했을까?

개성공단은 발상자체도 기발하지만 통일을 준비하는 한반도에서 초유의 실험이라는 측면에서도 특기할만하다. 남북이 첨예하게 대치하고 있는 상황에서 개성공단과 같은 남북협력사업이 가능하려면 무엇보다도 먼저 정치적으로 얽혀 있는 문제들을 해결해야 한다. 즉 정치, 법, 안보의 문제가 그것이다. 개성지역에 공단을 설치하려면 남북 간 정치적 대화와 협상이 진행되어야 하고 법적인 절차를 밟아야 하며 군사적 영역에 얽혀 있는 문제들을 해결해야 한다. 둘째로는 경제프로젝트로서 지니는 과제들을 해결해야 한다. 개성공단 자체가 경제적 사업이므로 경제적 측면에서 의미와 효과를 따져 보아야 하며 특히 공단의 핵심 투자자라 할 수 있는 기업인의 입장에서 노동의 문제를 포함하여 공단개발 타당성과 수익성을 평가해 보아야 한다. 그뿐 아니라 셋째로, 공단 안 노동자들 사이에 벌어지는 사회적 관계와 문화, 의료와 같은 생활세계의 영역도 살펴보아야 한다. 이른바 사회프로젝트로서 당면하는 문제들을 포함한다. 마지막 넷째는 공단 울타리를 넘어서 공단 밖의 세계에 미치는 상호영향도 고려해야 한다. 공단 외부와 네트워크로 연결되어 있는 대외관계의 문제들을 살펴보아야 한다.

위에서 언급한 네 영역의 문제들은 한반도 통일의 과정에서도 동일하게 고려해야 할 요소들이다. 통일 과정에서도 개성공단의 경험과 유사하게 남북 간 협상이 진행될 것이고 법제화에 대한 고민과 안보에 대한 고려가 수반될 것이다. 뿐만 아니라 경제적 타산과 기업인들의 참여가 필수적일 것이고 공단 안에서 이루어지고 있는 상호학습과 공단 밖에 미치는 영향과 변화가 나라 안팎에서 진행될 것이다. 이런 점에서 이 책은 개성공단을 한반도의 통일모형으로 보고 한반도형 통일프로젝트로서의 개성공단을 조명하였다. 개성공단이 한반도 통일에 중추적으로 기여할 것이라는 측면에서도 중요하지만, 미래 한반도의 '큰 통일' 과정에서 해결해야 할 문제들을 담고 있는 축소모형으로, 하나의 '작은 통일'로서의 의미가 크다. 이 책은 이런 관점에서 개성공단이 남북통일 과정에서 해결해야 할 정치, 경제, 사회문화, 외적 환경 문제들을 다루고 있고, 마치 통일의 실험장처럼 각 영역에서 남북한이 당면한 문제들을 어떻게 해결하고 있는지 선명하게 그려내고 있다. 미래의 '큰 통일'을 준비하는 '작은 통일'로 보면서 한국적 특질과 성격을 담고 있는 한반도형 통일프로젝트로 개성공단을 분석하고 있다.

책의 구성은 총 10장으로 되어 있다. 제1장 개관과 제10장 결론을 별도로 하면 그 중간의 장들은 위에서 설명한 네 묶음으로 구분된다. 제2~4장은 정치프로젝트로서의 개성공단을, 제5~6장은 경제프로젝트로서, 제7~8장은 사회프로젝트로서, 그리고 제9장은 외적 환경 프로젝트로서의 개성공단을 각각 조명하고 있다. 구체적으로 설명하면 제1장은 개성공단의 구상과 개발과정을 개관하고 공간기획이라는 아이디어를 통해 개성공단이 한반도형 통일프로젝트로 어떻게 발전해 나갔는가를 분석하고 있다. 공단구상과 개발이 성공적으로 시작될 수 있었던 배경으로 남북정상회담이라는 정부의 역할과 북한 지도자의 용단이 중요했지만, 그에 못지않게 기업인의 기업가 정신이 중요하다는 점을 강조하였다. 개성공단을 '작은 통일의 시작'으로 보며 개성공단이 지니는 복합적 통일프로젝트로서의 의미를 살펴보았다.

정치프로젝트로서의 개성공단을 조명한 제2~4장은 개성공단이 시작되고 추진되는 과정에서 진행된 남북 간 협상과 법적 절차, 그리고 안보의 문제를 차례로 다루고 있다. 개성공단과 같은 경제 사업은 기본적으로 민간사업이지만 정전협정과 같은 군사문제와 핵실험 등의 정세변화에 직접적으로 영향을 받기 때문에 정부의 역할과 당국 간 협상 없이는 불가능하다. 이런 점에서 제2장은 개성공단을 안정적으로 운영하기 위해 필요한 과제들을 어떻게 협상해 나갔는가를 살펴보았다. 신변안전 보장과 인프라 구축, 법제화를 위한 회담, 기업의 자율성과 국제적 수준의 경쟁력 확보 등 여러 측면에서 남북한이 민간과 정부 레벨에서 어떻게 협상을 진행했는가를 보았다. 제3장은 개성공단 운영에 필요한 법적 측면을 다루고 있다. 남북 간 경협합의서와 관리위원회, 분쟁해결 등 기본적인 법제와 투자활동을 안정화할 수 있는 투자자산의 보호, 출입절차 간소화 등 보다 공단 운영에 필요한 구체적인 법제도를 분석하였다. 또 국제법 원칙에 부합하면서도 민족내부거래로 인정받을 수 있는 근거와 기준, 전략물자의 반출입이나 국제경제특구를 겨냥하여 갖추어야 할 법적 근거, 그에 따라 필요한 국내법 정비 문제를 다루었다. 제4장은 개성공단 사업이 미치는 안보효과를 분석하였다. 개성공단은 직간접적으로 안보의 위협을 완화하는 효과를 유발하지만 잠재적으로 안보의 위기를 초래할 수도 있다는 점에서 개성공단이 경계지대로서 안보에 미치는 효과를 다각적으로 분석하였다.

경제프로젝트로서의 개성공단을 분석한 제5~6장은 공단 안에서 벌어지는 경제와 기업, 노동의 문제를 다루고 있다. 개성공단이 성공하려면 공단 자체가 목표로 하는 경제적 효과와 기업인 및 투자자의 입장에서 보는 이해관계가 매우 중요하다. 미래의 통일 한반도에서도 통일의 결정적 동력은 경제적 상호이익과 기업인의 투자 여부가 될 것이다. 남북의 경제협력과 기업의 투자가 없이는 '통일대박'을 기대할 수 없는 것이 현실이다. 이런 측면에서 제5장은 개성공단이 남북한의 국민소득에 미치는 효과, 기업과 노동에 미치는 효과, 북한 시장화와 남북통합에 미치는 효과를 분석하였다. 제6장은 보다 구체적으로 경영자의 입장에서 개성공단이 어떤 경제적 성과를 거두고 있고, 이 사업을 어떻게 평가하며 어떤 전망을 하고 있는지 살펴보았다. 개성공단에 입주한 기업체 중 36개 업체를 대상으로 직접 실시한 설문조사를 바탕으로 개성공단에 진출한 동기와 개성공단의 경쟁력에 대한 평가, 그리고 사업의 발전전망 등에 대해 분석하였다.

사회프로젝트로서의 개성공단을 조명한 제7~8장은 노동자들의 만남과 상호작용, 그리고 가장 기초적인 영양과 의료문제를 다루었다. 제7장은 개성공단 안에서 실제로 일하는 5만 3천명의 노동자들이 어떤 경험을 하며 어떤 변화가 일어나고 있는가를 살펴보았다. 다섯 사례의 심층인터뷰를 통해 남북한 사람들의 경계가 어떻게 허물어지는지, 생계형 일탈과 사회주의 규율의 메커니즘이 어떻게 작동하고 있는지를 미시적 시각으로 분석하였다. 남북의 접촉지대에서 일어나는 상호이해와 존중의 학습이 통일 이후 내적 통일을 준비한다는 관점에서 개성공단의 효과를 조명하였다. 제8장은 개성협력병원에서 직접 의료 활동을 하였던 경험을 바탕으로 북한의 보건의료 실태, 개성공업지구 내 의료제도 변화, 그 안에서 진료와 관련된 여러 에피소드를 잔잔한 감동으로 서술하고 있다. 개성공단과 같은 환경에서는 보건과 의료에서도 관계가 중요하며 현지화가 필요하다는 점을 강조하며 이러한 경험을 바탕으로 발전적 지침과 문제점을 제시하고 있다. 통일의 실험장으로서, 그리고 남북 의료협력의 좋은 모델로서 개성협력병원이 갖는 의미를 내부 의료진의 시각에서 재조명했다는 점에서 의의가 크다.

제9장은 개성공단이 개성시와 북한지역 전체에 미치는 효과를 분석하였다. 공단은 공단 밖의 개성시와 연결되어 있고 북한 전역에 영향을 미치며 한반도는 물론 국제사회까지 네트워크화 되어 있는 그야말로 한반도 통일의 축소모형이라 해도 과언이 아니다. 이런 점에서 개성거주민, 북한 내 타지역에 거주했던 탈북자의 심층면접을 바탕으로 개성공단의 대외 효과를 분석하였다. 공단 안에서나 밖에서 북한주민들이 바라보는 개성공단은 주민들에게 선망의 대상으로, 공단과 관련된 노동자와 개성시민들에게는 직접적인 혜택을 가져다줄 뿐 아니라 생존의 사활이 걸려 있는 중요한 사업이다. 이런 점에서 공단 밖의 주민들에게는 개성공단이 북한사회에 대한 비판의 준거를 제공하는 프레임으로 작용한다. 개성공단의 상품은 남한의 자본주의적 발전의 수준을 상상하게 하고 남한에 대한 동경심과 상대적 박탈감으로 인한 체제비판의식으로 북한체제의 변화를 가져올 수 있다고 주장하며 '초코파이 효과론'에 대한 이론화 필요성을 강조한다.

마지막 제10장은 개성공단의 실험을 한반도형 통일모델로 결론을 맺고 있다. 특히 박근혜 정부가 비전으로 내걸고 있는 통일준비, 그리고 방법론으로 제시한 한반도신뢰프로세스라는 측면에서 개성공단에서 발견할 수 있는 시사점이 무엇인지 서술하고 있다. 이런 점에서 보면 개성공단은 작은 통로와 큰 정치의 결합이며, 교류의 제도화를 통해 신뢰자산을 어떻게 축적하는지를 보여주는 좋은 실험장이라 할 수 있다. 또 부문별 자율성을 통해 복합적 통일전략을 어떻게 추진해야 하는지를 설명하며, 공간기획을 통해 평화를 어떻게 만들어 가는지를 실험적으로 보여주는 독특하면서도 창의적인 평화프로젝트라고 주장한다. 이러한 개성공단의 실험은 평화와 통일을 조합한 한반도형 통일모델로서 매우 큰 의미를 지닌다는 점을 강조한다.

개성공단 실험이 비록 작은 경험에 불과하지만, 한반도와 한민족이 갖는 독특한 기질과 특성이 한반도 특유의 통일모델 혹은 아시아적 통일모델을 만들어 낼 것이라는 공감과 기대가 조금씩 형성되고 있다. 지난 10년 동안 우여곡절이 많았고 공단폐쇄의 위기도 맞았으나 2013년 8월 14일 남북한이 "어떠한 경우에도 정세의 영향을 받음이 없이…공단의 정상적 운영을 보장" 하기로 합의했다는 사실은 대단히 고무적이며 지극히 실용적인 한국적 통일 가능성, '한반도형' 통일 가능성을 보여주고 있다. 이런 점에서 조금 긴 인용 문구지만 필자가 개성공단을 처음 방문했던 2006년 10월 방문소감을 칼럼 으로 쓴 내용과 한 원로 사학자가 최근 한반도 정세를 걱정하며 쓴 글의 일 부분을 인용하며 서문을 맺고자 한다.

북측 CIQ를 통과하자 바로 위쪽에 현대식 공장건물들이 보였다. 너무 가까 이에 위치하고 있어서 "설마 저곳이 개성공단은 아니겠지"라고 생각하며 북 측 대표단에게 물었다. 북측 대표단은 "바로 저기가 개성공단입네다"라고 대 답했다. 너무 갑작스레 나타난 개성공단을 바라보며, "참 별거 아니네," "땅이 이렇게 좁나"하는 실망스런 생각이 들었다. 좀 더 북쪽으로 올라가 뭔가를 더 볼 수 있을 것이란 기대감은 무너지고, 휴전선만 보고 가는구나 하는 허탈감 마저 들었다.
그러나 북측 대표단의 안내를 따라 개성공업지구로 들어가 시설들을 하나 하 나 둘러보면서 조금씩 감동이 밀려오기 시작했다(중략). 개성공단의 본공사 를 위해 닦아 놓은 터를 보니 그 규모가 대단했다. 2년 전만 해도 이 지역은 논밭과 야산으로 된 초록들판이었고 한가한 시골지역에 불과했다. 멀리 공단 지역임을 표시해 놓은 초록색 펜스가 보이고, 그 안쪽에 온통 황토 빛으로 갈 아엎어진 드넓은 개성벌판을 보면서, 천지개벽이란 바로 이런 것을 두고 하는 말이라 생각되었다. 개성공단에 진출한 신원, 로만손, 스타필드 등 여러 기업 체 얘기를 듣는 도중 북한사람들 앞에서 괜히 기분이 우쭐해졌다. 한국에 대 한 자긍심이 절로 우러나왔다. 통일 이후 한국이 떠맡아야 할 경제적 부담이

크겠다는 생각도 들었지만, 한국의 위력을 떨칠 수 있고 그만큼 투자와 개발
가능성도 무한하지 않을까 싶었다(중략).

황혼녘 돌아오는 길에 북측 CIQ에서 다시 개성공단 쪽을 바라보았다. 아침에
실망스럽게 보였던 개성공단과는 사뭇 달라 보였다. 시범단지 뒤로 끝없이 펼
쳐진 공단부지가 현대식 공장과 건물들로 저만치 채워질 날을 그려보니, 가슴
이 벅차올랐다. 이 공단이 완성되면 남북한의 30만 주민이 이곳에서 함께 일
한다고 했던가! 휴전선 너머에 새롭게 조형되고 있는 또 하나의 세계, 그 곳은
분명 남북인 모두에게 젖과 꿀이 흐르는 희망의 땅이었다.

통일이라는 단어에 온갖 정치적 이론과 논리적 수식어를 갖다 붙일 것이 아니
라 간명직절하게 "남북이 이해관계를 공유하는 것"이라는 말로 발상의 전환
을 가져보면 어떨까. 나는 그 가능성을 개성공단에서 발견한다. 박 정권 초기
에 삐거덕거리면서 개성공단을 몇 달 닫은 적이 있었지만 그 뒤 열었다 닫고
보니 남북이 각각 이익보다는 손해가 난다고 판단했기 때문이다. 여기서 나는
통일을 인간의 고상한 이상으로서가 아니라 인간의 이기심을 격동하고 서로
나누는 방향으로 유도할 수 있다고 생각했다. 서로 이익을 공유하는 데서는
이미 합의가 이루어졌다. 그렇다면 개성공단을 더 많이 만드는 식의 접근방법
은 어떨까. 그 또한 '헛꿈'일지 모르지만, 나는 개성공단을 많이 만들어 갈수
록 통일을 가까워질 것이라는 기대를 갖게 된다. 휴전선상에 개성공단 10개
를 더 만들 수 있다면 남북의 적대의식은 걱정할 필요가 없게 될 것이다. 남북
적당한 곳에 개성공단 100개를 만들 수 있다면 그것은 통일한 것이나 다름이
없을 것이다.

끝으로 이 책의 출간이 조금 늦어져 아쉬운 마음이 크다. 개성공업지대
착공 10년이 되는 2014년에 맞추어 개성공단을 의미 있게 들여다 볼 수 있
는 연구책자를 출판하자는 의기가 투합되어 지난 1년 동안 열심히 노력했지
만 결국 해를 넘기고 말았다. 개성공단 10주년에 맞추지 못하여 아쉬움이
크지만, 분단 70년, 광복 70주년을 맞는 뜻 깊은 2015년에 이처럼 의미 있는

책자를 발간하게 되었다는 것으로 스스로 위로와 격려를 해본다. 이 책을 처음 기획하고 제안했을 때 마음으로 함께해주고 옥고를 제출해준 열 분의 필자들에게 깊은 감사의 마음을 드린다. 개성공단에서 통일의 가능성과 희망을 보며 각 영역에서 현실과 비전을 연결하는 논문을 써주신 모든 필자들의 전문적 역량 덕분에 이처럼 좋은 책을 출간할 수 있게 되었다. 그리고 이 책의 교정과 편집 작업을 꼼꼼히 챙겨준 하지은 연구원에게도 고마움을 전한다. 아무쪼록 이 책에 담겨진 개성공단의 경험과 지혜가 한반도 통일을 준비하는데 더없이 소중한 자산으로 활용되기를 기대하며, 개성공단이 남북의 통일기반을 실질적으로 구축하는데 귀중한 초석이 되기를 간절히 소망한다.

2015년 6월 15일

필자를 대표하여
김병로

[차례]

개성공단 스케치

_김병로

제1장 개성공단 스케치

김병로

1. 개성공단 10년

2014년은 개성공단에서 남북한 합작기업이 공장을 가동하고 첫 제품을 생산한 지 만 10년이 되는 해이다. 2004년 4월 통일부가 개성공업지구 개발에 대한 협력사업을 승인하여 1단계 첫 공사가 시작된 후 15개의 기업이 시범단지에 입주하였고 그해 12월에 역사적인 첫 제품을 생산하였으니, 개성공단이 가동된 지 벌써 10년이 되었다. 10년이 지난 지금 120여 기업체가 공장을 가동 중이며 여기에서 생산되는 제품은 연간 4억 6천만 달러를 넘는다. 공단에서 일하는 북한 근로자는 2014년 3월 현재 5만 2천명으로 가동이 중단되기 전 5만 3천명 수준을 회복했다. 이 근로자들을 위해 운행하는 276대의 버스가 개성시내와 공단을 오가는 출퇴근 시의 모습은 가히 장관이다.

개성공단은 제품을 생산하는 공장의 집결지라는 차원을 넘어 남북협력을 위한 여러 차원의 의미가 내포된 곳이다. DMZ를 사이에 두고 철저히 단절되어 있는 남북한이 이 지역에서만은 접촉과 대화를 지속하고 있다. 또 공단을 운영하기 위한 전력공급과 자재를 운반하기 위한 통행협상이나 통신문제도 관련되어 있다. 뿐만 아니라 노동자들의 월급을 지급하고 필요한 대금을 주고받기 위한 재정금융 체계도 갖추어져 있다. 통일 이전 동서독이 베를린 문제 때문에 통행과 통신, 통관 문제를 끊임없이 논의해야 했던 상황과 비슷하게 개성공단은 남북한 사이에 지속적인 대화를 촉진하는 교류의 공간이 되고 있다.

그런가 하면 공단은 하나의 생활공간으로 형성되어 있다. 남북한 근로자 간에 작업과 식사가 격리되어 있어서 공식적인 접촉은 차단되어 있으나 휴식 시간을 비롯하여 점심시간에도 남북한 근로자들 사이에 대화와 교류가 자연스럽게 이루어지고 있다. 공단 안에 있는 병원에서는 연인원 30만 명의 북한 근로자를 진료하였고 최근에는 부속의료원을 개원하여 운영하고 있다. 개성공단에서 북한사람들은 현대적인 공장과 기계, 시설을 접하고 기업체에서 제공하는 간식과 복지혜택을 받으며 간접적으로 남한의 문화를 접촉한다. 개성공단은 작업과 생활의 복합공간으로서 발전해 가고 있다.

그러나 개성공단을 둘러싼 긴장과 갈등이 존재하며 지난 10년간을 돌아보면 한반도 정세만큼이나 부침이 심하였다. 공단이 가동된 지 1년 만에 북한 측이 임금인상을 요구했고 2009년 6월에도 노동자 임금을 300달러 올려달라고 압박하는 등 임금문제가 갈등으로 잠복하고 있다. 이명박 정부 때에는 공단축소 발언을 빌미로 남측으로의 인력·물자 통행시간을 제한했고 2008년 12월에는 개성공단 체류인원을 880명으로 제한하는 '12.1조치'가 단행되기도 했다. 또 세 번에 걸친 북한의 핵실험과 장거리 로켓발사와 같은 도발적 사건으로 개성공단 안전과 운영 자체에 대한 우려도 제기되었다.

2013년 4월에는 북한이 개성공단 가동을 잠정 중단하고 북한 근로자를 전원 철수함으로써 최대의 위기를 맞았다. 그럼에도 남북한 당국은 "어떠한 경우에도 정세의 영향을 받음이 없이… 공단의 정상적 운영을 보장"하기로 합의(2013.8.14)하여 개성공단을 재가동하는 지혜를 발휘하였다.

이런 결정의 배경에는 남북 양측이 공단유지에 대한 절대적 필요성을 느끼고 있기 때문일 것이다. 정치적으로는 '정전협정 폐기', '전면전' 등 적대적인 수사가 그치지 않더라도, 경제적으로는 그러한 정세의 영향을 받지 않고 개성공단을 가동하자는 남북한의 현실인식은 한반도 통일의 미래를 가능케 하는 핵심동력이라 할 수 있다. 남과 북이 정부 차원에서 각각 느끼는 필요의 정도는 다를 수 있겠지만 남북한 공히 심각한 경제문제를 타개하는 수단으로서 개성공단이 윈-윈 할 수 있는 유력한 사업임을 인식하고 있다. 주민들의 입장에서도 개성공단 사업은 절대적인 공감과 지지를 받고 있는 프로젝트다. 북한 측의 공단폐쇄 위협으로 남북관계가 극도로 경색되었던 2013년 8월 초에도 "향후 개성공단 사업을 계속해야 한다"는 의견이 74.6%를 차지하였고, "약간의 희생이 따르더라도 개성공단은 유지되어야 한다"는 국민여론도 50.4%를 보이고 있는 것은 남북협력의 상징적 공간으로 자리 잡고 있는 개성공단에 대한 국민들의 기대가 매우 높음을 보여준다.[1]

남북교류협력법이 시행된 이래 남북한 간 여러 사업이 진행되었지만 규모의 측면에서나 협력의 질적인 측면에서 개성공단은 의미가 남다르다. 개성공단은 남북협력의 상징적 공간이자 경제공동체 형성을 위한 실험장이라 할 수 있다. 또한 보이지 않는 통일의 미래를 실감나게, 그리고 압축적으로 보여주는 현장이기도 하다. 개성공단을 단순히 남북한의 경제협력 공간으로

---

1 KBS보도국 북한부, 2013, 『2013년 국민통일의식조사』, KBS보도국 북한부, p.72; 박명규·김병로·송영훈·장용석·정은미, 2013, 『2013 통일의식조사』, 서울대 통일평화연구원, p.326.

보는 시각을 넘어서 작은 통일의 실험장, 통일의 축소판으로 이해할 필요가 있고, 통일에 따르는 여러 측면을 실제적인 수준에서 검토하고 논의해보는 의미 있는 사례가 될 수 있다.

이런 점에서 개성공단 10년의 경험을 바탕으로 통일과정에 따를 여러 문제들을 논의하며 통일의 의미를 되짚어보는 작업, 개성공단을 한반도형 통일 프로젝트로 조망하는 작업은 매우 의미가 클 것으로 본다. 이어서 한반도형 통일프로젝트로서의 개성공단 사업이 어떻게 시작되었으며 개성공단을 통해 어떤 미래를 구상했는가, 그리고 그 구상이 어떤 긴장과 갈등 속에서 진행되고 있는지 살펴보고자 한다.

2. 공단구상과 발전 과정

1) 남북정상회담과 개성공업지구

개성공단은 개성직할시 및 판문군 평화리 일대에 총 2,000만평 규모의 공업단지(800만평)와 배후도시(1,200만평)를 개발하는 사업이며, 총 2,000만평(공단 800만 평, 배후도시 1,200만 평)에 달하는 공업단지를 1단계 100만평, 2단계 200만평, 3단계 500만평 등 단계적으로 개발한다는 계획을 가지고 있다. 당초 계획이 지연되고 있지만, 원래는 1단계로 2003~2007년까지로 하여 공단 배후도시를 개발하고, 2단계로 2006~2009년 기간 동안 수도권과 연계된 산업단지를 개발하고 서울(금융), 인천(물류) 등과 협력체계를 구축하며, 3단계로 2008~2012년까지 개성공단을 동북아 경제거점으로 육성하고 다국적 기업을 유치하여 IT전자산업설비 분야의 복합공업단지로 발전시킬 계획을 수립하였다.

개성공업지구 개발은 2000년 8월 (주)현대아산과 북한의 조선아시아태

그림 1-1. **개성공단 전체조감도**

출처 : 현대아산

평양평화위원회(아태)가 개성지역에 2천만평 규모의 공단을 건설하자는 「공업지구개발에 관한 합의서」 체결로부터 시작되었다. 이는 2000년 6월 남북 간 첫 정상회담에서 남북한이 경제협력을 통해 민족경제를 균형적으로 발전시키기로 합의한 데 대한 구체적 결과물이었다. 남북한 정부는 2002년 8월 남북경제협력추진위원회에서 개성공단 착공 추진에 합의하였고, 북한은 그 해 11월 27일 「개성공업지구법」을 발표하였으며, 2003년 6월 1단계 개발에 착수한 후 2004년에 공단개발을 시작하였다. 이를 위해 남한은 2007년 5월 「개성공업지구지원에관한법률」을 제정하였고 12월에는 「개성공업지구지원 재단」을 출범하였다. 2007년 5월 17일에는 경의선과 동해선 열차

표 1-1. 개성공단 사업 추진 경과

2000년 8월	현대아산-북측 간 「공업지구개발에 관한 합의서」 체결
2002년 11월	북측, 「개성공업지구법」 제정
2003년 6월	개성공단 1단계(100만평) 개발 착공
2004년 10월	「개성·금강산지구의 출입 및 체류에 관한 합의서」 체결
2007년 5월	시범단지 15개 입주업체 선정 및 계약체결
2004년 10월	「개성공업지구관리위원회」 개소
2007년 5월	남측, 「개성공업지구 지원에 관한 법률」 제정
2007년 12월	「개성공업지구지원재단」 출범
2013년 4월	개성공단 가동 잠정 중단
2013년 8월	「개성공단 정상화를 위한 합의서」 채택
	「개성공단 남북공동위원회」 구성
2013년 9월	공단 재가동, 남북공동위원회 사무처 개소
2014년 3월	RFID 전자출입시스템 운영

(2000.9 착공)를 시험 개통함으로써 개성공단 활성화를 지원하였다.

개성공단 사업은 2000년 6월 남북정상회담을 빼놓고는 설명할 수 없다. 제1차 남북정상회담에서 채택한 6.15공동선언 제4항은 "남과 북은 경제협력을 통하여 민족 경제를 균형적으로 발전시키고… 서로의 신뢰를 다져나가기로" 합의 하였으며, 이를 계기로 개성공단 사업은 급물살을 타고 진행되었다. 김대중 대통령은 2000년 「8·15 경축사에서 "남한의 기술과 자본, 북한의 우수한 노동력과 자원이 합쳐지면 민족경제의 균형발전과 대도약을 실현할 수 있을 것"이라고 밝히면서 개성공단에 대한 의지를 피력하였다. 김정일 국방위원장도 2000년 8월 12일 남측 언론사 사장단과의 면담에서 "남쪽 경제 기술과 북쪽 정신을 합작하면 강대국이 된다"라고 말했다. 남북한 정상들은 개성공단 사업이 양자 모두에게 경제적 이득을 가져다줄 것이라는 데에 이해를 같이 했다.

개성공단은 경제적 측면에서 남북한 모두에게 가시적이며 실질적인 혜택을 가져다주는 사업으로 간주되었다. 남한의 입장에서 개성공단은 필요성이 매우 컸다. 경제위기로 인해 중소기업의 어려움을 겪고 있는 남한의 산업에 개성공단은 새로운 돌파구를 열어줄 수 있다는 기대를 주었다. 중소기업의 과반수이상이 생산기지의 다원화 차원 또는 중국사업의 대체지로 개성공단 진출을 희망하고 있다.[2] 수도권 소재 중소기업은 공장 설립 규제로 마땅한 입지공간을 구하지 못하고 있으며 인력조달 문제로 지방이전도 쉽지 않고 중국 진출도 곤란한 상황이다. 중국에 진출했던 기업은 규제 및 노사관계법 강화로 오히려 철수하는 추세다. 중소기업들에게는 개성공단 활성화가 중국 진출 리턴 기업의 대안으로 기여할 것으로 생각하고 있다. 이처럼 개성공단은 북한에게 경제적 이익을 줄 뿐 아니라 남한의 기업에게도 새로운 기회로 부상하고 있어서 남북한이 서로 필요로 하는 사업이다. 개성공단이 정상적으로 가동되면 남한경제의 공단개발효과는 24.4억 달러, 공단운영에 따른 효과는 44.2억 달러에 이를 것으로 추산된다.[3]

북한이 얻을 수 있는 이익 중 가장 직접적인 것으로는 노동력을 활용한 인건비 외화벌이를 들 수 있다. 북한 노동자를 5만 명으로 잡고 월 100달러로 계산하면 매월 5백만 달러(약 50억 원)의 외화소득이 발생한다. 또한 산업 기반시설 및 자본설비 확충으로 공급 능력이 확충되고 개성공단과 내륙지역 산업 간의 선순환 구조가 형성됨으로써 북한 경제의 성장 잠재력 확충과 회생에 절대적인 역할을 한다. 선진기술 및 경영기법의 습득은 물론 관련 산업 및 주변지역의 경제발전을 촉진하며 투자환경 개선으로 대외 신인도 제고와 외자유치 증대효과를 가져올 수 있다. 개성공단이 본격 가동될 경우, 북한은 공단개발효과 0.9억 달러, 공단운영에 따른 연간 1.5억 달러 가량의

---

2 조봉현, 2010, 「전환기의 새로운 개성공단 발전방안」, 『KDI북한경제리뷰』 2월호, p.23.
3 조봉현, 위의 글, p.25.

효과를 얻을 것으로 추정된다.[4]

북한의 입장에서 보면 사회주의권의 붕괴와 내부 '고난의 행군'을 거쳐 겨우 명맥을 유지한 상황에서 개성공단은 절실히 필요하였다. 붕괴되다시피한 경제를 회생시키고 주민들의 생활수준을 향상시킴으로써 1998년 '강성대국'의 기치를 내걸고 출범한 김정일 정권의 기반을 다져야 할 필요성이 절박하였다. 2000년 남북정상회담으로 자신감을 얻은 김정일 위원장은 2002년 '7.1경제관리개선조치'를 실시하고 대외적으로는 신의주경제특구(2002.9)와 금강산관광지구(10월) 및 개성공업단지(11월)를 경제특구로 설치하여 새로운 도약을 모색하였다. 2002년 10월 제임스 켈리 미국 대북특사의 방북으로 북한과 미국의 교류가 단절된 반면 북한은 2002년 11월 「개성공업지구법」을 발표하고 남북한 간 협력을 적극 추진한다. 개성공업지구의 창설과 개발계획은 이와 같이 남북한 정부당국의 경제협력 의지가 발동한 결과라 할 수 있다. 중국과 미국의 반대에도 불구하고 김대중 대통령과 김정일 위원장이 민족 간 경제협력을 통해 화해하고 통일을 열어가야 한다는 정치적 결단이 반영된 결과라 할 수 있다. 특히 대외협력을 극도로 꺼리던 북한 김정일 위원장이 침체된 북한경제 회복을 위해 남한의 경제력을 활용해보려는 정치적 야심이 만들어낸 결과물이라 할 수 있다.

2) 개성 선정 배경

북한이 개성지역을 공단으로 설정한 배경은 불가사의한 점이 많다. 북한 측으로 보면 개성은 군사요충지로 남한에 쉽게 내줄 수 없는 지역이다. 임동원 전 장관도 개성에 공단을 조성한다는 계획에 대해 "오랜 세월 군사전략을 다루어왔던 나는 이 놀라운 사실을 보고받고 도저히 믿기지 않았다. 개성

---

4 조봉현, 앞의 글, p.25.

지역은 북측의 최전방 군사요충지로 군사전략적 차원에서는 결코 개방할 수 없는 지역이다. 개성은 서울에서 가장 가까운 주 공격축 선상에 있고, 개성 전방에는 서울을 사정거리 안에 둔 수많은 정거리포가 포진하고 있기 때문이다"라고 회고하였다.[5] 임동원 전 장관은 "역으로 우리 같으면 개성과 같이 중요한 군사요충지는 절대 개방할 수 없을 것이다. 우리 측이 요구했던 해주도 '군부의 반대로 개방할 수 없다'던 참이었다. 그래서 나는 '혹시 현대가 속은 것이 아니냐'고 되묻기도 했다. 물론 남측으로서는 개성지역이 산업공단으로서는 더없이 좋은 입지조건을 갖춘 곳이기 때문에 전해들은 바가 사실이라면 대환영할 일임에 틀림이 없었다"라고 쓰고 있다.[6]

사업 구상의 초기에는 공단 지역으로 해주와 신의주가 제시되었다. 공단 후보지 선정과정에서 현대는 당초 남한과의 근접성, 육로 수송 가능성, 전력 공급 등 제반 조건을 고려하여 해주를 제안하였으나, 김정일 국방위원장이 1999년 10월 고 정 회장과의 면담에서 신의주를 제시함으로써 현대와 북한 사이에 이견을 보이기도 했다.[7] 초기에 북한이 개성 대신 신의주를 제시한 배경에는 신의주를 경제특구로 만들고 일본과 남한의 자본을 신의주 지역에 유치하려는 의도 때문이 아니었나 생각된다. 그러나 2000년 6월 남북정상 회담 이후 남북관계가 호전되어 남한의 단독투자가 가능할 것으로 보고 신의주와 개성을 분리하여 개발할 야심을 갖게 되었던 것 같다. 현대의 고 정 몽헌 회장과 현대아산 김윤규 사장이 2000년 8월 방북하여 김정일 위원장과 면담을 통해 개성지역에 2천~4천만평 규모의 공단 건설에 합의하고, 현대아산과 북한의 조선아시아태평양평화위원회(아태) 사이에 개성공단 조성

---

5 임동원, 2008, 『피스메이커: 남북관계와 북핵문제 20년, 임동원 회고록』, 중앙북스, p.266.

6 임동원, 위의 책, p.266.

7 양문수, 2005, 「개성공단 건설과 남북경협의 과제」, 남북물류포럼 제4차 남북물류 학술회의, p.21.

을 위한 합의서가 체결됨으로써 공단조성 사업 구상이 가시화되었다.

북한은 원래 신의주 지역을 일본과 남한 등 자본주의 국가들의 투자를 유치하는 경제특구로 계획했던 것 같다. 고이즈미 일본 총리를 평양으로 초청하기 며칠 전인 2002년 9월 12일 북한은 최고인민회의 상임위원회 명의로 「신의주특별행정구」 지정과 기본법을 채택하였다. 뒤이어 북한은 고이즈미 일본 총리와 평양선언(2002.9.17)을 발표함으로써 신의주경제특구에 일본의 경제적 지원과 투자를 기대하였다. 신의주특구 구상은 9월 26일 「신의주특별행정구기본법」으로 발표되었다. 대내적으로는 「7.1경제관리개선조치」를 단행하고 경제체제의 전반적인 개혁을 추진하여 경제특구의 성공을 기대하였다. 그러나 불행히도 신의주경제특구 구상이 특구의 행정장관으로 내정된 양빈이 중국정부에 의해 구속(2002.10.4)됨으로써 좌절되고 미국의 제임스 켈리 대북특사의 방북(2002.10.3)으로 새로운 북핵 위기가 시작되자, 북한은 금강산관광과 개성공단 사업에 많은 기대를 걸 수 밖에 없었다. 이런 점에서 개성공단 구상은 북한이 정상회담과 7.1개혁을 추진하면서 기획한 야심찬 경제발전 계획이라 할 수 있다.

북한이 개성으로 최종 결정하게 된 배경에는 중국의 조언이 있었다는 평가도 있다. 남북정상회담을 준비하던 김정일 위원장이 2000년 5월 29~31일 중국 방문에서 장쩌민 주석 일행으로부터 개성공단 설치 제안을 받았다고 한다. 2000년 6월 3일 임동원 전 장관은 신의주 근처의 김정일 위원장 특각에서 중국방문을 막 마치고 돌아오는 김정일을 만나 정상회담 실무협의를 했다고 하는데, 그 때 김정일 위원장은 중국으로부터 개성공단 설치에 대한 제안을 받았다고 김하중 전 대사를 인용하여 설명한다. 중국이 신의주 대신 개성공단을 대안으로 제시했다면 홍콩의 자본과 기술 협력으로 급성장한 선전경제특구 모델을 제시했을 가능성이 높다. 당시 중국의 우려는 북한이 중국의 국경도시인 신의주에 중국자본 대신 일본과 남한의 자본을 끌어들일 계획을 한 데 대해 탐탁하게 여기지 않았을 것이고 가급적 개성이나 해주 등 남한과 인접한 지역을 선정하도록 조언했을 것이다.

어쨌든 협상 초기에는 주저하던 북한이 어떤 계기에서인지 개성지역에 공단건설을 적극 추진할 의사를 개진하였다. 오히려 남한의 의지가 정말 확실한 것인가에 대해 북한이 확신을 못하고 있었던 것 같기도 했다. 남북정상회담에 참여한 임동원 전 장관은 김정일 위원장이 오히려 남측에 "남측에서는 개성공단을 적극 추진할 의향이 있는가요?"라고 의구심을 갖고 물었다고 한다. 김정일 위원장은 남한 측의 설명을 듣고 즉석에서 이명수 인민군 작전국장에게 "인민무력부장에게 빨리 진척시키라고 전달하시오"라는 지시를 했다고 한다.[8] 현대 측의 설명에 의하면 김정일 위원장은 개성에 대해 "개성이 6·25전쟁 전에는 원래 남측 땅이었으니 남측에 돌려주는 셈치고 북측은

---

8 임동원, 앞의 책, p.611.

나름대로 외화벌이를 하면 된다"는 취지의 말을 했다고 한다.[9] 이러한 배경 속에서 현대아산은 남북정상회담 개최 두 달 후 '개성지역 산업공단 조성 계획'을 북한과 타결하였다.

3) 정주영 회장의 기업가 정신

개성공단 사업이 성사되기까지는 남북한 정부의 결단으로만 된 것은 아니었다. 남북한 간 협력사업으로 개성공단이 태동하기까지는 현대그룹의 고 정주영 명예회장의 열정이 스며들어 있었다. 공단구상은 정주영 회장이 대북 역점사업의 하나로 생각하고 있던 서해안공단개발계획을 구체화한 것으로, 정주영 회장이 1998년 12월과 1999년 2월에 방북하여 북한에 800만평 규모의 서해안공단개발계획을 제시하고 북한이 이에 호응함으로써 논의가 시작되었다.[10] 이른바 '소떼방북'은 북한으로부터 신뢰를 얻고 경제협력사업을 추진할 수 있게 된 계기가 되었다. 이후 현대 고 정몽헌 회장과 (주)현대아산 김윤규 사장의 김정일 국방위원장 면담을 거쳐 2000년 8월 22일 현대아산과 북한 간 「공업지구개발에 관한 합의서」를 체결함으로써 개성공단이 시작되었다.

이러한 합의가 가능했던 배경에는 북한에 대한 고 정주영 명예회장의

▶고 정주영 명예회장과 고 정몽헌 회장이 고 김정일 국방위원장과 함께 1998년 10월 30일 기념 촬영한 모습
출처 : 연합뉴스

9 임동원, 앞의 책, p.466.
10 허련, 2011, 「개성공단 개발사업의 성과와 함의」, 『대한지리학회지』 제46권 제4호, p.518.

남다른 관심과 비전이 작용했다. 「남북교류협력법」이 채 제정되기도 전인 1989년 1월 24일 정주영 회장은 국내 경제인으로는 최초로 북한을 방문하였다. 당시 노태우 정부가 천명한 '7.7선언'의 분위기 속에서 북한의 정치국 서기이며 조국평화통일위원회 위원장인 허담의 초청으로 정 회장의 방북이 성사되었다. 정 회장은 평양에서 남북경제협력의정서를 체결하고 금강산 공동개발과 시베리아 개발을 위한 조사 작업도 합의하였다. 이 방문에서 정주영 회장은 특히 자신의 고향인 강원도 통천군 송전면 아산리를 57년만에 방문하여 고향 일대를 남북한이 공동 개발하는 데도 합의하였다. 정주영 회장은 1998년 6월과 10월 두 차례에 걸쳐 소떼 1,000마리를 지원하며 금강산 관광의 문을 열었다.[11]

물론 정주영 회장의 비전을 가능케 한 데에는 앞에서도 지적했듯이 고 김 대중 대통령의 남북화해와 교류에 대한 정치적 신념이 작동하였다. 정주영 회장이 김대중 대통령의 남북교류에 대한 의지를 간파하고 김대중 정부의 지원 하에 대북사업을 성사시켜 보려는 정치적 계산도 깔려 있었을 것으로 생각된다. 그렇지만 이러한 요인들을 감안한다 하더라도 대북사업에 대한 정주영 회장의 비전과 집념이 개성공단 사업을 가능케 한 핵심적 요인임을 부인하기 어렵다. 정주영 회장의 대북사업에 대한 집념과 열정이 없었다면 개성공단 사업은 쉽지 않았을 것이다.[12]

북한과 공산주의에 대한 두려움이 강했던 1990년대의 상황에서 대북사업을 추진한다는 것은 많은 위험부담을 감수해야 하는 일이었다. 이 위험부담을 감수하고 대북사업을 추진할 수 있었던 요인은 전적으로 정주영 회장

---

11 현대그룹은 1980년대 말 대북사업을 시작할 당시 재일동포 2세인 요시다 다케시(吉田孟) 신니혼산교(新 日本産業) 사장의 도움을 받았으며 이러한 인연으로 요시다 사장을 통해 남북정상회담을 주선하기도 하였다. 임동원, 앞의 책, p.27.
12 아산정주영뿌리연구회의 홈페이지(http://www.asanlove.com) 참조.

의 집념이며 북한에 대한 일종의 애착이라 할 수 있다. 정주영 회장과 현대의 이러한 특유의 사업방식은 어떤 의미에서 정주영 회장과 현대의 기업가 정신이라 할 수 있다. 정주영 회장의 기업가 정신은 현실안주형 시장논리만으로는 상상할 수 없는 벤처정신이었다. 북한에 고향을 둔 한 기업인이 고향을 사랑하는 마음으로 자기가 일군 이익을 고향에 환원하겠다는 한국적 기업가 정신이 깃들어 있다. 정주영 개인의 선택이었다고 할 수도 있지만 창조적 도전의식과 불굴의 개척정신, 강인한 추진력은 시장과 경제 영역을 뛰어넘는 특유의 '한국적 기업가 정신'이라 할 수 있다. 무엇보다도 1998년 84세의 고령에 전 세계인의 관심을 집중시킨 소떼몰이 방북을 성사시켜 남북 화해와 교류의 새로운 시대를 열었으며 수교 이전에 구소련과 중국을 방문하여 민간 외교관으로서 관계개선의 물꼬를 텄던 기업인이다.

분단체제로 엄중한 군사적 대치 상황에서 이념 갈등이 심각한 한반도에서 남한과 북한이 경제적 협력을 시작한다는 것은 경제적 관점에서 보면 매우 위험하고 불합리한 일이다. 이러한 전쟁의 불안정성을 갖고 있는 남한의 경제를 저평가하는 코리아디스카운트 현상이 있는 것이 현실이다. 그런데 이러한 불안과 위험성을 안고 북한에 투자를 하고 협력사업을 추진한다는 것은 경제적 동기를 넘어서는 독특한 기업가 정신이 흐르고 있음을 의미한다. 삼성그룹이 대북사업에 참여하지 않은 것과는 대조적으로 현대그룹은 북한에 대한 투자와 교류를 적극 추진하였다. 이것은 아마도 북한에 고향을 둔 정주영 회장에게는 북한을 어떻게 보느냐 하는 의식이 달랐기 때문이었을 것이다. 정주영 회장에게 북한은 공산주의 정권이 아닌 고향이었던 것이다. 북한 사람을 공산주의자로 보는 대신 친근하고 살갑게 맞아주는 고향사람인 것이다. '고향'의 의미, 즉 "나의 살던 고향은 꽃피는 산골…"의 애틋한 기억의 공간이다. 이것이 남북한과 한민족이 공유할 수 있는 민족정서인 것이다. 경제적 이익을 위해서만이 아니라 고향을 위해, 민족을 위해 아낌없이 투자한 것이다. 경제적 가치를 소홀히 하는 것은 아니지만 경제적 가치보다 더 소중한 가치인 것이다.

정주영 회장의 기업가 정신은 매우 독특한 것으로 한국식 성장전략 모델의 일종이라고 할 수 있다. 기업가 정신이라는 것이 원래 어느 정도의 모험심을 담지하고 있어서 완전히 시장합리성으로만 설명할 수 있는 것은 아니지만 한국 기업가의 경우에는 더 독특한 기업가 정신이 있는 것 같다. 한국의 기업이 갖고 있는 이러한 독특한 기업가 정신은 'K-전략'으로 불리기도 한다.[13] 즉 한국이 급격한 경제성장을 할 수 있었던 요인으로 A-B- C-D, 즉 Agility(민첩성)와 Benchmarking(벤치마킹), Convergence(융합), Dedication(전념)을 꼽는데 정주영 회장이 개성공단을 만들어낸 중요한 동력도 여기에 있지 않은가 생각된다. 통일은 이런 벤처정신, 기업가정신이 필요하다. 통일자체가 박근혜 대통령이 언급한 창조경제이며 기업가 정신이 없이는 이루지 못한다. 박근혜 대통령이 2014년 다보스포럼에서 "통일은 대박이다"라고 주장하자 당장 돌아오는 질문은 북한의 위험요소를 어떻게 극복할 것이냐는 것이다. 북한을 중대한 리스크로 보면 투자를 못한다. 그것이 기회라고 보아야 투자를 하게 된다. 따라서 통일 자체가 경제적 타산만으로 승산이 있는 게임은 아니다. 어느 정도 불확실성과 리스크가 따르는 투자다.

이런 점에서 개성공단은 남북한 지도자의 리더십과 한국적 기업가 정신이 발휘된 독특한 사례라 할 수 있다. 남북한의 경제협력을 통해 통일의 기반을 구축하겠다는 김대중 대통령의 정치적 신념과 정주영 회장의 한국적 기업가 정신이 잘 맞아 떨어진 결과로 개성공단 사업이 추진될 수 있었다. 여기에 정치군사적 리스크를 감수하고 남북협력을 통해 경제개발을 하겠다

---

13 문휘창, 2012, 『K-전략』, 미래의창.

는 김정일 위원장의 결단이 절묘하게 어우러져 창의적 작품이 만들어진 케이스다. 개성공단이 통일의 실험장이라 하는 이유는 바로 이런 독특성 때문이다. 분단의 대립구조를 협력관계로 만들려면 현재의 경제적, 군사적 구조를 타파하고 변화를 추동해야 하며 여기에는 정치군사적 리스크가 따르기 마련이다. 통일도 마찬가지다. 현재의 분단구조를 화해협력구조로 만들어 나가는 과정이 통일이라면 통일을 추구하는 일은 정치군사적 리스크를 감수하는 위험한 일이다. 이러한 리스크를 부담하면서 '대박'이 나는 통일을 실현하려면 창의적 접근이 아니고서는 불가능하다. 박근혜 정부가 강조하는 창조경제가 필요한 곳은 바로 이곳이다. 개성공단은 창조경제의 전형이며 이를 가능케 한 창의적 마인드는 통일과정에서도 동일하게 적용될 수 있을 것이다.

3. 공간구성의 정치

1) 개성의 지리적 위치

개성공단은 서울에서 70km, 휴전선 DMZ로부터는 얼마 떨어져 있지 않은 곳에 위치하고 있다. 개성공단을 처음 방문하는 사람들은 공단의 위치가 휴전선과 너무 가까이 있다는데 놀란다. DMZ 북측 끝자락에 있는 북측 출입경사무소를 통과하면 바로 눈앞에 보이는 곳에 개성공단이 조성되어 있다. 개성공단이 들어서기 전 개성시 개성공업지구 부근은 군사분계선에서 불과 5~6km밖에 떨어지지 않은 북한의 군사요충지였다. 때문에 북한은 최정예 기갑사단인 인민군 6사단과 장사정포 여단, 2개의 보병사단을 개성 이남에 전진 배치시키며 이 지역을 서울 공격의 교두보로 확보했다. 하지만 2003년 공단이 건설되면서 기갑부대 등 핵심전력 대부분이 모두 개성 이북

그림 1-3. 현대아산의 최초개발계획안

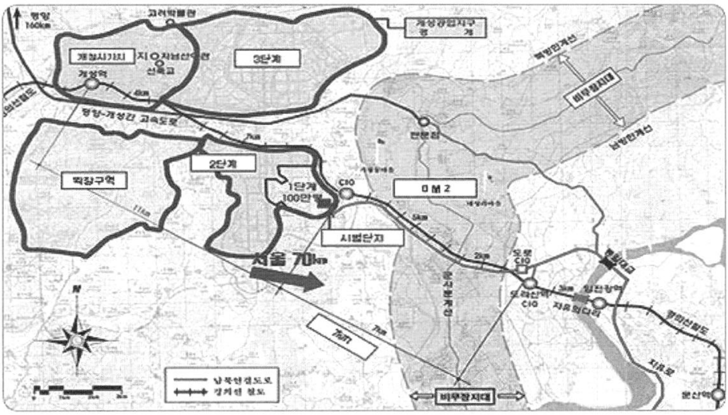

출처 : 통일부

으로 이전하면서 전략적 요충지를 내주고 후퇴하는 격이 되었다. 당연히 북한 군부가 강하게 반발하였다고 하는데, 김정일 위원장이 군부를 설득하고 남북한이 큰 틀에 합의하면서 이 지역의 군사시설을 후방으로 이전하고 개성공단을 건설한 것이다.

개성공단 부지의 위치는 북한군 2군단 6사단이 있던 지역이다. 공단 조성 전과 후에 북한군의 배치 상황에서 명확히 드러난다.[14] 공단 지역 바로 북쪽은 송악산이고 남쪽은 진봉산인데 각각 북한군 최고사령부와 군단사령부 감시소가 위치하고 있다. 북한군으로서는 송악산과 진봉산에 엄청난 자금과 인력을 투자해 개발해 놓은 지하갱도 시설을 포기하고 10km 더 북쪽으로 전선 사령부를 후퇴시켰다는 것이다. 군사적 관점에서 보면 개성 북쪽으로 이전함으로써 개전과 동시에 북한군의 공격을 상당시간 동안 지연시킬 수 있는 효과를 갖고 있는 셈이다.

북한의 내각 기관인 민족경제협력위원회(민경협)은 2013년 2월 7일 발

---

14 신동아, 2005년 2월 1일, "개성공단 일대 군사시설 전격철거."

표한 담화에서 "우리는 6·15 정신의 견지에서 개성공업지구(개성공단)의 존속을 바라지만, 만일 그 누가 어떤 형태라도 개성공단을 조금이라도 건드린다면 우리에 대한 극악한 제재로 간주해 개성공단에 대한 모든 특혜를 철회하고 그 지역을 우리의 군사지역으로 다시 만드는 등 단호한 대응조치를 취할 것"이라고 했다. 북한은 개성공단 지역에 대해 남북정상회담과 6.15공동선언을 이행하기 위해 "우리가 군사적으로 극도의 첨예한 최전선을 통째로 남측에 내주어 건설된" 공간임을 거듭 강조하고 있다.[15] 개성공단이 북한에게 가져다주는 경제적 이익을 고려하면 북한의 이러한 발언을 액면 그대로 받아 들일 수는 없지만, 북한의 입장에서 개성공단은 군사적으로 매우 중요한 요충지였던 것만은 분명하다.

개성공단은 휴전선을 사이에 두고 남북한의 물자와 사람이 비교적 자유롭게 왕래하는 열린 공간으로 조성되어 있다. 휴전선 DMZ 4km를 사이에 두고 남쪽과 북쪽 끝자락에 '출입경사무소'라 불리는 CIQ가 들어서 있다. CIQ란 세관(Custom), 이민(Immigration), 검역(Quarantine)의 약자로 한국으로 들어오고 나가는 사람과 물자에 대한 세관, 이민, 검역 문제를 총괄하는 장소이다. 출입국관리소라는 이름 대신 '출입경사무소'라고 명명한 이유는 남북한의 관계를 국가 대 국가의 관계가 아니라 통일을 지향해 나가는 과정에서 잠정적으로 형성된 '특수 관계'임을 드러내기 위한 조치이다. 남북한은 '남북기본합의서'에서 서로의 정치적 실체를 인정하고 존중하는 입장을 견지하지만, 또 유엔에 가입한 독립국임을 인정하지만, 궁극적으로 통일을 지향해 나가는데서 장애를 받지 않도록 하기 위해 '국가'라는 표현을 자제하고 있는 것이다. 이름은 출입경사무소라 붙였지만 그 역할은 출입국사무소와 같은 역할을 한다.

---

15 폴리뉴스, 2013년 2월 7일, "북 "개성공단 건들면 다시 군사지역으로 만들겠다.""

휴전선 DMZ를 사이에 두고 남측 출입경사무소에서 북측으로 건너가기 위해서는 DMZ 4km 길이에 조성되어 있는 도로를 지나야 한다. 이 도로는 유엔사령부로부터 남한이 폭 200m 넓이의 회랑에 대한 법적 관할권을 이양받아 남북한이 함께 운영하고 있는 협력 공간이다. 이러한 구조는 금강산을 왕래하는 경우도 마찬가지다. 개성과 금강산 지역을 왕래할 때에는 개인이나 단체가 남측 차량으로 이동하도록 되어 있어서 개인들은 자기 차를 타고 들어갈 수 있도록 되어 있다. 실제로 이 지역을 지나 개성과 금강산으로 갈 때에는 수 십대의 차량들이 꼬리에 꼬리를 물고 줄을 서서 들고 나는 모습을 볼 수 있다. 이 DMZ 회랑은 남북한의 군대가 관리하는 지역이라 개성을 왕래하는 차량과 인원은 휴전선 군사분계선까지 남측 군대가 관할하여 이동하고, 군사분계선에서 북측 CIQ까지는 북측 군대가 차량과 인원을 관할한다. 개성공단이 열려 있고 남측과 북측의 CIQ를 통해 출입경 수속을 하지만 아직은 이곳이 군사적으로 대치하고 있는 위험한 지역임을 짐작할 수 있다.

북한의 개성은 중국의 선전의 지정학적 위상과 닮아 있다. 중국 선전은 중국 경제특구 제1호로 덩샤오핑이 개혁개방의 첫 시금석으로 1980년에 추진한 도시다. 경제특구로 지정되기 전인 1979년 중국의 선전은 31만의 작은 농어촌 도시에 불과하였으나 2007년에는 861만 명의 대도시에 1인당 주민 소득 2만 2천달러(2011년)로 한국과 비슷한 수준으로 성장하였다. 중국이 선전을 경제특구로 선정한 배경은 발달한 시장경제 체제인 홍콩이 가까이에 위치해 있어서 인프라와 자본을 손쉽게 지원받을 수 있다는 지리적 조건 때문이었다. 서울과 가장 가까운 거리에 있어서 통행과 통상이 원만히 이루어진다면 발달된 남한으로부터 자본과 기술을 지원받을 수 있는 유리한 지리적 위치를 점유하고 있다. 2000년 현재 개성시 인구는 40만 명으로 남자가 18만 명, 여자가 22만 명 정도로 추산된다. 개성시에 거주하는 주민 중 개성공단에 투입된 인력이 있겠지만 2014년 현재 일하고 있는 5만 명의 북한 노동자를 모두 개성 거주 주민으로 채우지는 못했을 것이다. 외부에서 공급되는 인력이 개성시에 거주해야 하므로 공단의 발달과 더불어 개성시도 발전할 것으로 기대된다.

2) 남북을 잇는 열린 공간

개성공단은 기존의 남북한 분단과 경계의 개념을 완전히 바꾸어 놓았다. 개성공단이 들어서기 전까지 남북한 간의 경계는 DMZ였다. 남북한은 DMZ를 사이에 두고 철저하게 대결하고 대립하는 체제로 인식되었다. 실제로 DMZ를 지나 남북을 오가는 일 자체가 거의 불가능했다. 그러나 금강산관광과 개성공단 사업이 시작되면서 DMZ가 개방되었다. 개성공단을 건설하기 위해서는 철저하게 차단되어 있던 DMZ에 회랑을 만들고 남북한의 물자와 사람이 왕래할 수 있는 길을 만들어야 했다. 유엔사령부로부터 금강산으로 통하는 동해선과 개성공단으로 갈 수 있는 서해선 회랑의 법적 사용권을 이양받고 남과 북이 공동으로 관리하는 운영권을 확보한 것이다. 대립과 단절의 DMZ를 뚫고 길을 만들어 남북한이 함께 협력할 수 있는 공간을 만들었다는 작은 것 같지만 대단히 큰 변화라 할 수 있다. 4km 넓이의 DMZ를 사이에 두고 남한과 북한이 지리적, 물리적으로 철저히 단절되었던 시기와 비교하면 개성공단으로 통하는 회랑을 확보하고 철도와 도로를 남북으로 연결한 일은 과거와는 완전히 달라진 환경이다.

대결과 대립의 남북 간 경계는 협력과 협조의 지대로 바뀌었다. 크게 보면 남북한의 군사적 대립을 경제적 협력 공간으로 전환한 것이며 작게는 남한의 자본과 기술, 북한의 노동력과 토지를 결합하는 경제협력 공간이 창설된 것이다. 경제적 측면에서 이 협력지대는 철저히 상호이익에 기초하고 있다. 용수와 폐수 처리 등 내부 기반시설, 통신과 전력 등 외부 기반시설은 대

그림 1-4. **개성공단의 지리적 위치**

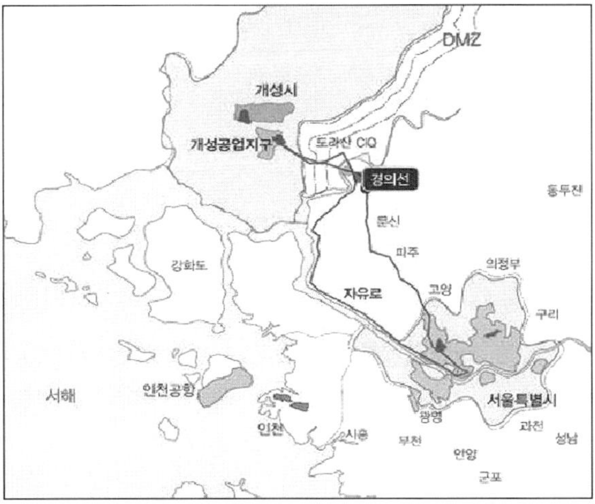

부분 남한 정부와 공기업들이 지원하였고 북한은 토지와 노동력을 제공함으로써 남한과 북한의 상호보완적 협력을 도모했다. 기술과 자본, 노동력과 토지가 융합된 협력 프로젝트라 할 수 있다. 뿐만 아니라 개성공단은 남북경협이 단순교역과 위탁가공 중심의 초보적 수준에서 직접투자 국면으로 전환하는 중요한 계기였다.[16] 현대그룹과 김정일 국방위원장의 주도로 진행되었던 개성공단 사업에 남한 당국, 한국토지공사 등 공기업 및 민간 기업들이 참여하기 시작했다. 1단계 공단 개발사업자는 한국토지공사와 (주)현대아산이다. 주로 남한의 기업이 개성이라는 북한 땅에 들어가 북한사람들을 고용해 제품을 생산하는 공업단지이다. 개발방식은 개발사업자가 북한 측으로부터 토지이용권을 50년 이상 임차하고 각종 사업권을 확보하며 토지를 개발하고 투자환경을 조성한 후 국내외 기업에게 분양하는 방식이다.[17]

---

16 김치욱, 2014, 「행위자-네트워크 이론으로 본 남북경협: 개성공단을 중심으로」, 「네트워크로 보는 세계 속의 북한」, 서울대 국제문제연구소·통일평화연구원 공동학술회의.

17 양문수, 2007, 「개성공단 사업 점검: 현황, 쟁점과 과제」, 한국무역학회 춘계학술발표대회, p.12.

앞에서도 언급했듯이 DMZ를 통과한다는 것은 유엔의 법적 관할권을 부분적으로 허가 받는다는 점에서 유엔사령부의 개입을 필요로 하며, 정전협정의 당사국인 중국과 미국의 협의도 필요로 한다. DMZ와 관련된 사안은 정전협정당사자인 유엔과 중국, 북한이 합의하고 동의해야 하는 사항이므로 이들과의 사전 협의가 필요하다. 또 현실적 측면에서 DMZ 안에 설치되어 있는 수백만 개의 지뢰제거 문제와 군사력의 해체와 재편이 필요한 일이다. 이를 위해서는 남북한 국방당국이 협력하지 않으면 안 되며 북한과 다양한 법적, 제도적인 합의가 필요하다. 뿐만 아니라 국내적으로도 환경보전과 지역개발, 토지분쟁 등의 문제를 포괄하는 특별법을 제정하고, 친환경적인 종합관리계획 및 자연환경보전종합계획의 수립이 필요하다.

개성공단은 단지 공업단지로 끝나는 것이 아니라 관광과 이산가족 상봉과 같은 남북협력을 도모하는 활동을 병행하여 시너지 효과를 만들어 내는 공간이다. 가장 기본적으로는 남북한 간 경제협력을 통해 상호이익을 창출하는 목적으로 시작되었다. 그러나 개성공단은 단순한 제조업 공장이 밀집해 있는 지역이 아니라 남북경협을 위한 각종 전시장, 거래상담 창구, 노동자 교육 및 시장경제 교육, 기술교류의 장 등 남북경협의 거점으로 육성할 필요가 있다.[18] 뿐만 아니라 개성공단은 관광과 문화기능까지 포함한 복합단지 또는 복합공간으로서의 발전 잠재력을 갖고 있다. 개성은 역사의 고장으로 고려 시대의 유물과 정신문화의 정수가 여러 곳에 남겨져 있어서 이러한 역사성을 활용하면 많은 관광자원으로 이용할 수 있다. 개성시에는 고려시기의 만월대와 성균관, 남대문, 선죽교 등 역사유물들이 보존되어 있어 역사학 연구에 귀중한 자료가 되는 유물이 잔존하고 있다. 또한 공단에 민속촌, 테마파크, 영상단지 등 문화시설을 건설한다면 평화와 협력의 공간으로 손색

---

18 이석기, 2007, 「개성공단 사업의 효율적 추진을 위한 과제」, 『KDI북한경제리뷰』, p.12.

이 없을 것이며, 이산가족면회소 등 남북교류협력 기능을 담아낼 수 있는 유리한 조건을 갖고 있다.[19] 이미 개성공단에는 2005년부터 10월부터 남북경제협력협의사무소가 운영 중이며 남북경제협력추진위원회 회의와 남북 기업인들의 투자 상담 장소로 활용되고 있다.

이처럼 DMZ는 한반도와 동북아시아의 이해관계가 복합적으로 얽혀 있는 곳이어서 DMZ를 뚫고 개성공단을 건설한다는 것은 여러 나라, 여러 기관들의 협력과 지원을 필요로 한다. 이상적으로는 평화협정이 체결되어 군사적 대치와 긴장이 완화되어야 이러한 일들이 순조롭게 진행되겠지만, 그 전까지는 개성공단 사업과 같은 프로젝트를 진행하면서 평화협정에 필요한 작은 일들을 하나하나 해결해 나가는 것도 좋은 방법이 될 수 있다. 평화협정을 한 몫에 다 해내려고 하다보면 시간이 꽤 오래 걸릴 것이다. 따라서 개성공단이나 금강산관광, 평화공원 조성 등의 프로젝트를 구체적으로 추진하는 과정에서 필요한 군사협력을 하다보면 한반도 평화가 실질적으로 구축될 수 있다. 평화협정을 체결한다고 평화가 보장되는 것이 아니다. 유럽 국가들이 평화협정 체결을 통해서가 아니라 정치, 경제, 군사, 사회, 문화적인 포괄적 신뢰 구축 조치와 군비감축을 통해 냉전을 종식시키고 평화를 이룩한 사실에 주목해야 한다. 이런 점에서 한반도 평화협정 체결 문제에 대해 고정관념에서 벗어나 이러한 구체적인 평화사업들이 모여서 실질적인 평화를 구축하는 '한반도형 평화체제' 구상도 고려해 보아야 한다.

3) 공간구성을 통한 평화의 기획

개성공단은 남북한이 함께 공존할 수 있는 길을 찾기 위해 북한의 군사력이 집중되어 있던 지역에서 군대를 철수시키고 남한의 자본을 투입하여 만

---

19 이상준, 2007, 「개성공단의 합리적 개발을 위한 과제」, 『국토논단』, p.112.

든 창의적 경제협력 공간이다. DMZ는 남북한 간의 민족상잔과 분단의 아픔을 대변하는 공간이다. 200만 명의 군인과 민간인이 목숨을 읽은 6·25전쟁, 한국전쟁의 폭력적 상흔이 상징화되어 있는 곳이다. 1천만 이산가족의 슬픔과 눈물이 깃들여 있는 곳이다. 지금도 남북한의 180만 군대가 집결해 있고 엄청난 화력이 집중되어 있는 위험한 곳이다.

이러한 위험을 무릅쓰고 남북한이 함께 협력의 장을 열었던 첫 사례는 신포 경수로사업일 것이다. 물론 경수로 사업은 남북 간 협력사업은 아니며 다국 간 협력사업으로 진행된 사업이다. 그리고 경수로 사업 이전에도 현대, 대우, 삼성 등의 대기업이 북한과 접촉에 나서 (주)대우가 1992년 평양 남포에서 셔츠, 가방 등을 생산하는 합영 사업을 시작한 것처럼 소규모 협력 사업도 있었다. 그러나 남북한 간의 화해와 평화를 도모하기 위한 수단으로 경제협력을 진지하게 모색했던 것은 북한의 핵문제를 해결하기 위해 시작한 경수로 사업이다. 북한의 핵무기 개발을 저지하기 위해 핵무기 제조 전용이 불가능한 원자로인 경수로를 공급할 목적으로 북한과 한반도에너지개발기구(KEDO)가 1995년 12월 협정을 체결하고 추진한 다자간 협력 사업이었다. 북한은 이 사업을 위해 함경남도 신포시의 일부 행정구역을 분할하여 금호특별행정구역(금호지구)을 신설하고 금호지구 내에 총 270만평 규모의 KEDO 부지를 조성하였다. 다자간 협력 사업으로 진행되었지만 한국으로서는 북핵 문제를 평화적으로 해결할 수 있는 절호의 기회라고 판단하여 경제적으로 많은 부담을 안으면서 남북협력공간을 창출하기 위해 전력투구하였다. 그러나 사업 도중인 2002년 10월 북한이 고농축 우라늄 핵무기를 개발하고 있다는 새로운 의혹이 제기되면서 북한과 미국 간의 갈등이 고조되었고 급기야 2006년 6월 경수로 사업은 완전히 중단되고 말았다. 경수로 사업에 투입한 비용도 총15억 6,200만 달러 중에 한국이 11억 3,70만 달러를 부담했으니 재정출혈도 컸었지만 남북의 첫 협력공간으로 간주되었던 사업이 중단된 만큼 아쉬움도 컸다.

1998년 시작된 금강산관광사업은 남북한이 직접 협력을 도모한 사업으로 의미가 있다. 1989년 정주영 현대그룹회장이 북한을 방문하여 금강산 개발권을 받아 10여 년 동안 준비한 끝에 1998년 11월에 관광이 시작되었으니 남북한의 협력 사업은 정주영 회장의 각별한 노력의 결과라 해도 과언이 아닐 것이다. 남한 관광객 250만 명이 다녀갈 정도로 금강산 관광은 남북한 화해의 공간을 상징하는 아이콘이었다. 불행하게도 2008년 7월 남한 관광객이 불의에 피살당하는 사건이 발생하여 중단되고 말았다. 2007년 12월 시작된 개성관광사업도 2008년 12월부로 중단되어 남북 간 협력공간은 완전히 없어지고 말았다.

평화구축을 위해서는 공간의 활용과 제도, 레짐의 창의적 구상은 필수적이다. 선을 긋는 것은 언제나 갈등을 만들어 낸다. 인간사회에 그어진 선들은 자기의 영역을 지키기 위한 보호 장치들로 끊임없이 갈등과 다툼을 만들어낸다. 선을 공간으로 전환하여야 많은 문제들이 해결된다. 선을 긋고 갈등하는 집단의 이해관계를 해소하려면 기존의 틀에 얽매여서는 안 된다. 초월의 방법이나 창의적 접근이 아니고서는 불가능하다. 개성공단은 남북의 군사적 대립과 갈등이 상징화되어 있는 DMZ 인근에 공단을 조성하고 왕래할 수 있는 철도와 도로를 건설함으로써 남북한의 화해와 평화의 공간구축을 시도한 것이다. 이런 점에서 한반도에서 6자회담과 같은 기제는 평화유지 혹은 평화조성에 필요한 제도라고 한다면, 개성공단 프로젝트나 DMZ세계평화공원 조성 같은 프로젝트는 지속가능한 평화, 즉 평화구축을 위한 창의적 공간 구상 전략이라 할 수 있다.

나아가 개성공단은 한반도 및 동북아의 평화를 도모하는 기제로도 구상되었다. 개성공단을 건설하고 남북을 관통하는 철도와 도로를 연결하는 사업은 단순한 경제사업이 아니라 매우 중요한 정치군사적 신뢰구축 조치이기도 하다. 북한과 전혀 신뢰가 없는 상태에서 개성공단 사업은 상호신뢰를 조성하는 대단히 중요한 기제다. 또한 개성공단을 국제적으로 발전시키면 동북아의 안정과 평화에도 기여할 것이다. 한국 정부에 따르면, "개성공단은 그 의미를 확대하면 남북경제공동체로 가는 징검다리로서 한반도 안정과 번영은 물론 동북아 지역 내 안정과 협력으로 연결될 수 있을 것이다."[20] 요컨대, 개성공단은 비단 남북 간 경제적·군사적 관계뿐 아니라 동북아 국제정세 전반에서 중요한 의미를 갖는다. 휴전선 DMZ 안에 평화공원을 만들고, 동북아평화 협력구상을 통해 중국과 러시아가 함께 경제발전을 도모한다. 한반도가 안고 있는 군사적 불안을 정치적 리더십으로 해소할 수만 있다면 한반도는 그야말로 세계적인 발전의 핵심지대가 될 것이다. 북한이 핵무기를 보유하고 핵전쟁을 불사하겠다며 위협하고 있는 상황에서 이러한 계획은 망상처럼 보이지만, 개성공단이 남북협력의 가능성을 열어주었다.

김정일 위원장도 개성공단을 이러한 평화의 기획으로 바라보고 있었음을 알 수 있다. 즉 "그 때가 되면 (개성공단이 완성되면) 남과 북은 평화공존하며 군축이 이루어질 것"이라며 "우리도 군대를 감축하여 노동력을 공급할 수 있을 것"이니 안심하라고 했다고 한다.[21] 한반도의 평화가 법적인 평화체제가 아니더라도 경제협력을 통해 실질적인 평화를 구축할 수 있다는 생각을 갖고 있었다. 남북정상회담에서도 김정일은 "서쪽의 경의선을 중국횡단철도와, 그리고 동쪽의 동해선을 시베리아횡단철도와 연결하면 조선반도가 '평화 지대'가 될 수 있어요. 부산에서 시베리아횡단철도와 중국횡단철도를 통해 유럽으로 물동량이 오가는데 어떻게 여기서 전쟁이 벌어질 수 있겠습

---

20 통일교육원, 2005, 『2005 통일백서』, 통일부 통일정책실, p.118.
21 임동원, 앞의 책, p.467.

니까"[22] 라고 말하기도 했다.

개성공단은 대표적인 평화의 공간, 또는 크게 보아 평화공원(Peace Park)이라 불러도 좋을 것이다. 평화를 만드는 방법, 특히 지속가능한 평화를 구축하는 방법으로 공간 활용의 구상은 평화연구에서 자주 언급되는 보편적인 전략이다. 독일통일 과정에서도 의도적으로 한 것은 아니지만, 베를린의 공간적 위치는 동서독의 화해와 평화를 구축하는데 결정적인 역할을 하였다. 동서독 분단 상황에서도 베를린의 지리적 위치 때문에 교통, 통신과 같은 교류와 상호협력의 환경이 조성되었다. 사람들 간의 교류와 소통을 증진하는데 있어서 지리적 위치와 공간적 역할은 매우 중요하며, 이런 점에서 개성공단이 남북한의 협력과 상호이익을 창출함으로써 한반도의 지속가능한 평화를 구축하는 핵심적인 역할을 담당하고 있다.

분쟁지역이나 갈등지역에 공단을 건설하겠다는 아이디어는 파격적이다. 금강산에서 관광을 통해 남북 간 화해와 협력을 도모하겠다는 시도가 먼저 있었는데, 관광이나 생태환경공원 조성 같은 것은 분쟁지역이나 갈증지역에서 평화를 증진시키는 방법으로 유엔(UN)이나 세계관광기구가 시도하였다. 유엔은 "관광은 평화로의 여권"이라는 슬로건을 1967년 국제관광의 해에 지정하였고 2001년 서울 총회에서 관광과 평화에 관한 선언문을 채택한 바 있다. 그러나 휴전선과 같은 위험한 지역에 공업단지를 건설하겠다는 구상은 쉽게 나올 수 있는 아이디어가 아니다. 통일을 이미 성취한 독일도 통일 이전에 수많은 교류와 협력이 동서독 간에 있었지만 양국이 함께 공단을 건설하여 운영해보려는 생각은 하지 못했다고 한다. 물론 독일의 경우에는 지리적 조건이 주변 여러 나라로 연결되어 있어서 상대적으로 폐쇄된 남북한과 같이 두 나라간의 경제협력 필요성이 절실하지 않았던 때문이기도 하다.

---

22 임동원, 앞의 책, p.613.

어쨌든 갈등분쟁 지역에 공업단지를 건설하여 평화를 실현하겠다는 발상은 매우 독특하며 한국적 상황과 환경에서 나온 창의적 평화구상이라 할 수 있다.

4. 공단 안팎의 긴장과 갈등

1) 남북 당국 긴 대립과 갈등

최근 몇 년 사이에 개성공단 개발에 진척이 없었고 공단개발을 두고 남북 간에 다툼이 잦았다. 이명박 정부가 들어선 2008년 3월 당시 김하중 통일부 장관의 개성공단과 북한문제 연계 발언과 김태영 합참의장의 '북핵 선제타격' 발언으로 개성공단은 물론 남북관계 자체가 중단될 위기에 휘말렸다. 설상가상으로 2008년 7월 금강산관광객 피격 사건이 발생하여 남북관계가 극도로 경색되었고 급기야 11월 24일 군사분계선 육로통행 차단 조치를 발표 이후 12월 1일부터 개성관광이 중단되고 개성공단 내 남북경협사무소 폐쇄, 개성공단 내 입주기업과 공단 관리위원회 직원 절반 축소, 남북 경의선 열차 운행 등 단절 조치가 이루어졌다. 이른바 '12.1조치'로 개성관광과 남북 간 철도운행이 중단되었다. 2009년 3월에도 북한은 조선인민군 총참모부 대변인 성명을 통해 키리졸브 한미 군사훈련을 비난하며 남북 간 군 통신을 차단하는 조치를 취하였다. 3월 30일에는 개성공단에 근무하던 현대아산 직원 1명이 8월 13일까지 136일간 개성공단에 억류되는 사건이 발생하였다. 4월 21일 북한은 2014년부터 남측이 지불하기로 한 개성공단 사용료를 2010년부터 지불할 것과 개성공단 임대차 기간을 50년에서 25년으로 단축하고 개성공단 북측 근로자 임금 수준을 중국 수준으로 인상할 것과 개성공단 근로자들의 숙소 문제 해결 등을 통보하였다.

2010년 3월에는 천안함 피격 사건과 11월 연평도 폭격 사건이 발생하여 남북관계가 극도로 악화되었고 남한은 북한이 천안함 피격에 대한 사과가 없이는 남북교류를 진전시키지 않겠다는 이른바 '5.24조치'를 취하며 대응하였다. 이러한 경색 국면에도 개성공단은 2010년 9월 누적생산액이 10억 달러를 돌파했고 2012년 1월에는 북측 근로자 규모가 5만 명을 넘었으며, 2013년 1월에는 누적생산액이 20억 달러를 넘어섰다. 김정은 정권이 등장한 2012년에는 남북관계가 전반적으로 개선되고 개성공단도 활기를 띨 것으로 예상하였다. 그러나 2012년 12월 북한의 장거리 로켓 발사와 2013년 2월 제 3차 핵실험을 감행한 이후 남북관계는 또 다시 극도의 경색 국면에 빠져들었다. 북한은 2013년 3월 정전협정 백지화, 판문점대표부 폐쇄, 기본합의서 폐기, 개성공단 통신선 차단 등을 실행하고 남북관계의 전시상황 돌입을 선언하였다. 4월에 들어서 개성공단에서 근무하는 북측 노동자 전원을 철수시킴으로써 공장가동이 모두 중단되고 말았다. 남한정부도 공단에 근무하는 남측 인원을 모두 철수함으로써 개성공단은 최대의 위기를 맞았다. 최룡해 북한군 총정치국장의 중국 방문 이후 화해무드가 조성되어 2013년 6월 북한은 개성공단을 포함한 포괄적 당국대화를 제의하여 개성공단 재가동

▶ 2013년 4월 27일 남한 정부의 개성공단 철수 권고에 따라 공단 내 업체 관계자들이 경기도 파주 남북출입국사무소를 통과해 입경하는 모습
출처 : 중앙일보

문제가 논의되었다. 7차례에 걸친 회담을 통해 마침내 8월 14일 「개성공단의 정상화를 위한 합의서」를 체결함으로써 개성공단의 발전적 정상화의 계기가 마련되었다.

2013년은 개성공단 운영의 최대 위기를 맞았다. 북한은 2012년 12월 '인공위성' 발사에 성공하였으나 미국은 이를 장거리 로켓 실험으로 규정하고 이를 제재하는 결의안 2087을 채택했다. 이에 반발한 북한은 2013년 2월 12일 3차 핵실험으로 맞섰고 미국은 유엔 대북제재결의안 2094호로 대응했다. 이때부터 2달간 아마도 한반도의 군사적 긴장이 6·25전쟁 이래 최고조에 이르지 않았나 생각된다. 북한이 정전협정 백지화를 선언(3.5)하고 판문점 대표부 폐쇄하는가 하면 기본합의서를 폐기(3.8)하고 남북 간 군 통신선 단절과 통신연락소 활동을 중단(3.27)하였다. 그리고 마침내 남북관계가 전시상황에 돌입했다고 선언(3.30)하였다. 이러한 긴박한 정세 속에서 2013년 4월 3일 북한은 개성공단의 통행을 제한했고 4월 8일에는 개성공단 가동 중단 및 북측 근로자 철수를 선언했다. 남한정부도 개성공단에 남아 있던 남측 잔류 인원을 전원 철수하기로 결정(4.26)하였다. 5월에 들어서 북한은 동해상 단거리 미사일을 발사하며 불편한 심기를 드러내었으며 최룡해 군 총정치국장이 김정은 제1위원장 특사로 중국을 방문(5.22)한 이후 상황이 조금 누그러졌다.

북한특사의 중국방문 이후 6월 6일 북한은 개성공단과 금강산관광을 포함한 포괄적 당국 간 회담을 제의하였고 7월 6일 개최된 개성공단 1차 실무회담에서 개성공단 재가동을 원칙적으로 합의하였다. 7차례에 걸친 회담 끝에 8월 14일 「개성공단의 정상화를 위한 합의서」를 체결하여 개성공단의 발전적 정상화에 합의하였다. 이 합의서는 개성공단 실험에서 매우 중요한 계기를 마련하였는데, 그것은 무엇보다 개성공단 운영이 정치적 대립이나 갈등에 휘둘리지 말아야 할 필요성에 합의한 것이었다. 즉 합의문 제1항은 "어떠

▶ 김기웅(왼쪽) 남측 수석대표와 박철수 북측 수석대표가 개성
공단 정상화 합의서를 교환하는 모습
출처 : 개성공단공동취재반

한 경우에도 정세의 영향을 받음이 없이 남측 인원의 안정적 통행, 북측 근로자의 정상 출근, 기업재산의 보호 등 공단의 정상적 운영을 보장한다"고 적시함으로써 향후 남북 간 정치적 갈등이 발생하더라도 개성공단의 가동을 중단하는 사태가 되풀이되지 않도록 하겠다는 남북한 당국의 의지를 피력하였다.

2) 제도적 협력과 갈등

개성공단은 남북합작의 실험이 진행되는 곳이며 남북한이 모두 정치적, 경제적으로 이익을 창출하는 공간이다. 남한과 북한 어느 쪽이 더 긴요하게 개성공단 사업을 원했는지는 정확히 말하기 어렵지만 추진과정에서는 남한이 더 적극적으로 공단의 필요성을 제기하였고 남한의 필요에 의해 북한의 노동력을 활용하기 위해 북한 땅에 개척한 우리의 공단개발 사업이다. 특히 중소기업인에게는 기회의 땅이다.[23] 우리나라 중소기업은 고임금과 노동력 부족 때문에 외국인 근로자를 고용하거나 공장을 해외로 옮겨가면서 명맥을 유지하고 있다. 개성공단은 서울에서 2시간이면 오갈 수 있고 분양가도 경

---

23 고경빈, 2007, 「개성공단사업의 미래: 단순한 경제사업 이상의 의미 내포한 개성공단」, 『통일한국』, pp.30~33.

쟁력이 있으며 같은 말을 쓰는 양질의 노동력을 활용할 수 있는 이점이 많기 때문에 저가의 중국제품에 밀려 존망을 다투는 우리 중소기업에게는 훌륭한 기회의 땅이다.

공단 안에는 남한과 북한을 연결하는 제도적 장치들이 잘 마련되어 있다. 남북경협사무소는 남북한의 경제협력을 협의하고 논의하는 제도화된 공간이다. 남북한 정부 당국 간에 상설 연락채널이 없어서 '남북연락사무소' 개설을 당면과제로 삼고 있는 것이 현실임을 감안하면 개성공단에 이러한 상설사무소가 설치되어 있다는 것은 의미 있는 일이다. 한국전력과 우리은행은 남북한의 전력과 금융의 소통기능을 담당하며 여기에는 북측 근로자와 남측 관리인원이 함께 근무하고 있다. 남북협력병원도 건설되어 있고 한누리호텔도 2010년 3월 문을 열었다. 남북한 간 협력 소프트웨어가 잘 갖추어져 있는 셈이다. 그 안에서 은밀히 진행되는 보이지 않는 변화들도 중요하다. 남북한 노동자들이 제도적으로는 서로 만나지 못하도록 되어 있고 북한 노동자들의 통제권한도 남한기업에게는 없지만 공단 안에서 실제로 벌어지는 현실은 심대하다. 마음과 마음이 통하는 이해와 화해, 소통의 공간으로 기능하고 있는 것이다. 지난 몇 년 동안 남북협력이 더 활발히 이루어졌더라면 지금쯤은 아마도 10만 명을 넘는 대규모 공단으로 변모했을 텐데 하는 아쉬움이 남는다.

▶ 2007년 경협사무소 새 청사 준공식
출처 : 통일뉴스

▶ 2007년 개성협력병원 개원식

개성공단은 남북협력 및 투자 공간 중에서도 법·제도적 및 조직적·행정적 장치가 비교적 잘되어 있는 곳이다. 법과 제도의 측면에서도 개성공단은 단연 선도적이다. 투자보장합의서는 남과 북의 국회에서 각각 비준되어 법률적 효력을 가지고 있으며, 출입·체류 합의서는 개성공단에서의 안전한 출입 및 체류를 보장하는 합의서다.[24] 금강산관광지구에는 관리기구가 설치되지 않았는데 개성공단에는 「개성공업지구관리위원회」가 설치되어 있다. 2004년 1월 "개성공업지구와 금강산관광지구 출입 및 체류에 관한 합의서"를 체결하였다. 이 합의서 제12조와 제13조에서 남북경협지구의 관리기구에 대한 내용이 명시되어 있음에도 금강산관광지구에는 관리기구가 설치되지 않았고 개성공업지구에는 2004년 10월 「개성공업지구관리위원회」가 신설되었다. '관리위원회'는 개성공업지구의 행정·지원기관으로서 개성공업지구와 입주기업의 생산성 향상을 위해 설립된 북한 내 법인으로 개성공단 출입 및 체류와 관련하여 발생하는 전반적인 문제를 해결하는 기구로 기능하고 있다. '관리위원회' 위원장은 3년 임기로 이사장을 겸임하며 한국 측 인사가 맡고 있다. 북한 중앙특구개발지도총국과 공단 제도의 정비 및 투자환경 개선을 협의하는 역할도 담당하며, '관리위원회'에서 해결하지 못하는 문제

▶ 개성공업지구관리위원회와 한국전력의 건물전경

---

24 고경빈, 앞의 글, p.31.

는 남북경제협력추진위원회나 위임기관에서 협의하여 해결하도록 되어 있다.

사실, 남북한 통일과정에서 제도적 위임기구의 형성은 필수적 조건이다. 남북한이 안정적으로 교류하고 협력하기 위해서는 법적, 제도적 틀을 잘 갖추어야 한다. 통일의 과정도 마찬가지다. 남북 간 교류협력이 아무리 활발히 진행되어도 교류협력을 제도화하는 법이나 기구의 제정 및 형성이 없이는 더 높은 단계로 발전하기 어렵다. 교류가 빈섭해지고 규모가 커지면 그에 맞는 남북한의 공동기구나 위임제도가 형성되어 교류와 협력을 안정된 기반 위에서 추진하도록 만들어야 한다. 남북한이 지금까지 정상회담과 장관급 회담, 적십자회담 등 수많은 회담을 했으나 공식적 통합기구 하나 제대로 된 것이 없는 상황이다. 물론 공식기구가 없어도 회담체라는 형식으로 제도화가 되어 있다는 주장을 하기도 하지만, 남북한이 통일이 된다면 현실적으로 가장 크게 달라질 부분이 바로 남북한 간의 경계설정과 출입 문제를 누가, 어떻게 관리·통제할 것인가 하는 문제이다.

2004년 7월 북한은 대남 경협기관들을 통합하여 내각 산하 장관급 기구로 민경협을 신설했다. 이 기관 산하에는 남북교역 사업을 담당하는 민족경제협력연합회와 개성공단 사업을 관장하는 중앙특구개발지도총국 등이 있다. 대풍그룹의 실적이 미비하고 유명무실하다고 판단되자 북한은 내각 산하에 합영투자위원회를 신설하여 외자유치와 합영기업의 운영을 담당하도록 하였다. 2013년 8월 14일 합의를 바탕으로 개성공단 문제를 상시적으로 협의하기 위해 남북한은 당국 간 기구로 「개성공단 남북공동위원회」를 구성하고 그 산하에 4개 분과위원회 및 상설사무처를 개설하였다.[25] 「개성공단의 정상화를 위한 합의서」에 따라 2013년 9월 16일 개성공단이 재가동되었고 '통행·통신·통관 분과위원회', '출입·체류 분과위원회', '투자보호·관리운

---

25 통일교육원, 2014, 『2014 통일백서』, 통일부 통일정책실, pp.54~55.

영 분과위원회', '국제경쟁력 분과위원회' 등 4개 분과위원회에서 관련문제들을 협의하였다. 공동위 2차 회의(2013.9.11)에서는 「개성공단에서의 '남북상사중재위원회 구성·운영에 관한 합의서' 이행을 위한 부속합의서」 체결과 피해보상, 세금감면 등 구체적인 실무사항들을 협의하였다.

공단 안에서 벌어지는 협력과 갈등은 통일 과정에서 남북한이 부딪히게 될 여러 문제점과 얻게 되는 이익의 현장을 보여주는 공간이다. 입주 기업체와 북한은 저렴한 노동력 활용과 외화벌이라는 상호이해가 맞아 떨어져 공단을 운영하고 있으나, 남북한 당국은 공단이 미칠 파장에 대해 서로 다른 시각을 갖고 있기 때문에 매우 조심스럽게 움직이고 있다. 특히 북한이 북한 내부로 시장경제가 들어가는 것을 경계하고 있기 때문이다. 아직은 남북한이 서로 경제적 이익을 적절히 나누어 갖고 있는 셈이어서 심각한 마찰이나 갈등이 발생하지 않고 있으나, 앞으로 공단규모가 커지고 이익이 커지면 노무 관리나 이익배당 등을 둘러싸고 치열한 갈등과 분쟁이 발생할 수 있다. 이러한 상황에 대비하여 갈등조정 기구를 원활히 운영할 필요가 있다. 남북 간에 교류와 협력이 확대될수록 갈등이 증대하며 적절한 갈등해결과 분쟁조정 활동을 전개하는 일은 필수적이다.

3) 공단 밖의 긴장과 갈등

개성공단 사업과 관련하여 개성공단을 앞으로 성공적으로 운영하려면 공단 밖에서 해결해야 할 갈등도 있다. 우선, 개성공단에서 생산한 제품을 국내산으로 보아야 할지, 외국에서 생산한 제품으로 보아야 할지에 대한 이견이 존재한다. 미국과 일본을 비롯한 몇 나라에서는 외국과의 거래로 간주해야 한다는 견해를 피력한다. 개성공단 제품은 북한산으로 관세를 매겨야 한다고 주장한다. 그러나 한국은 개성공단 상품은 국내제품과 동일하게 취급

을 받아야 한다는 입장이다. 한국은 남한과 북한이 유엔에 가입한 독립국이
나 대한민국 헌법에 북한을 외국으로 간주하지 않고 우리나라의 범주에 포
함하고 있다. 지금까지는 한국의 이러한 입장이 묵인되고 있고 중국과 러시
아가 딱히 문제를 제기하고 있지 않기 때문에 심각한 갈등 없이 남북협력이
진행되고 있다.

이 문제는 법적인 문제이기에 앞서 국제사회가 남한과 북한을 어떻게 보
고 있는가 하는 현실적인 문제로 향후 통일과정에서 국제사회와 어떤 긴장
과 갈등이 발생할 것인가를 시사해 주는 대목이라 할 수 있다. 남한과 북한
이 유엔에 독립국으로 가입했으면서도 남북기본합의서에 남북한은 "쌍방
사이의 관계가 나라와 나라사이의 관계가 아닌 통일을 지향하는 과정에서
잠정적으로 형성되는 특수 관계라는 것을 인정하고, 평화통일을 성취하기
위한 공동의 노력을 경주할 것을 다짐"하는 의지를 천명한 것이다. 혹시라
도 주변4국과 국제사회가 남북한을 독립국간의 관계로 해석하면서 남북한
의 통일을 반대할 수 있다는 우려를 사전에 불식시킬 필요가 있었기 때문이
다. 개성공단에서의 남북 간 경제협력은 이런 점에서 한반도 통일과정이 내
포하고 있는 민족문제의 성격과 국제협력을 어떻게 조화롭게 해결해 나가야
할 것인가에 대한 시사점을 제공해 준다.

더 복합한 갈등은 정전협정과 관련된 법적 문제일 것이다. 주지하다시피
DMZ는 국제법적으로 정전협정에 의해 유엔사령부와 북한의 관할 지역이
며 국내법의 적용이 사실상 불가능한 지역이다. 냉전시기 DMZ와 관련된 문
제는 정전협정에 의한 군사정전위원회와 중립국감시단의 허가를 받아야 하
는 사안이었다. 그러나 이러한 기구는 탈냉전 이후 북한이 이 기구들에 대한
무용론과 무력화를 시도함으로써 현재는 북한인민군 판문점 대표부와 유엔

사 군사정전위 간의 '장성급회담'을 통해 유지되고 있다.[26] 이러한 상황에서 DMZ를 통과하는 남북협력이 이루어지려면 가장 먼저 앞에 언급한 '장성급회담'에서 논의가 된 후 양자가 합의하면 한국은 유엔사로부터 법적 권한을 위임받아 북한과 협력하는 순으로 진행된다. 개성공단과 거기서 생산되는 상품을 남북한 소유로 인정받는다 하더라도 남한과 북한의 협력, 특히 DMZ를 끼고 진행되는 남북 간 협력은 남한주도나 북한주도만으로 되지는 않는다. 이런 점에서 개성공단의 경험은 향후 한반도 통일을 준비하는데서 법적 문제의 현실을 여실히 보여주었으며 이 문제를 어떻게 돌파해 나갈 것인가에 대한 지혜도 우리에게 주고 있다.

개성공단의 운영과 발전은 북한의 핵문제 해결과 직결되어 있다. 북한은 핵문제와 관련하여 2006년 안보리 결의 1695를 시작으로 2013년 2094호까지 유엔의 대북제재를 받고 있다. 남북한이 어떠한 정세에도 영향을 받지 말고 개성공단을 운영하자고 합의했지만 유엔의 제재가 진행 중인 상황에서 공단을 더 확장하거나 전면적으로 발전시키기는 어려울 것이다. 미국은 북한의 핵개발을 포기하도록 압박하기 위해 재정봉쇄를 시도하고 있는데 개성공단은 그러한 미국의 정책에 방해가 된다고 보기 때문이다. 물론 원론적으로 유엔제재는 군사제재이며 정상적인 경제교류는 해당되지 않지만 그렇다고 개성공단을 적극 지원하기도 어려운 상황이다. 따라서 미국과 한국의 입장에서 북한의 핵개발 포기를 압박하기 위해서는 개성공단 개발을 북핵문제 해결과 보조를 맞추는 가운데 추진해야 하는 것이 현실이다. 북한의 핵문제로 유엔의 군사적, 경제적 제재가 강화되고 있고 금융제재로 이어져 개성공단은 매우 불리한 환경에 놓여 있다. 이런 점에서 북한의 핵문제는 개성공단의 발전과 협력을 추진하는데 심각한 장애물이 되고 있고 통일을 염두에 둘

---

26 통일부 통일교육원, 2004, 『통일·남북관계 사전』, 통일교육원, pp.81~82.

때 북한의 핵문제로 파생되는 갈등은 파괴력이 클 것으로 예상된다.

한국정부의 '5.24조치'도 공단 밖에서 벌어지는 긴장과 갈등의 중요한 부분이다. 개성공단이 성공적으로 발전하려면 남한정부의 지원과 기업의 참여가 필수적이다. 따라서 '5.24조치'를 남한정부가 어떻게 해석하고 적용해 나갈 것인가 하는 문제는 개성공단의 발전과 직결되어 있다. 현 정부는 개성공단의 '국제화'를 정책으로 내걸고 있는데 이 역시 '5.24조치'의 해제여부와 관련되어 있다.

그런가 하면 중국의 적극적 관여 여부도 중요한 변수가 되고 있다. 2002년 9월 신의주행정특구를 설치했던 당시에는 중국이 제대로 준비되어 있지 않았던 터라 북한이 일본과 한국의 자본을 신의주행정특구에 끌어들이는 계획을 받아들이기 어려웠을 것이다. 그래서 신의주행정특구 장관으로 임명된 양빈을 체포함으로써 북한의 특구계획은 무산되었다. 물론 여기에는 농축우라늄 핵문제를 제기한 미국과의 보이지 않는 교감도 있었을 것이다. 그러나 개성공단을 보는 중국의 눈은 이제 달라졌다. 중국은 2009년 9월 왕자루의 북한 방문과 10월 원자바오 총리의 평양방문을 통해 「중조 5개년 경제기술협력 협정」을 체결하고 황금평 위화도 경제지대와 라선경제무역지대에 대한 공동개발에 합의함으로써 북중경협이 시작되었기 때문이다. 개성을 공단으로 선정하게 된 배경 자체가 중국의 제안을 받아들여서 된 것이어서 개성공단에 대한 중국의 신뢰가 크다는 점도 있겠지만, 경제발전에 대한 중국의 자신감이 높아지고 있어 개성공단에 대한 중국의 지지가 높은 것 같다.

중국의 적극적 북한개입 전략을 바라보는 북한의 입장은 복잡하다. 2009년 10월 중국 원자바오 총리의 경제협력 패키지에 포함되어 있던 고속도로·철도 건설 사업이 최근 활기를 띠고 있다. 김정은 노동당 제1비서는 신의주~개성 간 도로·철도를 다국적 컨소시엄 방식으로 추진하되 중국 등으로부터의 국제 화물·여객 운송용으로 건설하라는 지침을 내렸다는 보도도 나왔다.[27] 다국적 컨소시엄이 건설과 소유, 운영에 관한 권한을 갖도록 하고 나중에 돌려받는 민자 투자 방식(BOT, Build-Own-Operate-Transfer)으로 추진할 것을 지시했다고 한다. 북한으로서는 중국의 인프라 개발 독점을 막고 일본과 한국, 러시아 등 여러 나라가 함께 참여하는 방식을 선호할 것이다. 그러나 현실적으로 중국이 철도·도로 사업에 주도적으로 개입할 가능성이 높고 그 경우 개발협력의 대가로 북한이 지하자원과 수산물을 지급한다면 북한의 광물과 수자원이 대거 중국으로 빠져 나갈 가능성이 높다. 이런 점에서 개성공단 개발을 둘러싼 복잡한 사정은 마치 주변국의 각축장으로 변할지도 모를 통일 미래를 보는 것 같기도 하다.

5. 작은 통일 시작되다

　　한반도의 개성공단은 지리적 위상과 기능으로 보면 중국의 선전(深川)이나 독일의 베를린을 연상시킨다. 중국의 선전은 홍콩 자본주의 경제를 가장 가까이에서 활용하는 경제성장의 거점으로 활용되었으며, 독일은 1946년 분단되었지만 베를린 문제 때문에 동서독은 통행 및 통신 협상과 기술적 문제들을 끊임없이 함께 논의하는 공간으로 활용되었다. 개성공단도 발전된 한국의 시장경제를 손쉽게 활용할 수 있는 위치에 있을 뿐 아니라, 공단으로의 출입과 통신, 송금 문제 등 기본적인 문제들을 부단히 대화하고 토론하는 장이 되고 있다. 이런 점에서 개성공단 건설은 통일의 작은 걸음 하나를 내딛은 셈이다. 홍콩과 중국의 일국양제(一國兩制)의 통일실험에서 선전이 차

27　조선일보, 2014년 3월 29일, "김정은 "신의주~개성 고속철·도로 外資유치해"".

지하는 비중을 감안할 때 개성이 한반도 통일의 새로운 동력을 제공할 수도 있을 것으로 기대된다. 베를린의 지리적 위상은 독일의 노력과는 상관없이 국제정치적 조건으로 주어졌지만, 개성공단은 남북한이 협력하여 만든 창의적 공간이라는 사실을 유념할 때 개성공단의 의미는 참으로 크다. 2013년 8월 14일 남북한은 "어떠한 정세의 영향을 받지 않고 개성공단을 유지하기로 합의"했다는 사실은 극단적인 대립과 갈등 속에 있으면서도 경제적 실익을 위해서는 협력할 수 있음을 보여주는 의미심장한 결과이다. 서로 전쟁을 한 남한과 북한이지만 협력하며 함께 화해와 통일, 평화를 이룰 수 있다는 가능성을 보여주었다. 독일 사람들도 독일은 통일 이전에 교류와 왕래는 했지만 이러한 협력사업을 추진하지는 못했다며 개성공단에 대해서는 칭찬을 아끼지 않는다. 아무튼 개성공단은 분단 한반도의 새로운 실험이며 공존과 협력, 평화와 통일을 희망케 하는 소중한 한국적 자산이다.

개성공단이 남북한 통일기획의 전형적인 모델이 되는 이유는 바로 상호이익에 근거한 협력을 바탕으로 하고 있기 때문이다. 통일을 추동하는 핵심동력이 민족의식에서 점차 상호이익과 실리로 바뀌고 있다. 시간이 지날수록 남북한 간에는 통일의 당위성이 점점 약화되고 있는 반면 국가 및 자신에게 어떤 실제적인 이익이 돌아오는가 하는 데 대한 관심이 높아지고 있다. 통일로부터 기대하는 이익은 남한보다 북한이 월등히 높은 것으로 평가된다. 2013년의 경우 남한주민은 48.6%가 통일이 남한에 이익이 될 것이라고 보고 있고 자신에게 이익이 될 것이라는 인식은 21.8%로 낮다. 반면 북한주민은 북한에 도움이 된다는 의식이 99.3%이며 개인에게도 이익이 된다는 응답이 95.5%로 매우 높다. 북한주민은 민족의식에 기반하여 통일을 원하고 있지만 그만큼 통일을 계기로 경제적 이익을 얻을 수 있을 것이라는 기대를 강하게 갖고 있다. 통일을 해야 하는 이유를 많은 사람들이 실리적 관점

에서 바라보고 있다는 것은 향후 통일의 방향이 경제적 상호이익이라는 관
점에서 기획될 필요가 있고 개성공단 모델을 적극 원용해야 할 필요가 있다.
개성공단은 이런 점에서 남북한이 희망하는 가장 유력한 통일모델을 제시하
고 있는 셈이다.

개성공단 협상 과정과 쟁점

_김천식

제2장 개성공단 협상 과정과 쟁점

김천식

1. 개성공단 협상의 의미

개성공단은 원래 남북한의 민간 경협차원에서 출발된 사업이다. 현대아산과 북한의 아태 및 민경련 간에 체결된 「공업지구 건설 운영에 관한 합의서」에서도 북한 지역에 북한의 법적 절차에 따라 현대아산이 공단건설·운영과 관련된 제반활동, 즉 부지조성, 기반시설 건설, 입주업체 선정 등을 책임지도록 하며, 아태와 민경련은 공단의 성공적인 건설·운영을 위해 필요한 통행·통신을 보장하고, 연결도로를 개설한다고 합의되어 있다.[1] 이러한 합의대로 개성공단 사업이 추진되었다면 비교적 단순하고, 또한 일반적으로

---

[1] 개성공단5년 발간위원회, 2007, 『개성공단5년: 개성에 가면 평화가 보인다』, 통일부 개성공단사업지원단, p.17.

해외 투자 사업과 비슷했을 것이다. 여러 가지 정황을 종합해 봤을 때 북한은 개성공단을 시작하면서 두 가지 사항을 핵심적으로 고려했던 것 같다. 즉 경제적 실리를 확보한다는 점과 이 사업을 추진하는 과정에서 이로 인해 북한 사회가 외부에 노출되는 일이 없어야 한다는 점이다.[2] 북한은 개성공단 사업초기에 이러한 방향에서 남한 당국의 개입을 가급적 최소화(배제)하고 사업자 간의 협의를 통해서 개성공단을 추진하고자 했으며, 진출기업에 대해서도 이들이 북한 측 근로자들을 직접 접촉하지 못하도록 북한 측 근로자에 대한 채용 및 감독권을 북한 측이 임명한 직장장이 행사하는 체제를 구축했다.

그러나 남북관계의 특수성, 현대아산의 사업추진 역량 등 여러 가지 사정으로 인해 원래 북한이 구상했던 대로 개성공단은 추진되지 못했고 남한 당국의 개입이 불가피한 상황이 조성되었다. 이러한 사정으로 인해 남북한 당국 간의 협상이 시작됐으며 남북한 당국 간 협상이 기초가 되어 개성공단이 추진될 수 있었다.

남북한 사이에서는 끊임없이 상호 작용이 발생한다. 남북한은 1948년 각기 정부를 수립하였으며 곧이어 북한은 6·25전쟁을 일으켰다. 휴전 이후에도 남북한은 정통성 경쟁과 함께 군사적 충돌과 대결, 상호 비방을 계속해 왔으며 1970년대에 들어와 대화를 시작한 이후에도 이러한 대결적 요소들은 없어지지 않았다. 1970년대의 남북대화는 대결의 연장선상에 있었고 선전선동의 현장이었다. 그러한 남북대화의 성격이 바뀌기 시작한 것은 국

---

2 2007년 10월 노무현·김정일 남북정상회담에서 북한의 김정일 국방위원장은 개성공단과 관련하여 두 가지 중요한 발언을 했다. 첫째는 "개성공단 할 바에는 똑똑히 해주어야"한다는 것과 둘째는 "(통신 등) 모든 게 개성지구가 단말돼야 한다, 이게 북반부와 연결이 안돼야… 단말되는 것이 기술적으로 담보되면 개성 지구 통행, 통신 개방시키고 활성화시켜 나가겠다"고 했던 것이다(언론에 공개된 「2007년 남북정상회담 회의록」 참조).

제냉전이 종식된 이후인 1990년대였다. 남북한은 남북고위급회담을 통해 1991년 12월 「남북 사이의 화해와 불가침 및 교류협력에 관한 합의서」를 채택하였으며, 이 합의서를 통해 남북한의 상호관계를 "나라와 나라 사이의 관계가 아닌 통일을 지향하는 과정에서 잠정적으로 형성되는 특수 관계"라고 규정하였다. 그리고 그러한 남북한 특수 관계가 본질적으로 내포하고 있는 적대성을 완화하기 위해 상호 체제인정, 내정불간섭, 비방·중상 중지, 파괴 전복 활동 금지, 군사정전협정의 준수 등 남북한 관계발전을 위한 5원칙에 합의했다. 그리고 남북한은 한반도의 비핵화를 실현하기 위해 핵무기의 시험, 제조, 생산, 접수, 보유, 저장, 배비(配備), 사용을 하지 않으며, 핵 재처리 시설과 우라늄 농축시설을 보유하지 않기로 합의했다. 그러나 남북한 관계에서 중대한 전기를 마련한 것으로 평가됐던 남북기본합의서와 한반도 비핵화 공동선언은 실천되지 못했으며 북한은 핵개발을 계속했고 남북한 대결도 계속되었다.

남북한 사이에서 대결의 속성이 지속되는 가운데서도 의미 있는 협력의 상호작용이 일어난 때는 2000년 김대중-김정일 남북정상회담 이후이다. 그리고 이것은 새로운 일이었다. 남북한 사이에서 협력이 구체화된 것은 사실상 처음 있는 일이었으며 이러한 구체적인 일이 진행되는 것과 관련하여 남북한이 함께 받아들일 수 있는 어떠한 법률이나 관행이나 기준이나 선례나 과정이 없었다. 또한 일방의 행동에 대해 상대방이 용인하거나 동의할 수 있는 신뢰도 없었다. 어느 한 체제 내에서는 저절로 진행되는 일들도 남북한 사이에서는 하나에서 열까지 모두 협상을 통해서 조율되고 합의되어야 했다. 그것도 매우 구체적으로 합의되어야 하고 때로는 합의에 대한 해석까지도 사전에 양해되어야 했다. 개성공단의 시작과 가동, 가동 이후의 모든 발전과정도 마찬가지였다. 개성공단을 건설하기로 합의한 것, 그리고 그 이후 이를 실행하기 위한 통로의 개설, 사람과 물자의 이동, 개성공단 내외의 인프라 건설, 공단운영과 관련한 제도 정비, 입주기업과 북한 당국과의 관계, 남북한 근로자들의 행동준칙 등 모든 것이 남북한 간의 협상을 통해서 마련됐다. 협상이 없으면 그러한 것이 마련될 수 없고 그러한 합의가 마련되지 않으면 개성공단은 진행되지 못한다. 사소한 것이라도 남북한이 협상하여 합의해야 한다.

이러한 측면에서 남북한 관계에서 실질적으로 일이 이루어지는 것은 모두가 협상의 결과라 해도 무방하다. 개성공단의 건설과 운영을 위해서 수많은 협상들이 있었다. 지금도 매일매일 협상이 진행된다. 개성공단의 협상은 남북한 당국 간의 협상, 입주기업과 북한 당국과의 협상, 입주기업과 북한 측 이해관계자들과의 협상 등 여러 차원에서 진행된다. 개성공단에 대한 남북한 협상을 분석하는 것은 개성공단의 사업성격과 내면을 들여다봄으로써 남북한의 의도를 알 수 있을 뿐만 아니라 향후 개성공단을 전망하는 데 매우 중요한 일이라 할 수 있다. 남북한 사이에는 여러 가지 형태의 협상이 진행되고 있으나 남북한의 특수 관계라는 성격으로 인해 특히 당국 간 회담의 중요성이 압도적이다. 그럼에도 개성공단 협상이 시작된 지 10년이 넘었지만 아직 개성공단 협상에 대한 본격적인 분석과 연구가 미미하다. 그 배경에는 개성공단이 계속 현안을 분출하고 있기 때문에 이를 분석하는 데 치중하게 되므로, 지난 협상에 대해 연구역량을 투입하기 어려운 사정이 있었을 것이다. 또 다른 이유는 협상내용이라는 것이 원래 비공개이기 때문에 접근하기가 쉽지 않기 때문일 가능성도 있다. 이런 점에서 남북 간 협상과정을 연구함으로써 개성공단에 대한 남북한 당국의 인식을 살펴보고, 개성공단 추진 과정에서 제기된 현안과 쟁점, 그리고 그 해결 방법 등을 분석하는 것은 실용적인 차원에서나 학술적인 차원에서 매우 중요하다.

2. 개성공단 협상의 역사적 배경

현대아산과 북한의 아태는 2000년 8월 22일 「공업지구건설 운영에 관한 합의서」를 체결함으로써 개성지역에 2천만 평 규모의 공단을 건설하기로 합의했다. 이와 같이 개성공단은 북한과 남한의 민간 기업 간 사업으로 시작됐다. 그러나 현대아산의 자금력 부족 등으로 사업추진에 어려움을 겪으면서, 공기업인 한국토지공사가 사업자로 참여하게 됐으며[3] 공단 운영과 관련된 것은 남북 당국 간의 직접 협의를 통해 해결함으로써 개성공단의 안정적 발전을 뒷받침하는 구조로 변화되어 왔다.

남북한 당국 간 경제협력에 관한 논의는 1984년 11월부터 시작되었으며, 당시 당국 간 협의에서는 남북 간 물자교역, 경제협력, 경제협력공동위원회 설치, 공동어로 구역 설치, 지하자원 공동개발 등 남북 간의 경제교류협력에 대해 협의하였으나 합의에 이르지 못하고 1985년 11월 중단됐다.[4] 그 당시 남북한의 정치 군사적 대결상태 하에서는 남북한 간의 경협이 불가능 했던 듯하다. 1980년 말 국제냉전이 끝나가는 시기에 출범한 노태우 정부는 1988년 7.7선언을 통해 남북경제교류를 민족내부교류로 추진한다는 방침을 밝혔다. 그리고 이러한 정세의 전환과 정책의 변화에 부응하여 정주영 현대그룹 회장이 1989년 1월 북한을 방문하여 여러 가지 경제협력을 추진하기로 북한과 협의했다.[5] 남북 당국 간에는 총리를 수석대표로 하는 남북고위급회

---

3 토공은 2000년 11월 10일 현대와 공동사업 시행협약을 체결했다. 이후 협약을 다시 체결하여 개성공단 사업을 토공이 주도하는 체제로 바꿨다.

4 통일교육원, 1990, 『1990 통일백서』, 통일부 통일정책실, pp.119~121.

5 국회사무처, 「제145회 국회·외무통일위원회 회의록(제3차 회의)」, p.18에서 정주영 회장의 경협 의정서에 관한 설명 참조. 현대와 북한은 금강산 개발사업, 조선소, 철도차량 공장 등 경협을 추진하기로 했다고 증언했다.

담을 개최하여 남북기본합의서를 체결하였다. 남북한은 이 합의서에서 민족경제의 통일적이며 균형적 발전과 민족전체의 복리향상을 도모하기 위하여 자원의 공동개발, 민족내부 교류로서 물자교류, 합작투자 등 경제교류와 협력을 실시하기로 합의했다.

또한 노태우 정부는 정주영 회장이 방북하여 추진하기로 했던 사업추진을 뒷받침하고 이를 질서 있게 추진해야 한다는 입장에 따라 남북교류협력에 관한 법률을 제정했다.[6] 그러나 이러한 경제협력을 향한 노력에 대해 정부 일각에서는 부정적인 시각을 보였고, 북한의 NPT 탈퇴 등 북핵 위기가 발생함으로써 더 이상의 진전을 이루지 못하게 됐다. 1994년 10월 북미 간 제네바 기본합의를 통해 북핵 위기가 해결국면에 접어든 것으로 인정됐을 때인 1998년 김대중 대통령이 취임하여 대북포용정책을 적극 추진하면서 남북경제협력이 본격화되기 시작했다. 그 대표적인 사업이 금강산관광 사업이었으며 현대는 금강산관광 사업뿐만 아니라 소위 7대 경제 사업을 하기로 북한과 합의하였다.[7] 그 중 하나가 서해안 공단건설 사업이었으며, 개성공단은 이러한 연장선상에서 나왔다고 할 수 있다.

개성공단 사업도 초기에는 금강산관광 사업과 유사한 형태로 구상되고 추진되었다. 즉 북한(당국)이 일방이 되고 남한의 사기업이 일방이 되어 쌍방이 합의하여 북한 지역에 남한의 사기업이 투자하는 형태로서 남북한 당국 간에는 직접적인 협의 없이 추진되는 형태였다. 이 경우 남한 정부는 남한 기업의 대북투자 행위에 대한 승인여부를 결정하고, 북한은 북한의 자기

---

6 남북교류협력법 제정 과정에 관한 연구는 김천식, 2014, 『노태우 정부의 남북교류협력법 제정과정에 관한 연구』, 북한대학원대학교 박사학위논문 참조.

7 2000년 5월 3일 현대와 아태는 7대 경협사업에 관한 잠정 합의서를 체결했고 8월 22일 베이징에서 「남북 경제협력사업에 관한 합의서」에 서명했다. 7대 경협사업이란 공단(개성, 신의주, 통천) 건설, 철도·도로 건설, 전력·에너지사업, 통천 비행장 건설, 임진강 댐 수력이용, 금강산 수자원 개발, 칠보산 등 명승지 개발 사업 등이다.

책임으로 북한 지역에서 남한 국민의 신변안전과 투자재산 보호를 보장하는 형태였다. 북한은 현대와 개성공단 사업추진을 협의할 때 남한 당국의 개입을 배제하는 이러한 형태를 선호했던 것 같다. 남한 정부도 개성공단 사업을 현대아산의 대북투자 사업으로 보고자 한 것 같다. 그 당시 남한 정부가 직접 개입함으로써 떠안을 수 있는 재정적 부담을 고려하지 않을 수 없었으며, 당시 국회에서도 이러한 점을 우려하는 지적이 많았다.[8] 또한 경제협력 사업은 기본적으로 당국의 직접 참여보다는, 민간 차원에서 자기책임 하에 추진하는 것이 바람직하다는 것이 당시 남한 정부의 기본적인 인식이었다.[9]

그러나 남북한 간의 특수성과 현대아산의 재정동원 능력 등의 문제가 속출함으로써 개성공단 사업의 추진이 지지부진해졌다. 이를 추진하기 위해서는 남북한 당국 간 협의가 불가피한 상황이 조성되었다. 개성공단 사업에 남한 당국의 개입을 먼저 요구한 측은 북한이었다. 남북당국 간 회담에서 개성공단 문제가 처음으로 거론된 것은 2001년 9월 제5차 남북장관급회담에서이다. 그 이후 〈표 2-1〉에서 보는 바와 같이 2007년 7월 20차 장관급회담 때까지 장관급회담, 경제협력추진위원회, 개성공단 건설실무협의회, 경제협력제도실무협의회 등 여러 수준에서 개성공단 건설과 관련하여 당국 간 협의가 진행됐다. 그리고 최근의 협상으로는 2013년 북한 측이 일방적으로 근로자를 철수함으로써 개성공단이 폐쇄위기에 빠진 상황에서 남북한 협상이 진행됐다.

---

8 국회사무처, 「제216회 및 제218회 국회·통일외교통상위원회 회의록(제2차 회의)」 참조.

9 냉전기 미국도, 소련과의 경제교류에서 당국의 직접 참여를 피했다. Goldman과 Venon은 그 배경으로, 미국 정부 내의 이데올로기적 요소가 경제교류에 관하여 당국이 재정을 투입하며 직접 참여하는 것을 제한하는 주요요인으로 작용하였다고 지적한 바 있다. 이와 관련해서는 Marshall, Goldman, & Raymond, Venon, 1984, "Economic Relations," *The Making of America's Soviet Policy*, edited by Joseph Nye, Jr, New Haven, Yale University Press, pp.159~181 참조.

표 2-1. 남북한 당국 간 회담에서 개성공단에 대한 협의

회담형태＼회담	장관급회담	경추위	개성공산실무협의	제도실무협의
횟수	16	13	5	5

이상과 같은 공식적 회담 외에도 통행, 통신 등 기술적인 문제협의를 위한 실무급 접촉이 많이 열렸다. 〈표 2-2〉에서 보는 바와 같이 남북경제협력을 협의한 남북 당국 간 회담에서 2003년 말까지는 철도·도로 연결 사업이 우선적인 협의의제였으며 개성공단 건설과 관련한 협의는 그 후 순위였다.[10] 이 표에서 나타난 바와 같이 당국 간 회담의 의제순서는 이 사업에 대한 정부의 인식을 반영한 것이라고 할 수 있다. 노무현 정부도 초기에는 개성공단 사업을 민간사업 기반으로 인식했었으나 점차 개성공단 사업을 직접 지원하는 데에 적극적인 입장으로 변하기 시작했고 이 사업의 성공적 추진을 위해 북한과 협의하는 과정에서 우선순위를 높였다.[11] 원래 남한 정부는 남북경협에 대해서 기본적으로 상업적 방식에 의해 추진되는 것이 바람직하고 지속가능하다는 입장에 따라 사업자가 북한의 상대편과 협의하여 추진하도록 하였다.

다만 남북교류과정에서 필수적으로 수반되는 국민의 신변안전과 통행에 관한 문제, 우리 기업들의 기업 활동을 보호하기 위한 제도적 장치 구축문제, 남북경협을 위한 기반 구축문제는 정부가 북한과 협의해서 해결할 문제로 인식하였다. 개성공단 추진과 관련해서도 남한 정부는 정부와 사업자가 해야 할 역할을 이러한 기준에 따라 구분했었다. 앞의 표에서도 알 수 있는

---

10 남북장관급회담 합의서에서 경협사업 중 개성공단이 가장 먼저 언급된 것은 제13차(2004.2)부터이며 남 북경제협력합의서에서 개성공단 합의사항이 가장 먼저 언급된 것은 제8차 경제협력추진위(2004.3)부터이다.

11 임을출, 2005, 『웰컴투 개성공단』, 도서출판 해남, pp.150~158.

	1순위 의제	2순위 의제	3순위 의제
1차 (2010.1.30)	임진강 수방	철도·도로	개성공단
2차 (2002.8.30)	철도·도로	개성공단	임진강 수방
3차 (2002.11.9)	철도·도로	개성공단	해운협력
5차 (2003.5.23)	철도·도로	개성공단	임진강 수방
6차 (2003.8.28)	철도·도로	개성공단	금강산관광
7차 (2003.11.8)	철도·도로	개성공단	경협제도
8차 (2004.3.5)	개성공단	철도·도로	금강산관광
9차 (2004.6.5)	개성공단	철도·도로	경협제도
10차 (2005.7.12)	신경협 추진(원자재·지하자원)	경협사무소	개성공단
11차 (2005.10.28)	신경협 추진	철도·도로	수산협력
12차 (2006.6.6)	신경협 추진	한강하구 개발	개성공단
13차 (2007.4.22)	철도·도로(개통)	신경협 추진	개성공단

출처: 통일부 홈페이지, 「남북합의서」 참조하여 작성

바와 같이 임진강 수해방지를 위한 협력사업이나 남북 간 철도·도로 연결사업은 남북의 당국이 주체가 해야 할 사업으로서 남북협의에서 우선적인 협의 의제가 되었다. 개성공단은 그 사업규모와 중요성에도 불구하고 당국 간 협의의제 순서에서 항상 후순위였다. 이러한 일관성에서 벗어난 경우도 있으나 이 경우는 철도도로 연결사업이 본궤도에 올라 당국 간에 급박하게 협의할 사항이 없던 사정에 기인한 것이다.

한편 북한은 경제협력사업을 위해 남한의 민간 기업(현대)만 상대하여 추진하고자 하였다. 북한은 북한의 주도로 특구를 개발하고 북한이 만든 제도적 틀에 남한의 기업이 참여하는 방식을 선호했다.[12] 그러나 이러한 방식으로 남한 기업의 대북투자가 제대로 이루어지지 않자 북한은 남한 당국의 개

---

[12] 북한은 개성공단 개발과 관련하여 「개성공업지구법」을 제정했고 이에 기초하여 16개 하위 규정을 제정했다. 이와 같이 북한의 국내법을 적용하는 방식으로 개성공단을 운영하고 있다.

입을 배제하고자 했던 입장을 바꾸어 공단건설과 관련하여 남한 당국의 적극적 협력을 이끌어 내는 방향으로 돌아섰으며 이로써 개성공단 협상이 본격적으로 진행된 것이다.

3. 개성공단 협상: 쟁점과 경과

1) 개성공단 사업에 관한 남한 정부의 역할

2000년 12월에 개최된 제1차 남북경제협력추진위원회에서 남북한은 개성공단 사업의 추진에 대한 상호입장을 피력했다. 북한으로서는 개성공업지구개발사업을 민간 기업이 주관하고 남한 정부는 그 기업체의 협력사업이 잘 되도록 뒷받침해주어야 한다고 주장하고 있다. 이때까지만 해도 북한은 남한 정부가 개성공단 사업에 직접 개입하는 것을 최소화하려고 한 것 같다. 한편 그때까지 남한 정부도 개성공단 사업추진에 직접 개입할 의도가 없음을 나타내고 있다. 즉 북한에 대하여 개성공단에서 기업 활동 여건을 적극 보장하는 방향으로 개성공단 특별법이 제정되어야 할 것이라는 입장과 함께 (남측) 개발사업자와 북한 측 담당기구 간 효율적인 협의 창구를 마련하여 개성공단 조성과 관련한 현안을 협의해야 한다는 입장을 밝혔다.[13]

남한 정부는 기본적으로 개성공단 사업을 민간이 전면에 나서서 책임지고 추진하는 경협사업으로 본 것이다. 남한 정부의 이러한 입장은 대체로 일관성을 유지했다. 이후 남북의 당국 간 협상에서 북한이 해야 할 제도적 조치로서 개성공업지구법의 조속한 제정을 촉구했고,[14] 개성공업지구법

---

13 통일부, 2001, 『남북대화』 제67호, pp.51~57 참조.

14 「개성공업지구법」은 2002년 11월 20일 북한의 최고인민회의 상임위원회 정령으로 제정·공포되었다.

이 제정된 이후에는 그 하위규정의 제정을 촉구했다(제9차 장관급회담, 제4차~8차 경추위). 또한 기업의 안정적 활동을 보장하기 위한 4대 경협합의서[15]와 통신·통관·검역·출입 등 남북 간 합의서 체결과 발효를 위해 적극적인 협상을 추진했다. 아울러 통행·통관절차의 간소화 등 제도를 기업 활동에 편리하도록 운영할 것을 촉구했고, 그 개선을 위한 협의를 계속해왔다.[16] 북한이 개성공단 사업과 관련하여 남한 당국의 개입 배제입장을 바꾼 것으로 나타난 것은 2002년 하반기부터이다. 이 시기 북한의 이러한 입장 변화의 요인은 기본적으로 현대아산 주도의 개성공단 사업이 제대로 진행되지 못했고, 북한과 현대아산과의 합의에도 불구하고 민간 기업체의 힘만으로는 사업을 추진하기 힘들다고 인식한 때문인 것으로 보인다. 2002년 8월 개최된 제2차 경추위에서 북한은 처음으로 남한 당국이 책임지고 개성공단 건설 사업을 주도해야 한다고 주장하기 시작했다. 즉 북한 측은 개성공단 사업의 추진에는 철도와 도로가 연결되어야 하는 바 북측 구간 공사를 위한 자재설비와 자금을 제공할 것을 요구하였으며, 아울러 개성공단 사업에는 많은 인원과 물자들이 오가야 하고 방대한 규모의 자금과 설비가 요구되는 바 개성공단 건설은 당국이 책임지고 해야 한다고 요구했다. 구체적으로는 당국이나 당국이 선정하는 업체가 현대아산과 함께 개성공단을 추진해 나가는 것이 합리적이라고 주장했다. 아울러 당국 간 개성공업지구 건

---

15 「4대 경협합의서」는 투자보장, 이중과세 방지, 청산경제, 상사분쟁중재 합의서를 말하며, 2000년 12월 체결되었으나 국회 동의 등의 절차를 거쳐 2005년 발효됐다.

16 개성공단 입주 기업인들이 가장 큰 애로점으로 제기하는 사항이 남북 간 왕래 제약과 차량 통행 횟수의 제한 등 통행·통관 문제였는바, 이를 지속적으로 제기하였으며(제15차~제20차 장관급회담, 제10차, 제 12차 경추위), 점진적으로 개선되어 현재는 전자 출입체계(RFID)에 의한 통행을 하고 있다.

설분과위를 마련하자고 제의했다.[17] 한편 이 회담에서 남한 측은 공단개발을 조속하고 원만하게 추진하기 위하여 북한 측에 세 가지를 요구했다. 즉 공단개발특별법을 조속 제정·공포하고, 사업자 간 실무협의를 통해 공사착수를 위한 실무협의를 하도록 하며, 공단개발·운영에 따르는 남북 간 제도적 장치를 마련할 것을 촉구했다. 남한 측은 개성공단이 기본적으로 사업자가 책임지고 할 사업이며, 남북한 당국은 그에 따른 제도적 장치를 마련해야 하는 것으로 인식하고 있었던 것이다. 이러한 양측의 인식차이는 좁혀지지 않았으나 남한 측은 잠정적으로 개성공단 건설에 필요한 기반시설을 상업적 차원에서 추진해 나간다는 입장을 정했으며 남북한은 상호 입장을 절충해 나가기 위하여 쌍방의 당국자들이 개성공단건설실무협의회를 구성·운영하기로 합의하였다.[18]

북한은 남한 당국의 개입을 강력하게 요청하면서도 개성공단이 기본적으로는 북한 측과 현대아산과의 사업이라는 형식은 유지하고자 하였다. 북한의 우라늄 농축문제가 현안으로 제기된 상황에서 개최된 제8차 장관급회담(2002.10.19~22)에서도 북한은 개성공단 건설을 쌍방 당국이 책임지고 추진해 나갈 것을 요구했다. 북한은 이 사업이 군사분계선 인접지역에서 진행

---

17 북한은 제2차 경추위를 통해 남한에 대하여 철도·도로 자재·장비 지원, 개성공단에 대한 남한 당국의 직접 개입뿐만 아니라 임진강 수해방지를 위한 묘목 제공, 식량·비료 제공 요구 등 경제지원을 적극적으로 요구했다. 북한이 남북경협사업에 대한 정부 책임을 강조한 것은 금강산 관광사업에서 나타났다. 북한은 원래 금강산 관광사업에 대한 남한당국의 개입을 거부했었다. 그러나 2001년 금강산 관광에 대한 수요가 급감(2000년 21만 명, 2001년 5만 7000명)하여 관광사업의 전도가 불투명해지자 북한은 남한당국이 책임지고 금강산 관광을 실시할 것을 요구한 바 있다. 금강산 관광 사업자들의 건의에 의하여 금강산 관광 활성화를 위한 당국회담이 2001년 10월과 2002년 6월 금강산에서 개최됐다. 이 회담에서 남측은 금강산 관광사업이 사업자간의 합의로 추진되어 온 바와 같이 앞으로도 사업자간 협의로 추진해 나가는 기본 구도를 지켜야 한다는 점과 북한 측이 육로 관광을 실시하고 관광특구를 지정하는 등 (시장 경제 원리에 따라) 경쟁력을 강화하여 관광객 유치를 해야 한다는 점을 강조했다. 이에 대해 북측은 현대-아 태 간 합의사항을 당국 차원에서 이행하기로 보장하고, 민간급으로 추진되어 온 금강산 관광 사업을 쌍방당국이 책임지고 추진하자고 제안했다(통일부, 2002, 『남북대화』 제68호, 제4장 제1절 참조).

18 「남북경제협력추진위원회 제2차 회의 합의문」 제2항 참조.

되며, 공사량이 방대하기 때문에 민간 기업의 힘만으로는 추진할 수 없다는 점을 지적하면서 남측 당국이 개성공단 건설을 책임지고 추진할 것을 요구했다. 이 회담에서 남북한은 개성공단이 건설되면 남측의 해당부문 사무소를 설치하기로 합의함으로써 남한 당국의 직접적인 개입 가능성을 열었다.[19] 그러나 남한 정부는 제1차 개성공단건설 실무협의회(2002.10.31)에서 개성공단 건설과 관련한 정부의 역할과 한계를 보다 분명하게 제시하고 있다. 즉 시장경제원리를 바탕으로 자기 책임 하에 경제활동을 하는 것이 기본원칙으로서 개성공단건설과 관련한 실질적 문제들은 양측사업자 간의 협의를 통해서 풀어나가야 하며, 당국은 개성공단 건설사업이 원활하게 추진될 수 있도록 여러 가지 제도적 장치(통행·통신·통관 등)를 마련해주고 자유로운 기업활동을 할 수 있는 여건을 조성하는 역할을 해야 한다는 입장을 견지했다. 북한은 이 실무협의회에서 남한 측에 대하여 개성공단의 전력·통신·용수 등 기반시설 건설을 당국이 책임지고 추진하고 공단 지구 안의 지장물 철거비용도 당국이 지원할 것을 촉구했다.[20]

남북한은 제1차 개성공단건설 실무협의회 합의문을 통해 개성공단 착공일정(2002.12)에 합의하고, 북한은 「개성공업지구법」을 11월에 공표하며, 공단 외부 기반시설의 건설은 상업적 방식에 따라 추진하도록 하고, 통행·통신·통관·검역 등 제도적인 문제는 당국 간 협의를 통해 확정하기로 합의했다.[21] 개성공단 건설에 대해서 당국의 개입 및 책임 문제와 관련한 쌍방의 입장을 조율한 결과 이 사업은 기본적으로 사업자 간의 합의에 따라 추진되는 경제협력사업이라는 남한 정부의 입장이 견지되었다. 다만, 당국이 적극

---

19 「제8차 남북장관급회담 공동보도문」 제3항 참조. 동 공동보도문 제2항에서 철도·도로 건설사업은 남북 장관급회담이 적극 추진하기로 합의한 것과는 차이가 있다.

20 통일부, 위의 책, 제4장 9호.

21 「개성공단 건설 실무협의회 제1차 회의 합의서」 참조.

적으로 지원한다는 선에서 절충되었다고 볼 수 있다. 그러나 2002년 12월에 하기로 했던 착공식이 군사분계선 출입과 관련한 쌍방의 이견으로 합의한 시기에 열리지 못하는 등 사업이 원활히 추진되지 못했다.

북한 측은 노무현 정부 출범 이후 개성공단 건설에 대한 남한 정부의 적극적인 역할을 더욱 강력하게 촉구했다. 북한 측은 개성공단 건설이 지지부진한 데 대한 불만을 강하게 제기했다. 노무현 정부 출범 후 처음 열린 당국 간 회담인 제5차 경추위(2003.5.19, 평양)에서 그 직전에 개최됐던 한미정상회담의 합의(북한의 도발 시 추가적 조치 검토 및 핵문제 해결 정도에 따라 남북경협 조정)를 비난하였으며, 노무현 정부가 특검을 실시하여 북한을 자극하고 개발 당사자들의 손발을 얽어매어 남북협력에 인위적 장애를 조성하는 것은 부당한 처사라고 비난하였다.[22] 개성공단 건설 지체에 대한 북한의 불만은 2003년 10월 평양에서 개최되었던 제12차 남북장관급회담에서 적나라하게 표출되었다. 제12차 장관급회담은 북한이 핵재처리를 완료했고 재처리된 플루토늄을 핵 억제력을 강화하는 방향으로 용도 변경했다고 발표함으로써 한반도 비핵화 공동선언을 정면으로 위반한 상황에서 개최되었다. 또한 장관급회담이 개최되는 기간 중에 북한은 핵 억제력을 물리적으로 공개할 수 있다고 함으로써 회담분위기를 극도로 경색시켰다. 이러한 경색된 분위기 속에서 북한은 개성공단 건설에 쌍방이 합의한 지 3년 2개월이 지났고, 북한 측이 취할 조치를 다 취했는데도 남측은 제대로 한 것이 아무것도 없다고 비난했다. 그리고 그 책임을 남한 당국이 져야 한다고 하여 다시 개성공단을 남한 당국이 책임지고 추진하도록 요구하였다.[23] 이

---

22 통일부, 2003, 『남북대화』 제69호, 제5장 제2호.

23 통일부, 위의 책, 제3장 제4호, pp.41~46. 당시 회담에서 북한 측은 귀중한 땅을 떼 줬는데 남측은 개성공단에서 흙 한 삽 떠 옮긴 것조차 없는 상태에서 많은 사람들이 오고가면서 관광이나 하고 토지공사도 명함장이나 들이밀고 구경거리 식으로 보고만 있다고 강한 불만을 제기하면서 결정적 대책을 세워야 한다고 주장한 것으로 알려졌다.

어서 열린 제4차 경추위(2003.11.5)에서도 북한 측은 개성공단 개발사업을 사업자에게만 맡겨 놓지 말고 남한 당국이 개성공단 건설을 책임적으로 밀고 나간다는 입장을 가져야 한다고 강조했다. 북한 측은 구체적으로 개성공단 1단계 100만 평 개발지역에 대한 기반시설 설계를 2003년 중에 끝내고 2004년부터 착수할 수 있도록 남한 당국이 적극 협력할 것을 촉구했다. 또한 개성공단에 입주하는 개발업체들을 종합적으로 관리 운영할 수 있는 남측의 관리기관 구성을 요청했다.[24] 이와 같이 북한은 남한 당국이 개성공단 건설에 직접 개입하여 책임있는 역할을 수행해야 한다는 입장을 피력하였다. 이에 대하여 남한 측은 개성공단의 내부기반시설 건설 지원을 위한 재원을 이미 확보해놓고 있으며 2004년 초에는 공사에 착수할 수 있도록 하겠다는 약속을 해줬으며, 관리기구도 조속한 시일 내에 구성·운영한다는 데 동의했다.[25]

남북한은 제8차 경추위(2004.3.5)에서 1단계 100만 평 내부기반 시설 건설을 적극 추진하고 전력·통신 등 외부기반 시설은 상업적 방식으로 공급토록 합의했다.[26] 이러한 합의에 따라 남한 정부의 지원 하에 개성공단 기반시설이 건설되었고 2004년 12월에는 1단계 시범단지에 대한 기업들의 입주와 공장가동 및 생산 활동이 시작되었다.[27] 이후 남북한 간의 경제협력에 관한

---

24 통일부, 위의 책, 제5장 제4호. p.87. 참조.

25 「남북경제협력추진위원회 제7차 회의 합의문」 제2항 참조.

26 「남북경제협력추진위원회 제8차 회의 합의문」 제1항 참조.

27 개성공단 시범단지 개요
　■ 조성면적 : 9만3천m^2(2.8만평)
　■ 조성기간 : 2003.6.30 ~ 2004.6.30
　■ 추진경위
　　• 2004.5.18 시범단지 분양 공고
　　• 2004.6.14 시범단지 입주업체 계약 체결
　　• 2004.12.1 시범단지 입주업체 최초 공장 준공 생산
　　• 2005.3.16 시범단지 최초 전력공급(남→북 1.5만kw)
　■ 입주업체 : 26개(봉제, 신발, 전자부품, 기계 금속)

논의는 농업, 경공업, 해운, 수산업, 지하자원 협력으로 확대되어 갔다.

이상과 같은 과정을 통해 민간 경제협력 사업으로 출발하였던 개성공단 사업은 사실상 남한 정부가 그 개발과 운영에 있어 주도적인 역할을 수행하는 사업으로 변화해 왔다. 2014년 현재 개성공단에 대한 1조 원 가량의 투자액 중 정부 및 공기업의 재정을 통한 투자액이 40%에 이르고 있다. 이러한 변화는 표면적으로는 민간 사업자인 현대아산의 재정악화, 이에 따른 공단 개발의 지체, 그리고 이에 대한 북한 측의 반발 등의 상황에 대한 남측 정부의 수세적 대응의 결과로 해석될 수 있다. 그러나 그 이면에는 남북 경제협력에 대한 남한 정부의 정책 변화가 있었다. 노무현 정부는 북핵문제 해결과 남북관계 발전의 병행이라는 정책기조를 표방했고, 이러한 정책기조 하에서 개성공단 사업의 차질 없는 진전을 중요한 정책과제로 인식하고 있었다. 또한, 김대중 정부 시기 철도도로 연결과 같은 경제협력 사업이 당국의 주도적 역할을 통해 진행되었고, 이 과정에서 남북협력기금을 통한 차관 제공과 같은 재정 투입의 사례들이 축적되면서, 경제협력 사업에 대한 당국의 직접적 참여와 재정 투입에 대한 정부 내부 및 국회에서의 부정적 인식이 완화된 것도 영향을 주었다. 즉, 개성공단 사업에 대한 당국의 역할 확대는 민간 사업자의 사업수행능력의 약화, 북한 측의 당국 참여 요구 등 환경적 요인 이외에, 북핵문제 상황에서 개성공단 사업과 같은 남북관계 발전 프로젝트를 차질없이 진행하고자 했던 당시 정부의 정책적 요인이 함께 작용한 결과였다고 할 수 있다. 2007년 노무현 대통령과 김정일 북한 국방위원장 간의 정상회담에서도 개성공단 사업추진에 대한 정부의 역할 범위에 대해서는 변경을 가하지 않았고 개성공단 발전을 위한 방향성에 대해서만 합의했다.[28]

이명박 정부 시기에는 개성공단 운영과 관련한 의미 있는 협의가 없이 개

---

28 「남북관계발전과 평화번영을 위한 선언(10.4 선언)」, 제5항 참조.

성공단 사업구조가 그대로 유지됐다. 다만 북한은 북한의 비핵화를 요구하는 이명박 정부의 정책을 변화시키기 위해 압박하는 수단으로서 개성공단을 활용하고자 하는 경향이 있었다. 북한은 2008년 하반기에 개성공단의 폐쇄를 시사하는 조사, 개성공단 통행차단, 체류인원 제한, 관련법규와 계약의 무효 통보, 근로자 억류 등의 조치를 취했으나 그 어떤 것으로도 이명박 정부의 정책변화를 유도하지 못했다. 오히려 천안함 폭침으로 인해 5.24 조치가 취해짐으로써 개성공단에 대한 추가 투자가 금지되었다. 다만 5.24조치가 취해지기 전까지는 이명박 정부가 개성공단의 안정적인 유지와 운영이라는 기조를 유지함으로써 가동 기업 수(123개)나 북한 측 근로자 숫자(53,000명)는 정부 출범 시보다도 2배로 증가하였다.

개성공단과 관련한 당국의 역할과 참여 수준에 주목할 만한 변화가 있었던 것은 박근혜 정부 들어와서이다. 장거리 미사일 발사와 핵실험으로 인한 국제제재가 강화되고 한미합동군사훈련이 실시되자 북한은 이에 대한 반발로서 개성공단에 대한 압박조치를 취하기 시작했다. 2013년 3월 27일 서해지구 군통신선을 차단함으로써 개성공단 출입과 관련하여 장애를 일으켰으며 4월 3일부터는 남측 인원의 개성방문을 금지했고 4월 1일 북한 측 근로자 5만 3천명 전원을 철수시킴으로써 사실상 개성공단의 가동을 중단시켰다. 남한 정부는 4월 26일경 개성공단 남측 체류인원의 전원 철수 결정을 내리고 개성공단 폐쇄를 전제로 제반조치를 취해나갔다. 이러한 상황에서 북한 측은 개성공단 정상화, 금강산관광, 이산가족 상봉을 묶어 회담을 제의했으나 회담대표의 격 등에 대한 이견으로 남북회담이 성사되지 못했다.

이와 같이 개성공단 폐쇄가 현실화되어가는 과정에서 북한은 2014년 6월 개성공단 재가동과 관련한 협상을 제의함으로써 강경한 자세를 완화하기 시작했다. 남한 측은 개성공단의 재가동 조건으로 근로자의 철수와 같은 북한 측 일방적 조치의 재발방지 약속, 개성공단 공동위 설치, 3통 제도 개선, 개성공단 국제화 등의 조건을 제시했고 일곱 차례 개성공단 실무회담을 통해 이러한 조건에 합의했다. 이로써 이제까지 북한이 개성공단을 대남압박의 수단으로 삼아왔던 관행을 차단하기 위한 제도적 장치가 마련되었다.[29]

박근혜 정부는 개성공단의 관리 구조를 중국-싱가폴 간 경제협력 사업인 쑤저우(蘇州)공단과 같이 남북 당국이 공동으로 참여하는 방식으로 전환하려고 추진하였다. 지난 10년간의 개성공단 운영과정에서 노정되어온 운영상, 제도상 문제점들을 해결하기 위해서는 개성공단 사업에 대한 당국의 역할을 확대하여 현안 문제의 해결과 제도개선을 이뤄내야 한다는 것이 그 배경이었다. 노무현 정부가 개성공단의 초기 개발 과정에서 공단의 양적 발전을 촉진하기 위해 당국의 역할을 확대했다면, 박근혜 정부는 개성공단 10년의 결과를 바탕으로 공단의 질적 발전을 촉진하기 위한 수단으로 당국의 역할을 확대하고자 했다고도 할 수 있다. 2013년 남북한의 협상결과로서 개성공단 관리구조가 보완되었다. 즉, 개성공단의 관리 구조는 북측 당국(중앙특구개발 총국)-남측 관리기구(개성공업지구관리위원회)간 구조인바 이러한 기존 구조는 유지하되, 그 상위에 현안 문제 해결과 제도개선을 위한 당국 간 정책 협의 결정기구로서 개성공단 남북공동위원회가 새롭게 설치되었다. 아울러, 상설사무처를 설치함으로써 개성공단 사업과 관련하여 개성공단 지역 내에서 남측 당국자가 상시 체류하는 구조를 갖추게 되었다. 이를 통해 개성공단 사업은 기본적으로 남북 당국이 공동으로 관리 운영해 나가는 형식을 취하게 되었다.[30] 이러한 당국의 역할과 참여 수준의 강화가 박근혜 정부가 추구하는 개성공단의 질적 발전에 기여하기 위해서는 앞으로 공동위원회와 상설사무처가 얼마나 실질적으로 운영되는가가 관건이 될 것이다.

---

29 「개성공단정상화를 위한 합의서(2013.8.14)」 참조.
30 「개성공단정상화를 위한 합의서(2013.8.14)」 참조.

▶ 2013년 9월 2일에 열린 '남북공동위원회 1차 회의'에서 남북 양측 대표단이 악수하고 있는 모습
출처 : 청와대공동취재반

2) 개성공단 사업과 정전협정에 대한 인식

개성공단이 군사분계선 인근에 개발되고 인적, 물적 왕래가 이뤄지기 위해서는 군사분계선을 통한 통행, 통관이 필요했던 만큼, 사업의 초기 과정에서 군사분계선을 규율하는 정전협정과 관련한 문제가 남북한 간에 중요한 쟁점으로 부각되었다.

2003년 6월 30일 개성공단 1단계 개발지역(구 판문군 평화리)에서 남북한 관계자들이 참석한 가운데 '개성공업지구 건설착공식'이 열렸다. 이날 착공식에는 남한 측에서 김진호 한국토지공사 사장, 정몽헌 현대아산 회장 등 정·재계 인사 120여 명이, 북한 측에서는 리종혁 아태부위원장, 최현구 중앙특구개발총국 부총국장, 김일근 개성시 인민위원장 등 200여 명이 참석했다. 착공식 이후 개성공단 설계를 위한 지형측량과 지질조사, 경의선 철도노선 계획 변경이 이루어졌으며, 이 시기에 북한 측은 공단 내에 자리 잡고 있던 군사시설들을 신속하게 후방으로 이전함으로써 적극적인 사업추진 의사를 보여주었다. 개성공단 1단계 100만 평에 대한 토지 임차료 협상은 2003

년 11월에 시작되었고, 2004년 4월 13일 한국토지공사 사장과 북한 측의 중앙특구개발총국장 사이에서 체결되었다.[31] 그러나 개성공단 착공식이 열리기까지 남북한 간의 협상과정에서 정전협정에 대한 남북한의 입장차이 때문에 우여곡절이 있었다. 북한은 2002년 10월 19일 개최된 제8차 장관급회담에서 12월 중으로 착공식 일정을 정할 것을 제의했으며, 착공과 관련한 기타 실무적 문제들을 해결할 것을 요구했다. 즉 북한은 정부 당국 간의 행사로 이 문제를 본 것이다. 그러나 남한 정부의 입장은 달랐다. 남한 정부는 일단 이 문제는 실무협의를 통해 논의하는 것으로 미뤄두었다.[32]

▶ 개성시 평화리에서 열린 개성공업지구 1단계 착공식
출처 : 연합뉴스

2002년 10월 31일에 개최된 개성공단건설 실무협의회와 2002년 11월 6일 개최된 제3차 경추위에서 남한 측은 구체적인 착공일자와 착공에 필요한 실무적인 문제에 대해서는 사업자간 협의를 통해서 결정하는 것이 좋겠다는 입장을 정하고 협의에 임하였다. 착공을 위해서는 각종 제도적 장치들이

---

31 임을출, 앞의 책, pp.21~22; 개성공단5년 발간위원회, 앞의 책, pp.39~40.
32 「제8차 남북장관급회담 공동보도문」 제3항.

마련되고 사업자 간 사업추진 절차가 마무리될 필요가 있었기 때문이다. 북한 측은 착공식 일정을 당국 간 합의로 정할 것을 강력하게 주장했다. 남북한은 2002년 12월 6일 개성공단 건설 실무접촉을 개최하여 착공식을 2002년 12 월 말에 개최하기로 합의하였으나(사업자 간 추가 협의를 통해 2002년 12월 30일에 착공식을 개최하기로 합의), 구체적인 사항(규모, 형식, 방법)은 사업자 간에 협의하여 정하도록 했다. 아울러 착공식에 앞서 개성-문산 사이의 임시도로를 열 것을 합의했다. 또한 착공식 이전에 북한 측은 노동·세금·기업설립 등 필요한 하위 규정들을 조속히 제정해야 한다는 합의에 이르렀다.[33]

그러나 남북한 간 군사실무회담에서 문산-개성 간 임시도로 개설 및 통행에 관한 합의가 이루어지지 못함에 따라 착공식이 무기 연기됐다.[34] 남북한 간 경제협력을 추진하는 과정에서 한반도의 본질문제인 군사문제가 제기된 것이다. 남북한 간에 개성공단 사업과 같은 본격적인 경협이 추진되기 위해서는 안정적인 통로가 있어야 하고 많은 인원과 물자가 군사분계선을 넘어 남북한 지역을 오가야 한다. 그런데 군사분계선을 통과하기 위해서는 군사정전위원회의 허가를 받아야 한다(정전협정 제7항). 이러한 점을 고려하여 남북한은 2000년 9월 남북국방장관회담을 개최하여 남과 북을 연결하는 철도·도로 주변의 군사분계선과 DMZ를 개방하고 이를 남북관할지역으로 설정하는 문제는 정전협정에 기초하여 처리하기로 합의했다.[35] 이에 따라 유엔사 측과 북한 측은 4차례의 군사정전위원회 비서장 접촉을 개최하여 DMZ 일부구역의 개방에 대한 국제연합군과 조선인민군 간 합의서 작성에 합의하였

---

33 통일부, 2003, 『남북대화』 제68호, 제4장 제3항과 제9항; 「남북개성공단 건설 실무접촉 공동보도문 (2002.12.8)」 제1항 참조.

34 동아일보, 2002년 12월 29일. '개성공단 착공식 내년으로 연기'.

35 「대한민국국방장관과 조선민주주의인민공화국 인민무력부장 간 회담 공동보도문(2000.9.26)」 제4항.

▶ 경의선 도로를 따라 군사분계선을 넘는 차량들
출처 : 연합뉴스

으며, 2000년 11월 17일 판문점 장성급 접촉을 개최하여 이를 발효시켰다.

이 합의서는 남북한 간에 철도와 도로가 통과하는 군사분계선과 DMZ의 일부를 개방하여 이를 남과 북의 관리구역으로 하며, 이 구역 내에서 제기되는 군사적 문제들은 정전협정에 따라 남과 북의 군대들 사이에 협의·처리 한다는 것이다.[36] DMZ 일부 구역의 개방문제를 먼저 제기한 측은 북한이었다. 남한 측이 2000년 10월 7일 남북 간의 철도·도로 공사 추진과 관련한 군사보장 문제를 협의하기 위한 실무접촉을 제기한 데 대하여 북한 측은 "유엔군 측으로부터 비무장 지대를 개방하는 데 필요한 법적 절차를 우선 밟아야 하는 문제를 해결한 조건에서 쌍방 군사실무회담을 개최할 수 있다"고 대응했다. 이어 북한군 판문점 대표부는 10월 16일 유엔사 측에 "(남북한) 철도 도로를 연결하는 DMZ 일부 구간을 개방하고 남북관할구역으로 만드는 문제를 쌍방 대좌급(비서장) 회담에서 토의하자"고 제의함으로써 유엔

---

36 통일부, 2000, 『남북대화』 제67호, 제3장, pp.39~42. 「DMZ 일부구역 개방에 대한 유엔사·북한 군간 합의서」는 2000년 11월 17일 합의되었으나 2002년 남북한이 동해서 철도·도로 연결에 합의함으로써 2002년 9월 12일 개정했다.

사와 북한군 간의 협의가 시작되었던 것이다. 이러한 과정에서 유엔사 측은 정전협정을 남북한 관계에서 적용되는 가장 중요한 규범으로 인식하였으며, 이를 준수하는 기초 위에서 모든 문제를 풀어나가고자 했다. 따라서 DMZ 일부 구역의 개방문제도 정전협정 테두리 내에서 검토하고 실행해야 한다는 입장을 견지했다. 이러한 입장에 따라 DMZ의 관리(administration)는 남북한 공동관리 하에 위임했으나 관할권(jurisdiction)은 유엔사가 계속 행사한다는 입장이었다.

DMZ 일부 구역의 개방에 관한 합의가 이루어진 후에 개성공단 착공식 개최를 위한 차량과 인원의 DMZ와 군사분계선 통과문제를 협의하기 위한 남북군사 실무접촉이 개최되었다. 남북군사 실무접촉(2002.12.23)에서 남한 측은 남북관리구역 내에서 통행의 절차와 안전을 군사적으로 보장하는 문제를 "정전협정에 따라 처리해야 한다"는 입장을 강조했다. 이에 대하여 북한 측은 남북관리구역 내에서 제기되는 군사적인 문제는 "남과 북이 협의·처리해야 한다"고 주장하면서 남한 측의 제안을 거부했다.[37] 앞에서 서술한 바와 같이 유엔사 측과 북한 측은 2000년과 2002년에 DMZ 일부 구역을 개방하여 남북관리구역으로 하고 남북관리구역에서 제기되는 군사적인 문제는 정전협정에 따라 남북 간에 협의 처리한다고 합의한바 있다. 이러한 기합의사항의 해석 및 적용과 관련하여 북한은 남북관리구역 내에서 남북한 간의 통행에 대한 유엔사의 승인권을 배제하고자 한 것이다. 이는 정전협정이 일부 구역에서 무효화되는 것으로 해석될 수 있는 중요한 문제였다.[38]

---

37 통일부, 2003, 앞의 책, pp.52~54.

38 「군사분계선 통행에 관한 합의」는 제7차 군사실무접촉(2003.1.7)에서 남한 측이 "현행 판문점에서 적용되고 있는 남북 간의 간편 절차를 적용하여 통행에 관한 실질적인 문제는 남북이 직접 통보하는 방식"을 제의했고 북한 측이 이를 수용하여 다음과 같은 취지로 합의했다. "쌍방은 임시도로를 통해 DMZ의 일부인 남북관리구역 상대측 지역에 들어가려는 경우 사전에 다른 일방에 통보해야 한다. 승인과 관련한 절차상의 문제들은 정전협정에 따라 처리한다." 「동·서해지구 남북관리구역 임시도로 통행의 군사적 보장을 위한 잠정합의서(2003.1.27)」 제2항 참조.

  남한 측과 유엔사 측은 군사분계선 통과를 허용하는 것은 관할권(juris-diction)에 해당하는 것으로서 여전히 유엔사의 권한이라는 입장을 유지하고 있었다. 군사분계선 통과문제에 대해 12월 30일까지 합의가 이루어지지 못한 탓에 남북 쌍방 간 합의됐던 개성공단 착공식(2000.12.30)은 개최 되지 못했다. 북한이 개성공단 사업을 추진하면서 정전협정의 예외, 즉 유엔사의 관할권을 배제하고자 한 것은 북한 측 나름의 미국 배제 전략 및 대남 전략과 관련 있는 것으로 분석된다. 북한으로서는 개성공단 사업이 차질 없이 진행되기 위해서는 이 지역이 정전협정의 통제에서 벗어날 필요가 있다고 본 것 같다. 북한은 개성공단 착공식이 무산된 직후에 열린 제9차 장관급 회담(2003.1.23)과 제4차 경추위(2003.2.11)에서 쌍방 합의 하에 개최하기로 했던 개성공단 착공식이 외세의 간섭책동으로 무산되었다고 주장하면서 남북 쌍방은 민족공동의 번영을 위하여 자주적 입장에서 합의된 문제들을 중단 없이 계속 실천해 나가야 한다고 주장했다.[39]

  개성공단 출입을 위한 군사분계선 통과 문제와 관련하여 북한의 정전협정 배제 시도에도 불구하고 쌍방 군사 당국 간 회담에서는 군사분계선 통과 절차가 남한 정부와 유엔사의 입장대로 정전협정에 기초하여 이루어지는 것으로 합의됐다. 남북은 제7차 군사실무접촉(2003.1.27)에서 남한 측이 "현행 판문점에서 적용되고 있는 남북 간의 간편 절차를 적용하여 통행에 관한 실질적인 문제는 남북이 직접 통보하는 방식"을 제의했고 북한 측이 이를 수용하여 다음과 같은 취지로 합의했다. "쌍방은 임시도로를 통해 DMZ의 일부인 남북관리구역 상대측 지역에 들어가려는 경우 사전에 다른 일방에 통보해야 한다. 승인과 관련한 절차상의 문제들은 정전협정에 따라 처리한

---

39 통일부, 앞의 책, 제2장 제1항 및 제5장 제1항 참조. 당시 제2차 핵위기 사태에서 2002년 12월 KEDO의 대북중유제공이 중단되었고, 북한은 NPT 재탈퇴 등을 위협하는 등 정세가 급박했다. 북한은 군사분계선 통과 문제가 합의되지 못한 것을 제2차 핵위기와 관련한 미국의 압박정책의 일환으로 본 것 같다.

다"는 내용이었다.[40] 이러한 합의가 이루어진 후 제5차 경추위(2003.5.19)에서는 개성공단 착공식을 6월 하순에 개최하기로 합의하여 이를 추진했다.[41]

3) 개성공단의 경쟁력과 안정성 확보

개성공단과 관련한 남북한 간 실무적 협의는 대부분 개성공단의 경쟁력을 확보하여 내실 있게 발전시키며, 성공적인 공단으로 만들어 감으로써 남북 간 공동번영의 시범사례를 만들어 나가고자 하는 데 있다고 해도 과언이 아니다. 협상은 개성공단의 경쟁력 확보를 위한 조치로서 다섯 가지 범주에 걸쳐 진행됐다. 첫째 기업들의 안정적 경영 여건 보장을 위해 북한이 취해야 할 법적·제도적 장치, 둘째 기업 활동을 원활히 할 수 있도록 남북한이 협력하여 남북공동의 제도를 만드는 문제, 셋째 공단의 효율적 가동을 뒷받침할 수 있도록 기반을 구축하는 방안, 넷째 기업들의 자율성을 보장하는 방안, 다섯째 세계적 수준의 국제경쟁력을 갖추는 방안 등의 방향에서 남북 간 협의가 진행됐다.

개성공단의 경쟁력 확보방안에 대한 남북한 쌍방의 협의는 2002년 8월 제2차 경추위에서부터 본격적으로 시작됐다. 이때 남한 측은 개성공단 개발사업이 민간차원에서 추진되고 있는 사업이지만 본격적인 남북 공동의 경제협력단지를 조성한다는 중요한 의미가 있다는 점을 강조하면서 이 사업이 원만하게 추진되기 위해서는 북한 측이 '공단개발특별법'을 조속히 제정·공포할 것을 촉구하였으며 사업자 간 실무협의를 통해 공사에 착수해야 한다는 입장을 밝혔다. 이때까지만 해도 남한 측은 개성공단 개발사업을 북한의 특수지역에서 남북한의 사업자 간에 이루어지는 경협사업으로서 인식했고,

---

40 「동·서해지구 남북관리구역 임시도로 통행의 군사적 보장을 위한 잠정합의서(2003.1.27)」 참조.
41 「남북경제협력추진위원회 제5차 회의 합의문」 제2항 참조.

따라서 북한 당국이 협력 사업이 잘 이루어질 수 있도록 제도적 기반을 구축하는 것이 가장 중요한 일이라고 생각했다. 북한은 개성공단 사업에 남한 당국이 개입하는 것을 꺼려했으나 이 회의에서부터는 개성공단 건설을 당국이 책임지고 나가야 한다고 주장했으며, 이것을 개성공단 경쟁력 확보의 가장 중요한 요소로 계속 강조했음을 앞에서 서술한 바 있다. 북한의 입장은 남한 당국의 재정 부담으로 내부기반 시설뿐만 아니라 외부기반 시설, 지장물 철거 비용을 해결하여 사업자의 부담을 경감함으로써 사업자의 경쟁력을 확보해 주고자 한 것 같다.[42]

개성공단 경쟁력 확보를 위한 남한 측 구상은 2002년 10월에 개최된 제1차 개성공단건설 실무협의회에서 다음과 같이 체계적으로 제시됐다.[43] 첫째 개성공단이 국제경쟁력을 가질 수 있도록 「개성공업지구법」이[44] 제정되어야 하는바 이 법을 제정할 때 남한 측 사업자의 의견을 최대한 반영하고 그 하위 규정들도 가능한 빨리 제정해야 한다. 둘째, 남한 측에서는 전력, 통신 등 외부기반 시설을 상업적 방식으로 추진할 것인바 북한 측은 기반시설 공급을 위한 경과지 (무상)제공 등 필요한 협조를 해야 한다. 셋째, 입주기업들의 신속하고 정확한 생산·수송·판매망 구축을 뒷받침하기 위해 남북한 당국 간에 통행·통신·통관·검역합의서를 체결해야 한다. 남한 측으로서는 개성공단 건설이 원활이 추진될 수 있도록 당국이 여러 가지 제도적 장치를 마련해야 한다는 입장이었다. 남북한은 이러한 방향에 원칙적인 합의를 이루고 추후 협상을 해 나가기로 합의했다.[45]

북한 측에서 「개성공업지구법」을 제정(2002.11.20)한 이후에 열린 개

---

42 제2차 경추위 및 제8차 장관급회담에서 한 북한의 주장 참조, 통일부, 2002, 앞의 책, 제2장 제5호 및 제4장 제3호.

43 통일부, 2002, 앞의 책, 제4장 제9호 참조.

44 「개성공업 지구법」은 북한최고인민회의 정령에 의하면 2002년 11월 20일 제정됐다.

45 「개성공단 건설 실무협의회 제1차 회의 합의서(2002.11.2)」 참조.

성공단 건설 실무접촉(2002.12.6)에서도 남한 측은 개성공단 착공 전에 노동·세금·기업설립 등 개성공업지구법의 하위규정들을 투자자들의 수요에 맞게 제정할 것을 북한 측에 촉구했다. 또한 신속한 수송·통관과 자유로운 통신을 보장하는 남북 간의 합의서를 체결할 것을 제의했다. 나아가 개성공단이 국제경쟁력을 갖도록 토지 임대료와 지장물 철거 비용 등을 낮게 책정하여 공단조성 원가를 낮추는 방향으로 조치할 것을 북한 측에 촉구하였다. 남한 측은 개성공단이 성공하기 위해서는 개성공단이 국제경쟁력을 갖춰야 하고 이를 위해서는 북한 측이 적극적으로 나설 필요가 있으며, 북한 측은 제반 제도적 장치를 마련하는 데에서 남측 사업자의 요구를 충분히 반영할 것을 강조했다. 한편 북한은 남한 당국이 개발업체를 지체 없이 선정하고, 기반시설 건설을 빨리 추진해야 한다는 입장이었다.[46] 남한 측은 개성공단의 경쟁력 확보를 위해서 제도적 장치를 잘 갖추는 것이 필요하며, 이것이 북한 측의 책임임을 강조한 반면, 북한 측은 기반 시설을 조속히 건설할 필요성을 강조하면서 이에 대한 남한 당국의 재정적 기여와 책임을 강조하였다. 이러한 논의에서 경제의 운영원리에 대한 쌍방의 입장과 수준이 다름을 알 수 있다. 이러한 쌍방의 입장은 추후 협의에서도 계속됐다.

북한은 2002년 개성공단 건설 사업에 남한 당국의 관여를 요청한 이후부터는 개성공단 사업에 정치적 의미를 부여하고 남한 당국의 참여문제를 정치적으로 채색하여 압박하는 경향이 있었다. 즉 북한은 개성공단 건설 사업은 단순한 경제실무사업이 아님을 강조했으며(2003.4.27, 제10차 장관급회담), 개성공단 착공식이 외세의 간섭으로 무산되었다고 주장했다(2003.2.11, 제4차 경추위). 또한 개성공단 건설이 부진한 이유는 남한 당국이 개발업자에게만 맡겨놓고 책임적으로 추진하지 않는 데 있다고 불만을 나타냈다(2003.11.5, 제7차 경추위). 개성공단에 투자와 건설을 추진시키는

---

46 통일부, 2003, 앞의 책, 제5장 제5호, pp.92~95 참조.

모든 문제는 전적으로 남측에 달려있는데 개성공단 건설을 책임지고 있는 남한 당국이 오히려 건설에 제동을 걸고 있다고 비난하기도 했다(2004.2.3, 제13차 남북장관급회담). 북한은 이러한 불신과 불만을 바탕으로 정경분리 원칙에 따라 핵문제나 외세의 간섭에 구애됨이 없이 우리민족끼리 자주적으로 발전시켜 나가야 한다는 주장을 하기도 했다.[47]

개성공단 건설과 경쟁력을 확보하는 방안에 대해서는 이를 보는 관점과 구체적 대안에 이르기까지 남북한의 이견이 컸으며 불신도 있었다. 그러나 개성공단이 착공되고 기반시설공사가 추진되며 개성공단관리위원회가 현지에서 개소되고(2004.10.28), 시범단지가 가동되는 과정에서 절충과 조정이 이루어졌다. 이로써 북한은 남한 당국의 개입이 필요하다는 점을 인정하고 남한도 개성공단 사업이 상업적인 차원에서 추진되어야 하나 그 공익성을 감안하여 재정의 부담으로 추진해야 할 부분을 정하였다.[48] 북한은 개성공단에 대한 북한의 주권적 관할을 분명히 하되 개성공단의 특수한 지위를 감안한 별도의 제도 수립의 필요성을 인정하였다. 남북한은 통행·통신 등 상호 합의로 마련해야 할 제도적 장치에 대해서도 적극적인 협의를 했다.

이와 같이 개성공단 건설이 본격적으로 진행되고 기업들이 입주한 이후에도 공단의 경쟁력 확보를 위한 문제들에 대한 논의가 계속되었다. 우선 북한 측은 제8차 경추위(2004.3.2)에서 남북경제협력사업의 성과적 발전을 위해 협력다운 협력을 해야 한다고 주장했다.[49] 남한 측은 개성공단의 경쟁

---

47 통일부, 2006, 『남북대화』 제71호, 제4장 제3호, pp.53~61.

48 제10차 경추위(2005.7.9)에서는 남북한의 의견 충돌이 거의 없이 개성공단 발전방향에 대하여 3개항의 합의사항을 발표했던 것은 이러한 사정을 반영한 것이라고 할 수 있다. 「남북경제협력추진위원회 제10차 회의 합의문」 참조.

49 통일부, 2004, 『남북대화』 제70호, 제4장 제1호, p.54. 이 회의에서 북한은 개성공단 입주기업들이 최첨단 기술로 장비된 현대적이고 능률적인 기업이어야만 개성공단이 국제적 경쟁력을 가질 수 있고 남북경협의 모범을 제시할 수 있다고 하면서 입주기업들의 기술 수준을 엄격하게 선별하기 위한 대책을 세울 것을 요청했다고 한다. 북한의 이러한 희망은 남한 측 기업들의 구상과는 차이가 있으며 국제적인 규범에 위배될 수 있는 것이기도 했다.

력 확보를 위해 가장 시급하게 해결돼야 하는 문제로서 통행·통관절차의 간소화 문제를 제기했다. 2005년 7월 개최됐던 제10차 경추위에서 남한 측은 통행·통관절차의 개선을 요구했다. 즉 남한 인원이 개성공단에 들어가는 방식의 경우, 북한 측의 초청장 방식을 개성공단관리위원회가 발급하는 출입증 체제로 전환하고 차량운행도 필요할 때 언제든지 가능하도록 개선해야 한다는 방안을 제시했다. 아울러 북한 측에 대하여 노동력 알선기관을 설치하고 임금을 노동자에게 직접 지불하는 방식을 조속히 시행해야 한다는 점을 강조했다.[50] 뒤이어 열린 제16차 남북장관급회담(2005.9.13), 제11차 경추위(2005.10.28), 제17차 장관급회담(2005.12.13), 제18차 장관급회담(2006.4.21), 제12차 경추위(2006.6.3) 등에서 통행·통관, 노동력 공급, 직불제 등을 지속적으로 제기했으나 개선의 속도가 느렸다.

이와 같이 개성공단 경쟁력 확보를 위한 실무적 문제를 개선하기 위하여 2006년 6월 남북한은 제2차 개성공단 건설 실무접촉을 개최하였다. 이 접촉에서 남한 측은 출입증 제도를 조속히 도입하고 연중 상시 통행을 보장하기 위해 양측의 CIQ를 연중무휴로 운영하며 근로자들의 임금 직불제를 조속히 시행할 것을 촉구했다. 북한 측은 개성공단에 필요한 노동력을 안정적으로 공급하도록 노력할 것이나 개성시 외부에서도 노동자들을 선발해야 할 상황이기 때문에 이 노동자들의 살림집과 합숙·편의시설 건설이 필요하며, 이 문제를 해결하는 데 남한 측의 협조를 요청했다.[51] 이 실무접촉에서 남북한 양측은 상호 제기하는 문제들을 해결할 필요성은 인정했으나 구체적 방안에 대해서는 추가적 협의가 필요하다는 공감대를 형성했다. 그 이후 제20

---

50 북한 측의 거듭된 요구를 반영하여 2005년 12월 개최된 제17차 장관급회담에서는 남북경협을 새로운 단계로 확대발전시켜 나가며 이를 위해 경협의 업종·규모 면에서 투자와 협력을 확대시켜 나가기로 합의했으나 (「제17차 남북장관급회담 공동보도문(2005.12.16)」 제4항 제1호 참조) 실질적인 진전이 있었다고 평가할 수는 없을 것이다.

51 통일부, 2006, 앞의 책, pp.63~65.

차 장관급회담(2007.2.27), 제13차 경추위(2007.4.18), 제3차 개성공단 건설 실무접촉(2007.6.12)이 개최되어 같은 문제를 계속 협의했으나 합의에 이르지 못했다. 개성공단 경쟁력 확보를 위한 실질적 방안들에 대해 남북 쌍방의 협의가 진전이 없는 가운데 2007년 남북정상회담이 개최됐고 여기서 채택된 '남북관계 발전과 평화 번영을 위한 선언'(10.4 선언)에서 개성공단 1단계 건설을 빠른 시일 안에 완공하고 2단계 개발에 착수하며 이를 위한 통행·통신·통관 문제를 비롯한 제반 제도적 보장조치를 조속히 완비해 나가기로 합의했다.[52] 2007년 남북정상회담 이후 총리회담과 경제협력공동위원회를 거쳐 개성공단협력분과위원회가 열렸다. 이 협의에서 그동안 남북한 간에 쟁점이 되어 왔던 통행·통관과 근로자 숙소문제, 근로자의 출퇴근 편의 보장문제 등을 논의하여 타결했다. 여기에서 남북한은 개성공단 출입 인원과 차량의 상시 통행을 보장하고, 전자출입체계(RFID)를 운영하며 개성·평양고속도로를 출퇴근 도로로 활용하기 위한 연결도로를 건설하기로 했다. 또한 통관절차를 간소화하고 근로자 숙소를 건설하기로 합의했다.[53]

그러나 이러한 합의는 2008년부터 남북관계가 악화됨으로써 이행이 지

---

52 「10.4 선언」 제5항 참조.
53 「개성공단협력 분과위원회 제1차 회의 합의서」 참조.
　〈합의서 요지〉
　　　■남북 군사당국이 합의한 시행일부터 매일 오전 7시부터 오후 10시까지 상시통행 보장
　　　　•일요일 통행 시 48시간 전 통보, 쌍방 주요명절과 기념일의 통행은 쌍방이 합의하여 결정
　　　　•통행시간 확대 및 야간통행 실시를 위해 필요한 전력, 자재, 장비 보장에 협력
　　　　•남북 간 출입심사의 전자적 처리를 위한 전자출입체계(RFID)를 2008년 상반기 중 본격 운영
　　　■통신센터 완공, 인터넷 및 유무선전화 서비스 제공을 위한 실무협의를 빠른 시일 내 개최
　　　■통관절차를 선별검사로 빠른 시일 안에 간소화, 물자하차장을 2008년 중에 건설하는 문제를 계속 협의
　　　■북측 근로자의 안정적 보장을 위해 1만 5천여 명 규모의 숙소 착공(2008년 상반기)
　　　■개성~평양 고속도로 연결 진입로 건설을 위한 현지조사 실시(2008년 1월중)
　　　　•2008년 개성공단 근로자의 통근열차 운행
　　　■개성공단협력분과위원회 제2차 회의는 2008년 2월 중 개성 개최

연되었다. 이명박 대통령은 취임사(2008.2.25)를 통해 북한에 대하여 핵포기를 요구하면서 남북관계는 이제까지 보다 더 생산적으로 발전해야 한다는 입장을 밝혔다. 이어 남한 정부는 상생과 공영의 남북관계 발전을 추구하기 위해 개성3통 실무회담을 준비했다(2008.3.26). 그러나 북한은 6.15 남북 공동선언과 10.4 선언의 이행을 요구하고 「비핵·개방·3000」 구상의 폐기를 요구하며 대남 강경조치를 시작했다. 우선 2008년 3월 26일 개성에 체류하고 있던 남한 측 당국 인원들을 강제 추방하고 3월 29일에는 남북 당국 간의 모든 접촉과 대화를 중단한다고 일방적으로 선언하며, 이를 남한에 통지하였다.

2008년 7월 11일 금강산 관광객이 북한의 군인에 의하여 피살되는 사건이 발생하였으나 북한 측은 그 책임이 남한 측에 있다고 하면서 사과를 요구했고(7.12), 남한 측은 진상규명과 신변안전 보장, 재발방지 조치를 요구하며 관광객의 안전을 보장할 때까지 금강산관광을 중단하는 조치를 취했다. 남한 측은 6.15 공동선언과 10.4 선언의 이행문제를 협의하기 위한 전면적인 남북 대화를 연이어 제의했다(2008.7.11, 8.15, 9.23). 그러나 북한 측은 대화에 호응하지 않았으며 2008년 12월 1일 남북 간의 군사분계선을 통한 육로통행을 제한 또는 차단하고 개성공단 입주기업의 경우에도 남측 체류 인원수를 제한하였다. 또한 2009년 3월에는 남측 체류 인원들의 출입을 봉쇄하는 조치를 취하고 근로자 한 사람을 장기간 억류하기까지 했다. 뒤이어 장거리 로켓 발사(4.5)와 2차 핵실험(5.25)을 실시함으로서 유엔안보리는 북한에 대한 제재를 강화했다. 이렇게 정세가 급변함으로서 개성공단의 경쟁력 확보를 위한 실무적 협의와 필요한 조치들을 제대로 진행할 수 없는 분위기가 형성되었다.

이러한 상황에서 북한은 2009년 4월 16일 개성공단과 관련한 중대문제를 '통지'할 것이라고 하면서 당국 간 접촉을 제의해 왔다. 4월 21일 이루어진 남북한 간 접촉에서 북한 측은 남측에 주었던 모든 제도적 특혜 조치들을 재검토할 것임을 밝혔다. 이 접촉에서 남한 측은 개성공단을 안정적으로 발전시켜 나간다는 것이 기본입장이라고 밝히면서 억류중인 근로자의 즉각 석방, 개성공단 육로통행과 출입·체류의 제한조치 철회, 개성공단의 출입·체류 등 현안문제 해결을 위한 대화를 제의했다.[54] 이어서 6월 11일 열린 실무회담에서 남한 측은 개성공단 법규 및 기존계약의 재검토는 계약 당사자와 개발사업자, 입주기업과 협의하여 처리할 문제임을 분명히 했다. 즉 당국 간 해결할 사안이 아니라는 입장을 재천명한 것이다. 다만 억류근로자의 조속한 석방을 요구했으며 개성공단에 대한 출입·체류 제한조치의 즉각적인 철회 및 통행·통신·통관 및 관련 제도 개선을 위한 협의 개시를 요구했다.

북한 측은 1단계 330만m^2 부지에 대한 토지임대료로 5억 달러를 요구했으며 근로자의 임금을 월 300달러로 인상해야 한다는 입장을 제시했다. 또한 15,000명 규모의 근로자 숙소건설, 출퇴근 도로건설, 탁아소 건설 등을 요청했다. 남북 간의 실무회담은 2차례 더 개최됐으나 상호 자기 측 입장을 거듭 주장하였으며, 개성공단의 경쟁력 확보와 관련한 구체적인 합의를 이루지 못했다. 다만 남한 측은 북한 측에 대하여 개성공단이 안정적으로 유지·발전되기 위해서는 기존 합의와 계약을 지키는 것이 필요하며, 신의성실의 원칙으로 보아도 북한 측이 요구하고 있는 토지임대료 인상과 계약 및 법규의 변경은 적절한 것이 아니며 철회되어야 한다는 입장을 밝혔다.[55]

이명박 정부 시기에는 남북관계가 전반적으로 긴장상태를 유지했었으나 개성공단은 점진적으로 생산 활동이 증가했다. 이명박 정부 출범 전에는 65

---

54 통일부, 2008, 『남북대화』, 제74호, pp.29~33. 북한 측은 토지임대차 계약의 재계약, 토지사용료 유예 기간 단축, 노임의 현실화, 기존 계약 재검토 등을 제기했다.

55 통일부, 2008, 위의 책, pp.33~41.

개 기업이 가동되고 북한 측 근로자 18,000명이 일하고 있었으나 5.24 조치가 취해진 2010년 5월에는 123개 기업이 가동되고 있었고 북한 측 근로자 52,000명이 근무하고 있었다. 이 정도 규모는 이명박 정부 말까지 계속됐다. 박근혜 정부 출범에 즈음하여 개성공단 상황은 다시 한 번 중대한 변화의 고비를 맞게 됐다. 북한은 2012년 12월 12일 장거리 로켓을 발사함으로써 유엔안보리 결의를 정면 위반하여 추가제재가 불가피한 상황에서 또 다시 2013년 2월 12일 3차 핵실험을 실시했다. 이어 북한은 한미 군사훈련에 대한 반발로서 최고사령부 성명(2013.3.5)을 통해 (남북 간) 전면적 대결전에 들어가며 3월 11일부터 정전협정을 완전히 백지화하고 임의의 시기에 임의의 대상에 대하여 제한 없이 마음먹은 대로 정밀 타격을 가하겠다고 위협했다. 북한은 이후 조평통 대변인 성명(3.8), 인민무력부 대변인 담화(3. 13), 조평통 대변인 담화(3.20) 등을 통해 위협적인 언사를 되풀이했다. 최고사령부는 또다시 성명(3.26)을 발표하여 3월 26일부터 전략로케트·장거리 포병부대들을 포함한 모든 야전포병군들을 '1호 전투근무태세'에 진입시킨다고 발표하고 남한 당국자들에게도 북한의 초강경 의지를 물리적 행동으로 보여주게 될 것이라고 엄포를 놓았다. 이어 3월 27일 남북장성급회담 북측 단장은 남북군사 통신선을 단절한다고 남한 측에 통보하였다. 이로써 개성공단에 대한 남한 측 인원과 차량의 출입이 단절되었다.

북한은 2013년 3월 30일 정부·정당·단체 특별성명을 통해 남북관계는 전시상황에 들어가며 모든 문제를 전시에 준하여 처리하겠다고 발표했다. 북한은 또한 중앙특구개발지도총국 대변인 담화(3.30)를 통해 남북관계가 완전히 파탄되고 전쟁전야에 처한 엄혹한 상황에서 개성공단이 유지되고 있는 것이 극히 비정상적인 일이라고 하면서 개성공단 폐쇄를 시사했다. 북한은 4월 8일 마침내 개성공단 북한 측 근로자들을 전부 철수하며, 개성공단 사업을 잠정 중단하고 그 존폐여부를 검토할 것이라고 발표했다. 남한 측도

4월 27일 국민보호를 위해 개성공단에 체류하고 있는 인원의 전원 귀환 결정을 내렸으며 즉각적으로 주재원들을 철수시켰다.

이렇게 해서 개성공단은 완전 중단상태에 들어갔으며 폐쇄의 기로에 서게 됐다. 남한 당국은 개성공단 폐쇄를 상정하고 입주기업에 대하여 보험금 지급을 결정했다. 이러한 상황에서 북한은 2013년 6월 6일 조평통 특별담화를 통해 이산가족 상봉 실시와 개성공단 정상화, 금강산관광 재개 등을 포괄적으로 협의하기 위한 남북당국회담을 제의했다. 여기서 추정할 수 있는 것은 북한 측에서 개성공단에 대해서 취했던 강경조치들이 개성공단의 폐쇄를 상정하고 취했다기보다는 남한 측의 정책을 변화시키기 위한 압박 수단이었을 수 있다는 점이다. 남북당국회담은 수석대표의 격 문제로 열리지 못했으나 북한 측은 개성공단 기업인과 관리위원회 인원의 방북을 허용하는 유화적 태도로 나왔고(6.22, 7.3) 남한 측은 7월 4일 개성공단 실무회담을 제의했다. 2013년 7월 6일부터 8월 14일까지 7차례 열린 개성공단 남북당국실무회담에서 남한 측은 개성공단의 발전적 정상화, 국제화라는 관점에서 협의를 진행하였다. 북한 측은 즉각적인 개성공단 가동을 요구하였지만 남한 측은 개성공단의 일방적 중단과 같은 상황의 재발방지와 발전방향에 대한 합의를 한 이후에 가동을 재개한다는 입장으로 협의하였고 남북한은 개성공단의 발전적 정상화에 대한 인식을 같이하면서 8월 14일 「개성공단 정상화를 위한 합의서」를 체결했다.[56]

이 합의서를 통해 남북한은 통행차단과 근로자 철수 조치 등으로 인한 가동중단 사태가 재발되지 않도록 하고 어떠한 경우에도 정세에 영향을 받음이 없이 정상적 운영을 보장하기로 합의했다. 또한 개성공단의 경쟁력 확보와 관련하여 유보되고 있었던 통행·통신·통관 문제를 해결하기로 하고, 개

---

56 통일부, 「제7차 개성공단 실무회담 합의 관련 발표문(2013.8.14)」.

성공단 입주기업들의 국제적 수준에 맞는 기업 활동 보장과 국제경쟁력 있는 공단으로 발전하기 위한 외국기업의 유치 장려, 개성공단의 노무·세무·임금·보험 등 관련제도의 국제적 수준 발전, 제3국 수출시 특혜관세 인정 등의 방안을 강구하기로 하는 등 개성공단의 경쟁력 확보를 위한 원칙적 합의를 이루었다. 이러한 원칙적 합의를 협의·실천해 나가기 위하여 '개성공단 남북공동위원회'와 산하 분과위원회를 구성하였다.[57] 남북한은 개성공단 남북공동위원회에서 쌍방이 제기하는 문제들을 협의·해결하기로 합의했으며, 산하 분과위원회를 통해 3통 문제나 외국기업의 유치, 노무·세무·임금·보험 문제 등을 협의·해결하기로 합의했다.[58]

남북한은 개성공단남북공동위원회 산하에 3통, 투자보호 및 관리운영, 국제경쟁력, 출입체류 등 4개 분과위원회를 구성했다. 이중에서 3통 분과위 가 비교적 활발히 개최되었으며, 여기에서는 개성공단 전자출입체계(RFID)를 적용하기로 합의하고 2014년 1월 29일 시범가동에 들어갔다. 시스템이 안정화되면 일일 단위 상시통행이 실시되고 입출경시 심사시간이 크게 줄어들게 될 것이다. 통신 분야에서도 인터넷 통신을 위해 인터넷망 구성, 서비 스 제공방식, 인증방식, 인터넷 사고방지 방안을 합의했다. 한편 노무, 세무, 임금, 보험 등의 제도적 문제에 대해서는 아직까지 이견이 커서 쉽게 합의에 이르지 못하고 있으며 북한은 임금인상에 관한 가이드라인을 일방적으로 변경하기도 했다.[59]

---

57 「개성공단 정상화를 위한 합의서(2013.8.14)」 참조.

58 「개성공단 남북공동위원회 구성 및 운영에 관한 합의서(2013.8.28)」 참조.

59 우리민족끼리, 2014년 11월 20일, "북한 최고인민회의 상임위원회,「개성공업지구 노동규정」개정".

▶ 2014년 1월 29일 개성공단 전자출입체계(RFID)가 본격적인 시범가동에 들어간 가운데, 북측 출입국관리사무소(CIQ)에서 북측 운영자가 개성공단 출입자를 심사하는 모습
출처 : 개성공단공동취재단

4) 개성체류 남한 측 인원의 신변안전 보장

남북한 협상과정에서 나타나는 중요한 쟁점의 하나로서 개성공단 체류 인원에 대한 신변안전 보장을 들 수 있다. 신변안전을 당국 차원에서 보장하기 위한 제도적 장치 마련의 필요성을 처음 제기한 것은 제2차 경추위(2002.8.27)의 남한 측이었다. 남한 측의 원래 구상은 남북한 간의 인적 왕래가 활발히 이루어지고 있는 상황을 고려하여 남북통행합의서를 체결하고 여기에서 상대측 인원에 대한 신변안전보장 문제를 규정하는 것이었다. 그러나 개성공단 건설과 금강산 관광사업의 진행 등 현실적 상황을 고려하여 우선 개성·금강산 지구 통행합의서부터 체결하자는 북한 측의 입장에 동의하게 됐다.[60] 이렇게 되면 신변안전보장 문제는 남북한 상호 간 상대측 인원의 신변안전이라는 상호주의 문제가 아니라 북한 지역에 들어가 있는 남한 측 인원의 신변안전에 대한 북한 당국의 보장 문제가 된다. 남한 측은

---

60 「제2차 남북경제협력제도 실무협의회(2003.7.29)」, 남측 기조발언문 참조, 통일부, 2003, 앞의 책, p.132.

개성공단 지역과 금강산 관광지구의 특수성과 남북한이 상이한 관습과 법률체계를 갖고 있음을 감안하여 거기에 들어간 남한 측 주민에 대한 북한법 적용을 배제하고자 했다. 그러나 북한 측은 두 지역에 대한 주권적 관할권을 강조하여 두 지역을 방문하고 체류하는 남한 주민이 북한 법을 존중하고 그대로 지켜야 하며 그러한 범위 안에서 신변안전을 법적으로 보장하겠다는 입장이었다.[61]

남한 측은 남한 측 인원의 신변안전 보장을 위해서 '구속·체포 금지', '범법행위자의 남한 송환' 등을 관철하고자 했다. 즉 어떠한 경우에도 남한 주민이 북한 측에 의해 재판받는 일은 용납할 수 없다는 입장이었다. 이에 반해 북한 측은 기본적으로 사법관할권을 포기할 수 없으며 특히 반국가적 중대범죄의 경우 반드시 형사 강제권을 행사하겠다는 입장이었다. 이 문제에 대한 가닥은 2004년 1월 27일 개최된 '남북경제협력제도실무접촉'에서 절충이 이루어졌다. 즉 남북한의 법률체계가 상이하다는 점, 개성과 금강산 지역은 주로 남한 측 인원이 들어와 경제활동을 하는 특수지역이라는 점, 신변안전 문제가 발생할 경우 개성공단과 금강산 관광지구의 취지를 살릴 수 없다는 점 등을 종합적으로 고려하여 양측 입장을 절충한「개성공업지구와 금강산관광 지구 출입 및 체류에 관한 합의서」를 체결했다.

북한 측은 남한 측 출입·체류인원에 대한 신체, 주거, 재산의 불가침을 보장하며, 그 인원이 지구에 적용되는 법질서를 위반하였을 경우 이를 중지시킨 후 조사하고 대상자의 위반내용을 남측에 통보하며 위반 정도에 따라 경고 또는 범칙금을 부과하거나 남한 측 지역으로 추방하기로 했다. 다만, 남과 북이 합의하는 엄중한 위반행위에 대하여는 쌍방이 별도로 합의하여 처리하기로 했다. 또한 북한 측은 피조사자에 대한 기본권을 보장하기로 했

---

61 「제4차 남북경제협력제도 실무협의회(2003.12.17)」, 남측 쌍방 발언문, 통일부, 2004, 앞의 책, p.92, 이러한 입장은 제3차 남북경제협력제도 실무협의회에서도 동일했다.

다.[62] 동 합의는 다분히 소위 '전략적 모호성'을 통해 상호 절충점을 찾는 형식이었다고 할 수 있다. 합의서에서 남북 양측은 최대 추방까지의 조치를 예정하고 있는 '법질서 위반행위'와 하단의 '엄중한 위반행위'가 구체적으로 어떠한 위반행위를 의미하고 어떠한 차이가 있는지를 명확하게 구체화시키지 않았다. 앞서 서술한 바와 같이 남측으로서는 어떠한 경우에도 남측 주민을 북측 재판에 세우지 않는 제도를 만드는 것이 기본 목표였다. 이에 반해 북측은 가벼운 위반행위는 몰라도 엄중한 위반행위에 대해서는 형사 강제권을 행사하겠다는 입장이었다. 국제적 관행만 참조하는 경우 상호주의의 관점에서 북한의 주장 자체는 논리적인 측면이 있다. 그러나 개성공단과 금강산 지구가 남한 측의 투자로 남한 측 인사들에 의하여 운영되고 있는 특수한 상황을 고려하여 남북한은 법을 위반한 남한 인사에 대하여 최대 추방 이상의 조치를 취하지 않는다는 점을 명기하고, 엄중한 위반행위에 대해서도 쌍방이 별도로 합의하여 처리하는 등 자의적 조치 가능성을 제한하는 장치를 마련했다. 북한이 강조했던 엄중한 위반행위에 대해서는 추방할 수 있는 법

---

62 「개성공업지구와 금강산 관광지구의 출입 및 체류에 관한 합의서(2004.1.29)」 제10조.

〈제10조 신변안전보장〉
　　1. 북측은 인원의 신체, 주거, 개인재산의 불가침권을 보장한다.
　　2. 북측은 인원이 지구에 적용되는 법질서를 위반하였을 경우 이를 중지시킨 후 조사하고 대상자의 위반내용을 남측에 통보하며 위반 정도에 따라 경고 또는 범칙금을 부과하거나 남측 지역으로 추방한다. 다만 남과 북이 합의하는 엄중한 위반행위에 대하여는 쌍방이 별도로 합의하여 처리한다.
　　3. 북측은 인원이 조사를 받는 동안 그의 기본적인 권리를 보장한다.
　　4. 남측은 법질서를 위반하고 남측 지역으로 추방된 인원에 대하여 북측의 의견을 고려하여 조사, 처리하고 그 결과에 대하여 북측에 통보하며, 법질서 위반행위의 재발방지에 필요한 대책을 세운다.
　　5. 남과 북은 인원의 불법행위로 인하여 발생한 인적 및 물질적 피해의 보상 문제에 대하여 적극 협력하여 해결한다.
　　6. 외국인이 법질서를 위반하였을 경우에는 북측과 해당 국가 사이에 맺은 조약이 있을 경우 그에 따른다.

질서 위반행위와는 별도의 행위로 구분해 놓았으며 이에 대한 명확한 처리 방침은 추가 협의가 필요하게 되어 있다.

이와 같이 신변안전보장을 위한 출입·체류 합의서는 그 형식면에서 상호 절충의 형식을 취하고 있었으나, 실질적으로는 남측 인원들이 북측 지역에서 위반행위를 하더라도 북측 당국에 의한 재판을 받는 경우를 원칙적으로 배제하고 있다는 점에서 남측의 입장이 보다 반영된 협상 결과였다고 할 수 있겠다. 북한 측으로서는 협상과정에서 주장했던 것처럼 북한 지역에서의 위반행위에 대해 사법관할권을 확립할 필요성을 인식했겠지만 개성공단과 금강산 관광지구가 주로 남한의 투자에 의해서 남한 기업의 경제활동이 이루어지는 현장임을 감안했다고 할 수 있다.[63] 이러한 합의가 있었음에도 불구하고 금강산 관광지구에서의 관광객 피살사건이 일어났고, 개성공단에서는 근로자의 장기 억류와 조사가 있었다.

따라서 앞으로 위반행위에 대한 차단 방법, 위반행위의 조사절차와 조사 기간 동안의 기본권 보장방안, 엄중한 위반행위의 정의와 그 처리 방법, 출입체류공동위 등의 문제가 구체적으로 협의되어야 할 사항으로 남아 있다. 박근혜 정부는 개성공단 남북공동위원회 산하에 출입체류분과위원회를 구성하고 기존 출입체류합의서에 대한 부속합의서 형태로 개성공단과 관련한 신변보장 제도의 개선을 추진하고 있는 바, 이의 향배가 주목된다.

4. 남북경협 발전을 위한 남북협상의 과제

이제까지 남북협상이라는 창을 통해서 개성공단 진전 과정에서 있었던 중요 국면을 분석해 봤다. 남북한은 기본적으로 대결의 속성을 가지고 있으

---

63 임을출, 앞의 책, pp.29~30.

며, 이러한 속성을 배경으로 하면서도 협력을 통해 신뢰를 구축하고 동질성을 구축하여 평화적 통일을 이룩하고자 한다. 그러나 이러한 협력을 진전시켜 나가는 것은 절대로 쉽지 않은 과제이다. 남북교류가 본격적으로 추진된 이후 북한과의 경협을 위해 여러 주체들이 많은 노력을 기울였으나 성공한 경우가 거의 없다. 그것은 남북경협을 위한 제반 여건이 열악하기 때문이다. 가능성을 보고 북한 지역에 진출했던 기업들은 대부분 북한의 인적, 물적, 제도적 기반이 미비했기 때문에 어려움을 겪었다. 여기에다 남북한 간의 불신과 제도적 장치 부재 때문에 좌절을 경험했다. 그런데 개성공단은 예외이다. 여기서 시사하는 바는 당분간 남북경협은 개성공단 모델로 가야 성공할 수 있다는 것이다. 즉 남북경협을 하려면 북한 지역의 일정한 구역을 정해서 남한 측이 자본을 투자하여 내부 외부 기반을 구축하고 이 구역에 특별히 적용되는 제도적 장치를 마련하며, 진출기업에 대한 지원을 해 주어야 성공 가능성을 높일 수 있다.

여기서 주목해야 할 점은 그러한 기반과 제도적 장치를 마련하기 위해서는 정부의 개입이 불가피하다는 것이다. 따라서 남북경협을 활성화하기 위해 정부의 개입을 가급적 최소화해야 한다는 주장은 현실적으로 맞지 않다. 문제는 정부가 적극적으로 개입함으로써 결과적으로 남북경협이 정세의 변동에 영향을 받을 수밖에 없다는 점이다. 이런 이유 때문에 앞으로 대규모 남북경협이 추진되기 위해서는 정세의 안정이 필요하다. 앞으로 남북경협을 추진하거나 분석할 때 이러한 현실을 감안해야 할 것이다. 개성공단 사업을 추진하면서 정전협정의 적용과 관련해서는 남북한 간의 이견이 심각했다. 앞으로도 남북한 간 대규모 경협으로 남북한 왕래가 전개될 것이며, 이는 불가피하게 정전체제와 충돌하게 되어 있다. 따라서 남북경협이 원활하게 추진되기 위해서는 남북한 간 군사적 대결상태의 해소가 동시에 진행될 필요가 있다. 남북한 간의 군사적 긴장이 높은 상황에서는 남북경협이 사실상 어렵다. 그런데 현재 북핵문제로 안보상황이 어려운 것이 부인할 수 없는 현실이다. 남북 경협에 대한 기대와 필요성이 있고 요구도 많지만 현실은 이에 미치지 못하고 있다.

그동안 개성공단의 진전과정을 분석하면서 많은 한계와 위기를 극복하고 오늘날에 이르렀다. 현 상황이 만족할 수준은 아니라 하더라도 과거의 남북관계에서 보면 대단히 이례적이고 의미있는 일이다. 이러한 상황을 만들어 내기 위해서 많은 협상이 있었다. 개성공단의 진행이 협상 그 자체였다. 협상을 통해서 남한의 자본 기술과 북한의 노동력이 결합하였으며, 남한의 모델도 아니고 북한의 모델도 아닌 새로운 모델이 형성되어 가고 있다. 통일로 가는 과정에서 이러한 모델은 매우 중요한 요소로서 작용할 것이다. 이 모델은 보다 협력적이고 보다 생산적인 방향으로 발전할 필요가 있다. 이렇게 발전되어 가는 과정은 이제까지의 경험을 바탕으로 하되 창조적인 과정이라고 할 것이다. 이 창조적인 과정을 현실로 구체화해 내기 위해서는 또 다른 협상이 진행될 것이다. 남북한 간의 협상은 이러한 의미를 갖고 있다.

법제도적 공간으로서의 개성공단

__이효원

제3장 법제도적 공간으로서의 개성공단

이효원

1. 개성공단 법제화의 규범적 의미

개성공단은 남북한이 평화통일을 지향하는 과정에서 경제 분야에서의 교류협력을 강화하기 위해 특별히 합의하여 추진하는 경제특구이다. 따라서 개성공단 사업은 북한이 평화통일을 위한 대화와 협력의 동반자로서 활동하는 규범영역에 해당한다고 할 수 있으므로 개성공단 사업과 관련한 남북관계에는 원칙적으로 국제법원칙이 적용되어야 하겠다. 이러한 규범영역에서는 국제법원칙 이외에도 헌법 제3조, 제4조와 이를 근거로 하여 제정된 남북교류협력에 관한 법률 등 국내 법률과 각종 남북합의서도 그대로 적용되며, 그 범위에서는 국가보안법이 적용되지 않는다고 하겠다.

개성공단은 경제특구로서 사업추진 초반기부터 다수의 남한주민이 북한지역인 개성공단에 상시 출입하고 그곳에서 장기간 체류·거주하면서 북한

주민과 더불어 근무하고 있다. 또한, 남한도 개성공단 사업을 남북교류협력의 시금석으로 인식하여 개성공단에 진출하는 사업체에 대하여 손실보조, 자금지원 등 다양한 방법으로 지원하고 있다. 개성공단사업은 그 규모가 커짐에 따라서 남북한 사이의 법제도의 차이점으로 인하여 다양한 법적 분쟁이 발생할 가능성도 증가하고 있다. 개성공단에서 경제활동에 대해서는 남북합의서, 남한법률과 북한법률이 중층적으로 적용되고 있다. 그러나 남북한의 법률적 충돌과 모순을 해결하는 안정적인 장치가 마련되지 않고 있다. 그 밖의 활동에 대해서는 이를 규율하는 법체계가 미비한 상태이다. 특히 개성공단은 북한지역이지만 남한기업이 주체가 되어 사업을 추진하고 있으며, 남한주민이 북한주민과 함께 거주하면서 생산 활동을 전개하고 있다. 따라서 개성공단이 안정적으로 운영되기 위해서는 법제도의 지원과 법질서가 안정적으로 유지되는 것이 매우 중요하다.

이것은 남북한 법률충돌과 모순의 문제로서 기본적으로 남북한 법률체계의 차이로부터 비롯되는 것이며, 개성공단에서 근무하는 남한주민과 기업에 대하여 북한법률 또는 남한법률을 어떻게 적용할 것인지의 문제라고 할 것이다. 이는 헌법차원에서 규범적으로 규명되어야 할 어려운 문제를 내포하고 있다. 즉, 남북한은 분단 이후 각각 한반도에서의 유일한 정통성과 합법성을 주장하여 상대방을 불법단체로 인정하였으나 국제사회에서나 현실적으로는 상호 국가성의 실체를 인정하지 않을 수 없는 모순된 입장을 전제로 하고 있 는 것이다.

개성공단사업은 법·제도분야의 통일인프라 구축이라는 측면에서 남북한 특수관계론을 적용할 수 있는 시험장이자 향후 남북교류협력은 물론 평화통일과 남북법률통합에 있어서 선례와 기준을 제시할 수 있다는 점에서 매우 중요한 의미를 가진다. 특히, 개성공단사업의 중요성과 특수성을 적실성 있게 반영하여 실효성 있는 법적 지원을 추진하되, 그 과정에서 발생할 수 있는 개인의 기본권 침해를 방지하고, 통일과정에서의 법률통합을 위한 정책적인 방향도 고려하여 법치주의 실현을 위한 구체적인 노력을 기울여야 할 것이다. 이를 위해서는 남북한 사이에 체결한 합의서를 충실히 이행할 수 있도록 부속합의서를 체결하는 등 후속조치를 이행하고, 개성공단에 적용되는 기본 법률인 개성공업지구법과 그 하위규정, 시행세칙, 사업 준칙을 보다 정밀하게 구축하여야 하며, 법률적인 공백이나 미비를 해소할 수 있도록 국내입법을 보완하는 작업이 지속되어야 할 것이다.

2. 개성공단 법제의 다차원성

1) 평화통일과 교류협력의 확대

개성공단에 대한 법제도는 우리 헌법이 예정하는 통일원칙에 부합해야 한다. 우리 헌법의 통일원칙은 자유민주적 기본질서와 법치주의에 입각한 평화 통일이라고 할 수 있다. 따라서 개성공단의 법제도는 법치주의에 바탕을 두어야 한다. 이는 우리 헌법이념인 자유민주적 기본질서를 바탕으로 법제도를 정비할 것이 요구되며, 남북관계를 정치적 타결이 아닌 법제도적·규범적 틀 안으로 끌어들임으로써 법적 안정성과 예측가능성을 부여하는 것이다. 따라서 국민의 권리와 의무에 관한 입법사항이나 국가공동체의 유지와 존속에 본질적으로 중요한 사항에 대해서는 반드시 국회가 제정한 법률의 형식으로 규정해야 한다. 또한, 법적 안정성을 유지하기 위해서는 남북관계의 특수성을 인정하고, 그로 인하여 발생한 신뢰에 대하여 그것이 법적으로 보호할 가치가 있는 경우에는 이를 적극 보호해야 한다. 이러한 의미에서 남북관계의 특수성을 고려하여 남북관계의 변화에 따라 탄력적이고 유연한 대

응이 필요한 사항에 대해서는 포괄위임입법에 해당하지 않는 범위에서 행정
명령을 통한 입법적 규제가 유용한 경우가 많을 것이다.

개성공단의 법제도는 남북교류협력과 평화통일에 기여해야 한다. 남북교
류협력법제는 남북교류협력을 실질적으로 증진하고 지원하는 방향으로 진
행되어야 한다. 남북한교류협력의 과정에서 발생하게 될 다양한 법적 분쟁
에 있어서 인적·지역적·사항적 적용범위에 대하여 남한의 법률만을 일방
적으로 적용할 것을 주장하는 것은 비현실적일뿐만 아니라 남북교류협력에
도 장애가 될 것이다. 따라서 남북한 법률충돌과 모순을 합리적으로 해결하
여야 하고, 이를 위해서는 북한의 법률과 제도에 대하여도 일정한 영역에서
규범적 효력을 인정할 필요가 있을 것이다.[1] 이러한 체계적인 법제도의 정
비는 남북한의 평화통일을 위해서도 기여할 수 있을 것이다.

2) 국내법 및 국제법원칙과 조화

개성공단에 법제도를 정비하기 위해서는 체계정합성의 원칙에 따라야 한
다. 이는 남북관계와 남북교류협력을 규율하는 법과 제도들 사이에 내용적
으로 서로 모순되고 충돌되는 점이 발생하지 않도록 하고, 형식적으로도 법
규범들 상호간에 상위규범과 하위규범간의 체계가 정합하도록 체계화시켜
야 한다는 것이다. 다만, 남북관계는 그 규율대상이 매우 가변적이고 정치적
으로 고려해야 할 부분이 많을 뿐만 아니라, 입법기술적으로도 모든 경우를
법률에 규정하는 곤란한 경우가 있으므로 행정입법을 통해 탄력적으로 규율
하는 것도 필요할 것이다. 특히, 북한의 법령체계는 남한과 달리 공법과 사
법의 구별이 명확하지 않고, 헌법, 부문법, 규정, 시행세칙의 단계로 구분되

---

1 북한법률의 효력에 대해서는 이효원, 2005, 「북한법률의 국내법적 효력」, 『법조』 통권 제583호,
pp.19~65.

므로 이러한 점도 고려하여 법률의 규범력이 제고될 수 있도록 하여야 할 것이다.[2]

개성공단은 원칙적으로 남북한의 내부문제에 속하므로 남북한 특수관계론에 따르더라도 국제법원칙이 그대로 적용될 수는 없을 것이다. 그러나 남북한의 법률의 차이를 고려할 때 개성공단을 현실적으로 규율할 수 있는 규범력을 확보하기 위해서는 국제법원칙을 인정할 필요가 있을 것이다. 또한, 개성공단을 국제적 경제특구로 발전시키기 위해서도 국제사회와의 협력과 그에 상응하는 법규범을 준수할 것이 요구된다. 특히, WTO 체제의 운영과 관련하여 국제적 분쟁이 발생할 수 있으므로 이러한 분쟁의 발생을 사전에 방지하기 위해서 개성공업지구의 법제는 남북경협을 국제질서에 편입시키기 위하여 관련 법령의 규범력을 국제적으로 담보할 수 있는 제도적 장치를 마련하기 위한 노력도 기울여야 한다.

3) 남북관계의 특수성 고려

개성공단은 지역적으로 북한지역이지만 남한기업이 진출하여 남북한 주민의 협력에 따라 운영된다. 따라서 남북합의서를 비롯하여 남북한의 법률을 정비함에 있어서는 남북관계의 특수성을 반영하여야 한다. 이를 위해서는 유연한 상호주의를 바탕으로 해야 한다. 이는 남북한의 상호관계성에 대응하여 상호주의를 원칙으로 하되, 교류협력을 위하여 영역에 따라서 상호주의를 완화할 필요성이 있다는 것이다. 개성공단의 경우에는 남북한이 동등한 조건이 아니므로 일정한 영역과 분야에서는 상호주의의 적용을 배제하

---

2 북한법의 체계에 대해서는 유욱, 2011, 「북한의 법체계와 북한법 이해방법」, 『통일과 법률』, pp.50~101; 송진호, 2012, 「북한법 이해의 새로운 모델: 분류와 체계」, 제2회 아시아법제포럼 남북법제분과 학술대회 자료집, pp.104~122; 박정원, 2012, 「북한의 국가법률체계와 입법체계 분석」, 『통일법제 인프라 구축을 위한 입법과제』, 국민대학교 북한법연구센터 학술대회 자료집, pp.1~25.

는 것도 필요할 것이다. 이때 상호주의 적용과 배제의 요건과 범위를 어떠한 기준에서 설정할 것인지가 중요하다. 특히, 개성공단에서 발생하는 법적 쟁점을 합리적으로 해결하기 위하여 남북한의 사법공조가 필요할 수도 있다. 이러한 경우에 상호주의를 엄격하게 적용할 경우에는 교류협력에 장애가 될 수 있으므로 실질적으로 남북교류협력에 도움이 될 수 있도록 완화하여 적용하는 것이 필요할 것이다.[3]

개성공단에서는 남북한 법령이 다면적·중층적으로 적용되고, 그 법률체계도 정합적으로 정비되어 있지 않은 상태이다. 또한, 남북한의 정치적·법률적인 경계접점으로 중요한 의미가 있고, 향후 북한의 체제전환과 통일 이후의 법률통합을 위한 교육장으로서 역할도 담당할 수 있다. 개성공단은 남북한특수관계를 적용함에 있어서 북한을 반국가단체로 인정하는 것이 아니라 교류협력의 상대방으로 인정하는 것이다. 이러한 관점에서 개성공단의 사업을 추진함에 있어서는 북한 당국과 북한주민에 대해 외국과 외국인과 같은 지위를 인정하는 것이 필요할 것이다. 그러나 남북관계는 일반적인 국가 사이의 관계와 여러 가지로 차이가 있으므로 국제법원칙을 직접적으로 적용하는 것은 타당하지 않다. 따라서 개성공단의 법제에 대해서는 이러한 특수성을 반영하여 남북한 법률체계의 차이로 인하여 발생하는 다양한 법적 분쟁을 효율적으로 해결할 수 있도록 하여야 할 것이다.[4]

---

3 남북한 사법공조와 상호주의에 대해서는 한명섭, 2006, 「남북교류협력 활성화에 따른 남북사법 공조 방안모색」, 『북한법연구』 제9호.; 이효원, 2008, 「남북관계발전과 남북한 사법공조」, 『저스티스』 통권 106호, pp.175~202 등.

4 개성공단의 법제도의 개선방안에 대하여는 유욱, 2007, 「민족내부거래 관점에서 본 개성공단 관련법제 정비방안」, 『북한법연구』 제10호.; 신현윤, 2010, 「개성공단 투자보장과 분쟁해결절차의 법적 문제점과 개선방안」, 『법학연구』, 제20권 제1호.; 허인, 2011, 「개성공업지구의 법제 현황과 과제」, 『통일과 법률』 제4호.; 이효원, 2011, 「개성공단의 법질서 확보 방안」, 『저스티스』 통권 124호 등.

4) 통일한국 법제통합의 모델

개성공단에서의 법제도를 정비하는 것은 단순히 남북교류협력을 위한 것이 아니라 통일한국에서의 법제도의 통합의 모델로서 기능해야 한다. 이를 위해서는 우선적으로 평화통일의 과정에 대비하여 신속하고 안정적으로 통일의 과정을 관리할 수 있는 법제도를 준비해야 한다.

남북통일은 법제도적 통합을 통하여 시작되고 완성되는 것이므로 통일과정에서의 다양한 시나리오를 대상으로 각각의 경우에 필요한 법제도적 조치를 예상하여 준비하는 것이 필요할 것이다. 특히, 통일의 과정에서는 정치군사적 긴장과 사회혼란이 발생할 가능성도 있으므로 이를 예방하고 문제점을 최소화할 수 있도록 신속하고 안정적인 관리방안이 수립되어야 할 것이다. 통일과정을 규율하는 법제도를 마련하기 위해서는 그에 관한 헌법적 근거가 필요할 것이며, 이는 통일합의서와 부속합의서를 통해서 마련할 수 있을 것이다. 개성공단에서의 법제도화는 이러한 통일과정의 안정과 효율성을 확보할 수 있도록 추진되어야 한다.

특히, 개성공단의 법제도는 남북통일을 달성한 이후에 남북한의 법률·사법통합 작업을 준비하는 차원에서 진행되어야 한다. 통일 이후에 정치적 통합에 필요한 헌법과 행정법적 차원에서 국가기구와 정부구성에 관한 입법조치를 연구하고, 민사·형사·사회 등 각 영역별로 남한법률과 북한법률을 통합하는 기본원리를 수립하고 이에 따라 특별입법의 제정, 관련 법률의 개정 등을 대비해야 한다.[5] 또한, 남북한이 각각 외국과 체결한 국가조약의 효력 등 통일 이후의 남북한의 국가체제를 법률적으로 통합하고, 경제·사회·문

---

5 남북한 법제통합에 대해서는 이규창, 2010, 「남북법제통합의 기본원칙 및 방향과 과제」, 『저스티스』 제122권, pp.61~94.; 이규창, 2010, 「통일 유형에 따른 남북한 법제통합 기본방향」, 『월간법제』, pp.62~82.; 제성호, 2001, 「남북한 법제통합의 방향모색」, 『법정논총』 제50권, pp.13~31.; 이효원, 2010, 「남북통일 이후 사법조직의 통합방안」, 『법학』 제51권 제1호 등.

화적 통합을 달성하는 법제도적 정비작업도 대비할 필요가 있다. 개성공단에서의 남북한 법률통합은 이와 같이 통일한국에서의 법률통합을 위한 시금석이 될 수 있을 것이다.

3. 개성공단의 법제 및 규범체계의 현황[6]

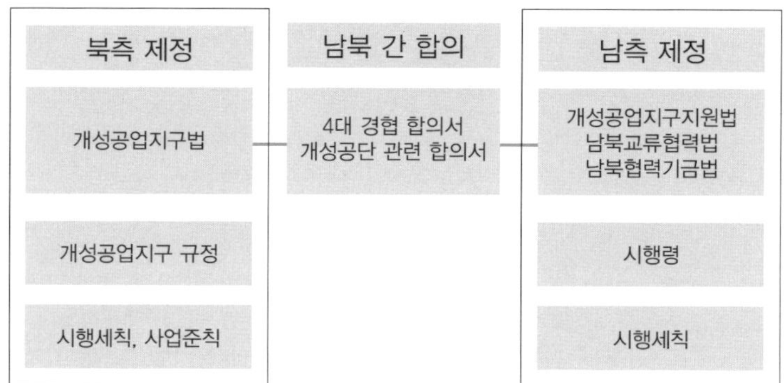

그림 3-1. **개성공단 관련 법체계**

1) 남북합의서

개성공단에 어떠한 법률이 적용되는지에 대하여는 먼저 남북한 당국이 체결한 합의서를 통해 남북한 당사자의 의사를 확인할 필요가 있다. 남북합의서는 남북한의 의사가 직접적 또는 간접적으로 표현되어 있어 상호 일정한 범위에서 구속력을 가진다. 특히, 법률적 효력을 갖는 남북합의서는 우리 헌법 제6조 제1항에 따라 국내법과 동일한 효력을 가지므로 남북한 사이에

---

6 개성공단에 대한 법률체계에 대한 자세한 내용은 이효원, 2014, 『통일법의 이해』, 박영사, pp.223~234.

발생하는 법률적 쟁점을 해결함에 있어서 중요한 의미를 갖는다.[7]

남북한은 1991년 남북기본합의서를 통하여 남북관계를 명문으로 정의하고 상대방의 실체를 인정하였다. 즉, 남북관계를 "쌍방 사이의 관계가 나라와 나라 사이의 관계가 아닌 통일을 지향하는 과정에서 잠정적으로 형성되는 특수관계"라고 전제한다음, 제1조와 제2조를 통해 남북한이 서로 상대방의 체제를 인정하고 내부문제에 불간섭하기로 하는 등 북한에 대해 국가로서의 실체를 인정하였다. 또한, '남북기본합의서 제1장 남북화해의 이행과 준수를 위한 부속합의서'도 제1조(상대방에 대한 체제인정), 제3조(상대방 당국의 권한과 권능 인정), 제5조(상대방 법질서와 당국의 시책에 대한 불간섭) 등을 통해 상호 국가성을 인정하는 것을 전제로 경제·사회·문화 분야의 교류협력을 추진할 것을 규정하였다. 남북기본합의서는 남북분단 상황을 현실적으로 인정하는 바탕 위에 원칙적으로 남한지역에서는 남한법률이, 북한지역에서는 북한법률이 적용된다는 것을 확인하고 있는 것으로 해석된다. 우리 헌법재판소와 대법원은 남북기본합의서에 대하여 법적 효력이 있는 조약이나 이에 준하는 것으로 인정하지 않고 있어 그 규범력에 한계가 있으나, 남북기본합의서에 따르면 개성공단도 북한지역에 해당하므로 개성공단에는 북한법률이 적용된다고 할 것이다.

개성공단에 적용되는 법률체계로 중요한 의미를 갖는 것은 법률적 효력을 갖는 남북합의서이다. 이는 남북한이 각각 발효에 필요한 절차를 취하고 문본을 교환함으로써 발효된 '남북간 투자보장' 등 4개 경협합의서와 그 후속조치로 체결된 '개성·금강산지구 출입·체류합의서' 등 9개 합의서가 있다. 이 합의서들도 남북한은 각각 지역에서 각각의 법률이 적용된다는 것을 확인하고 있다. 즉, 남북한 당국이 부여한 운전면허 등 각종 증명서를 상호

---

7 남북합의서에 대한 법적 성격과 효력에 대한 자세한 내용은 이효원, pp.127~162.

인정하고, 상대방이 제정한 관련규정을 준수할 것을 규정하는 등 남북한이 각각 현실적으로 관할권을 가지는 지역에서는 남북한 각각의 법률이 적용되는 것을 인정하고 있다. 이들 남북합의서들은 그 적용대상이나 범위에서 개성공단을 직접 규정하고 있지는 않지만, 개성공단사업이 남북경협 사업의 가장 중요한 부분을 담당하고 있는 점에 비추어 개성공단 지역에도 적용된다고 하겠다. 다만, 개성공단에 관한 남북합의서가 별도로 체결되어 있는데, 그 내용이 다른 남북합의서에서 규정하고 있는 것과 서로 다른 경우에는 개성공단에 관한 남북합의서가 우선적으로 적용된다.

개성공단에 대한 법률적용에 관하여 규정하고 있는 남북합의서는 '개성·금강산지구 출입·체류합의서', '개성공업지구 통신합의서', '개성공업지구 통관합의서', '개성공업지구 검역합의서'가 있다. 통신합의서는 제5조에서 "쌍방은 우편 및 전기통신과 관련한 상대측의 법률제도를 존중하며 국제협력 및 국제관례를 존중한다," 제6조에서 "쌍방은 통신과 관련하여 제정 또는 수정, 보충되는 법규를 통보하며"로 각각 규정하여 개성공단에서 '우편 및 전기 통신과 관련한 영역'에 대해서는 북한법률이 적용된다는 것을 명시적으로 규정하였다. 통관합의서와 검역합의서는 법률적용에 대하여 직접적인 규정을 두고 있지는 않으나, 북한이 개성공업지구에 세관과 검역소를 설치하여 통관 절차와 검역절차를 담당하도록 규정하고 있으며, 남북한은 통관 및 검역과 관련하여 제정 또는 수정, 보충되는 법규를 제공하도록 규정하고 있다. 이는 개성공단에서 '통관 및 검역과 관련한 영역'에 대해서는 북한법률이 적용된다 는 것을 전제로 하고 있는 것으로 해석된다.

이들 남북합의서는 개성공단에 적용되는 법률에 대해 명확한 규정을 두고 있지 않고 있어 개별 남북합의서가 규율하는 통신·통관·검역·출입 및 체류에 대하여 각 영역별로 그 범위에 한하여 북한법률이 적용되는 것으로 해석된다. 한편, 이들 남북합의서가 규정하지 않은 부분에 대해서는, 이들

표 3-1. **개성공단 관련 합의서 목록**

구 분	명 칭
4대 경협합의서	• 남북 간 투자보장에 관한 합의서
	• 남북 간 소득에 대한 이중과세방지 합의서
	• 남북 간 상사분쟁 해결절차에 관한 합의서
	• 남북 간 청산결제에 관한 합의서
개성공단 관련 합의서	• 개성·금강산지구 출입 및 체류에 관한 합의서
	• 개성공업지구 통신합의서
	• 개성공업지구 통관합의서
	• 개성공업지구 검역합의서
	• 개성공단의 정상화를 위한 합의서(2013년 8월)
	• 개성공단 남북공동위원회 구성 및 운영에 관한 합의서(2013년 8월)
	• 개성공단 남북공동위원회 사무처 구성 및 운영에 관한 합의서(2013년 9월)
	• 개성공단에서의 남북상사중재위원회 구성·운영에 관한 합의서 이행을 위한 부속 합의서(2013년)

남북합의서가 개성공업지구라는 일정한 지역적 범위에서 통신 등 일정한 사항에 대하여만 적용되는 특별법적 성격을 가지고 있으므로 이들 남북합의서가 별도로 특별한 규정을 두지 않는 한, 북한법률이 적용된다고 해석하는 것이 타당하다.

특히, 남북한은 2013년 이후 개성공단사업을 재가동하면서 남북합의서를 이행하기 위한 후속합의서를 체결한 것은 고무적인 일이다. 즉, 2013년 8월 28일 개성공단 남북공동위원회 구성 및 운영에 관한 합의서를, 같은 해 9월 11일 개성공단 남북공동위원회 사무처 구성 및 운영에 관한 합의서를 각각 체결하여 남북공동위원회와 사무처를 구성하여 운영하고 있다. 또한, 2013년 9월 11일 개성공단에서의 '남북상사중재위원회 구성·운영에 관한 합의서' 이행을 위한 부속합의서를 체결하여 개성공단에서 남북상사중재위원회도 구성하였다. 이러한 조치는 비록 개성공단에 국한된 것이지만, 남북합의서의 규범력을 제고함에 있어서 중요한 의미가 있다.

2) 북한법률

북남경제협력법

북한이 2005년 7월 제정한 북남경제협력법은 남북한 교류협력이 증대함에 따라 남북한 경제협력을 총괄하여 규율하기 위한 기본법이라고 할 수 있다. 이 법률은 남북한의 경제협력에서 제도와 질서를 엄격히 세워 민족경제를 발전시키는데 이바지하는 것을 목적으로 한다. 북남경제협력은 전민족의 이익을 앞세우고, 민족경제의 균형적 발전을 보장하며, 호상존중과 신뢰, 유무상통의 원칙에서 진행하며(제4조), 남한과 경제협력을 하는 기관, 기업소, 단체뿐만 아니라 북한과 경제협력을 하는 남한의 법인과 개인에게도 적용된다(제3조). 또한, 분쟁해결에 대해서는 우선적으로 협의의 방법으로 해결하되, 협의의 방법으로 해결할 수 없을 경우에는 북남사이에 합의한 상사분쟁해결절차로 해결할 수도 있도록 규정하였다(제27조). 이외에도 북남경제협력에 대한 통일적인 지도를 중앙민족경제협력지도기관으로 하여금 담당하게 하면서(제5조), 북남경제협력계획안의 작성, 북남경제협력의 승인, 남측 당사자의 출입보장, 원산지증명서의 발급 등 임무를 부여하고(제6조, 제10조), 남측 당사자와 해당 수송수단의 검사·검역, 체류·거주, 노력 채용, 반출입승인, 감독통제 등의 권한을 부여하고 있다(제14~18조, 제25조 등).[8]

북남경제협력법이 개성공업지구에 적용될 것인지 여부를 검토하기 위해서는 먼저 북남경제협력법과 개성공업지구법과의 관계를 확정해야 한다. 북남경제협력법은 경제활동을 포함한 다양한 분야에서의 남북교류협력을 규율하는 일반법으로서 남북교류협력에 있어서 특별한 지역과 대상을 제한하지 않고 있다. 한편, 개성공업지구법은 개성공업지구에서의 경제활동에 대해 적용되는 특별법으로서 남북교류협력 가운데 개성공업지구라는 지역과 경

---

8 북남경제협력법에 대한 자세한 내용은 법무부, 2006, 『북한 북남경제협력법 분석』 참조.

제활동이라는 대상을 제한하여 적용하고 있다. 따라서 특별법인 개성공업지구법이 적용되는 범위에서는 일반법인 북남경제협력법은 그 적용이 배제된다고 하겠다. 이외에도 개성공업지구법은 개별 규정을 통해 북남경제협력법에 우선하여 적용된다는 것을 선언하고 있다. 즉, 개성공업지구법이 경제활동에 대하여는 위에서 살펴본 바와 같이 각 해당법과 하위규정을 적용하고, 법규로 정하지 않은 사항은 중앙공업지구지도기관과 관리기관이 협의하여 처리하도록 규정하고 있어 북남경제협력법을 포함하여 북한의 법률의 적용을 배제하고 있다.

개성공업지구법은 개성공업지구의 개발·관리·감독을 위해서 각각 중앙공업지구지도기관과 관리기관을 설치·운영하고 있는데, 개성공업지구에 북남경제협력법이 적용된다고 해석할 경우에는 이들 기관의 권한이 북남경제협력법에서 규정하는 행정기관의 권한과 충돌 또는 충돌되는 현상이 발생하게 된다. 북남경제협력법도 제15조에서 남측 당사자의 체류·거주에 대하여 "공업지구와 관광지구에서의 체류·거주는 해당 법규에 따른다"고 규정하여 개성공업지구법의 우선적 효력을 규정하고 있다. 또한, 북남경제협력법이 분쟁해결절차에 대하여 개성공업지구법과 달리 특별한 규정을 두고 있어 서로 다른 법률의 적용을 전제로 하고 있다.

개성공업지구법

북한은 개성공단도 북한지역이므로 영토주권을 이유로 북한법률이 적용된다는 것을 전제로 하여 2002년 11월 13일 최고인민회의 상임위원회 정령으로 '조선민주주의인민공화국 개성공업지구를 내옴에 대하여'를 제정하였다. 이 정령은 제4조에서 "개성공업지구에는 조선민주주의인민공화국 주권이 행사된다", 제6조에서 "법인과 개인 기타 경제조직들의 자유로운 투자를 허용하며 그 재산을 법적으로 허용한다", 제8조에서 "내각과 해당 기관들은 이 정령을 집행하기 위한 실무적 대책을 세울 것이다"고 각각 규정하였다. 같은 달 20일에는 개성공업지구법을 제정하였는데, 제1조에서 "개성공업지구는 공화국의 법에 따라 관리·운영하는 국제적인 공업, 무역, 상업, 금융, 관광지역이다", 제8조에서 "법에 근거하지 않고는 남측 및 해외동포, 외국인을 구속, 체포하거나 몸, 살림집을 수색하지 않는다"고 각각 규정하는 한편, 제22조에서 중앙공업지구 지도기관의 임무로 "공업지구 법규의 시행세칙 작성"을 포함시키고 있으며 부칙 제3조에서 "이 법의 해석은 최고인민회의 상임위원회가 한다"고 규정하였다. 이 법률은 개성공단에서는 당연히 북한 법률이 적용되며, 북한주민은 물론 남한주민에 대해서도 북한법률이 그대로 적용된다는 것을 선언하고 있다.

개성공업지구법은 경제활동에 관한 영역에 대하여는 북한법률의 적용을 배제하고 있다. 즉, 제9조는 "공업지구에서 경제활동은 이 법과 그 시행을 위한 규정에 따라 한다. 법규로 정하지 않은 사항은 중앙공업지구지도기관과 공업지구관리기관이 협의하여 처리한다"고 규정하고 있다. 여기에서 '개성공업지구에서의 경제활동'의 범위에 관하여 해석상 논란이 있을 수 있으나, 이 영역에 대하여는 북한의 일반적 법률적용을 배제하고 있어 개성공업지구법과 그 시행을 위한 하위규정, 그리고 중앙지도기관이 제정한 시행세칙이 적용된다. 개성공업지구법 제25조와 개성공업지구관리기관 설립·운영규정 제13조는 개성공업지구관리기관의 임무로 "이 밖에 중앙공업지도기관이 위임하는 사업"을 포함시키고 있다.

북한 헌법은 제119조 제2항에서 내각의 임무와 권한의 하나로 "헌법과 세부 문법에 기초하여 국가관리와 관련한 규범을 제정 또는 수정·보충한다"고 규정하고 있고, 개성공업지구의 중앙지도기관은 내각에 해당하는 중앙행정기관에 포함된다. 따라서 개성공업지구의 관리위원회가 제정하는 사업준칙도 일정한 범위에서는 개성공단에 적용되는 법규범으로 기능할 수 있다고 하겠다. 그러나 법규로 정하지 않은 사항에 대하여는 중앙공업지구지도기관과 공업지구관리기관이 협의하여 처리하도록 하고, 부칙 제3조에서 이 법에 최종적인 해석권은 최고인민회의 상임위원회에 속하도록 하고 있어 남한법률의 적용은 사실상 기대하기 어려울 것으로 보인다.

개성공업지구법 하위규정 등

개성공단에서의 경제활동을 제대로 규율하기 위해서는 경제활동과 관련된 다방면에서 방대한 입법 작용을 필요로 한다. 그러나 개성공업지구법 하위규정은 2003년 4월부터 2014년 2월 현재까지 모두 16개가 제정되었으며, 16개의 시행세칙과 51개의 사업 준칙에 제정되었을 뿐이다. 개성공업지구법 하위규정은 개성공업지구법 제9조의 '경제활동'의 범위에 대한 해석과 관련하여 중요한 의미를 가진다. 이들 하위규정은 '기업창설·운영규정', '광고규정', '보험규정', '부동산규정', '기업재정규정', '회계규정', '회계검증규정' 등 경제활동이나 경제활동과 직접적으로 관련된 내용뿐만 아니라 '노동규정', '개발규정', '관리기관 설립·운영규정', '출입·체류·거주규정', '자동차관리 규정', '환경보호규정' 등 경제활동과 간접적으로 관련된 내용도 폭넓게 포함하고 있다. 이들 하위규정은 북한법률인 공민등록법, 무역법, 민법, 보험법, 사회주의노동법, 세관법, 외국인기업법 등에 대하여 특별법적 성격을 가지고 개성공단에 적용되므로 그 범위에서는 위 북한법률의 적용은 배제되는 것으로 해석된다.

개성공업지구 중앙공업지구지도기관은 '개성공업지구 출입, 체류, 거주규정 시행세칙' 등 총 16개의 시행세칙을 제정하였다. 그러나 이러한 시행세칙은 남한과 실질적인 협의가 이루어지지 않은 상태에서 중앙특구개발 지도총국이 일방적으로 발표하여 제대로 시행되지 않고 있는 문제점이 있다. 한편, 개성공업지구 관리위원회는 개성공업지구법 제25조에 따라서 '건축준칙' 등 총 51개의 사업 준칙을 제정하여 시행하고 있다. 개성공업지구법에 따르면 사업 준칙은 관리위원회 업무수행에 있어서 지침이 되는 내규의 성격을 가지는 것으로 판단된다. 그러나 개성공업지구에 관한 하위규정 등이 완비되지 못한 상황에서 관리위원회가 그 입법공백을 메우기 위하여 제정하여 시행하고 있는 것으로 보인다.

3) 남한 법률

남북교류협력에 관한 법령

개성공단사업을 규율하는 남한법률로는 남북관계발전에 관한 법률, 남북교류협력에 관한 법률, 남북협력기금법 등이 있다. 이들 법령들은 남북관계의 기본 성격, 남북합의서의 체결에 관한 사항, 그리고 일반적인 남북교류협력에 관한 사항을 규율하는 법령으로서 개성공단을 제1차적이고 직접적인 적용대상으로 규정하고 있는 것이 아니다. 그러나 이들 법령들은 개성공단에 관한 남북합의서나 법률에 의해 예외가 인정되지 않는 이상 당연히 개성공업 지구에도 적용된다고 하겠다.

남북관계발전에 관한 법률은 제3조 제1항에서 "남한과 북한의 관계는 국가간의 관계가 아닌 통일을 지향하는 과정에서 잠정적으로 형성되는 특수관계이다"고 규정하고, 제2항에서 "남한과 북한간의 거래는 국가 간의 거래가 아닌 민족내부의 거래로 본다"고 남북관계의 특수성을 규정하고 있다. 또한, 남북관계의 발전과 정부의 책무로서 남북관계발전기본계획 수립 등(제2장 제6~14조), 남북회담대표의 임명과 공무원의 파견 등(제3장 제15~20조), 남북합의서의 체결·비준과 효력 등(제4장 제21~23조)을 규정하고 있다. 남북교류협력에 관한 법률은 제3조에서 "남북교류와 협력을 목적으로 하는 행위에 관하여는 이 법률의 목적 범위 안에서 다른 법률에 우선하여 이 법을 적용한다"고 규정하여 남북교류협력에 관한 기본적인 법률로 기능하여 왔다.

이 법률은 남북교류협력추진협의회의 설치 등에 관한 사항(제4~8조), 남북한의 왕래·주민접촉 등 인적 교류(제9~12조 등), 물품의 반출·반입 등 물적 교류(제13~15조 등), 남북교류협력사업 승인(제16~17조), 결제수단의 취급기관, 운송장비의 운송, 통신역무의 제공 등 구체적인 절차(제19~23조) 등에 대하여 규정하고 있다. 특히, 제26조에서는 남북한 간의 교역, 투자, 물품의 반출·반입 기타 경제에 관한 협력사업 및 이에 수반되는 거래에 대하여는 대외무역법, 외국환거래법 등을 준용하도록 규정하고 있다. 그 이외에도 남북한 상호교류와 협력을 지원하기 위하여 제정된 남북협력기금법과 남북협력기금의 운영관리규정 등 하위법령들을 비롯하여 남북한 왕래, 물적 교류를 위한 교역 및 수송, 남북경제협력사업, 인도적 대북지원사업 등 남북관계와 교류협력에 관한 하위법령들이 있는데, 이들도 모두 개성공단 사업에도 적용된다고 하겠다.

개성공업지구지원에 관한 법률

남한은 2007년 5월 제정된 개성공업지구지원에 관한 법률(이하 '개성공업 지구지원법')은 2013년 8월까지 총 11차례 개정되었다. 그 중 2010년과 2013년 2차례에 걸쳐 본문 내용이 개정되었고, 나머지는 다른 법률의 개정에 따라 체계를 정비한 것이다. 이 법률은 개성공업지구를 남북경제협력의 대표적 모델이자 한반도 평화의 상징이라고 평가하고 제정되었다. 이를 통해 북한의 개혁·개방을 이끌어 내고 민족경제공동체를 형성하는 데 기여할 것으로 기대하였던 것이다. 이 법률은 개성공업지구의 개발·운영을 지원하고, 개성 공업지구에 투자하거나 출입·체류하는 남한주민을 보호·지원하기 위하여 필요한 사항을 정함으로써 남북교류·협력을 증진하고 민족경제의 균형적인 발전에 기여하려는 것을 목적으로 하고 있다(제1조).

개성공업지구지원법은 북한지역인 개성공단에서 추진하고 있는 개성공업 지구의 개발·운영을 지원하는 것과 개성공업지구에 투자하거나 출입·체류하는 남한주민을 보호·지원하는 것을 제1차적 목적으로 설정하고 있다. 이러한 개성공업지구의 활성화를 효율적으로 실현하기 위하여 정부로 하여금 개성공업지구를 개발하고 운영함에 있어서 필요한 각종 행정적·재정적 지원을 할 수 있도복 하고, 개성공업지구에 투자하는 현지기업 및 투자기업과 남한주민이 실체법적으로나 절차법적으로 특별한 지원과 보호를 받을 수 있도록 구체화하고 있다.

이 법률은 개성공단에 투자하거나 출입·체류하는 남한주민을 보호·지원하기 위하여 개성공업지구 개발지원 대책협의회 구성(제4조), 개성공업지구지원재단 설립(제19조), 개성공업지구 관리기관의 법인성 인정(제18조), 북한지역에의 공무원 파견(제20조) 등 제도적 장치를 마련하고 있다. 또한, 도로 등 기반시설 설치(제6조), 중소기업구조고도화자금 사용(제7조), 산업안전 및 산업재해 예방(제8조), 환경보존(제9조), 에너지이용(제10조), 남북협력기금 지원(제11조) 등 행정적·재정적 지원과 출입·체류자의 보호(제3장 제13~15조), 조세·왕래 및 교역 등에 관한 특례(제4장 제16~17조)를 규정하고 있다.

4) 분석과 평가

개성공단을 규율하는 규범체계로는 남북합의서, 개성공업지구법령, 그리고 남북교류를 위한 남한과 북한의 법률이 있다. 남북합의서에 대해서는 그 대부분이 조약으로서의 성격을 갖지 못하여 규범력에 한계가 있다. 4개 경협 합의서를 비롯하여 개성공단에 적용되는 남북합의서에 대해서도 법률적 효력을 부여하기 위하여 노력하는 것도 남한주민이 북한지역에 투자한 자산을 보호하고, 남북교류협력을 안정적으로 발전시키기 위한 것이라고 평가할 수 있다. 즉, 북한이 아직까지 세계무역기구(WTO), 국제투자보증기구(MIGA), 국제분쟁해결선터(ICSID) 등 국제기구나 협정에 가입하지 않고 있는 상황에서 남북합의서를 체결하고 법률적 효력을 부여하는 것은 남북관계에 대한 규범체계를 보충하는 것이라고 할 수 있다. 그러나 남북한은 그 합의내용을 그대로 실천하지 못하였고, 남북합의서에 대한 후속합의서를 제대로 체결하지도 못하였다. 또한, 남북합의서의 내용을 실천하고 이행하기 위한 국내법적 입법조치도 취하지 못하여 이들 남북합의서는 추상적인 원칙을 제시하는데 그치고 남북관계를 실효적으로 규율하는 규범으로서 역할을 수행하지 못하고 있다. 다만, 앞에서 검토한 바와 같이 2013년 이후 개성공단에 관한 구체적인 후속합의서를 체결하고 있는 것은 긍정적인 것이라고 평가된다.

남북합의서가 남북관계를 규율하는 규범력을 갖기 위해서는 헌법과 남북관계발전에 관한 법률에 따라 규율되어야 한다. 특히, 남북합의서의 법적 성격과 효력에 대해서는 남북관계발전에 관한 법률에서 자세히 규정하고 있다. 이러한 의미에서 남북한이 체결한 남북합의서가 남북관계를 실효적으로 규율하는 법규범으로 기능할 수 있기 위해서는 실체법적으로나 절차법적으로 헌법과 관련 법률 규정을 준수하여야 한다. 이와 동시에 남북한이 진정성 있는 의지를 가지고 남북합의서를 실질적으로 이행하겠다는 것을 담보할 수 있도록 관련 사항에 대한 국내법적 입법조치와 후속합의서의 체결 등 이행조치가 필요한 것이다. 우리 헌법재판소와 법원도 남북합의서가 이와 같이 실효적으로 기능할 때에라야 비로소 구체적 사건에서 법적 효력을 인정할 것이다.[9] 실제로 2011년 청주지방법원은 이중과세방지 합의서에 대해 남북

---

9 남북합의서의 규범력 확보방안에 대해서는 이혜진, 2011, 「남북합의서의 규범력 확보 방안」, 『통일과 법률』 제7호.; 김계홍, 2008, 「남북관계발전에 관한 법률에 따른 남북합의서의 발효절차에 관한 사례연구 및 개선방안에 관한 고찰」, 『법제』 603호 등.

한특수관계를 전제로 하면서도 그 조약으로서의 효력을 인정하지 않는 판결을 선고하였다. 이는 남북합의서가 헌법과 관련 법률에 따라 제정되었음에도 불구하고 그 이후 남북관계의 경색으로 인하여 남북합의서가 제대로 이행되지 않은 현실을 고려하여 그 법적 효력을 인정하기 어렵다고 판단한 것으로 보인다.[10]

북한이 제정한 북남경제협력법은 사회문화협력의 분야를 총괄하여 규율하지 않고 경제협력의 분야만 규율하고 있을 뿐이다. 하지만 남북한 경제협력을 위하여 기본법을 제정한 것은 법치주의에 따라 남북관계를 규율하려는 움직임으로 중요한 의미가 있으며, 향후 남북관계의 법제화와 활성화에 기여할 수 있는 계기가 될 수 있다고 평가된다. 그러나 북남경제협력법은 현실적으로 그 시행여부가 불분명하여 규범력에 있어서 실효성이 의문시되고, 그 내용에 있어서도 개성공업지구법령 등 다른 법률과의 관계가 불명확하다. 또한, 남북한의 경제협력을 지원하는 구체적인 절차규정이 미비하다는 것이 문제점으로 지적될 수 있다.

개성공업지구법은 위에서 검토한 바와 같이 개성공단에서의 경제활동에 관한 영역에 대하여는 북한법률의 적용을 배제하고 있는데, 이때 개성공업지구에서의 경제활동의 범위에 관하여 해석상 논란이 있다. 또한, 이 영역에 있어서는 북한의 일반적 법률적용을 배제하고 있어 개성공업지구법과 그 시행을 위한 하위규정, 그리고 중앙공업지구 지도기관이 제정한 시행세칙이 적용될 것이지만, 시행세칙의 제정과 시행에도 그 내용이 포괄적이지 못하고, 남북한이 합의되지 않는 상태에서 제대로 시행되지 못하고 있는 실정이다. 개성공단 관리위원회가 제정하는 사업준칙에 대해서도 그 법적 성격과 효력에 대하여는 논란이 있으나 2014년 2월 현재까지 총 51개의 사업준칙

---

10 청주지방법원 2011. 6. 9. 2010구합2034.

을 제정하여 시행하고 있고, 이에 대하여 북한도 이를 규범으로 수용하고 있으므로 개성공단에 있어서 적용되고 있는 법규범으로 인정하는 것이 현실적으로도 필요하다고 판단된다. 그러나 앞에서 검토한 바와 같이 이들 규정들의 내용이 개괄적이고 불명확할 뿐만 아니라 규율하는 규범영역도 매우 제한되어 있어서 양적으로나 질적으로나 개성공단에서의 경제활동을 규율하는 법규범으로서 기능하는 데에는 한계가 있다.

남북교류협력에 관한 법률은 그 동안 남북관계의 변화를 반영하여 수차례의 개정을 통하여 많은 부분이 개선되었다. 그러나 남북한이 군사적으로 대치하고 있다는 현실을 고려하여 남북교류협력을 지원하는 것이 아니라 통제하고 규율하는 것을 기본으로 하고 있어 평화통일의 기본원칙으로 채택하기에는 본질적인 한계가 있다. 또한, 개성공업지구지원법은 남한법률임에도 북한지역인 개성공업지구에 적용하는 것을 직접적으로 규정하고 있다. 또한, 북한법률에 의하여 설립된 개성공업지구 관리기관에 대하여 국가행정권한의 위임과 자금·인력의 지원 등을 통하여 부분적·간접적으로 북한주민(북한 법률에 의하여 설립된 개성공업지구 현지법인)에 대하여도 적용한다. 이 법률은 입법목적, 지역적·인적 적용대상을 개성공업지구 및 그와 직접 관련된 범위로 제한하고 있는 것이 특징이다. 개성공업지구지원에 관한 법률은 개성공업지구에 진출한 남한주민과 기업에 대한 법적 지원의 근거를 마련하고 있다. 그러나 그 내용이 포괄적이지 못하고 그때그때 현안으로 제기된 사안을 중심으로 제한적인 범위에서 열거하는 방식으로 규정하고 있어 통일적이고 체계적인 법제도적 장치로서는 한계가 있다는 지적이 있다.

요컨대 개성공단을 규율하는 규범체계는 개성공단의 발전과 함께 계속적으로 정비되고 있으나, 규범체계 자체와 그 실효성 양면에서 모두 문제점이 지적되고 있다. 즉, 규범체계 자체는 개성공단의 모든 법적 쟁점을 포괄하지 못하여 입법공백의 상태를 초래하는 경우가 있고, 이와 반대로 일정한 사항에 대해서는 남북합의서, 남한의 법률, 북한의 법률이 중첩적으로 적용되는 경우도 있다. 또한, 남북합의서의 내용을 구체화하는 후속조치도 미비하다는 문제점도 있다. 이와 같은 규범체계의 정합성 이외에도 남북합의서를 비롯한 현재 제정된 규범체계가 실효성 있게 현실을 규율하지 못하고 있어 그 규범력에도 문제가 있다는 지적이 있다.

4. 주요 쟁점과 과제

1) 법제도의 정합적 구축

남북합의서의 규범력 확보

개성공단의 법제도를 정비하기 위해서는 우선적으로 남북합의서의 규범력을 확보해야 한다. 남북한은 개성공단에 관해 기존에 체결된 남북합의서의 이행상황을 점검하여 남한에서 입법 등 후속조치가 필요한 사항에 대해서는 이를 이행하고, 남북한 사이에 합의가 필요한 사항에 대하여도 정비방안을 준비해야 한다. 남북교류협력의 확대와 발전에 대비하여 4개 경협합의서와 후속합의서, 개성공단에 적용되는 합의서 등 기존에 체결된 합의서를 바탕으로 남북통행합의서 등 남북한 사이에 일반적으로 적용되는 남북합의서를 분야별로 체결해야 하므로 이를 준비할 필요가 있다.

남북합의서는 향후 평화통일의 과정에서 법률 및 사법통합에 매우 중요한 선례로서 입법자료 등으로 활용될 것이 예상된다. 이를 위해서는 현재까지 체결된 남북합의서를 체계적으로 분석하여 향후 남북합의서를 체결할 경우에는 그 형식, 내용, 용어, 체결주체, 효력범위, 발효절차 등에 대하여 통일적이고 기본적인 모델을 마련하는 것이 필요하다. 이 과정에서 특별히 고려해야 것은 남북합의서의 규범력을 확보하는 것이다. 그동안 남북관계의 현실과 경험에 비추어 볼 때, 남북한이 남북회담을 통해 합의서를 체결하더라도 그것이 제대로 이행되지 못하거나 후속조치도 이루어지지 않은 가능성이 상존한다. 남북합의서는 남북관계를 규율하는 기본적인 규범으로 기능하는데, 그 규범력을 확보하지 못하게 되면 남북관계는 다시 정치논리에 의해 해결책을 마련해야 하고, 법치주의는 실현될 수가 없다. 따라서 남북합의서의 규범력을 확보할 수 있는 내용을 포함하여 합의서의 기본적 모델을 개발하고, 남북관계와 합의분야의 구체적인 내용에 따라서 남북합의서를 변용하여 적용할 수 있도록 하는 것도 필요하다.

개성공업지구법령의 개선

개성공단에 적용되는 각종 법령을 정비할 필요가 있다. 남북교류협력에 관한 관련 법령을 정비함으로써 그 규범력을 제고하고 개성공단을 안정적으로 운영하는 법적 장치를 마련하는 것이다. 앞에서 검토한 바와 같이 남북교류협력을 규율하는 법체계가 미흡하므로 남북교류협력의 법제화에 필요한 목록을 그 내용과 체계를 기준으로 남한법령에 반영할 사항, 북한법령에 반영할 사항, 남북합의서를 통하여 규율할 사항으로 구분하여 정리해야 한다. 이러한 목록을 기초로 하여 남북관계의 발전양상과 필요에 따라 우선순위를 정하여 입법형식에 적합한 법령을 제정하거나 현행의 법령을 개성공단의 현실을 실효적으로 규율할 수 있도록 개정하여야 할 것이다.

개성공단에 적용되는 남한법령의 제정과 개정이 필요한 경우에는 법제도와 현실을 함께 고려하여 보완·보충이 필요한 것, 개선되어야 할 것, 폐지하여야 할 것 등을 구분하여 정비해야 한다. 개성공단사업은 입주기업의 생산성과와 규모의 확대에 따라서 다양한 법적 쟁점이 새롭게 발생하게 된다. 개성공단에 외국기업이 입주하게 되면 이에 대한 새로운 규범체계도 필요하게 된다. 따라서 개성공단의 현실적 변화를 반영하여 적절하게 관련 법령도 보완되어야 할 것이다. 또한, 개성공단의 운영을 통해 경험하게 된 문제점을 추출하여 이를 개선하여야 하고, 개성공단의 현실을 적실성 있게 규율하지 못하고 사문화되어 규범력을 상실한 법령은 이를 폐지하여 한다. 남한법령을 정비하는 것은 남한만의 문제가 아니라 북한법령과 남북합의서와 연관성을 가진다는 것도 유의하여 상호 영향을 주고받으면서 개선해야 할 것이다.

북한법령과 남북합의서의 경우에도 북한의 협력을 전제로 하여야 하므로 한계가 있을 것이지만, 북한과 협의하여 보완과 개선이 필요한 부분에 대해서는 남한의 법령과 부합할 수 있도록 정비해야 할 것이다. 특히, 개성공단의 경우에는 시행세칙과 사업 준칙을 마련함에 있어서 개성공업지구법, 하위 규정, 개성공업지구 지원에 관한 법률, 남북합의서 등과 형식 및 내용면에서 체제정합성을 기할 수 있도록 법제도 마련의 시스템을 확보해야 한다. 북한은 2014년 12월 6일 최고인민회의 상임위원회에서 개성공업지구 노동규정을 개정하여 개성공단 종업원의 임금인상을 매년 5%로 제한하는 내용을 삭제하였다고 일방적으로 발표하기도 하였다.[11] 이러한 입법조치는 남북한이 합의하여 운영하고 있는 개성공단의 발전에 장애요소가 될 것으로 판단된다. 북한은 이외에도 임금직불제 등 개성공단에서 적용되는 법령임에도 현실적으로 그 규정대로 이행되지 않고 있는 부분에 대해서는 필요하다면 이를 관철시킬 수 있는 이행수단을 확보해야 하고, 그렇지 않으면 이를 폐지하고 그 부분을 대체할 수 있는 제도를 마련하는 등 법제도가 실질적으로 기능할 수 있도록 규범력을 제고해야 한다. 이와 같이 개성공단에 적용되는 남한법령, 북한법령, 그리고 남북합의서는 서로 밀접하게 관련되므로 관련 법

---

11 연합뉴스, 2014년 12월 6일, "북한 '개성공단 노동규정 개정' … 최저임금 인상률 제한 없애(종합)"

령들은 상호 체계정합성을 유지하여 상위법, 특별법, 한시법 등 형식과 효력에 모순과 충돌이 없도록 유의하면서 법제도적 인프라를 종합적이고 지속적으로 구축하여야 할 것이다.[12]

합리적 분쟁해결수단의 마련

개성공단이 안정적으로 운영되기 위해서는 합리적 분쟁해결절차를 구축해야 한다. 남북한교류협력에서는 남북한의 법률체계가 서로 상이하여 그 과정에서 발생하는 다양한 법적 분쟁을 신속하게 해결하는 공통의 사법제도를 도출하기가 어렵다. 개성공단의 경우에도 남한의 입주기업이 안정적으로 사업을 운영하기 위해서는 향후 발생할지도 모르는 법적 분쟁을 합리적이고 효율적으로 해결할 수 있는 사법제도가 마련되어야 한다. 개성공단에서 발생하는 법적 분쟁이 법적 수단이 아니라 정치적 결단에 의해서 해결된다면, 입주 기업은 다양하고 전문적인 사업을 적극적으로 추진하기를 꺼려할 것이고, 새로운 분야에 사업을 확장하기도 어렵다. 앞에서 살펴본 바와 같이 현재 개성공단의 사업운영을 규율하는 법률체계가 완비되지 않는 상태에서 입주기업이 법적 안정성을 가지고 사업을 운영하기 위해서는 실체법적으로나 절차법적으로 예측 가능한 분쟁해결수단을 마련해야 한다.

남북한은 이미 상사분쟁해결절차합의서 등을 통하여 원칙적으로 '중재(arbitration)'에 의한 해결절차를 예정하고 있으며 이를 위하여 2003년 이후 남북상사중재위원회 구성을 위한 남북회담을 진행하였다가 진척이 없었다. 하지만, 2013년 남북회담을 재개하여 남북한은 남북합의서에 따라 30명의 중재인 명부를 북한에 통보하였으며, '남북상사중재위원회 구성·운영

---

12 남북관계에 따른 법제에 대해서는 도회근, 2008, 「남북관계 법제의 발전과 한계」, 『헌법학연구』 제14권 제3호.

에 관한 합의서'를 이행하기 위한 부속합의서를 체결하여 남북상사중재위
원회를 구성하였다. 남북한이 당초 남북합의서가 예정한대로 6개월 이내
에 마련 되지 못하고 10년 가까이 지난 이후에 상사중재위원회를 구성한 것
은 다행이지만, 남북상사중재위원회가 실질적으로 운영되기 위해서는 우선적
으로 상사중재규정을 마련해야 한다. 현재에도 개성공단에서는 크고 작은 법
적 분쟁이 발생하고 있는데, 이러한 분쟁을 해결하기 위한 절차를 시작하기 위
해서는 남북상사중재위원회가 상사중재규정을 제정해야 한다. 따라서 남북한
은 남북상사중재위원회를 개최하여 상사중재규정을 조속히 제정하고, 중재
인에 대한 교육과 업무분장 등에 대해서도 실질적인 준비에 착수해야 한다.[13]

최근에는 개성공단과 관련하여 남한주민 사이에서도 재산권 분쟁이 발생
하는 사례가 증가하고 있고, 남한주민이 정부를 상대로 소송을 제기하기도
하였다. 개성공단은 북한지역에서 남한주민이 입주기업으로 진출하여 북한
주민을 고용하여 사업을 운영하고 있으며, 그 과정에서 남한과 북한 당국이
실질적으로 관리업무를 담당하고 있어서 구체적인 사안에 대해 이해관계가
복잡하게 얽혀있어 법적 분쟁이 발생할 가능성이 크다. 개성공단에 관한 법
적 분쟁은 개성공단의 규모가 확대될수록 더 많이 발생하게 될 것이며, 더욱
복잡하고 다양한 소송이 제기될 수 있을 것이다.

남북한 사이에 법률체계가 상이한 것은 물론이고, 남한의 사법제도 역시
분단 상황에서 남한지역에서 남한주민들을 상대로 발생한 분쟁만을 전제로
하고 있고, 북한과는 국제사법을 그대로 적용하기도 어려운 상황이다. 따라
서 남북교류협력이 근본적으로 전환되어 남북한 사이에 섭외적 사건에 대한

---

13 남북상사중재제도에 대해서는 원용수, 2005, 「남북간 상사중재제도 운영방안」, 『통일논총』 제23
호.; 서정일, 2005, 「남북상사중재위원회의 법적 성격과 효율적 운영방안」, 『기업법연구』 제19권 제
4호.; 이주원, 2008, 「남북상사중재에 있어 중재인 선정방식에 관한 연구」, 『중재연구』 제18권 제1호
등.

규범체계가 정비될 때까지는 개성공단의 법적 분쟁을 합리적으로 해결할 수 있는 상사중재제도를 활용해야 할 것이다. 이외에도 개성공단의 재산에 대해서는 남한의 판결에 따른 강제집행에 대한 법제도 마련되어 있지 않았을 뿐만 아니라, 남북한 간 송달, 증거조사 등 사법공조도 없는 상태이다. 따라서 남북한은 이러한 법적 분쟁을 대비해서 조속히 회담을 재개하여 남북상사중재위원회에 관한 운영기준은 물론 중재 이외의 소송절차에 대해서도 규범적 기준을 마련하고 그 후속조치를 이행하고, 그에 필요한 입법조치를 해야 하고, 필요한 경우에는 추가합의서를 통해 구체화하여야 할 것이다.[14]

관리위원회의 기능 제고

개성공업지구법에 따르면 개성공단에 대하여는 개성공업지구 관리기관인 개성공단 관리위원회가 원칙적으로 관리하며, 중앙공업지구 지도기관인 중앙특구개발 지도총국은 관리기관의 사업을 통일적으로 지도한다. 한편, 공업지구 세관, 출입사업기관, 검사검역기관, 개성시 인민위원회는 관련업무의 범위에서 독자적인 기능을 행사하고 있다. 따라서 개성공단 관리위원회는 개성공단의 관리를 실질적으로 주도하는 기관으로서 향후 개성공단이 확대될 경우에는 그 역할이 더욱 중요하게 될 것이며, 개성공단사업의 성패를 결정할 수도 있다고 하겠다.

개성공단 관리위원회는 개성공단의 유지 및 운영에 있어서 필요한 행정적 관리업무를 담당하는 특수한 기관이다. 관리위원회는 북한법률인 개성공업지구법령을 직접적인 근거로 하여 설립된 법인이며, 남한법률인 개성공업지구지원법에 의하여도 그 법인격이 인정되고 있다. 관리위원회의 법적 성

---

14 개성공단에서의 분쟁해결절차에 대해서는 임성택, 2011, 「개성공업지구의 분쟁해결을 위한 사법제도」, 『통일과 법률』 제6호.; 신현윤, 2010, 「개성공단 투자보장과 분쟁해결절차의 법적 문제점과 개선방안」, 『법학연구』 제20권 제1호 등.

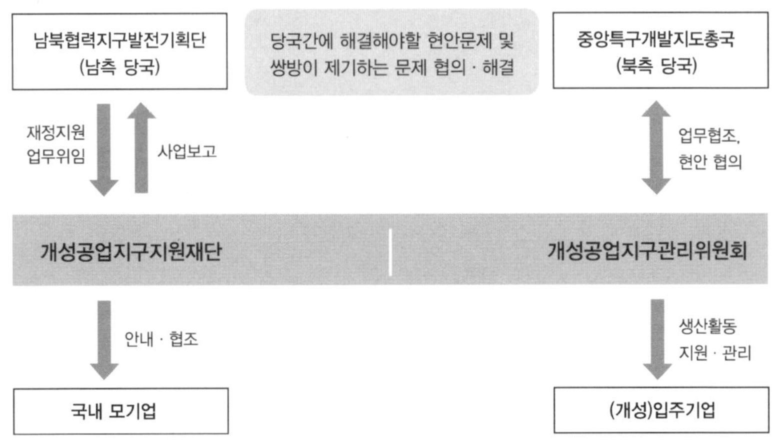

그림 3-2. **개성공단의 지원체계**

격에 대하여는 공무수탁사인이라는 견해와 특수행정기관이라는 견해가 있으나, 개성공업지구에서 실질적인 행정법적 규율사항을 수행하고 있는 특수한 행정기관이라고 파악하는 것이 타당하다. 이와 같이 관리위원회는 남한과 북한의 양측 법률에 의하여 그 법적 지위가 보장되는 특수한 성격을 가진다. 개성공업지구 검역합의서 제5조는 관리위원회로 하여금 검역절차에 대한 협조와 검역요금의 기준을 결정할 권한을 부여하고 있다. 또한, 개성·금강산지구 출입·체류에 관한 합의서 제4조도 관리위원회로 하여금 출입을 위한 해당 증명서를 발급할 권한을 부여하고 있다. 이와 같이 개성공단과 관련한 법령과 남북합의서도 관리위원회의 법적 지위를 인정하고 있다. 이때 북한법률인 개성공업지구법이 남한주민에게 적용되는 것은 북한법률의 국내법적 성격과 효력에 관한 문제와 관련된다. 한편, 남한법률인 개성공업지구 지원에 관한 법률이 북한지역과 북한법인에게 적용되는 것은 남한법률의 북한에서의 적용가능성의 문제와 관련된다. 이러한 헌법이론의 쟁점은 앞에서 검토한 바와 같이 남북한특수관계론에 의하여 규범적으로 정당화될 수 있다고 판단된다.

결국, 개성공단 관리위원회는 북한법률에 의하여 설립된 법인으로서 북한의 행정기관인 중앙특구개발 지도총국의 지도를 받지만, 개성공업지구법이 적용되는 영역에서는 그 조직과 운영에 있어서 고도의 자율성과 독립성이 보장되는 특수공법인이라고 할 수 있다. 또한, 관리위원회는 남한법률에 의하여도 그 법적 지위가 인정되어 일정한 영역에서 행정적 권한과 재정적 지원을 받는 동시에 그 운영에 대한 지도와 감독을 받게 된다. 이와 같이 개성공단 관리위원회는 남한법률과 북한법률 양측으로부터 법적 근거를 가지고 각각의 행정권한을 행사하며, 그 범위에 있어서는 북한의 중앙특구개발 지도총국과 개성공업지구 지원재단의 지도와 감독을 동시에 받게 되는 특수한 지위를 갖는다고 할 수 있다. 현재 개성공단에 관한 관리와 감독은 매우 중요한 의미를 가지며, 개성공단의 안정적 운영을 위해서도 필수적으로 요구되므로 개성공단 관리위원회의 권한과 책임을 체계적으로 구축할 필요가 있다. 개성공단 관리위원회는 입주기업과 남북한 근로자들에 대한 지원과 관리를 위한 실효적인 권한을 행사할 수 있어야 한다. 또한, 남한당국과 북한의 중앙지도 기관과의 협조와 업무분담도 중요하다. 개성공단의 중요성과 관리위원회의 위상을 고려할 때, 개성공단 관리위원회는 개성공단의 질서유지를 위해서 보다 광범위하고 안정적인 권한을 행사할 수 있도록 그 기능을 제고해야 할 것이다.

2) 투자활동의 안정화

출입절차의 간소화

남한의 기업이 개성공단에 진출하는 중요한 동기는 물류의 이동성에서 간편하고 유용하다는 것이다. 남한기업은 원자재의 공급은 물론 생산제품의 보관, 유통, 물류에 있어서 지리적으로 가깝기 때문에 경제적 비용이 저렴하다는 것을 계산하고 개성공단에 진출한 것이다. 이때 지리적 이점은 공간적 문제뿐만 아니라 출입과 관련된 절차적 문제와 소요시간의 문제와도 밀접한 관련성이 있다. 즉, 개성공단이 공간적으로는 서울권에서 1시간 이내의 거리이지만, 인원의 출입과 물자의 반출입의 절차가 복잡하게 되면 몇 배 이상의 시간이 소요되어 지리적 이점은 대폭 감소하게 된다. 따라서 개성공단에 입주한 기업들의 투자활동을 활성화하기 위해서는 신속하고 효율적인 출입절차를 마련해야 한다.

개성공단의 출입과 반출입절차에 대하여는 일반적인 남북교류협력과 달리 개성공단이 가지는 위와 같은 특수성을 반영하여 절차규정을 획기적으로 개선하여 인원의 출입과 물자의 반출입이 적법하다고 판단하여 이를 보장하는 경우와 위법하다고 판단하여 통제하는 경우를 구별하여야 한다. 즉, 개성공단에 있어서 인원의 출입과 물자의 반출입이 국가안전보장에 위협이 되거나 정치적 목적이 개입된 경우 등 남북교류협력에 해당하지 않은 경우에는 엄정하게 차단하여 개성공단사업이 탈법행위로 이용되지 않도록 규제해야 한다. 하지만, 인원의 출입과 물자의 반출입이 법적으로 인정되는 교류협력에 해당할 경우에는 이를 과감하게 지원하고 보호하는 방향으로 전환함으로써 법제도와 집행의 안정성을 확보하는 것이 요구된다.

개성공단이 가동된 이후 남북관계는 교류협력의 발전과 정치군사적 긴장을 반복하면서 인원의 출입과 물자의 반출입의 절차는 많은 발전을 이루었다. 특히, 2014년 2월 개성공단의 출입을 위해서 전자출입체계(RFID) 시스템을 도입하여 시범가동을 시작하여 운영하고 있다. 그러나 남한에서 개성공단을 출입하는 육로교통은 군사분계선을 통과해야 하므로 UN군과 남북한의 군사적 조치와 밀접하게 관련되어 있어서 출입와 반출입의 절차를 간소화하는 것이 쉬운 일이 아니다. 특히, 통신·통행·통관 등 절차를 보다 간소화하고, 남한과 개성공단의 물류활성화를 보장할 수 있도록 남한물자의 반출범위를 확대할 필요가 있다. 또한, 물자의 반출입에 대한 승인제도에 있어서도 보다 광범위하고 유연하게 탄력성을 부여하여 개성공단 입주기업의 운영에 있어서 지리적 이점을 최대한 활용할 수 있도록 관련 법제도를 개선할 필요가 있을 것이다.

개성공단에서의 출입절차를 간소화하기 위해서는 DMZ를 통과하는 출입절차를 보다 안정적으로 제도화할 것이 요구된다. 현재 DMZ를 규율하는 규범체계는 1953년 7월 27일 체결된 이른바 '군사정전협정'이 가장 중요한데, 이에 따르면 군사분계선 이북 지역은 북한군 최고사령관과 중국군 사령원이 공동으로 책임을 지고, 군사분계선 이남 지역은 UN군 총사령관이 책임을 지도록 하고 있다. 즉, DMZ에 대한 헌법 규범적 영토주권은 대한민국에 있지만, 현실적인 인적·물적 관할권은 군사정전협정에 의해 구성된 국제기구인 군사정전위원회에 속하며 구체적으로는 쌍방의 군사령관에 의하여 행사되고 있다. 개성공단으로 출입하기 위해서는 DMZ를 통과하는 도로와 철도의 개통이 필수적으로 요구되고 있는데, 현재까지 이에 대해서는 UN군 사령관이 남한과 북한과 각각 합의서를 체결하여 개성공단 출입을 위한 특정한 지역을 남북관리구역으로 설정하고 이에 대해서는 남북한이 공동으로 행사하도록 하였으며, 이에 따라 남북한이 도로와 철도의 개통을 위한 남북합의서를 체결하여 이 문제를 해결하고 있다. 향후 개성공단이 확대될 경우에는 보다 광범위한 영역에서 안정적으로 출입절차를 제도화하여야 할 것이므로 군사정전협정에 대한 근본적이고 종합적인 해결방안이 수반되어야 할 것이다.

남북한의 교류협력과 개성공단에 있어서 인원의 출입과 물자의 반출입에 대한 절차를 간소화하기 위해서는 통일 이전 동서독의 교류협력과 중국과 대만의 교류협력의 사례를 참고할 수 있을 것이다. 동서독의 경우는 남북한의 경우와는 많은 차이가 있지만, 다양한 분야에서 수많은 교류협력을 추진하는 과정에서 절차를 간소화하고 촉진하는 경험을 참고하고 법제도에 반영하는데 시사점을 제공할 수 있을 것이다.[15]

입주기업에 대한 지원과 투자자산의 보호

남한은 2007년 개성공업지구지원에 관한 법률을 제정하여 개성공단 입주기업에 대하여 행정적, 재정적 지원을 제도적으로 보장하고 있다. 하지만, 개성공단은 북한지역에서 운영되고 있으며, 북한 당국이 깊이 관여하고 있어서 남한이 입주기업을 지원하는 것을 제도화하는 데에는 어려움이 있다. 남한이 개성공단 입주기업을 지원하는 것도 그 구체적인 내용에 있어서는 정치 군사적인 고려도 해야 하고, 남한의 일반적인 기업에 대한 지원체계와도 정합적이고 공정하게 이루어 질 수 있도록 해야 한다. 한편, 북한의 법령인 개성공업지구법령도 개성공단을 규율하는 가장 중요한 법령으로서 입주기업에 대한 여러 가지 지원과 보호를 규정하고 있으나, 출입체류와 같은 절차적인 문제뿐만 아니라 실체적인 내용에 있어서도 입주기업에 대한 지원이 아니라 장애요소로 작용하고 있는 것도 많다.

입주기업에 대한 지원은 남한뿐만 아니라 북한도 중요한 역할을 담당하므로 이를 구체적으로 실현할 수 있도록 법제도를 구축해야 한다. 특히, 북한이 관련 법령을 제정하거나 개정하면서 추진하고 있는 나선 자유경제무역지대와 황금평·위화도 경제지대와 비교하여 북한이 외국기업에 대해 지원

---

15 중국과 대만의 교류협력에 대해서는 이상철, 2010, 「개정 양안관계조례 연구」, 『통일과 법률』 제2호, pp.141~166.

하고 있는 특례는 개성공단에도 반영하여 최소한 외국에 대한 지원 이상의 특례를 인정하도로 하는 것이 필요할 것이다. 개성공단은 이른바 '5.24 조치' 이후 남북관계가 경색되어 있는 상황에서 개성공단은 어려운 고비를 넘기면서 비교적 안정적으로 운영되고 있다. 하지만, 남북한은 핵문제와 미사일 발사 등과 같은 정치군사적 상황과 한반도를 둘러싼 국제여건에 따라서 개성공단은 그 운영에 있어서 위기를 맞을 수도 있다. 현재까지 개성공단은 많은 정치적 위기상황에서도 남북한 모두의 정치적 또는 경제적 이유에 따라 지속적으로 운영되고 있다. 그러나 최근 북한이 갑작스럽게 개성공단의 폐쇄를 선언하였던 것과 같이 북한의 일방적인 조치로 인해서 개성공단에 진출하였거나 자금을 투자한 기업들이 재산적 피해를 입을 수 있는 가능성은 상존한다. 개성공단이 정치적 상황과 무관하게 안정적으로 운영될 수 있기 위해서는 개성공단에 진출한 남한주민의 재산권을 보호하고, 투자자산의 보장을 위한 실효적인 법제도를 마련해야 한다.

현재 개성공단에 진출한 기업들의 투자자산을 보호하기 위한 법제도로서 남북합의서에는 남북 간 투자보장합의서와 상사분쟁해결절차합의서가 있다. 그러나 이들 남북합의서들의 내용은 개성공단 진출기업에 대한 원칙적이고 포괄적인 투자자산의 보호만을 규정하고 있을 뿐, 구체적인 절차와 요건, 내용과 범위 등에 대해서는 아무런 규정을 두지 않고 있다. 따라서 개성공단에 진출한 기업의 투자자산을 보다 안정적으로 보호할 수 있는 요건과 효력을 구체적으로 규정하고 이를 제도화하는 것이 필요하다. 한편, 개성공업지구 법령 중에서는 개성공업지구법 제17조와 개성공업지구 부동산규정 제16조는 손실보상의 원칙을 규정하고 있으나, 역시 그 구체적인 내용에 대해서는 아무런 규정을 두지 않고 있어 실효적으로 적용하기 어렵다.

남한법령으로서 대북투자의 보호방안을 규정하고 있는 것은 남북협력기금법, 통일부고시인 남북협력기금 운용관리규정과 경제협력사업 보험취급

기준을 들 수 있다. 남한에서는 이들 법령에 따라 남북경협보험제도를 운영하고 있으나, 이 제도 역시 개성공단 입주기업의 투자자산에 대한 침해가 발생할 경우에는 그 보상의 요건과 범위가 엄격하게 제한되고, 보상액수도 금액이 낮은 편이어서 정치적 상황에 따라 개성공단이 중단되거나 폐쇄될 경우에는 실질적인 대책이 될 수 없는 한계가 있다고 평가된다.

기업들의 투자자산을 보호하기 위해서는 일차적으로 남한의 제도적 지원체계를 강화하는 방법을 검토할 수 있다. 하지만, 이러한 방법에는 막대한 재원이 필요하여 그 지원의 범위에 한계가 있어 투자자산에 대한 완전한 손해배상과 손실보상을 담보할 수 없다는 문제점이 있다. 따라서 투자자산을 보호하는 가장 근본적인 방법은 북한으로 하여금 정치상황 등을 이유로 일방적으로 투자자산에 대한 손해를 초래하는 조치를 할 수 없도록 예방하는 것이다. 이를 위해서는 남북합의서를 체결하여 투자자산에 대한 손해방지에 대한 규범력을 확보하는 한편, 북한법률이나 개성공업지구지원법령에 손실보상과 손해배상에 대한 내용을 구체적으로 포함시킬 필요가 있다. 또한, 남북한이 합의하여 개성공단 입주기업의 투자자산을 보호하기 위하여 남북한 협의기구를 설치하여 문제가 발생할 경우에 남북한이 서로 합의할 수 있는 절차도 마련한 필요가 있다. 2013년 설치하기로 합의한 남북공동위원회와 사무처 또는 남북상사중재위원회가 투자자산에 대한 보호와 문제해결을 위한 협의기구로 활동할 수 있을 것이다.

신변안전의 보장

개성공단을 안정적으로 운영할 수 있는 기본전제는 남한주민이 개성공단에 출입하고 체류하는 과정에서 그 신변안전을 보장하는 것이다. 남북교류협력의 과정에서도 남북한 주민인 상호간 출입의 자유로운 보장과 체류기간 중 신변안전의 보장은 필요하다. 개성공단의 경우에는 주로 남한주민의 신변안전이 문제되는데, 남북관계의 특성상 교류협력의 과정에서 경제적 투자와 손해는 기본적으로 자기책임의 원칙에 따라서 처리되고, 그 결과는 경제적 손실에 국한된다. 하지만, 출입체류의 보장과 신변안전의 보장은 남한주민의 생명과 기본권의 문제로서 이것이 보장되지 않을 경우에는 개인으로 치명적인 결과를 초래하고, 국가적으로도 개성공단의 전체사업의 존부를 결정하게 되는 요인이 된다. 이와 같이 남한주민에 대한 신변안전의 보장이 남북 교류협력에 미치는 중요성과 영향은 2008년 금강산 관광객에 대한 총격사건과 2009년 개성공단에서의 남한주민에 대한 억류사건에서 여실히 나타난 바가 있다.

현재까지 일반적으로 북한을 방문하는 남한주민의 신변안전에 대해서는 북한 당국의 신변안전과 무사귀환의 내용이 기재된 초청장이 유일하고, 개성공단과 금강산 지역에 있어서는 '개성·금강산지구 출입·체류합의서' 제10조에서 남한주민의 신변안전에 대하여 원칙적으로 북한의 형사사법권과 재판관할권을 배제하는 것을 규정하고 있다. 이 합의서 제2조는 "인원은 지구에 적용되는 법질서를 존중하고 준수한다"고 규정하고, 형사법의 적용에 대하여 제10조는 제1항에서 "북측은 인원의 신체, 주거, 개인재산의 불가침권을 보장한다", 제2항에서 "북측은 인원이 지구에서 적용되는 법질서를 위반하였을 경우 이를 중지시킨 후 조사하고 대상자의 위반내용을 남측에 통보하며 위반정도에 따라 경고 또는 범칙금을 부과하거나 남측지역으로 추방한다. 다만, 남과 북이 합의하는 엄중한 위반행위에 대해서는 쌍방이 별도로 합의하여 처리한다", 제3항에서 "북측은 인원이 조사를 받는 동안 그의 기본적인 권리를 보장한다"고 각각 규정하고 있다.

이 규정을 통해 남한주민의 형사범죄와 신변안전의 보장에 대해서는 북한이 범죄행위를 중지시키고 기본적인 사실관계를 조사하는 권한을 인정하고 있다. 다만, 이러한 결과를 기초로 북한이 형사사법권을 행사하는 것은 허용하지 않는다. 즉, 먼저 사실관계를 조사하여 그것이 경미할 경우에는 북한이 해당 당사자에게 경고하거나 범칙금을 부과하도록 인정하고 있으나, 사안이 중하여 형사사법권을 행사할 경우에는 원칙적으로 당사자를 남한으로 강제추방을 하고, 남한이 당사자에 대해 형사사법권을 행사하도록 규정하고 있다. 이것은 형사사법권의 행사기준에 대하여 일반적으로 채택하고 있는 속지주의의 예외로 인정하여 속인주의를 채택한 것이다. 이와 같이 개성공단에서 남한주민이 범죄를 저지른 경우에는, 북한은 사실관계를 확인하는 조사권만 부여하고, 남한이 재판관할권 등 형사사법권에 대한 집행관할권을 가지도록 하고 있다. 다만, 남한과 북한이 합의하는 엄중한 위반행위에 대해서는 쌍방이 별도로 합의하여 처리하도록 하여 북한이 형사사법권을 행사할 수 있는 예외도 인정하고 있다. 이러한 경우에도 그 범죄대상을 남북한이 서로 합의하여 결정해야 하며, 그 범죄행위를 처리하는 절차와 내용에 대해서도 남북한이 합의하여 처리하도록 규정하여 북한의 단독적인 형사사법권을 인정하지는 않고 있다.

그러나 출입체류합의서는 그 후속조치가 이루어지지 않고 있으며, 후속합의서도 체결되지 않고 있어 위와 같은 원칙적 규정을 구체화하지 못하고 있다. 개성공단의 안정적 운영을 위해서는 남북공동위원회의 조직과 활동, 남한주민에게 보장되는 기본적 권리의 내용과 범위, 범칙금 부과와 추방의 구체적인 절차, 북한 당국의 조사의 절차와 한계, 엄중한 위반행위의 범위, 북한에서의 조사 시 변호인의 접견권의 보장, 남북한 형사사법공조 등 위 합의 내용을 구체화하여야 할 것이 요구된다.[16] 한편, 법무부는 개성공단사업과 금강산관광사업을 추진하는 과정에서 남한 주민의 형사사건이 발생하고

---

16 남북교류협력에 있어서 남한주민의 신변안전보장에 대해서는 한명섭, 2008, 『남북교류와 형사법상의 제 문제』, 한울아카데미.; 이효원, 2006, 「남북한 형사사건의 합리적 해결방안」, 『법조』 제55권 제9호 및 제10호 등.

있는 현실적인 상황을 고려하여 2005년 3월 14일 '개성공업지구 및 금강산 관광지구에서 발생한 형사사건 처리지침(법무부훈령 제512호)'을 제정하여 시행하고 있다.

3) 국제사회와 협력체계 구축

민족내부거래성의 확보

남북관계와 통일은 국제적 협조와 지원이 필수적일 뿐만 아니라 남북교류협력을 국제질서에 편입시킴으로써 남북관계의 안정성을 국제적으로 담보할 수 있는 점을 고려하여 북한을 국제사회의 일원으로 참여하도록 하는 노력을 경주할 것이 요구된다. 특히, 개성공단사업을 안정적으로 운영하기 위해서는 외국기업의 진출과 국제법원칙에 부합하는 법령체계를 갖추는 것이 필요할 것이다. 북한은 국제사회에서 남한과 독립된 국제법적 주체로 활동하고 있고, 현실적으로 남한과 구별되는 독립된 경제영역을 형성하고 있다. 개성공단이 국제적인 경제특구로 발전할 경우에는 개성공단에서 남북교역은 단순히 국제법원칙을 적용하게 될 가능성이 크다. 하지만, 현재 남북한이 개성공단을 운영하는 상황에서는 개성공단에 대한 규율을 일반적인 국제관계에 따라 국제법원칙을 적용하는 것은 적당하지 않고, 특별히 취급할 필요가 있다. 이를 위해서는 개성공단의 규범체계를 국제법원칙과 조화를 이루면서도 남북관계의 특수성을 고려하여 민족내부거래성을 확보하도록 조정할 것이 요구된다. 특히, 자유무역을 지향하는 WTO체제에서는 남북한의 민족내부거래성을 주장하는 것에 대해서 일반적인 국제법원칙을 위반하고 국제통상규범에 배치되는 것으로 판단할 가능성이 크다. 따라서 국제법원칙과 부합하면서도 민족내부거래성이 반영될 수 있는 규범적 근거와 기준을 제시해야 한다.

개성공단에 대해 민족내부거래성을 확보하는 현실적인 쟁점은 이중과세의 금지, 투자보장, 원산지표시에 대한 특례 등이 문제되는데, 개성공단에 대하여도 일반적으로 승인된 국제법 원칙을 적용하면서도 남북관계의 특수성을 반영할 수 있도록 국제법과 국내법의 상관관계와 체계적 적용원칙을 남북관계에 적용하는 기준으로 마련할 필요도 있을 것이다.[17] 개성공단에 대해 WTO체제 등 국제통상규범과 충돌하는 가능성에도 불구하고 민족내부거래성이라는 특성을 반영하는 규범적 근거로는 국제법적 측면에서는 민족자결주의를 들 수 있고, 국내법적 측면에서는 남북교류협력에 관한 법률 등을 들 수 있다. 남북교류협력에 관한 법률은 제12조 제2항에서 "남한과 북한 간의 거래는 국가 간의 거래가 아닌 민족내부의 거래로 본다"고 규정하고, 제26조 제2항에서는 "다만, 원산지가 북한인 물품 등을 반입할 때에는 관세법에 따른 과세규정과 다른 법률에 따른 수입부과금에 관한 규정은 준용하지 아니한다"고 규정하여 남북한 경제교역에 대해서는 민족내부거래성을 인정하고 있다. 세계무역기구협정이행에 관한 특례법은 제5조에서 "남북한 간의 거래는 민족내부거래로서 협정에 따른 국가 간의 거래로 보지 아니한다"고 규정하고, 남북관계발전에 관한 법률도 제3조 제2항에서 "남한과 북한간의 거래는 국가 간의 거래가 아닌 민족내부의 거래로 본다"고 규정하고 있다.

남북기본합의서도 제15조에서 "민족내부교류로서의 물자교류, 합작투자 등 경제교류와 협력을 실시한다"고 규정하였으며, 남북한이 체결한 이른바 '4개 경협합의서'도 모두 서문에서 "남북 사이의 경제교류와 협력이 나라와 나라 사이가 아닌 민족내부의 거래임을 확인하고"라고 규정하고 있는 것을 비롯하여 남북한이 체결한 다양한 남북합의서에도 남북한의 교역을 민족내부의 거래라는 것을 선언하고, 이를 전제로 구체적인 내용과 절차를 규정

---

17 남북교류협력에 관한 국제법적 적용에 대해서는 이효원, 2006, 「남북한특수관계론의 국제법적 활용방안」, 『북한법연구』 제9호.; 구해우, 2008, 「한미FTA와개성공단생산품의법적문제」, 『국제관계연구』 제13권 제2호 등.

하고 있다. 개성공단에 있어서 국제법원칙의 틀에서 민족내부거래성을 확보하는 방안으로는 개발도상국 허용조항을 원용하는 방안, 남북한 사이에 지역 무역협정을 체결하는 방안, GATT 가입의정서를 개정하거나 특별의정서를 채택하는 방안, WTO 설립협정에서 규정하는 의무면제(Waiver)를 획득하는 방안 등이 제기되고 있으나, 국제법 또는 국내법적 장애요소가 많아 현실적으로 실행하기는 어렵다. 따라서 현재로서는 남한이 제3국과 자유무역협정(FTA)을 체결함에 있어서 남북한특수관계를 반영하는 방안이 현실적이며, 남한정부도 이러한 입장에서 꾸준히 외국과 자유무역협정을 체결할 때 원산지표시 등에 관하여 민족내부거래성을 확보하기 위해 노력하고 있다. 이러한 사례가 축적이 될 경우에는 국제관습법으로 인정할 수 있을 것이며, 이는 남북통일의 과정에서도 국제사회에서 남북관계의 특수성을 주장할 수 있는 규범적 근거가 될 수 있을 것이다.[18]

현재까지 북한은 국제기구나 국제사회의 일원으로 참석하는 것에 소극적 이어서 남북관계에 국제법원칙을 적용하고 민족내부거래성의 예외를 제도적으로 확인시키는 데에는 어려움이 있다. 남한도 외국과 자유무역협정을 체결하는 방법으로 개성공단에 대한 특수성을 반영하기 위해 노력하고 있으나, 원산지표시나 전략물자통제 등 현실적으로 국제법적 측면에서의 법제도적 장애를 아직까지 해결하지 못하고 있는 실정이다. 따라서 국제법원칙과 민족내부거래성을 조화롭게 실현할 수 있는 법제도적 장치를 보완하는 노력을 지속적으로 전개해야 할 것이다.

전략물자의 반출입 통제

개성공단이 발전적으로 확대할 경우에 해결해야 할 법제도적 장애요인으

---

18 남북한의 경제교역에 있어서 민족내부거래성을 법제도적으로 확보하는 방안에 대해서는 이효원, 2006, 『남북교류협력의 규범체계』, 경인문화사, pp.331~351.

로 전략물자의 반출입통제를 들 수 있다. 개성공단은 남북교류협력사업에 해당하고, 이러한 범위에서 북한은 평화통일을 위한 상대방이지만, 일정한 영역에서는 여전히 대한민국의 존립과 안전에 위해가 되는 반국가단체로서의 성격도 가지므로 남한의 물자를 개성공단에 반출입함에 있어서 전략물자수출통제체제가 제기하는 문제를 해결해야 할 것이다. 전략물자수출통제체제란 특정국가에게 전략적으로 우위를 부여하거나 전쟁위협을 증대시킬 수 있는 물품, 장비, 자료, 기술을 의미하는 전략물자에 대하여 수출입을 규제하고 통제함으로써 국가안보와 세계평화를 유지하기 위한 국제협력체제를 의미한다. 남북한이 개성공단을 확대할 경우에는 다양한 첨단기술과 물자들이 북한지역인 개성공단에 반출입될 것이 필수적이지만, 전략물자의 반출입과 그에 대한 통제문제는 북한이 핵무기와 대량파괴무기의 개발과 반출입에 있어서 세계평화를 위협하는 존재로 인식되고 있기 때문에 국제법원칙에서도 해결해야 할 과제가 된다.

전략물자수출통제체제와 관련하여 국제사회에서 북한은 핵무기개발 등으로 인하여 세계평화를 위협하는 위험국가로 취급되고 있는 것이 현실이다. 하지만, 이러한 전략물자수출통제체제를 개성공단의 경우에 그대로 적용하게 되면, 다양한 전문적인 기술과 물자에 대한 복잡한 승인절차로 인하여 큰 장애가 초래될 수 있다. 또한, 개성공단으로 컴퓨터를 반출할 때도 승인 및 보고체계를 거쳐야 할 정도로 전략물자에 해당하는 대상품목이 매우 많아 신발, 의류 등 단순가공업 수준 이외 업종의 기업들은 개성공단에 진출하기 어려운 상황이 될 수 있다. 이를 해결하기 위해서 정부는 남북한 경제협력에 있어서 전략물자에 해당되는 대상품목의 범위를 제한하거나, 남한에서 북한으로 반출되는 물자가 전략물자 대상품목에 해당하는 경우라도 그 물자가 군사적 목적으로 전용되지 않고, 남북한 경제협력과 평화적 목적만으로 이용된다는 것을 보장하는 제도적 장치를 마련하는 방법, 혹은 미국의 수출관리규정에서 인정하고 있는 해외대체원 제도를 활용하고 이를 국내법에도 도입하는 방법 등을 통해서 전략물자의 반출물자에 대한 기준을 완화시켜나가는 것이 바람직할 것으로 보인다. 그러나 미국은 북한을 테러지원국가 및 대량파괴무기 개발가능 국가로 분류하여 전략물자수출입을 엄격히 통제하고 있고, 남한에 대하여도 미국 국내법상의 통제수준을 준수할 것을 요구하고 있는 것이 현실이다. 따라서 이러한 문제를 국제사회와 공조하여 해결하고 구체적인 내용을 법제화하여야 할 것이다.

국제적 경제특구로 확대

개성공단이 장기적으로 남북교류협력을 선도하고 평화통일의 시금석으로 작용할 수 있기 위해서는 국제적 경제특구로 확대될 필요성이 크다. 개성공단이 국제사회의 참여와 국제법원칙에 의해 안정적으로 규율되기 위해서는 해외자본의 투자를 유치하고 외국기업이 진출하는 것이 반드시 필요하다. 개성공단이 국제적 경제특구로 발전하게 되면 비록 남북한의 정치상황이나 국제적 여건이 불안정한 요소가 되더라도 개성공단사업이 중단되는 극단적인 조치를 취할 위험성은 감소하게 되고, 개성공단을 안정적으로 유지하기 위한 완충적 역할을 할 수 있을 것으로 기대된다. 현재 개성공단에 진출하는 입주 기업들은 개성공단의 경쟁지역이라 할 수 있는 중국이나 베트남에 비하여 세제상의 혜택, 임금, 토지사용 등의 제도적인 측면과 물류의 인프라, 생산품의 판로 등 지리적인 측면에서 높은 경쟁력을 갖추고 있다고 판단하고 있다. 그럼에도 불구하고 외국인 투자자들로 하여금 개성공단에 진출하도록 유인하는 요소는 여전히 미미한 것이 현실이다. 즉, 외국기업의 입장에서는 개성공단이 주로 남북한의 경제교역에 초점을 맞추어 조성되고 관련 법제도도 남북한의 관점이 반영되어 마련되었다고 평가할 수 있다.

현재 개성공단의 관련 법령에 따르면, 남한기업의 경우에는 남북합의서가 적용되어 그에 따른 남북 간 투자보장, 이중과세방지, 청산결제, 상사분쟁 해결 절차 등의 보호를 받게 되지만, 외국인 투자자는 남한에 회사를 설립하여 개성에 진출하는 예외적인 경우를 제외하고는 제한적으로만 보호받게 된다. 특히, 개성공단은 군사정전협정이 적용되는 한반도에 위치하여 정치군사적 위기가 언제든지 발생할 수 있고, 세계적으로도 소비자들이 북한의 반인권적 행위를 규탄하기 위하여 개성공단에서 생산된 제품에 대한 불매운동을 할 수도 있다. 또한, 북한의 핵문제 등으로 인하여 국제사회는 개성공단에 생산된 제품에 대하여 수입제한조치를 취할 수도 있으며, 미국 등 주요 국가들이 북한에 대해 금융제한조치나 경제제재조치를 지속할 수도 있다. 이러한 상황에서는 외국인이나 외국기업이 개성공단에 진출하거나 투자하는 것은 매우 어려울 것이다. 최근에는 독일의 섬유기계용 바늘생산업체인 그로츠 베커르트(groz-beckert)사가 개성공단에 진출하기 위해 협력사업 신고를 하였는데, 이는 개성공단에 처음으로 외국기업이 진출하려는 것으로서 개성공단의 국제화를 촉발할 것으로 기대되고 있다.[19]

개성공단이 국제적인 경제특구로 성장하기 위해서는 북한이 먼저 국제사회의 일원으로 역할을 수행해야 할 것이다. 북한은 국제법원칙이 안정적으로 적용될 수 있도록 국제기구에도 가입하고 활동하여 국제사회의 신뢰를 얻어야 할 것이다. 보다 근본적으로는 북한이 체제전환을 통해 시장경제질서를 도입하는 것이 개성공단의 국제화를 달성하는 유용한 수단이 될 것이다. 남한도 개성공단에 외국기업이 적극적으로 진출할 수 있도록 외교적 노력을 기울이는 한편, 남북관계의 정치군사적 안정을 촉진할 수 있도록 북한과도 교류협력을 강화해야 할 것이다. 구체적으로는 개성공단에서 관련 법령을 개정하여 외국인의 진출과 투자를 유인하고 촉진할 수 있는 내용을 포

---

19 연합뉴스, 2014년 6월 11일, "개성공단에 외국기업 첫 진출 … 바늘 판매 독일기업."

함시켜야 할 것이다. 즉, 남한을 경유하는 물품에 대한 관세를 인하하고, 전략물자의 반출제한을 완화하며, 원산지표시에 관한 규정의 특례도 허용하는 한편, 남북한 사이에 적용되는 이중과세방지에 관한 남북합의서의 적용범위도 확대하고, 남북상사분쟁해결절차도 이용할 수 있도록 확대하는 것도 적극적으로 검토할 필요가 있다.

개성공단의 안보효과

＿송영훈

제4장 개성공단의 안보효과

송영훈

1. 개성공단은 남북 간 긴장고조를 완화하는가?

2000년 6월 남북정상회담 이후 남한의 민간기업 현대와 북한이 「개성공업지구 개발합의서」를 8월에 체결하였고, 이는 남북관계에서 통일 실험의 장을 여는 것이었다고 평가된다. 예전에 기대할 수 없었던 초유의 대규모 개발에 대하여 막연한 낙관론과 비관론이 공존하는 가운데 2003년 6월 30일 개성공단 1단계 건설 착공이 이뤄졌다. 이 시기 개성공단을 둘러싼 대부분의 담론은 개성공단은 통일경제의 실험장이 될 것이며 이를 바탕으로 남북한의 정치, 사회, 문화 영역까지 통일 기반이 확산될 것이라는 기대가 컸다. 그렇지만 한편에서는 전례가 없는 남북관계의 실험을 두고 안보 환경이 악화될 가능성을 우려하기도 하였다. 이러한 우려의 핵심은 개성공단 사업을 통해 북한이 군사력 증강을 위한 비용을 충당하게 되고 유사시 개성공단의 남측 기업들을 인질로 삼을 가능성이 높다는 것이다.

개성공단의 필요성과 효과성에 대한 논의는 남북관계의 발전과 밀접한 관계가 있으나 주로 남북경협 차원에서 이뤄져왔다. 남북한 간 경제협력이 정치 및 군사협력으로 확산될 것이라는 신기능주의적 관점에서 개성공단이 설립된 점을 고려할 때 이러한 현상은 당연한 것일지 모른다. 그런데 안보 측면에서 개성공단의 효과를 평가한 연구는 아주 제한적으로 이뤄졌다. 개성공단의 안보효과도 군사적 안보에 초점을 맞추며 평가되고 있다.

2010년 천안함 사건과 연평도 사건 등에도 불구하고 개성공단은 유지되었고, 2013년에는 3차 북핵 실험으로 인해 잠정폐쇄되기도 하였지만 끝내 개성공단은 생존하였다. 이러한 점들은 개성공단의 안보효과를 군사적 측면에서만 평가하기보다 정치적 측면에서도 고려할 필요가 있음을 보여준다. 즉 개성공단을 남북한이 유지하는 것은 단순히 경제적 이익 때문만이 아니며, 개성공단은 이미 남북관계에서 정치적으로 상징적인 의미를 지니고 있는 것이다. 어느 한 쪽도 일방적으로 개성공단을 폐쇄하거나 군사적 대치 장소로 삼는 경우 당사자는 국내외의 심각한 저항에 직면하고 정치적 손해를 감수해야만 한다.

개성공단이 안보의 측면에서 남북관계 발전에 어떤 영향을 미치는가를 판단하는 일은 쉽지 않다. 그럼에도 불구하고 개성공단의 유지 및 활성화가 남북한의 군사적 긴장을 얼마나 고조시키는가 혹은 얼마나 완화시키는가는 매우 흥미로운 질문이다. 이 질문은 국제정치경제학적 측면에서 중요한 질문임에도 불구하고 남북관계의 특수성으로 인하여 오랫동안 학술적, 정책적 논의에서 금기시되거나 혹은 소홀히 다뤄져왔다. 2000년대 초반 개성공단이 형성되는 시기에 일부 연구자들이 개성공단이 군사적 안보에 미치는 영향을 평가하였으나 낙관적 시나리오와 비관적 시나리오의 병렬적 서술에 그쳤다. 개성공단의 군사 및 안보에 대한 긍정적 파급효과를 기대하는 시각은 국제정치 및 국제통합 연구의 기능주의와 신기능주의 이론을 원용한다. (신)기능주의 이론의 파급효과(spill-over effect)에 의하면 경제적 통합의 수준이 높아질수록 국가들은 정치적 협력의 필요성이 증가할 수밖에 없게 되어 경제공동체가 정치공동체를 이뤄 나갈 토대를 마련해준다고 본다. 이러한 시각에서 남북한 접촉면의 증가, 제3국 기업의 개성공단 진출 등은 북한의 개혁 및 개방을 유도하는 동인이 될 뿐만 아니라 동아시아 안보공동체 형성에도 도움이 될 것이라는 기대를 불러일으킨다.

반면 국제정치학의 현실주의적 시각에서는 이와 같은 (신)기능주의적 시각과는 달리 비관적인 우려를 제기한다. 개성공단을 통한 전략물자의 반입 가능성, 유사시 개성공단이 북한의 볼모가 될 가능성에 대한 우려 등이 그것이다. 또한 개성공단의 존재가 남한의 군사작전 전개를 지연시키는 요인이 될 것으로 평가한다. 이러한 비관론은 개성공단 사업이 남한의 전투부대 작전환경을 악화시킬 것이며 국내에서는 안보의식의 약화로 이어질 수 있다고 우려한다. 그런데 이와 같은 우려는 현재 실현된 것이 아니라 향후 발생할 잠재적 안보위기에 대한 인식을 반영한다. 현실주의적 시각에서도 개성공단의 설립 및 운영으로 인해 북한 군부대 특히 포병부대가 후방으로 이동할 수밖에 없었던 것은 남한의 안보에 긍정적인 기여를 했다고 평가한다.

또한 개성공단은 남북관계에서 중요한 정치적 상징이 되었다. 개성공단은 우선 남북한의 경계선을 이동하게 만들었다. 전통적으로 국경은 변하지 않는 지리적 속성을 가진 공간으로 이해되었지만 최근에는 사회적으로 구성되는 것으로 이해되듯이 개성공단은 남북의 경계선, 접촉면, 접촉방식 등에 많은 변화를 초래하고 있다. 특히 남북한의 시간적 거리와 공간을 축소함으로써 상호 국가이익이 공존하는 공간이 되고 있다. 그렇기 때문에 남한과 북한이 개성공단을 무기화 혹은 안보화 한다면 국내외의 도전에 직면하게 된다. 이러한 환경적 변화들이 남북한 간의 긴장이 고조되는 경우에도 개성공단이 유지되는 이유라고 볼 수 있다.

개성공단이 남북관계의 중요한 의제로 등장한지 14년이 지난 시점에서 개성공단이 한반도 안보에 어떤 영향을 미쳤는지 분석하는 것은 매우 의미 있는 작업이다. 특히 2013년 상반기 남북한 사이의 정치적 극한 대립으로 인하여 개성공단이 잠정적으로 폐쇄되었으나 결국 재가동된 데에는 개성공단이 남북관계 및 국제관계에 미치는 안보효과도 상당하기 때문이었다. 즉 이 사건은 개성공단이 이제 더 이상 북한의 고유한 영향력만이 미치는 지역이 아니며, 남북관계와 동북아시아 주변국과의 관계에서 정치적 상징성을 지닌 지역임을 보여주는 것이다.

2. 안보의 개념적 분석과 함의

개성공단은 남한과 한반도의 안보에 어떤 영향을 미칠 것인가? 이 질문은 이 연구의 핵심 질문이기도 하지만 쉽게 대답하기 어려운 질문이다. 개성공단은 신기능주의적 시각에서 경제적 남북협력 강화를 통한 남북관계 증진을 위해 설립된 것이기 때문에 개성공단이 지니는 안보효과를 직접 평가하기는 어렵다. 그리고 개성공단의 안보효과는 남한과 북한, 그리고 주변국들의 이해관계에 의해 상당히 다양하게 평가될 수 있다. 그리고 안보를 구성하는 개념 요소별로 보아도 개성공단의 안보효과를 여러 측면에서 조명할 수 있다. 안보는 현재의 국제질서에서 국가가 추구하는 가장 중요한 목표라고 할 수 있다. 그런데 안보의 의미는 시대와 지역, 국가의 상황에 따라 달라진다. 그래서 안보효과를 이해하기 위해서는 안보가 무엇을 의미하는가에 대한 이해가 선행되어야 한다. 전통적으로 안보는 국가가 전쟁을 피하기 위해 자국의 이익을 희생하거나 타국의 지시를 받아야하는 상황이 아닌 상태를 의미한다.[1] 이와 같은 정의들은 외부위협의 부재에 초점을 둔 것이다.

그런데 아놀드 월퍼스(Arnold Wolfers)가 제기하는 안보는 직관적으로 관찰할 수 있는 위협의 부재와 주관적으로 인식하는 두려움과 공포의 부재로 구분되는 개념이기도 하다.[2] 즉 객관적 위협의 부재와 주관적 위협의 제거가 상호작용을 하기 때문에 안보의 의미는 사람과 장소에 따라 달라질 수 있다는 뜻이다. 개성공단도 남한과 북한의 입장에서 의미가 달라질 수 있다.

안보의 개념에 천착하는 것이 한편으로는 진부한 언어유희처럼 보일 수 있으나 안보 개념의 구성요소를 이해하는 것은 안보와 관련된 현상을 설명하는 유용한 분석틀을 구성하는 데 많은 시사점을 제공한다. 에이브러햄 캐플런(Abraham Kaplan)이 지적하듯 이러한 이유로 사회과학자들은 종종 개념의 감옥에 빠지기도 하지만 '좋은 이론은 좋은 개념을 필요로 하고 좋은 개념은 좋은 이론을 필요로 한다'는 점을 유의해야 한다.[3] 따라서 개성공단의 실제 안보효과를 평가하기에 앞서 안보 개념에 대한 논의를 먼저 하고자 한다. 배리 부잔(Barry Buzan)은 냉전기 동안 안보는 논리적으로 발전이 덜 된 개념(an undedeveloped concept)이었다고 주장한다.[4] 안보학 분야의 연구들이 '국가안보'라는 개념의 정의를 의도적으로 우회하거나 무시하는 경향이 있었던 것이다. 월퍼스(Wolfers)의 연구에 의하면 미국 대학의 국가안보 강의에서도 안보가 무엇인가에 대해 논의하지 않는 것으로 나타났

---

1 Lippman, Walter, 1943, *U.S. Foreign Policy: Shield of the Republic*, Little Brown.; Lasswell, Harold D., 1950, *National Security and Individual Freedom*, McGraw-Hill Book Company.

2 Wolfers, Arnold, 1952, ""National Security" as an ambiguous Symbol," *Political Science Quarterly*, Vol. 67, No. 4, pp.481~502.

3 Kaplan, Abraham, 1964, *The Conduct of Inquiry: Methodology for Behavioral Science*, Chandler Publishing Company.

4 Buzan, Barry, 1991, *People, States, and Fear: An Agenda for International Security Studies in the Post-Cold War Era*, 2nd ed. Harvester Wheatsheaf, p.3.

다.[5] 그래서 데이비드 볼드윈(David Bawldwin)은 이 시기 안보는 무시된 개념(aneglected concept)이었다고 비판한다.[6]

그렇다면 안보의 개념이 의도적으로 무시되었던 이유는 무엇인가? 첫 번째 이유는 안보가 시민권을 제한하거나 전쟁을 하고, 막대한 국부를 군사력 분야에 배분하는 도구로 활용되는 개념이었기 때문이다. 안보를 군사력의 증대와 동일시하였던 것이다. 두 번째 이유는 외부의 위협에 초점을 둠으로써 안보가 확보되는 조건에 대해서만 천착했던 탓에, 안보의 개념 요소와 그 요소들의 우선순위에 대한 논리적 개념 분석이 결여되었기 때문이다.[7] 달리 말하면 이 시기 안보는 국제정치학에서 가장 중요한 개념이었음에도 불구하고 현실주의 국제정치가들은 군사력의 증진에 대부분의 관심을 집중함으로써 안보 연구에서 안보의 개념 분석이 충실하게 이뤄지지 않았던 것이다.

냉전기 남북관계에 대한 연구에서도 안보는 엄밀한 개념 분석을 기초로 이해되지 않았다. 남한전쟁 이후 북한의 위협에 대항하여 국가체제를 위해 행해지는 일들이 안보와 관련된다고 이해되었다. 이러한 시각에서는 안보가 무엇인지를 밝히는 것보다, 북한과의 경쟁에서 우위를 점하는 것 혹은 북한이라는 적 이미지로 남한사회를 통제하는 데 활용할 도구적 개념의 안보가 더 강조되었다. 남북한 주민들의 교류가 단절되고 서로에 대한 정보가 통제된 상황에서 발생하는 정부와 국민들 간 정보접근의 비대칭성은 이러한 현상을 더욱 강화시키는 기제로 작용하였다. 따라서 안보라는 개념은 자유, 평등, 복지 등과 같은 다양한 사회적 의제들이 공적 담론의 장에서 활발하게 논의되지 못하게 하는 역기능을 하였다.

---

5 Wolfers, 1952, op.cit.

6 Baldwin, David A., 1997, "The Concept of Security," *Review of International Studies* Vol. 23, p.8.

7 Baldwin, ibid, p.9.

탈냉전기 안보는 여러 가지 측면에서 정의될 수 있는 개념이 되었다. 국가의 존립과 국민들의 생명에 대한 군사적 위협을 억지하는 것만으로 안보를 확보할 수 없게 된 국제사회의 변화 때문이라고 볼 수 있다. 이러한 현상 때문에 누구나 동의하는 안보 개념을 규정하기는 본질적으로 불가능해졌으며 안보는 이론의 여지가 많은 개념으로 인식되기도 했다.[8] 안보의 정의가 너무 다양해지거나 정의를 하지 않는 이유는 안보의 본질상 모두가 동의하는 개념적 정의를 내릴 수 없기 때문이라는 것이다.

그런데 안보를 정의하는 것이 본질적으로 불가능한가? 안보에 대한 이러한 인식은 두 가지 조건을 전제로 한다. 첫 번째 전제는 모든 국가는 안보를 위해 경쟁하며 더 나은 안보를 유지하는 국가는 국제정치에서 더욱 많은 이익을 실현한다는 것이다. 그런데 월퍼스와 같은 학자들은 국제정치에서 모든 국가들이 동일한 목적을 실현하기 위해 동일한 규칙을 따라 행동하지는 않는다고 주장한다. 이와 같은 시각은 더 나은 안보를 유지하는 국가가 반드시 더 많은 이익을 실현한다는 신현실주의 이론에 대한 비판이다. 어떤 국가는 현재 상태에 만족하는데 다른 국가는 현재 상태에 불만을 품는 이유는 국가 들이 안보에 부여하는 가치가 동일하지 않기 때문이다.

두 번째 전제는 안보가 본질적으로 정의가 불가능한 개념이라면 어떤 개별적 정의에 대해서 비판이 있어야 한다는 점이다. 그런데 탈냉전기의 국가안보를 다루면서, 직접적인 군사안보를 넘어 환경, 질병, 재정위기, 범죄, 마약 및 인신매매 등에 이르기까지 안보 개념을 확대 적용하는 것에 대해서 적극 비판하지는 않는다. 최근에는 안보의 범위를 개인 수준까지 확대하여 인간안보라는 개념이 일반적으로 이용되고 있다.[9] 그럼에도 불구하고 안보에

---

8 Buzan, op.cit.

9 송영훈, 2013, 「국제정치이론과 인간안보의 이해」, 서보혁 엮음, 『인간안보와 남북한 협력』, 아카넷, pp.45~80.

대한 개별적 정의에 대한 비판이 심각하게 제기되지 않는 이유는 안보를 본질적으로 정의할 수 없어서가 아니라 안보에 대해 개념적 분석이 충분히 이뤄지지 않았기 때문이다. 이로 인하여 안보의 개념이 무시되거나 도구적으로 이용되는 경향이 나타난다.

개성공단의 안보효과를 분석하는 데에도 이와 같은 개념적 문제가 발생할 수 밖에 없다. 개성공단의 안보효과를 평가할 때, 직접적 군사위협에 대항하는 안보를 기준으로 할 수도 있으며 심리적·간접적 안보효과를 중심으로 할 수도 있다. 그런데 안보를 지나치게 확대하여 해석하는 것과 지나치게 협소하게 해석하는 것은 모두 지양되어야 한다. 이와 같은 우려를 최소화하기 위하여 다음과 같은 사항들이 충분히 고려되어야 한다.

첫째 개성공단의 안보효과라고 할 때 누구를 위한 안보인지를 분명히 하여야 한다. 국가와 개인의 안보를 구분하는 것만으로는 충분하지 못하다. 개성공단을 안보라는 시각으로 바라볼 수 있는 행위자로는 남한과 북한이 있고, 그 밖의 주변국들도 안보라는 시각으로 바라볼 수 있다. 그런데 한 나라의 안보가 증가하면 다른 나라의 안보가 감소한다는 안보의 딜레마를 고려한다면 어느 차원에서 누구의 안보를 의미하는지 충분히 고려해야 한다. 개인 차원의 안보를 평가하더라도 한 사회 내 계층과 부류에 따라서 안보의 의미가 달라질 수 있음을 유의해야 한다.

둘째, 어떤 가치의 안보를 추구하는지 고려해야 한다. 개성공단을 통하여 남북한 간 경제적 협력관계를 유지하는 것도 국가안보의 중요한 가치일 수도 있다. 또 다른 한편으로 개성공단을 유지함으로써 국민들이 심리적 두려움 혹은 공포를 서로 느끼지 않도록 할 수 있다면 그 또한 안보의 중요한 가치가 된다. 그런데 유의해야 할 점은 어떤 가치의 안보를 추구하는지 분명히 하지 않는다면 개성공단을 둘러싼 안보효과를 과대평가하거나 과소평가하는 결과를 초래할 수 있다는 점이다. 즉 안보의 객관적 목표와 주관적 목표가 다를 수 있으며, 국가안보의 핵심가치에 대해서도 조건에 따라서 달리 인식될 수 있기 때문에 이러한 문제에 대한 세심한 관찰이 필요하다.

셋째, 어느 정도의 안보를 추구할 것인가에 대한 정책 고려도 요구된다. 절대적 수준의 안보를 계속 추구할 것인지 상대적 수준의 안보를 추구할 것인지를 결정하는 것은 오랫동안 논쟁해 온 과제이다. 현실 세계에서는 어떤 국가도 절대적 안보를 실현할 수 없으므로, 이를 고려하여 남북관계에서 남한이 어느 정도 안보 수준을 추구해야 한반도와 동북아시아 지역의 안보를 최적화하는지 파악할 수 있다. 그렇기 때문에 개성공단이 일으키는 안보효과를 정도의 문제로 접근하여야 한다.

넷째, 어떠한 위협에 대한 안보이며 그 위협에 대응하는 수단이 적절한지를 고려해야 한다. 즉 개성공단을 유지하거나 폐쇄하는 것이 어떠한 안보의 위협에 대응하는 것인지, 그것이 그 위협에 대응하는 적절한 수단인지를 검토해야 한다. 대응 수단의 적절성을 고려할 경우, 안보 대응 수단에 의해 발생하는 비용에 대한 평가 및 장기적 대응과 단기적 대응 중 어느 것을 선호하는지에 따라 그 평가가 달라질 수 있다. 북한의 위협에 대한 적절한 안보 대응 정책이라고 하더라도 예상보다 더 오래 긴장이 조성된다면 장기적 관점에서 부정적 효과를 유발할 수 있기 때문이다.

이와 같이 안보에 대한 개념 분석의 중요성을 인식하고, 안보 개념이 정책을 정당화하는 도구 혹은 다른 사회 이슈를 통제하는 도구로 활용되는 것을 경계하더라도, 개성공단의 안보효과를 평가하는 것은 어려운 과제이다. 그 어려움을 최소화하는 한편, 논의의 연계성을 고려하여 다음 절부터는 개성공단의 직접적 안보효과와 간접적 안보효과를 검토할 것이다. 즉 다음 절에서는 개성공단이 남한의 군사안보에 미치는 영향을 설명할 것이며, 그 다음 절에서는 개성공단이 남북관계의 정치적 측면에서 안보에 어떠한 영향을 미치고 있는지 지정학적 함의를 중심으로 설명할 것이다.

3. 개성공단과 군사안보

개성공단의 군사안보 효과에 대한 연구는 그 수가 상대적으로 적다. 김명진(2003)의 연구는 처음으로 개성공단의 군사·안보적 영향을 긍정적 측면과 부정적 측면으로 나누어 체계적으로 제시하였다.[10] 이 연구는 개성공단이 조성될 당시의 연구이기 때문에 안보효과에 대한 신기능주의적 기대를 설명하고 있다. 황일도(2004)는 북한군이 후방으로 이전되는 기대효과를 강조하였다.[11] 이후 김연수(2006)는 안보효과를 직접적 효과와 간접적 효과로 나누어 설명을 하였으며,[12] 탁성한(2013)은 기존의 논의들을 군사작전환경, 북한 군사경제, 남북군사관계, 남북한 사회일반 측면에서 재평가하고 있다.[13]

이 연구들의 공통점은 직접적으로 실현된 안보효과에 대한 설명보다는 향후 예상되는 안보효과에 대하여 설명하고 있다는 것이다. 개성공단 운영이 오래되지 않은 시점에서는 가시적 안보효과가 많지 않았으므로 이 연구들이 지닐 수밖에 없는 한계이기도 하다. 그리고 군사안보에 대한 기대효과에 초점을 두기 때문에 개별 사안마다 긍정적 측면과 부정적 측면이 동시에 존재하게 된다. 그럼에도 불구하고 개성공단의 안보효과에 대한 이들의 논리적 설명은 한반도와 동북아시아 국제정치 변화를 충분히 반영하고자 한 특징도 지니고 있다.

개성공단이 지니는 직접적·가시적 안보효과로는 다음과 같은 점들을 고

---

10 김명진, 2003, 『개성공단사업의 군사 안보적 평가』, KIDA Press.

11 황일도, 2004, 「개성공단개발로 휴전선 사실상 북상」, 『신동아』 1월호.

12 김연수, 2006, 「개성공단건설이 남북한 군사적 긴장완화에 미치는 영향」, 『북한연구학회보』, 제10권 제2호, pp.113~147.

13 탁성한, 2013, 「개성공단의 군사·안보적 함의」, 『KDI 북한경제리뷰』, pp.3~17.

려할 수 있다. 첫째, 개성공단이 설립된 결과 북한군 6사단은 원래 주둔지역에서 10~15km 후방으로 재배치되었는데 이는 북한이 개성을 통하여 남한에 무력도발을 일으킬 가능성을 낮추는 효과가 있다. 군사적 도발은 북한 군부가 가지는 능력과 의지에 의해 결정되는데 부대의 후방 이동은 군부의 능력을 제한하는 구조를 조성할 수 있다. 개성부터 문산에 이르는 지역에서 북한군의 기습적인 공격이 사실상 어려워질 수 있다. 평상시 우발적 사건에 의해 즉각적 무력충돌로 이어질 가능성이 낮아지며 우발적 사건이 발생하더라도 상대의 의도를 파악할 수 있는 정보 수집이 가능해지기 때문에 개성공단의 긍정적 안보효과를 기대할 수 있다.

그러나 유사시와 전시에는 긍정적 안보효과가 쉽게 상쇄될 수 있다. 북한 군부의 도발 의지가 강하다면 10~15km의 거리는 안전한 장치가 되지 않을 수 있다.[14] 서울과는 절대적 거리가 멀어졌을지언정, 개성공단을 군사력으로 점령하기만 해도 남한의 안보 상황에는 심각하게 부정적인 영향을 미치게 된다. 남한 정부가 선택할 정책의 폭은 좁아지며, 한반도의 긴장이 고조되면 동북아시아 지역 차원에서도 안보 위기를 맞을 가능성이 높다. 그런데 이러한 상황은 평상시에 북한이 선택할 정책이라기보다는 남북 간 위기가 발생하여 긴장이 고조되고 전시에 준하는 조건에서 선택할 정책결정의 결과일 것이다.

개성공단 설립을 위한 협상을 할 때 북한 군부가 북한군 6사단의 재배치 대가로 5억 달러를 요구하였던 것은 개성공단의 안보 가치가 그만큼 컸음을 시사한다.[15] 이를 통하여 북한에게 개성공단이 지니는 안보 가치가 어떠한 것인지 짐작할 수 있다. 군사분계선에 가까운 개성에 남한의 기업이 입주하

---

14 탁성한, 위의 글.

15 연합뉴스, 2009년 6월 20일, "북, 개성공단 5억 달러엔 안보가치 포함."

고 북한군이 후방으로 이동해야 했던 것은 북한의 입장에서는 안보의 약화를 초래할 수 있는 결정이었다. 반면 남한의 입장에서는 북한군 6사단의 공격범위가 북상함으로써 군사적 차원의 안보가 강화된 것으로 이해할 수 있다. 5억 달러는 북한이 감수해야 하는 안보 비용과 남한이 얻게 되는 안보 이익에 대한 북한의 평가이다.

개성공단으로 인하여 남한은 만약에 있을 수도 있는 북한의 군사 활동에 대해 정보를 수집할 여건을 마련하게 되었다. 북한이 기존에 알려진 개성-문산 경로로 무력도발을 하려면 남한으로 일찍 정보가 유입되기 때문에, 그러한 도발은 북한 군부로서도 쉽게 결정하기 어려운 전술이 된다. 다만 정보 접근성에 대한 긍정적인 평가는 평시에 기대할 수 있는 것이며 유사시에는 상당히 제한될 것이다. 유사시에는 북한 또한 개성공단을 통한 남한의 정보 접근에 대해 선제 대응을 할 것이기 때문이다. 북한의 선제적 기습공격 억지에 대한 기대효과는 평시와 전시에 따라 달라진다.[16] 결국 개성공단의 안보 효과를 극대화하기 위해서는 남북한의 긴장이 위기로 고조되는 것을 막기 위한 협상과 관리가 중요함을 시사한다.

정보 측면은 물론 그 밖의 다양한 측면에서 군사적 접촉이 요구된다. 군사적 접촉은 개성공단 설립 과정에서 활발하게 이뤄질 수밖에 없었고 운영 과정에서도 요구될 수밖에 없다. 이러한 군사적 접촉이 빈번해지는 경우 남북한 상호 이해를 증진시킬 수 있으며 우발적 사고 때문에 위기가 악화되는 것을 제어하는 기제로 작용할 수 있다. 경제적 접촉의 확대가 군사적 안보 효과로 바로 나타나기보다는, 경제적 접촉 때문에 군사적 접촉이 필요해지고 그러한 군사적 접촉이 군사적 안보 효과로 이어지는 것이다. 다만 2010 년대에 들어서서 남북관계가 경색되면서 이와 같은 안보 효과가 발생하지 않

---

16 탁성한, 앞의 글.

고 있다. 남북한 간에 현재 나타난 안보 효과 이외에도, 아직 실현되지는 않았으나 기대되는 안보 효과가 있다. 간접적 안보 기대효과는 실제 이뤄지지 않아도 예상되는 이익과 비용에 따라 남북한과 주변 국가들의 행태가 달라질 수 있기 때문에 여전히 중요한 의미를 가진다. 첫째, 개성공단의 국제화가 이뤄져 제3국 기업이 입주한다면 남북한이 모두 개성공단을 무장화 또는 안보화하는 것을 억제할 수 있을 것으로 기대된다. 개성공단을 임의로 군사적으로 점령을 하는 것은 남북한 모두의 입장에서 국가의 이익을 실현하는데 도움이 되지 못한다. 국가의 이익은 국가의 사적부문이 활동을 하는 곳 어디에나 존재하기 때문에 제3국 기업의 존재는 해당 기업의 국적국에도 정치적 의미를 지니게 된다. 따라서 개성공단의 안정은 남북한만의 문제가 아니라 국제적인 문제가 되고 이에 따라 개성공단의 국제화가 남한의 군사안보에 큰 영향을 미칠 가능성이 높다.

둘째, 개성공단이 원활하게 운영된다면 북한이 얻는 경제적 이익이 클 것이기 때문에 북한도 개성공단 운영을 쉽게 중단하기 어렵고 그로 인해 개성공단의 안보효과가 유지될 수 있다. 개성공업지구관리위원회에 의하면 2013년 전반기까지 누적 생산액은 약 20억 달러에 달하며, 북한 근로자 임금은 연간 약 9천만 달러에 이른다고 알려져 있다.[17] 단순하게 상품생산과 임금에 의한 경제적 효과만 있는 것이 아니라 공단 운영을 위한 법과 제도의 정비가 수반되어야 하므로, 북한의 대응에 따라서는 개방과 개혁의 효과가 있을 것으로 기대할 수 있다.[18]

셋째, 개성공단의 활성화는 남북철도, 남북도로 연결사업으로 확대될 수

---

17 손광주 · 신종호 · 노진국, 2013, 「개성공단 10년 평가와 새로운 남북경협 모델 모색」, 『경기개발연구원 정책연구』 2013-42.

18 양문수, 2013, 「한반도 평화 회복을 위한 국가전략: 개성공단 사업을 중심으로」, 『국가전략』, 제19권 2호, pp.57~78.

그림 4-1. **남북철도 운행구간**

▶ 남북화물열차의 운행
출처 : 문화체육관광부 남한정책방송원

있고 시베리아 횡단철도 사업 등으로 확대될 수 있다. 개성공단에서부터 확대된 사업에 국제자본의 유입이 활성화되고 국제협력 사업이 본격화된다면 북한이 국제사회의 기준에 맞는 제도를 정비하여야 한다. 동북아 주요 국가들간의 초국경 경제협력 사업은 국가 간 정치협력으로 이어질 것이라 기대할 수 있다. 초국경 경제협력은 중국과 러시아, 북한의 이해관계가 접목되는 두만강 유역을 중심으로 진행될 것으로 기대되며, 동해권 개발까지 확산될 수 있을 것으로 기대한다. 그렇지만 아직까지 선언적 구상에 그치고 있으며 실질적으로 사업이 진행되지 않은 상황에서 정치적 협력으로 확산되는 효과를 지나치게 낙관적으로 바라보는 것은 지양해야 한다.

넷째, 기존의 연구들은 개성공단이 동북아안보협력체를 구성하는 데 촉매제 역할을 할 것이라고 기대한다. 개성공단이 안정적으로 유지된다면 한반도의 평화증진 효과가 나타날 것이며, 이를 계기로 주변국들이 지역 내 불안한 정치군사적 위협요소들을 관리하는 제도를 구축할 유인책이 생긴다는 것이다. 그렇지만 2007년 남북정상회담록에 나타난 김정일의 발언을 고려한다면 북한은 개성공단을 민족자주경제 파괴 및 시장경제 지배의 확산 수단, 주체공학 말살의 촉매제 등으로 인식하고 있으며 북한에는 실질적 도움이 되지 않는 것으로 인식하고 있다.[19] 이러한 북한의 인식에 변화가 없다면 개성공단 사업이 동북아시아 다자간 안보협력체 구성으로 확산될 것인지 지나치게 낙관적으로 기대할 수만은 없다.

개성공단은 직·간접적 안보효과를 유발하지만 다른 한편으로는 개성공단이 잠재적으로 안보위기 효과를 초래하기도 한다. 신기능주의적 시각에서 주장하는 경제 접촉에 의한 안보 효과의 확산은 반대로 경제 접촉에 의한 안보위기의 증대라는 측면으로 이해될 수 있다. 이해관계가 얽혀 있기 때문에 오히려 이해관계가 충돌할 가능성이 높으며, 이해관계가 복잡하면 복잡할수록 상충하는 이해갈등을 해결하기 어려워진다. 이러한 경우 오히려 남북한 간의 군사 갈등으로 확산될 가능성이 높아진다. 그런데 개성공단을 둘러싼 대부분의 안보 위기효과는 현재 직접적으로 나타나는 것이라기보다는 미래에 발생 가능한 위기인식이 반영된 것이므로, 지금은 오히려 예방 차원에서 중점 관리해야 하는 과제에 해당된다.

첫째, 개성공단으로 인하여 북한군의 기습공격을 억지할 수 있는 가능성이 높아졌지만 한편으로는 개성공단에 입주한 남한 기업들의 이익을 고려할 때 남한의 군사적 작전이 제한되는 부작용도 나타날 수 있다. 북한이 군사력을 바탕으로 개성공단을 전략적으로 군사화하는 경우 실질적으로 남한이 군사력으로 개성공단의 남한기업과 국민을 보호하기 위한 작전이 제한될 수 있다. 개성공단 내 시가지 전투에서 전술적으로는 오히려 공단 건물이 장애물로 작용할 것이라는 평가도 있으나,[20] 이는 실제 공단 내 전투 발생을 가정한 것이다. 그렇지만 남한과 북한이 개성공단을 군사적으로 점유하는 사태가 발생한다면 단지 개성공단에 국한된 위기 상황이 아닐 가능성이 더욱 높

---

19 연합뉴스, 2013년 6월 25일, "북, 개성공단 방식 개발확대 부정적 입장 확인."
20 탁성한, 앞의 글.

다. 오히려 개성공단이 남한과 북한 모두 군사 작전이 제한된다는 사실은 개성공단을 통하여 남북한이 한반도 위기의 평화적 관리의 전례를 구축할 수 있는 기회를 마련할 수 있음을 인식할 필요가 있다.

둘째, 개성공단이 북한의 군수경제에 도움을 주고 이를 통해 북한은 전략 물자를 반입할 가능성이 높아 남한의 안보에 부정적 효과를 초래할 수 있다. 북한이 핵무력 건설과 경제발전이라는 병진노선을 포기하지 않는 한 북한은 꾸준히 전략물자의 도입을 추구할 것이다. 따라서 개성공단을 통해 북한으로 유입되는 현금이 군사경제에 활용될 가능성이 높다는 주장에 대해 부정하기 어렵다. 그렇지만 반드시 개성공단이 북한이 전략물자 도입을 시도하는 데 기여한다는 점을 실질적으로 보여주기는 어렵다. 그리고 개성공단을 통한 기술 유출을 우려하지만 아직까지 첨단 산업은 개성공단에 유치되지도 않은 상황을 고려할 필요도 있다. 북한 정권이 개성공단의 경제이익을 군수경제에 활용하는 것을 전면적으로 제어할 수 없지만 남한 정부도 일정 수준의 관리 감독을 통해 안보에 대한 부정적 효과를 최소화하는 전략적 접근이 요구된다.

셋째, 개성공단을 둘러싼 남한과 주변국의 이해관계가 달라 동맹관계 및 우호관계에 변화가 발생할 수 있다. 북한 인권과 사이버 테러를 둘러싸고 미국과 북한이 계속 갈등하고,[21] 남북한은 상호 교류 없이 상대방의 진정성을 요구하는 상황[22]에서 개성공단의 역할과 기능을 놓고 각 국가들은 서로 다른 평가를 할 수 있다. 그렇지만 실질적으로 남북관계에서 유일하게 남은 사업인 개성공단을 다른 대안 없이 폐쇄하거나, 군사적 활용 의도로 한미 간 혹은 한중 간 이해가 상충할 가능성은 그리 높지 않다. 오히려 개성공단을

---

21 The Washington Times, 22 January 2014, "Obama says Internet more powerful than military, sanctions against North Korea"; 연합뉴스, 2015년 2월 20일, "북한, 워싱턴 인권토론회 비난... 초강 경대응"

22 조선일보, 2015년 2월 16일, "박대통령, "북, 몽골 · 베트남 변화의 길 따라야.""; 로동신문, 2015년 2월 19일, "식민지주구의 경망스러운 입질."

현재와 같은 갈등 해소 도구로 활용하는 전략적 지혜가 요구된다.

넷째, 개성공단이 지닐 수 있는 긍정적 안보효과를 지나치게 강조한 나머지 북한의 도발위협을 상대적으로 저평가하는 대북 안보의식의 약화가 우려되기도 한다. 이와 같은 주장은 개성공단을 중심으로 하는 남북한 간 경제협력의 활성화와 북한의 대남도발 의지의 상관관계가 없음을 전제한다. 지나친 낙관주의적 안보관이 대북 정책의 자율성을 훼손하는 결과를 초래할 것은 자명한 이치이다. 그런데 경제협력과 군사안보가 별개라고 하면, 마찬가지 논리로 경제 협력 증진과 정치 협력의 확산을 꾀하더라도 군사 안보 태세가 소홀해질 이유 또한 없다. 동일 현상에 대한 동일 전제에도 불구하고 논리적으로 이중적 해석을 할 수 있기 때문에, 어느 한 입장을 배제하기보다는 절충하고 조정하는 시각을 겸비하는 자세가 필요하다.

개성공단은 이와 같이 군사 부문 안보의 기대효과와 위협효과를 지니고 있다. 그런데 개성공단의 안보효과를 군사 측면에만 국한시키면 그 함의를 지나치게 축소하게 된다. 안보는 물리적 위협의 부재 또는 효과적 억지만이 아니라 심리적 불안정을 해소하는 측면도 고려돼야 한다. 즉 군사적 안보효과와 위협효과가 있지만 잠재적 위협요인이 실제적으로 발현되지 않는 한, 개성공단이 지니는 정치적 상징과 안보효과를 간과할 수 없다.

4. 개성공단의 정치적 상징과 안보효과

드라마에서나 있음직한 극적인 진전이 있다가도 언제 그랬었냐는 듯이 상호비방과 긴장고조로 이어지고, 출구전략 없이 전쟁으로 치달을 것 같다가도 갑작스럽게 화해무드로 접어들곤 하는 것이 남북관계였다.[23] 그만큼

---

23 홍석률, 2012,『분단의 히스테리: 공개문서로 보는 미중관계와 한반도』, 창비.

남북 관계가 예측가능성이 낮고 불확실성이 높아 협상을 하거나 대응정책을 구상하는 데 어려움이 많음을 의미한다. 특히 현재의 안보효과와 잠재된 안보위기가 혼재되어 있을 때는 정책의 우선순위를 정하는 데에 혼란이 가중되기도 한다. 이와 같은 남북관계의 특성을 고려할 때 개성공단이 지니는 정치적 안보효과는 어떻게 평가할 것인가? 개성공단은 남북관계에 어떠한 변화를 초래하였는가? 이를 '국경'이라는 지정학적 개념 분석과 정지석 상싱이라는 함의를 중심으로 살펴보자.

우선 개성공단은 남북한의 분단 후 유지되어 온 경계(이하 국경, border)를 변경시켰다.[24] 남북분단 이후 군사분계선과 DMZ는 실질적으로 남북한의 국경 기능을 해왔다. 남북한은 한반도의 절반씩을 물리적으로 점유하면서 배타적 권리를 향유해왔다. DMZ는 남북한이 서로 다른 체제에서 차이가 깊어지게 만드는 중요한 경계 역할을 해왔다. 제2차 세계대전 후 국제사회의 국경은 강, 산, 바다와 같은 자연의 힘보다 인간의 힘으로 결정되었는데, 남북한의 국경도 남한전쟁 이후 인간의 힘으로 구분되고 결정된 국경이다.

한편으로 국경은 시대에 따라 의미가 변하기도 한다. 전통적으로 국경은 정치적 결정과정의 물리적이고 정태적인 산물[25]로 인식되었지만, 1980년대 이후 국경은 집단적으로 혹은 개별적으로 접촉이 발생하고 담론과 기억이 형성되며, 물리적 측면과 상징적 측면이 공존하는 사회적 구성체로 인식되기 시작하였다.[26] 지구화와 국제이주 등으로 인하여 국경에서 접촉의 밀

---

24 남북한 관계가 민족 간 특수관계임을 고려할 때 남북한 간의 경계를 국경이라고 하는 것이 적절하지 않을 수 있지만 남북한이 유엔에 동시에 가입한 주권국가라는 점에서 국제정치학적으로 국경이라고 볼 수도 있다. 이러한 차원에서 이 글은 남북한 간의 경계를 국경이라는 개념으로 설명하고 있다.

25 Newman, David, 2006, "Border and Bordering: Towards an Interdisciplinary Dialogue," *European Journal of Social Theory* Vol. 9, No. 2, p.175.

26 Paasi, Anssi, 1998, "Boundaries as Social Processes: Territoriality in the World Flows," *Geopolitics* Vol. 3, No. 1, pp.69~88.

도가 높아지는 것이 국제적인 현상이지만, 개성공단이 설립되기 전까지 남북한 간의 국경 접촉은 군인과 특별한 인사들에 의한 산발적인 것에 불과하였다.

또한 국경은 만남과 소통의 장이며 사회 변화와 문명의 발전에 대한 이야기를 담지하게 된다.[27] DMZ도 남북관계의 갈등과 소통의 역사를 간직한 공간으로 분단 후 60여 년 동안 국경의 기능을 하였던 것이다. 개성공단은 이러한 기능을 DMZ를 넘어 북한 내부로 옮긴 것이다. 경제협력을 위한 동기에서 출발한 사업이었지만 남북한의 접촉 공간이 이동된 것이며, 접촉하는 행위자들이 특수한 행위자가 아닌 허가받은 일반 개인들로 바뀐 것이다. 그로 인하여 정부의 독점적 접근성이 사라지면서 남한정부와 북한정권은 주민들의 안위, 각 공동체적 가치와 원칙 등을 훼손하지 않기 위해 안보 차원에서 다양한 정책들을 고민할 수밖에 없게 되었다.

국경의 의미를 이해할 때 간과할 수 없는 것이 시간과 공간의 상호작용에 의한 의미의 변화이다. 시간적 공간의 변화는 국가들이 상호작용할 때 선택의 기회구조와 유인(incentive) 구조를 변화시키고 근본적으로 국경 기능의 변화를 초래한다.[28] 개성공단이 생겼다고 해도 DMZ의 지리적 공간 거리는 변화하지 않았고 서울과 평양의 공간 거리도 변화하지 않았다. 그런데 환경 변화에 따라서 서울과 평양의 시간적 공간 혹은 시간적 거리는 해가 거듭될수록 달라져왔다. 특히 개성공단이 생김으로써 남북한 간의 접촉의 양식과 빈도는 급격하게 변화하고 증가하고 있으며, 남북한 간의 시간적 거리는 통시적으로나 공시적으로나 압축적으로 줄어들고 있다.

개성공단 설립에 따른 시공간적 거리의 단축 때문에 남북한 주민들이 인

---

27 Oommen, T. K., 1995, "Contested Boundaries and Emerging Pluralism," *International Sociology* Vol. 10, No. 3, p.251.

28 Starr, Harvey, 2013, "On Geopolitics: Spaces and Places," *International Studies Quarterly* Vol. 57, No. 3, pp.433~439.

지하는 국경 개념이 변화되고 있다. 개성공단이 설립되기 전에는 대통령, 정부특사, 소수 진보활동가 등만이 북한을 방문하고 국경을 넘을 수 있었다. 일반인으로서 국제적 관심 속에 공식 허가를 받고 북한을 방문한 것은 고 (故) 정주영 현대그룹 회장이 소 떼를 몰고 육로로 국경을 넘은 1998년이 처음이라고 할 수 있다. 분단 후 50여 년이 지나서야 민간인이 남북한의 국경을 공 식적으로 넘게 된 것이다.

그 후 개성공단으로 인하여 수많은 기업가와 노동자들이 국경을 넘게 되었다. 더 이상 남북 간의 경계선은 넘을 수 없는 금기의 선이 아닌 것이다. 개성공단은 남북한 간의 시간적 거리를 급속하게 단축시키고 있다. 서해안 통로를 따라 2003년부터 2013년까지 자동차, 버스, 트럭은 1,177,594회 국경을 통과하였다. 정주영 회장이 국경을 넘기까지 50년이 넘게 걸렸는데, 2012년에는 자동차, 버스 혹은 트럭이 영업일 하루당 682회 국경을 넘었다. 이를 시간당 운행 대수로 환산하면 29대가 넘는다. 개성공단이 생긴 결과, 일반인들에게도 남북 간의 국경은 더 이상 넘을 수 없는 경계선이 아니며 남한사회의 일상 모습 중 한 장면을 연출하는 공간이 되고 있다.

개성공단은 단순히 북한 내 남한 기업의 활동이 이뤄지는 공간에 그치는 것만이 아니다. 남한 국민에게는 국가의 핵심이익이 상존하는 국경 혹은 국경지대로 인지되고 있다. 2000년대 초반 대북지원에 대한 국민여론이 양분되자 그것이 남남갈등으로 거론되곤 하였다. 그런데 서울대학교 통일평화연구원의 통일의식조사에 의하면 2011년과 2012년에는 천안함 사건과 연평도 사건이 발생했었음에도 불구하고, 정부가 약간의 손해를 보더라도 개성공단을 유지해야 한다는 의견이 반대의견과 별다른 차이가 없었다. 오히려 시간 이 지나면서 2013년과 2014년에는 오히려 찬성 비율이 좀 더 높았다.[29]

---

29 박명규 외, 2014, 『2014 통일의식조사』, 서울대학교 통일평화연구원.

개성공단 조업이 실제로 중단된 시점에서 조사된 2013년 결과에서 50% 넘는 응답자들이 개성공단을 유지해야 한다고 한 것을 보면, 개성공단은 단순히 경제협력 공간에 머무르는 것이 아니라 정치적 상징성을 지니며 한반도의 안정과 평화에 기여하는 바가 크다고 국민들은 인식하고 있다.

개성공단에는 5.24조치가 유효한 2014년 11월 현재 125개 기업이 입주하고 있고 북한노동자가 약 52,000명 근무하고 있다. 물론 북한 노동자가 남한 노동자와 직접 접촉하는 것은 아니지만 북한 노동자들은 남한 기업의 생산방식에 직간접적으로 노출되고 있으며 남한의 사회문화와 소통하고 있는 것이다. 북한 노동자들도 북한의 관리체계에 의해 임금을 받고, 남한 기업과 북한 측이 근로환경에 대해 협상을 하는 것을 관찰하고, 공단 내 조업과정에서 자본주의 생산과정을 이해하게 된다. 개성공단 북한 근로자들이 비공식적으로 표현한 바를 따르면, 이들이 공단조업에서 제외되거나 혹은 공단폐쇄 등으로 과거에 근무하던 집단농장 혹은 협동농장으로 재배속되자, 근무환경 및 절차상 차이를 더욱 실감하였다고 한다.

개성공단의 영향은 공단에서 조업하는 북한노동자 개인들에게만 국한되지 않는다. 만약 이들이 4인 가정을 구성하고 있다면 이들의 경험은 2차적으로 약 21만 명이 공유하게 된다. 노동자들은 개성공단에서의 삶을 자신의 가족들과 공유할 것으로 예상된다. 그뿐만 아니라 그들이 출퇴근하는 과정을 바라보는 지역주민들, 그리고 그들이 집단협동농장에 재배속되는 경우 상호 작용하게 되는 그들의 이웃들은 북한 노동자들을 통해 남한사회와 자본주의적 생산방식에 더욱 노출될 것이다. 이러한 과정 속에서 개성공단의 인적 영향력 범위는 더 커질 수밖에 없다. 즉 개성공단은 인적 교류 및 소통의 공간을 직간접적으로 확장시키고 있는 것이다.

개성공단 10년 동안 지속된 압축적 접촉과 소통, 교류와 협력은 남북한 정부가 사업을 중단하거나 군사적 대결을 지속·유지하는 것의 정치적 비용을 높여 놓았다. 남한 정부와 국민에게 개성공단은 정부가 핵심적으로 지켜야 하는 정치적 국가이익을 창출하였다. 따라서 북한 군부는 개성공단을 잠정폐쇄하였을 때에도 개성공단을 통제하려고 군사력을 활용하지 않았으며, 남한 정부도 개성공단에 걸린 국민과 국가의 이익을 지키고 비용을 최소화하기 위해 군사력이 아닌 다른 수단을 강구할 수밖에 없었던 것이다. 그 비용이 국내에서 발생하기도 하며 국제사회에서 발생하기도 하므로 개성공단의 운영은 남북한 정책결정자의 안보 관련 정책결정에 영향을 미칠 수 있게 되었다. 개성공단의 모든 정치적 안보효과를 직접 관찰하기는 어렵다. 그렇지만 개성공단은 남북한 주민 간의 접촉이 발생하는 최전선이며 의사소통이 이뤄지는 공간이다. 개성공단으로 인하여 남북한 주민은 공단 안에서 혹은 밖에서 자신들이 생각했던 남북관계의 이미지를 바꾸어 나가기도 한다. 달라지는 주민들의 인식에 따라 당국자들이 개성공단에 영향을 주는 군사 충돌을 피하려고 정책적 노력을 기울이게 되는 경우, 개성공단이 지닌 정치적 상징성은 남한의 안보에 긍정적인 영향을 미칠 수 있을 것이다.

5. 개성공단과 안보정책의 과제

2015년 2월 현재 개성공단은 남북관계의 전부를 상징하는 공간이라 할 수 있다. 남북 간의 다른 경제적 교류협력이 중단된 지 오래되었으며, 2014년부터 아주 제한적으로나마 인도적 지원이 재개되기 시작하였으나 그 규모는 남북관계를 본질적으로 변화시킬 만큼 충분하지 못하다. 비록 개성공단이 남북한 간 경제적 교류협력을 위해 설립되었다 할지라도, 이러한 상황에서 개성공단은 정치적 상징을 지닌 공간으로 탈바꿈하고 있다.

개성공단의 안보 가치는 직간접적 안보효과, 간접적 안보위협, 정치적 안보호과 등으로 구분하여 살펴볼 수 있다. 개성공단 운영으로 거두는 직접적인 군사 안보효과는 개성 주둔 북한군 부대의 후방 재배치, 개성을 통한 북한군의 기습공격 제한 등을 들 수 있다. 간접적 안보효과로는 북한에 대한 정보접근성의 증대, 북한의 경제적 이익 증가에 따른 개성공단 군사화의 정치적 부담 증가, 북한의 개혁 및 개방 촉진효과, 제3국 기업의 입주와 국제화에 따른 개성공단 안보이익의 다층화 등이 있다.

한편 개성공단의 안보위협 효과는 남한군의 군사작전 제한, 개성공단의 경제적 수입을 바탕으로 북한의 전략물자 반입 시도, 개성공단을 둘러싼 주변국의 이해관계 상충, 지나친 낙관에 기초한 대북 안보의식의 해이 가능성 등이 제기된다. 그런데 이와 같은 안보위협 효과는 실질적 관찰에 의한 평가이기보다 심리적 기대 혹은 예상에 의한 평가이다. 이러한 안보위협 효과가 실제 발생한다면 한반도에는 평상시가 아닌 군사적 충돌이 임박하거나 발생한 이후에 예상될 수 있는 상황들이다. 즉 이러한 문제제기가 의미 없는 것이 아니라 이렇게 예상되는 문제들이 현실에서 발생하지 않도록 남북관계를 주도적으로 관리할 수 있는 능력을 발휘할 필요가 있음을 시사한다고 해석할 수 있다.

개성공단이 운영되면서 남북한 간의 시공간적 거리가 압축적으로 변화한 것도 안보효과로 분석할 수 있다. 일반 국민이 분단의 장벽을 넘어 남북을 왕래하기까지 50여 년이 넘게 걸렸지만, 그 후 남북한 주민 간의 접촉은 통시적으로 공시적으로 밀도 있게 확대되었다. 따라서 개성공단은 단순한 경제협력지대가 아니라 남북한 주민 간 문화접촉이 일상적으로 발생하는 국경 혹은 국경지대로 인식되고 있다. 즉 개성공단이 남한과 북한 모두에게 핵심적인 정치적 이익이 상존하는 공간이 되어있기 때문에 상당한 정치적 비용을 지불하지 않고서는 개성공단을 일방적으로 점령하는 것이 점점 어려워지고 있다.

그런데 개성공단이 지니는 안보효과가 지속되기 위해서는 여러 가지 과제들이 해결되어야 한다. 첫째, 북한의 정치적 위험요인들을 어떻게 관리할 것인가에 대한 전략적 접근이 요구된다. 북한 정권은 언제나 경제보다는 정치를 우선하는 정책을 추진해왔다는 점에서 개성공단의 경제적 효과와 안보효과는 남북 간 정치적 관계의 영향을 심하게 받을 수밖에 없다. 특히 북한이 개성공단을 자본주의 황색바람의 통로로 인식한다면 제2 혹은 제3의 개성공단을 건설하고 운영하려는 바람은 현실적이지 못한 것이 된다.

둘째, 개성공단의 원활한 운영을 위해서는 통행, 통신, 통관 등이 안정적으로 보장되어야 하는데, 이는 남북한 간만의 문제가 아니라 유엔사령부의 협조가 필수적이다. 개성공단을 중심으로 국제개발협력의 활성화를 통해 동북아 혹은 유라시아 철도 연결 사업을 계획하고 있지만 유엔사령부의 협조가 없다면 현실적으로 어려움이 존재한다. 남북관계가 평화롭게 진전되고 있는 상황에서는 유엔사령부가 협조하지 않을 명분을 찾기 어렵겠지만, 남북관계가 악화되거나 단절되는 경우에는 유엔사령부가 협조할 이유도 없다. 즉 유엔사령부의 역할이 중요하지만 남북한이 한반도 문제를 주도적으로 관리하기 위해 협력하는 경우에야 유엔사령부의 영향력을 최소화할 수 있을 것이다. 통일 문제도 안보 문제도 상대가 있는 사회적, 국제적 현상이다. 통일의 준비도 일방적으로 하기보다 상대와 함께 하는 것이 중요하며, 안보도 일방적인 계산에 의해 준비하기보다 상대와 소통하며 상대의 의사와 이익을 이해함으로써 더욱 튼튼히 할 수 있는 것이다. 정보의 부족은 최선의 정책 결정을 못하는 원인으로 작용할 수 있기 때문에 상대와의 접촉, 상대에 대한 이해가 매우 중요하다. 달리 말하면 개성공단은 일상적인 접촉이 상시적으로 발생하는 공간이다. 정치적으로 남북한이 그 의미를 최소화할 수는 있으나, 그 공간을 완전 폐쇄하는 경우 경제적으로, 정치적으로, 국제적으로 얼마나 많은 정치적 비용을 치러야 하는지 남북한은 경험하였다. 이러한 공간이 통일을 위한 실험장 기능을 하고 한반도에 긍정적 안보효과를 일으키기 위해서는 남북한이 적극적으로 한반도의 안보 위험요소들을 공동 관리하기 위해 전략적 접근을 하여야 한다.

개성공단의 경제적 효과

__김병연

제5장 개성공단의 경제적 효과

김병연

1. 개성공단 운영 현황

개성공단은 남북경제협력의 가장 대표적인 사례이다. 또한 개성공단은 5·24 조치에도 불구하고 남북경제협력에서 유일하게 지속된 사업이기도 하다. 개성공단은 남한의 기업이 개성공단 내의 자사 기업에 자본과 기술을 투자하고 북한의 근로자를 고용하여 운영하는 방식이다. 북한의 근로자에게는 임금을 지불한다. 또 개성공단에 근무하는 남한 근로자에게도 임금을 지불한다. 그리고 개성공단의 토지는 북한 정부에서 제공하는 것으로 이에 대해 임대료를 지불한다. 개성공단의 생산에 필요한 모든 원자재는 남한에서 들어오며 개성공단에서 생산한 완제품은 다시 남한으로 가지고 오는 구조이다. 이영훈(2006)은 개성공단의 생산과 소득의 흐름을 다음의 그림으로 보

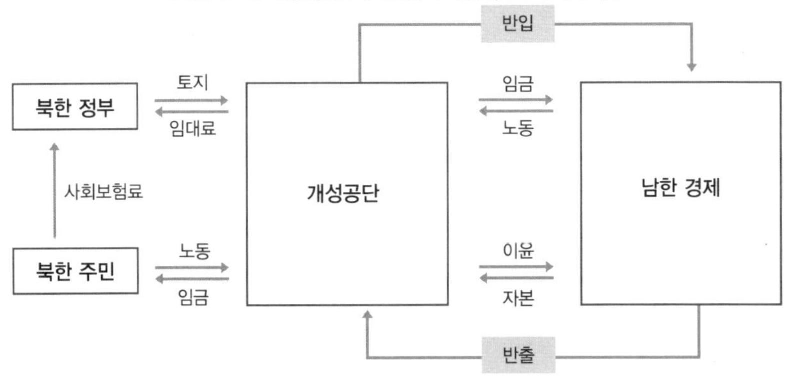

그림 5-1. 개성공단의 운영과 생산, 소득의 흐름

출처 : 이영훈(2006)

여 주고 있다.[1]

이와 같이 개성공단은 북한의 낮은 토지사용료와 인건비를 이용한 비용 절 감형 투자 모델로 간주할 수 있다.[2] 이 중 토지사용료는 한국토지공사가 북한 당국과 합의하여 2005년부터 10년 동안 입주기업의 토지사용료를 면 제해 주었기 때문에 현 시점에서 입주기업의 부담이 되지는 않는다. 따라서 북한 근로자의 인건비를 입주 기업이 부담하는 비용이다.

---

1 그동안 개성공단에 관한 다수의 경제학적 연구가 있었다. 일부 연구는 개성공단의 건설 배경, 현황 등을 경제적 측면을 중심으로 소개하고 있으며 다른 일부는 개성공단의 발전 방안 등을 제시하고 있다. 그리고 이 중 많은 수의 연구는 개성공단을 발전시킬 수 있는 정책을 개발하는 목적의 연구이다. 또 일부 다른 연구에서는 개성공단이 남한 경제에 미치는 효과를 산업연관모형을 이용하여 분석하고 있다. 한국은행, 2014, 「개성공단 조성의 경제적 효과 분석」, 금융경제연구원 동북아 경제팀.; 임을출, 앞의 책.; 조명철 외, 2005, 『개성공단 진출기업 생산제품의 해외수출 가능성 및 확대방안』, 대외경제정책연구원 연구보고서.; 이영훈, 2006, 「남북경협의 평가 : 결정요인과 남북한 경제에 미친 영향을 중심으로」, 『북한연구학회보』 제10권 2호.; 한국산업단지공단, 2010, 『개성공단 기업의 국내 산업 파급효과 및 남북 산업간 시너지 확충 방안』.; 대외경제정책연구원, 2014, 『개성공단의 국제경 쟁력 강화 방안 연구』.

2 외국인직접투자(Foreign direct investment)의 주된 이유를 시장지향형, 자원지향형, 효율성지 향형, 전략적 자산 지향형으로 구분하고 이 중 자원지향형을 다시 세분하여 자원 개발형, 비용절감 형으로 분류할 수 있다. 이렇게 볼 때 개성공단은 비용절감형 외국인직접투자 모형과 가장 유사한 것으로 판단된다(대외 경제정책연구원, 앞의 책).

북한 근로자의 인건비는 2013년 현재 노동보수 124.4달러와 사회보험료 13.5달러를 합하여 137.9달러이다(개성공업지구관리위원회, 2014). 다음 표는 이 위류 위탁 가공 산업의 인건비를 중국 내 중국인 고용 생산 비용, 중국내 북한 근로자 고용 생산 비용, 베트남 혹은 미얀마 생산 비용 등과 비교한 것이다. 개성공단에서 근로자를 고용할 때의 인건비는 잠재적 경쟁대상인 다른 경우에 비해 현저히 낮은 수준이다. 중국 내 중국인 고용 생산은 개성공단의 인건비의 2.9배에 달하며 중국 단둥에서 북한의 노동자를 고용하여 생산하는 경우도 개성공단의 인건비의 2.2배가 든다.[3] 그리고 베트남이나 미얀마 현지 인력을 고용하는 경우도 개성공단 인건비의 1.7~2.1배가 든다. 따라서 개성공단은 비용절감형 투자처를 찾는 남한 기업에게는 매력적인 투자처가 될 수 있다.[4]

표 5-1. 해외 공단 별 의류 위탁가공 근로자의 인건비 비교

	일인당 임금(달러)[5]	인건비 비율 (개성공단=1)
개성공단 북한 근로자 고용 생산	137.9	1
중국 내 중국인 고용 생산 (단둥)	400(보험료 포함)	2.9
북한 노동자 중국으로 인력 수입 후 생산	304(숙식비, 비자비 등 포함)	2.2
베트남, 미얀마 현지 인력 고용 생산	238~285	1.7~2.1

출처: 김병연·정승호(2014)

〈표 5-1〉에서 보여 주듯이 2013년 초 개성공단의 폐쇄 이전인 2012년 말 기준으로 개성공단에는 123개 기업이 입주하여 북한근로자 53,448명과 남

---

3 중국에서 북한 노동자를 수입하여 고용할 경우 숙식비, 비자비 등의 주재비를 제외하고 북한 근로자 1인이 받는 임금은 100달러 내외로 알려져 있다.

4 그러나 개성공단 사업은 중국, 베트남, 미얀마 등에서의 사업에 비해 현저히 높은 위험부담을 안고 있다고도 할 수 있다.

5 위안화로 표시된 금액을 1위안=0.1598달러의 환율을 적용하여 환산하였다.

한 근로자 786명이 근무하였다. 2012년 말의 북한 근로자 수는 2005년 말의 북한 근로자 수인 6,013명의 8.9배에 달하는 것으로 개성공단의 급속한 확장과 발전을 시사하고 있다. 2013년 말에도 북한 근로자 수는 52,329명을 기록하여 개성공단 폐쇄 이후 빠른 시간 내에 원래의 근로자 수로 회복되는 경향을 보였다.

표 5-2. 개성공단 근로자와 생산액 추이

연도	2005	2006	2007	2008	2009	2010	2011	2012	2013	2014
북한근로자 (명)	7,621	11,189	22,538	38,931	42,561	46,284	49,866	53,448	52,329	52,289
남한근로자 (명)	507	791	785	1,055	935	804	776	786	757	765
생산액1 (10,000달러)	1,491	7,373	18,478	25,142	25,648	32,332	40,185	46,950	22,378	10.68
가동기업수 (개)	18	30	65	93	117	121	123	123	123	

출처: e-나라지표(http://www.index.go.kr/potal/main/EachDtlPageDetail.do?idx_cd=2717), 통일부

개성공단의 생산액도 2005년의 0.149억달러에서 2012년에는 4.695억달러로 31.5배 증가하였다. 2013년에는 개성공단 폐쇄 사태로 인해 2012년의 절반 규모인 2.238억달러로 감소하였으나 2014년 1월부터 3월까지의 생산액이 1.068억달러에 달해 올해 연말에는 2012년의 생산액에 근접할 것으로 전망된다. 입주 가동 기업 수도 2014년 현재 123개 기업이 가동 중에 있으며 이 중 72개 기업은 섬유업, 23개 기업은 기계금속, 13개 기업은 전기전자, 9개 기업은 화학, 그리고 3개, 2개, 1개 기업이 각각 종이 목재, 식품, 비금속 광물업에 속해 있다.

2. 개성공단의 남북한 국민소득 증대효과

1) 남한 국민소득에 미치는 효과

개성공단이 남한의 국민소득에 미치는 효과를 추정하기 위해서 우리는 개성공단이 정상 가동하던 당시의 2012년의 자료와 한국은행(2004), 한국산업 단지공단(2010)의 수치를 이용하여 간접적으로 추정한다. 2012년의 자료를 이용하는 이유는 2013년의 자료를 이용할 경우 개성공단의 일시 폐쇄의 영향을 제거하기 어렵기 때문이며 또한 2014년 1분기의 생산액을 볼 때 2014년 한 해 동안 개성공단의 생산액은 2012년의 규모에 근접할 것으로 예상되기 때문이다. 한국은행(2004)은 한국의 산업연관표를 이용하여 당시 시점으로는 미래의 개성공단의 생산, 부가가치, 일자리 창출 등의 직간접 유발 효과를 포함하는 효과를 체계적으로 추정하고 있다. 또한 한국산업단지공단(2010)은 가동 후의 실제 개성공단의 자료와 한국의 산업연관표를 이용하여 개성공단이 남한 경제에 미치는 효과를 추정하고 있다.

개성공단이 남한 경제에 미치는 영향은 직접 효과와 간접 효과로 나누어 볼 수 있다. 직접 효과는 개성공단에 입주한 기업이나 남한 근로자가 직접 벌게 되는 수입, 즉 개성공단에 입주한 남한 기업의 이윤과 남한 근로자의 임금 수입의 합으로 정의된다. 그러나 직접 효과만으로는 개성공단이 남한 경제에 미치는 효과를 제대로 평가하지 못한다. 그 이유는 개성공단에 필요한 원부자재를 남한에서 가져가므로 개성공단이 없어질 경우 원부자재를 생산하는 기업들도 타격을 받기 때문이다.[6] 따라서 개성공단이 남한 경제에

---

6 물론 개성공단에 입주하지 않고 기업이 중국이나 베트남, 미얀마 등으로 가서 생산 활동을 할 수 있을 것이며 그 경우 원부자재 공급 기업이 생산 활동을 중단할 필요가 없다. 그러나 현재 개성공단에 입주한 기업이 다른 국가로 생산 기지를 옮길 경우 기업의 생존이 가능한지, 생존이 가능하더라도 생산 비용의 증가로 인해 매출액이 얼마나 감소할지 추정하기 어렵다. 따라서 이 연구에서는 개성공단 입주기업에 원부자재를 공급하는 기업은 개성공단이 없어질 경우 생존하기 어렵다고 가정하고 개성공단이 남한 경제에 미치는 효과를 추정한다. 이러한 이유 때문에 개성공단의 경제적 효과는 과대 추정될 수 있다.

미치는 효과를 추정하기 위해서는 한국의 산업연관표를 이용하여 산업간 연관 효과를 고려한 파급효과, 즉 간접 효과를 포함하여야 한다.

개성공단의 입주 이전에 한국은행(2004)은 2000년 남한의 산업연관표를 이용하여 개성공단이 남한 경제에 미칠 효과를 추정하고 있다. 산업연관표를 이용하기 위해서는 개성공단의 생산액의 업종 간 비율을 알아야 한다. 따라서 한국은행(2004)은 개성공단의 업종을 중국에 진출한 한국 기업의 업종과 동일하다고 가정하고 개성공단의 3단계 사업에 포함된 IT경공업단지는 서울디지털산업단지 업종을 참고하였다. 그 결과 IT경공업단지가 설립되지 이전의 단계에는 섬유 및 가죽업종이 33.4%, 가구 및 기타 제조업이 22.7%, 전기 및 전자 제품이 16.0%, 그리고 일반 기계업이 10.7%로 업종을 구성하였다. 그리고 개성공단의 연면적과 시화·반월공단의 업체 평균 공단 점유 면적을 이용하여 각 업종별 업체의 수를 계산하였다. 그 결과 개성공단이 100만평으로 개발될 경우 개성공단에 입주한 업체의 수는 2,012개에 달할 것으로 추정하였다.

현재 개성공단에 입주한 한국 기업의 업종 구성은 한국은행이 중국에 진출한 한국 기업의 업종을 고려하여 추정한 업종과 차이가 있다. 즉 기업 수로 볼 때 섬유업이 58.5%, 18.7%의 기업이 기계금속, 10.6%의 기업이 전기전자, 7.3%의 기업이 화학의 순이다. 그러나 산업연관표에서 산업별 부가가치 창출 정도의 차이가 현저히 크지 않고 다른 자료가 미비한 점 등을 고려할 때 가장 단순한 방법으로서 한국은행이 이용한 개성공단 기업 수와 생산액 추정치와 2012년 현재 실제 개성공단의 그것의 비율을 이용하여 부가가치 창출액을 추정할 수 있다. 즉 한국은행은 1단계 사업 시 2,012개의 기업이 개성공단에 입주하게 되고 이 기업이 남한 경제에 유발하는 직간접 부가

가치를 2003년 물가 기준 3조 2천억원으로 추정하고 있다.[7] 또한 한국은행이 추정한 개성공단의 생산액은 2003년 물가 기준으로 9.4조원이며 이 생산액은 직간접적으로 3.2조원의 부가가치를 창출한다. 2012년 자료에 기초한 개성공단의 실제 기업 수와 한국은행의 추정 기업 수, 개성공단의 실제 생산액과 한국은행의 추정 생산액에 따라 개성공단의 부가가치 창출액을 한국의 2012년 한국의 국민소득(GDP)인 1377조원으로 나누면 이는 각각 0.019%, 0.012%에 이른다.

한국산업단지공단(2010)은 개성공단 사업이 시작된 이후의 자료를 이용하고 있기 때문에 한국은행(2004)와 달리 개성공단의 자료를 직접 이용한다. 특히 개성공단으로의 반입 반출 자료를 이용하고 해당연도의 한국의 산업연관표를 이용하여 개성공단이 남한 경제에 미치는 효과를 추정한다. 보다 자세히 한국산업단지공단(2010)은 반입 반출 자료를 산업연관표 상의 제품 구분과 일치시킨 후 남한의 산업연관표에 이 자료를 적용하여 생산 및 부가가치 유발효과, 취업 및 고용효과를 계산하였다. 우리는 2010년의 개성공단의 반입 및 반출 자료를 이용하여 동년의 부가가치를 계산한 한국산업단지공단(2010)의 수치에 2012년과 2010년의 반입 및 반출 금액의 비율을 곱하여 2012년의 부가가치를 구하는 단순한 방법으로 개성공단의 남한 경제 부가가치 유발 효과를 계산한다.[8]

---

7 이 경우 2012년 개성공단 입주 기업의 수인 123개가 유발하는 부가가치는 한국은행 추정치의 기준연도인 2003년 물가로 1955억원으로 추정되면 이는 2012년 물가로 2570억원으로 계산된다. 또한 이를 각각 한국은행의 추정 기준 연도인 2003년과 2012년 사이의 물가상승률을 감안하면 2012년 기준으로 각각 12.35조원, 4.2조원에 이른다. 2012년 현재 개성공단의 생산액은 1달러를 1,000원으로 가정했을 때 4695억원으로서 한국은행이 추정한 수치인 12.35조의 3.80%이며 이를 한국은행이 추정한 개성공단의 직간접 부가가치 창출액에 곱하면 2012년의 물가로 1596억원이 된다.

8 이 방법은 2012년의 반입 및 반출의 업종별 구성이 2010년의 그것과 유사하다는 가정을 하고 있다. 그리고 2010년과 2012년의 한국의 산업연관표가 크게 다르지 않다는 것을 전제한다. 실제 산업연관표의 수치는 단기간에 크게 변하지 않으면 2010년과 2012년의 반입 반출의 업종별 구성이 현저히 변하지 않았다.

한국산업단지공단(2010)은 2010년 개성공단으로의 반입과 반출의 합이 각각 5.13억달러, 5.53억달러로서 이를 합한 금액이 10.661억달러일 때 유발된 부가가치를 3.225억달러로 추정하고 있다. 2012년의 개성공단의 반입 반출은 각각 10.73억달러, 8.88억달러로서 이를 합한 금액은 19.61억달러이다. 이 금액은 2010년 반입과 반출 금액의 1.84배에 달하며 2010년의 반입 반출의 합계와 부가가치 창출액의 비율을 적용하면 2012년 부가가치 창출액은 5.933억달러에 달한다. 이는 동년 한국의 국민소득(GDP) 1377조원의 0.043%에 이른다.[9] 동일한 방법으로 2012년 개성공단의 취업유발효과는 13,040명, 고용유발효과는 9,487명으로 추정된다.

이와 같이 한국은행(2004)과 한국산업단지공단(2010)의 추정치에 근거하여 2012년 개성공단이 남한 경제에 미치는 효과를 추정하면 동년 남한 GDP의 0.012~0.043% 가량으로 미미한 수준이다. 이는 개성공단의 크기와 생산액에 비해 남한 경제 규모가 월등히 크기 때문으로 판단된다.

2) 북한 국민소득에 미치는 효과

개성공단이 북한 경제에 미치는 효과는 남한 경제에 미치는 효과에 비해 비교적 단순하게 추정할 수 있다. 즉 개성공단은 북한 내 다른 산업과의 연관효과가 없기 때문에 북한이 개성공단을 통해 벌어들이는 수입액이 바로 개성공단이 북한 국민소득에 기여하는 금액이다. 개성공단에서 북한이 벌어들이는 수입은 토지임대료, 각종 세금과 북한 근로자의 인건비이다. 이 중 세금 관련해서는 기본세율이 14%이며 기업소득세, 재산세, 거래세, 지방세 등이 있으나 기업소득세는 이윤발생 후 5년간 면제되고 있으며 그 이후도 3년 간 50%가 감면되는 등 세금 부담도 낮은 편이다. 따라서 그 금액으로 볼

---

9 1달러=1000원의 환율을 적용한 수치이다.

때 북한이 개성공단을 통해 벌게 되는 수입의 대부분은 근로자의 인건비이다. 2012년 개성공단에서 일하는 북한 근로자의 인건비 총액은 근로자수에다 평균 임금을 곱함으로써 계산할 수 있다. 즉 53,448명(총 근로자수)×137.9달러(월 일인당 인건비)×12개월=88,445,754달러이다. 이 금액이 북한의 GDP에서 차지하는 비중을 알기 위해서는 북한의 GDP 추정이 필요하다. 김병연(2013)에 따르면 2012년 북한의 일인당 GDP는 607달러로 추정되고 있다. 이 수치, 즉 북한의 일인당 GDP에 2012년 북한의 인구 2460만 명을 곱하면 동년 북한의 GDP는 149억 가량에 달한다. 즉 2012년 개성공단이 북한 GDP에 기여하는 비율은 0.59%이다.

　이 추정치는 두 가지 시각에서 해석 가능하다. 첫째, 북한 GDP에서 개성공단이 차지하는 비중은 남한 GDP에서 개성공단이 차지하는 비중의 13~50배에 달한다. 따라서 북한에 있어서 개성공단의 중요성은 남한보다 훨씬 크다. 둘째, 남북한 비교에서는 개성공단이 북한 경제에서 차지하는 비중이 남한의 그것에 비해 10배 이상으로 훨씬 크지만 북한 내에서 개성공단이 미치는 영향이 0.59%에 머무른다는 사실은 아직도 개성공단이 북한 경제를 좌우할 만큼의 요인은 되지 못함을 의미한다. 이 주된 이유는 개성공단의 규모가 작고 입주 기업의 수가 여전히 123개에 머무르고 있기 때문이지만 개성공단이 북한 경제와 연관 관계가 없이 고립된 섬으로 남아있기 때문이기도 하다. 이와 같은 추정치를 두고 볼 때 북한 정권이 개성공단을 재개하는 결정을 내린 것은 개성공단이 북한 GDP에 기여하는 중요성보다는 다른 요인이 작용하였을 가능성이 크다고 할 수 있다. 즉 5만명이 넘는 근로자 중 상당수가 북한의 핵심 계층이며 이들은 북한 내에서 가장 좋은 작업 환경에서 근로하며 임금 외 다른 부수입도 많기 때문일 것이다. 따라서 북한 정권으로서는 개성공단이 완전히 폐쇄될 경우 경제적 충격뿐만 아니라 심각한 정치적 타격을 받을 가능성을 염두에 두었을 것으로 판단된다.

3. 노동생산 및 기업운영에 미치는 효과

개성공단의 경제적 효과는 단지 현 시점에서 그것이 유발하는 부가가치 창출에 머물지 않는다. 향후 북한의 발전이나 남북한 통합을 위해 유용한 사례이자 실험이 될 수 있기 때문이다. 이러한 효과는 북한 근로자의 생산성 향상과 의식 변화 등 근로자에게 미치는 효과와 기업 운영에 미치는 효과로 나누어서 살펴 볼 수 있을 것이다.

1) 북한 근로자의 노동생산에 미치는 효과

개성공단이 북한 근로자에게 미치는 효과를 이해하기 위해 객관적 지표로서 북한 근로자의 생산성 추이를 살펴 볼 수 있다. 북한 근로자의 생산성이 향상되었는지 평가하기 위해 가용한 통계 중 개성공단의 일인당 생산액의 추이를 살펴본다. 다음 표에 따르면 2005년 북한 근로자의 일인당 생산액은 2,287달러였으나 2012년에는 불변달러 기준 7,463달러로 증가하였다. 이는 2005년부터 2012년까지 북한 근로자의 일인당 생산액이 연 18.4%씩 증가하였음을 의미한다. 생산액의 증가가 바로 생산성의 증가를 의미하지는 않지만 이 두 변수의 관계가 일정하다는 가정 하에 북한의 생산성이 연평균 18.4% 씩 증가한 것으로 해석할 수도 있을 것이다.

표 5-3. 개성공단 근로자 일인당 생산액의 추이

연도	2005	2006	2007	2008	2009	2010	2011	2012	2013
일인당 생산액 (경상달러)	2,287	6,169	7,923	6,288	5,897	6,866	7,935	8,657	4,215
디플레이터	100	103.2	106.1	110.1	109.7	111.1	115.0	116.0	117.0
일인당 생산액 (불변 달러)	2,287	5,978	7,467	5,711	5,376	6,180	6900	7,463	3,603
증가율(%)	-	161.3	24.9	-23.5	-5.87	15.0	11.7	8.16	-51.7

출처: 통일부 홈페이지,
미국 디플레이터(http://www.usinflationcalculator.com/inflation/historical-inflation-rates/)

북한 근로자의 생산성 향상은 몇 가지 요인으로 일어날 수 있다. 첫째는 자본 장비 등이 제대로 도입되면서 작업의 효율성이 증가했기 때문이다. 이는 특히 남한으로부터 자본이나 기술도입이 더욱 활발했던 개성공단 사업의 초기에 생산성을 크게 증가시키는 데 결정적으로 기여했을 것으로 보인다. 둘째, 북한 근로자가 일을 더 잘 할 수 있을 정도로 영양 상태가 좋아졌기 때문이다. 개성공단에 입주한 한국 기업 관련자와 인터뷰한 자료에 따르면 개성공단에서 일하기 시작한 지 수개월이 지나면 영양상태가 좋아지는 것이 확연히 나타난다고 한다. 셋째, 작업을 통해 일의 숙련도가 증가했을 가능성이 있다. 개성공단 입주 기업 관련자의 인터뷰 자료에 따르면 인력 교체율은 약 10%로 안정적인 편이라고 한다. 따라서 동일한 기업에 장기간 동일한 일을 수행하는 근로자의 생산성은 증가할 가능성이 높다.

이상의 세 가지 이유 이외에 또 다른 가능성은 북한 근로자의 일에 대한 태도가 바뀌어 더욱 열심히 일할 가능성이다. 이는 북한 근로자의 근로 의식에 영향을 주는 것으로 장기적으로 북한 경제 발전과 남북한 경제 통합에 유의미한 긍정적 효과를 지닌다. 개성공단 입주 기업 관련자의 인터뷰 자료에 의하면 이에 대해서 상이한 평가가 가능하다. 어떤 남한 기업 관련자 생산성 향상은 북한 근로자의 대표의 지시에 따라 가변적임을 지적한다. 즉 생산성을 높이기 위해 작업 강도를 높이면 그에 맞추어 따라오지만 또 대표가 어떤 일로 인해 생산성을 낮추라고 하면 이에 대해서도 맞추어 일한다는 것이다.

가령, 지난 해 조업 중단 이후 9월부터 다시 일을 시작했지만 설날 특수 에 맞춰서 생산-납품하기에는 너무 촉박해서 굉장히 걱정을 많이 했는데, 그 문제를 대표랑 논의한 후 대표가 '우리가 맞춰주겠다'고 공언하여 결국에는 철야근무를 하면서까지 계획에 맞춰 일을 끝냈었다. 철야근무라 함은 3~4시간 자고 일을 하는 것인데, 그런 식의 강한 노동방식이 그들에게는 익숙하지 않지만 적응해서 맞춰줬다. 이처럼 생산성의 문제는 노동자들 차원에서 바뀌는 것이 아니라 대표나 총국의 지시에 따라 달라지는 것이다. 그야말로 유일체제이다.

즉 개성공단에서는 차별적인 임금 지급이 어렵고 남한 직원이 북한 근로자의 노무와 인사를 관리하지 못하고 북한 측에서 관리하기 때문에 북한 근로자는 북한의 직장장이나 대표의 눈치를 보며 그들의 지시에 따른다는 것이다. 그리고 오랫동안 사회주의 사회에 살면서 능동적인 근로에 익숙하지 않다는 것이다.

인센티브가 없다보니까 우르르 와 있을 뿐이지 주인의식을 갖고 능동적으로 하지는 않는다. 수동적으로 시켜야만 하는 수준이다. 앞에서 말했던 것처럼, 오랜 생활을 그러한 방식대로 살아왔고 공단 밖에서도 현재 그렇게 살고 있기 때문에, 그렇게 젖어든 습성을 쉽사리 버리지 않는 것이다.

그러나 어떤 기업 관련자는 북한 근로자가 개성공단의 그 기업이 자신의 직장이라고 점점 더 인식함으로써 주인의식이 생겨나고 그 결과 더 열심히 일하는 현상이 나타나고 있다고 말한다.

이것이 북측 직원들에게는 일종의 주인의식으로 생겨나는 것 같다. 일례로, 보통 해외 법인의 공장에서는 점심 식사 벨이 울릴 즈음이면 직원들이 식사하러 갈 준비를 하곤 하는데, 개성에서는 벨이 울리고 나서 한참이 지나도 계속 일을 하고 있다. 가서 식사하라고 얘기하면 그때서야 가는 경우가 많다. 회사가 자신들에게 해주는 것이 분명히 있다고 생각하고 그것이 말로만 그치지 않는다고 생각하기 때문에, 자신들도 고마운 마음을 몸소 이러한 방식으로 표현하는 것이다.

이와 같이 북한 근로자의 일에 대한 태도에는 긍정적인 변화가 관찰된다. 그러나 북한 근로자에 대한 임금 지급이 그 성과에 따라 차별적으로 지급하기 어려울 뿐만 아니라 인사와 노무 관리 전부를 북한에서 담당하기 때문에 일에 대한 자세가 단기간 내에 급격히 바뀔 것으로 기대하기 어렵다. 이는 개성공단의 과제인 동시에 남북한이 협력하여 추진될 수 있는 다른 특구, 그리고 나아가서 향후 남북경제통합 시 북한의 기업 경영 방식에 중요한 시사점을 주고 있다.

개성공단 사업의 중요한 장점 중 하나는 개성공단에서 일하는 북한 근로자와 그 가족, 그리고 아마 개성에 거주하는 북한주민들로 하여금 남한의 경제력에 대한 확실한 정보와 믿음을 줄 수 있다는 점이다. 개성공단의 북한 근로자들은 남한의 기술력과 경제적 풍요를 실제 체험을 하고 있는 자들이다. 이들의 가족도 개성공단에서 일하는 가족 구성원이 가져오는 초코파이나 다른 식료품, 그리고 북한 제품보다 월등한 품질의 자재를 보면서 남한의 경제력에 대해 호감을 가질 것이다. 또한 개성의 주민들도 개성공단이 작동함으로써 누리는 혜택들, 예를 들면 개성공단에서 지급된 남한 물품이 시장에서 거래가 되는 것을 보면서 남한 경제를 높이 평가할 수 있을 것이다. 이러한 실제 체험은 현재까지의 남북 관계가 현 상황보다 더 악화되지 않게 만들 수 있었던 원천이자 앞으로의 남북한 경제통합과 통일에 있어 긍정적인 기여를 할 수 있는 자산이다.

주목할 만한 내용 중 하나는 2013년 상반기 개성공단이 일시 폐쇄되었다가 동년 7월 재개된 후 북한 근로자의 태도가 바뀌었다고 증언한 다수의 입주 기업 관계자들이 있다는 사실이다. 즉 어떤 관계자는 이를 전화위복이라 부르면서 조업 중단에 가장 많은 피해를 본 측은 남한이 아니라 북한 측이라고 주장한다. 그리고 다른 입주 기업 관계자는 조업 중단 이후 북한 근로자를 다시 만났을 때 그들의 눈빛이 달라지고 너무 열심히 일을 해서 놀랐다고 한다. 또한 조업 중단 후에 처음 근로자들을 만났을 때 그들의 모습이 조업 때와 달리 너무 초췌하여 개성공단이 그들에게는 일자리와 복지 제공처이며 사람답게 살게 하는 공간임을 직감했다고 한다. 이러한 증언이 사실일 가능성은 높다. 북한에서 개성공단처럼 근로 여건이 양호하며 안정적이고 정상적인 근로가 가능한 직장을 찾기는 어려울 것이다. 2013년 일인당 평균 월 임금인 137.9 달러보다 더 많은 소득을 올리는 북한 주민도 있을 것이다. 그러나 피고용자로서 이러한 월급을 받을 수 있는 근로자는 많지 않을 것이다.[10] 개성공단이 북한 근로자에게 주는 이러한 효용을 생각할 때 그들이 개성공단의 조업 재개를 강렬히 바라고 있었으며 실제 조업 재개가 이루어졌을 때 가장 기뻐한 자들이 개성공단의 근로자이었을 것이라는 추측이 가능하다.

2) 기업 운영에 미치는 효과

개성공단 입주 기업은 이원적 체제로 운영되고 있다. 즉 남한은 원부자재와 아울러 제품의 판매를 담당하고 북한은 토지와 노동력을 제공하며 그 노동력의 운영과 관리도 맡고 있다. 이러한 기능적 분할(functional division)은 개성공단의 정치적 역학 관계의 산물이다. 그러나 한국 기업의 자사가 고용하는 북한의 근로자에 대한 인사와 노무관리를 우리 기업의 법인장이 아니라 북한 측에서 담당하고 있다는 사실은 기업 운영의 효율화를 도모하는 데 제약 요인으로 작용하고 있다. 즉 개성공단 입주 기업의 조직 관리는 〈그림 5-2〉와 같이 나타낼 수 있다.

개성공단 기업의 대표는 남한의 법인장이나 북한의 직장장이 북한 근로자의 인사 및 노무 관리를 맡고 있다. 형식적으로 이 관계는 기업의 대표와 인사 및 노무 관리 담당 관리자의 상호 관계인 것처럼 보이나 실제적으로는

---

10 2012년 북한의 일인당 GDP는 607달러로 추정된다. 개성공단에서 일하는 근로자는 연 1,655달러를 벌어서 북한의 일인당 GDP의 2.73배의 수입을 거두고 있다. 따라서 이들은 북한 내에서 상위 소득을 누리는 근로자일 가능성이 크다. 그러나 문제는 이 총임금이 북한 근로자에게 직접 가지 않고 소비재를 구입할 수 있는 교환권과 소액의 북한 원화로 지급됨에 따라 실제 효용은 총임금이 제시하는 것보다 현저히 낮을 것으로 판단된다.

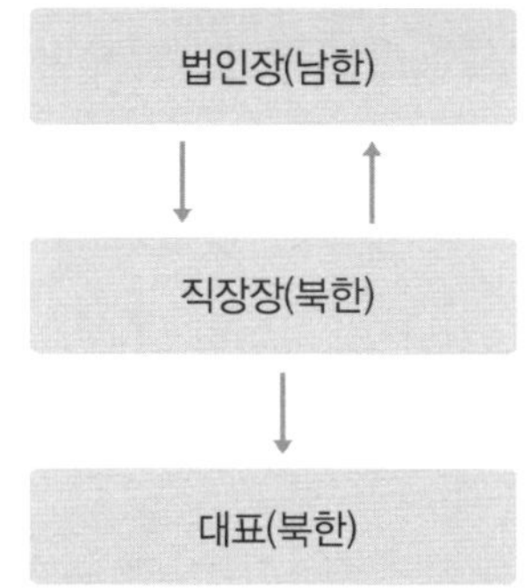

그림 5-2. **개성공단 입주기업의 조직**

독립적이며 상호 평등한 관계라고 한다. 즉 남한의 법인장이 북한 근로자에게 요구할 사항이 있으면 직장장을 통해서 하는 것이 원칙이며 또 직장장은 북한 근로자의 요구 사항을 법인장에게 전달하는 역할도 한다. 직장장은 북한 근로자의 생활 총화를 담당하고 있으며 반장, 총무, 생산관리 등을 맡는 대표의 임명권도 가지고 있다.[11] 따라서 남한의 법인장은 개성공단 입주 기업의 운영에 대한 실권을 가지고 있다기보다 모기업의 요구 사항을 직장장을 통해 개성공단 근로자에게 전달, 시행한다거나 역으로 북한 근로자의 요청을 모기업에게 전달하여 반영하는 역할을 한다고 볼 수 있다.

북한의 근로자에게 지급하는 임금도 남한 기업이 바로 지급하는 것이 아니라 북한의 세무서를 통해 북한 근로자에게 지급되고 있다.[12] 더욱이 남한

---

11 직장장이나 대표는 일종의 관리자로서 직접 생산 활동을 하지 않기 때문에 남한 기업에게는 비용 증가의 요인이 되기도 한다. 그러나 이들은 노동력 관리의 기능을 수행한다는 점에서, 그리고 다른 대안이 없다는 점에서 남한 기업이 이들의 역할을 그대로 수용하는 경우가 대부분이다.

12 북한 근로자의 임금은 개성공단의 입주기업이 북한 당국에 달러로 지급한다. 이 중에서 임금의 약 45%가 사회보장금(15%), 사회문화시책금(30%) 등의 명목으로 북한 당국이 징수하며 나머지 55%는 근로자들에게 생필품 교환권이나 북한 원화로 지급되는 것으로 알려져 있다. 북한 원화로 지급될 때는 과대평가된 달러 대비 북한 원화 환율을 적용한다. 따라서 시장 거래가 일상화된 북한의 실제 물가 수준과 비교하면 북한 근로자가 현금으로 받는 수입은 미미한 수준이다. 그러나 생필품 교환권은 시장 가격 보다 낮은 국정 가격으로 구입할 수 있는 권리를 주는 것이므로 이는 북한의 근로자에게 이로운 것이다.

기업이 북한 근로자의 숙련도나 성과에 따라 차등적으로 임금을 지급하는 것도 가능하지 않다. 이는 북한 근로자의 노무와 인사 관리를 북한이 전담하는 것과 아울러 개성공단이 기업 조직과 운영의 변화를 통해 생산성을 제고하는 가능성을 가로 막는 주된 요인이 되고 있다.[13] 이에 대응하여 다수의 입주 기업은 초코파이 등의 간식, 즉 일종의 현물 보너스를 차등적으로 지급하고 있다.

> 우리 업체의 경우 지금은 일 시작 전과 일 종료 후 별도의 간식을 제공한다. 이것이 생산성을 제고하여 목표에 도달할 수 있는 유일한 방법인 것 같다. 먹는 걸로 사람을 얼마나 바꿔놓을 수 있겠나만, 월급을 차별적으로 주지 않는 이상 이 방법밖에 없다. 월급이 차등분배가 되는 것도 아니고, 근로자 자신에게 월급이 100% 주어지지도 않기 때문에, 결국 그들은 개성공단이 자본주의 방식으로 작동한다는 걸 감지할 수 없다. 엄밀한 의미에서의 자본주의 시장경제의 방식을 그들은 피부로 느끼지 못하게 된다.

개성공단 운영에 있어서도 북한은 일종의 모기장 전략을 사용하고 있는 듯하다. 북한 근로자의 인사 관리와 임금 지급을 북한이 담당함으로써 자본주의적 경영 방식이 북한 근로자에게 침투하는 것을 막으려 하는 것이다. 현재까지는 이러한 모기장 전략과 초코파이 등을 통한 성과급 지급, 그리고 남한 기업의 경영과 근로자와의 접촉을 통해 자본주의를 학습한 효과 중 어느 것이 장기적으로 우위를 점할지 예상하기는 어렵다. 그러나 적어도 현재까지는 개성공단 사업이 자본주의적 기업 운영과 인사 관리를 통한 생산성 증가 효과를 거양하고 있지 못함은 분명해 보인다.

---

13 이는 북한 정권이 개성공단을 통해 현금을 벌어들이지만 그로 인해 개성공단의 기업 조직과 근로자의 의식 변화를 통해 북한 정권에 주는 부정적 충격을 최소화하려는 방법의 일환으로 볼 수 있다.

4. 북한 시장화와 남북통합에 미치는 효과

개성공단이 입주 기업의 운영을 변화시키는 데는 한계가 뚜렷하지만 역설적으로 개성공단의 효과는 공단 밖에 있는 시장을 통해 더 분명히 관찰된다. 개성공단에서 간식 혹은 상여금으로 지급되는 초코파이는 북한의 시장에서 거래되는 인기 품목이다.[14] 이렇게 합법적으로 지급되는 소비재뿐만 아니라 기업에서 훔쳐서 가져가는 소비재도 시장에서 거래된다. 기업 식당에 있는 쌀과 조미료, 화장실의 비누와 휴지, 기업에서 사용하는 도구와 기자재 등이 그것이다. 남한 기업의 관계자는 이런 절도 행위에 대해 불만을 표시하면서도 한편 생존을 위한 행위 혹은 낮은 임금에 대한 일종의 보상으로 이해하려는 경향을 보이기도 하였다.

북한 당국은 개성공단 내의 남한 기업을 통해 자본주의 원리가 전파되는 것을 막는 데는 현재까지 비교적 성공한 것처럼 보이지만 남한 기업에 일하는 북한 근로자를 통한 북한 경제의 시장화를 막는 데는 실패하고 있는 듯하다. 개성공단에서 나오는 재화가 얼마나 북한의 시장에서 거래되고 있는지 추정하기는 어렵다. 그러나 북한 기업의 자산을 절취하는 행위가 빈번하다는 점을 고려할 때 개성공단에서의 기업 자산 절취 행위도 상당할 것이라고 판단된다.[15] 그 결과 개성공단과 직접 관련이 없는 북한 주민도 시장에

---

14 최근 북한이 개성공단 근로자에게 지급하는 초코파이 반입을 금지한다는 보도가 있었다. 이 기사에 따르면 그 대신 고기나 밥을 달라는 요청이 있었다고 전해지기도 한다. 초코파이가 아니더라도 북한 근로자들이 개성공단에서 가져나가 시장에서 팔게 되면 시장화 효과는 발생한다. 다만 초코파이처럼 남한 제품이 명확하게 드러날지는 그 제품의 성격과 유통 과정, 북한 정부의 단속 등에 달려 있을 것이다. 조선닷컴, 2014년 6월 15일, "北측, 개성공단 초코파이 거부 잇따라…, "고기나 밥, 달러로 달라", 왜?".

15 2009년 8월 북한이탈주민 조사에서 한 이탈주민이 증언한 바는 다음과 같다. "개성공단에서도 건설자재가 많이 들어오는데 그것을 도둑질해서 원산까지 날라 와서 판다. 문짝 하나가 $50이라고 써져 있는 것을 원산에서 $100에 팔고 있다. $100이지만 자재가 좋기 때문에 새로 지은 아파트에 설치한다. 초코파이도 원산까지 들어온다."

서 개성공단에서 나온 재화를 구입할 수 있고 그 결과 남한 제품의 질이 북한이나 중국재에 비해 월등히 나음을 체험하게 된다. 이것이 개성공단의 역설이다. 즉 개성공단 내에서는 자본주의 바람이 차단되어 있지만 개성공단 밖에서는 개성공단 발(發) 시장화가 일어나는 것이다. 그리고 이 시장화는 남한 제품을 거래하는 것이므로 북한 정권으로 볼 때 더욱 타격이 큰 시장화이다.[16]

북한 주민의 시장경제활동 경험이 북한 주민의 의식에 미치는 영향을 살펴보기 위해 2011년 8월 서울대에서 행해진 북한이탈주민 조사 자료를 이용한다. 이 조사는 2011년 조사 시점으로부터 최대 1년 이전과 조사 시점 내의 기간 동안 북한을 떠나 한국으로 이주한 북한이탈주민을 대상으로 한다. 따라서 이 조사는 남한에 정착한 북한이탈주민 중에서 현재 북한에 살고 있는 주민의 의식 구조와 가장 유사한 집단이라고 볼 수 있다. 설문은 북한에서의 경제생활과 남한에서의 생활, 의식 구조 등을 포괄하는 문항으로 구성되어 있다. 특히 이 설문 중에는 북한에서의 시장경제활동에 대해 질문하고 있다. 보다 구체적으로 북한을 탈출하기 1년 전을 기준으로 시장경제활동, 즉 장사, 직접 생산, 밀수, 수리, 기타 등 시장에서 거래되는 품목과 관련된 사경제활동에 대해 설문하였다.[17] 그리고 이 설문에는 시장경제의 원리에 대한 선호도를 묻는 다음의 네 진술에 대한 동의 여부를 묻는 문항도 포함되었다. 첫째, 기업, 토지, 주택 등은 개인보다 국가가 소유하는 것이 더 좋

---

16 이를 우려한 북한 정권은 남한 제품의 시장 거래를 더욱 엄격히 단속한다. 최근 영국 가디언지의 보도에 따르면 평양에서 남한의 초코파이 매매를 엄격히 단속함에 따라 남한 초코파이가 시장에서 사라지는 현상이 보인다고 한다. 그 대신 북한산 혹은 중국산 초코파이가 판매되나 수요는 남한 초코파이에 비해 훨씬 적다고 한다. The Guardian, 8 May 2014, "Choco Pies disappear from the streets of Pyongyang", North Korea network. 그러나 시장이 존재하는 한 남한산 제품의 통용을 막기는 매우 어려울 것이다. 특히 북한에서 뇌물 수수가 광범해짐에 따라 제품의 원산지에 따라 시장 거래를 제한하는 것이 더욱 어려워졌다고 볼 수 있다.

17 일반적으로 부업에는 텃밭, 돼지밭 경작 그리고 축산 등이 포함되는데 이는 자가 소비의 경우 시장경제활동이라고 보기 어려우므로 이 종류의 사경제활동은 제외하였다.

다. 둘째, 경쟁 없이 사는 집단주의 사회가 살기 더 편하다. 셋째, 경제발전을 위해 사람 간의 경쟁은 필요하다. 넷째, 자기의 소득은 일한 대가로 주어져야 한다.

이 각각에 대해 동의 정도를 "매우 그렇다, 어느 정도 그렇다. 보통이다, 별로 그렇지 않다. 전혀 그렇지 않다"등 5가지 보기에서 응답자들이 선택하도록 하였다. 다음 그림은 위의 다섯 가지 보기 각각에 1, 2, 3, 4, 5라는 점수를 부여한 다음 이를 각 보기에 답한 응답자의 수를 총 응답자의 수로 나눈 수치, 즉 각 응답자의 비중에 각각의 점수를 곱해 계산한 가중평균이다.[18]

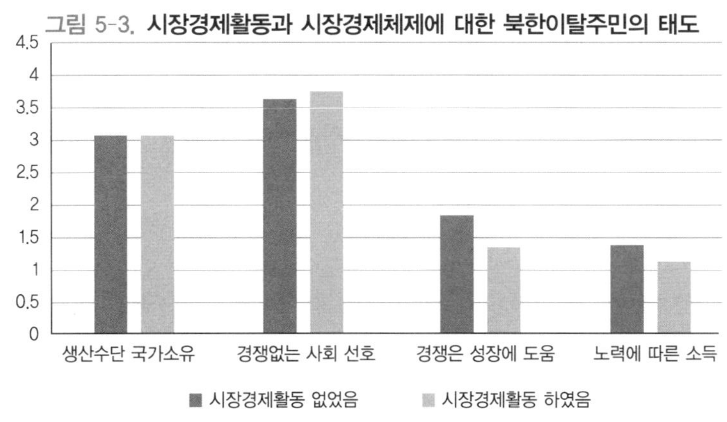

출처: 서울대 북한이탈주민 실험 및 조사자료(2011)

위 그림에 따르면 시장경제활동에 참여한 개인일수록 경쟁의 필요성을 더 많이 인정하고 있으며 노력에 따라 소득을 누리는 것이 정당하다고 믿는

---

18 생산수단 국가 소유와 경쟁 없는 사회 선호는 수치가 높아질수록 시장경제체제를 더 지지하는 것으로 해석할 수 있으며 경쟁은 성장에 도움과 노력에 따른 소득은 수치가 낮을수록 시장경제체제를 더욱 선호하는 것으로 해석할 수 있다. 시장경제활동 유무에 따라 시장경제체제지지 정도가 유의하게 차이가 나는 여부를 검정하기 위해 the likelihood-ratio chi-squared 통계량을 이용한 검정을 실시했으며 검정 결과 생산수단 국가소유, 경쟁 없는 사회 선호, 경쟁은 성장에 도움, 노력에 따른 소득의 p 값은 0.340, 0.106, 0.006, 0.000으로 나타났다(귀무가설: 시장경제활동 유무가 시장경제체제지지 정도에 영향을 미치지 않는다).

경향을 보여 준다. 경쟁이 없는 집단주의 사회에 사는 것이 좋다는 진술에 대해 시장경제활동 여부에 따른 동의 정도는 10% 유의수준에서의 유의치를 조금 넘어서고 있다. 그러나 경쟁이 성장에 도움이 된다는 진술과 소득은 노력에 따라 지급되어야 한다는 진술에는 시장경제활동을 경험한 응답자와 그렇지 않은 응답자 사이에 확연한 차이가 존재한다. 따라서 시장경제활동에 참여한 자일수록 시장경제체제에 대한 지지도가 그렇지 않은 사람에 비해 높음을 알 수 있다. 개성공단을 통해 북한 시장에서 거래되는 재화가 늘어난다는 것은 시장경제활동에 참여하는 사람들의 증가를 의미할 수 있으며 이러한 경로는 북한 내에 시장경제체제를 지지하는 사람들을 증가시키는 효과를 가질 수 있다. 다만 사적 소유권에 대한 지지도가 시장경제활동 참여 유무에 유의한 영향을 받지 않는 것은 이러한 북한 주민 가운데 시장경제체제에 대한 이해가 일관성 있게 정립된 것은 아님을 암시한다.

개성공단은 남북경제통합에도 기여하고 있다. 남북통합지수는 서울대 통일평화연구원이 2008년 개발하여 1989년부터의 남북통합의 정도를 경제영역, 정치·군사영역, 사회문야 영역으로 나누어 각각 250점을 부여하고 남북주민의 의식통합 점수 250점을 합하여 총 1000점 만점으로 산출된 지수이다(김병연 외, 2009). 이 중 경제 분야의 250점 중 90점은 제도통합, 160점은 관계 통합 점수이며 관계통합은 다시 교역(20점), 투자(20점), 노동(20점), 무역 자유화(20점), 제도 장치(20점), 소득 수렴(20점), 이자율 수렴(10점), 인플레이션 수렴(10점), 경기변동 동조화(10점), 자본시장 통합 정도(10점)으로 나뉜다. 개성공단은 이상의 분야 중 교역에 직접적으로 영향을 주는 사업이다.

〈그림 5-4〉는 개성공단 교역을 포함했을 때 남북경제통합 정도와 단계를 보여 주고 이를 개성공단 교역이 없다고 가정할 경우의 남북경제통합 정도, 단계와 비교하고 있다.

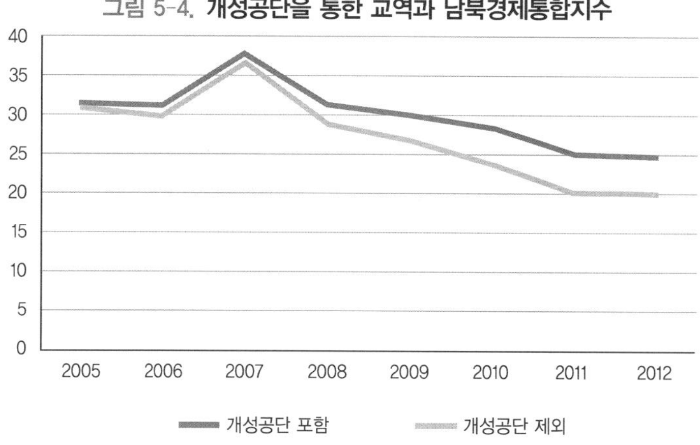

이 그림에 따르면 남북경제통합지수는 2007년 이후 하락하는 추이를 보이고 있다. 특히 개성공단을 통한 교역이 제외되었을 경우 남북경제통합 지수가 하락하는 폭은 시간이 지날수록 증가하는 경향이 있다. 이는 시간이 지날수록 개성공단을 통한 교역 규모가 커지는 추이와 밀접한 관계가 있다. 또 다른 이유로서는 2010년 5·24 조치로 인해 개성공단을 제외한 나머지 남북교역은 중단되었기 때문에 개성공단 교역이 남북경제통합, 그 중에서도 교역에 미치는 비중이 크게 증가한 사실에 기인한다. 남북경제통합지수는 지수에 따라 통합의 단계를 0에서 10단계까지 11단계로 구분한다. 0단계는 10점 이하의 지수를 가질 단계이며 이는 물적 자원의 교류가 없거나 있더라도 미미한 수준인 경우이다. 1단계는 물적 자원이 교류되고 있으나 그 비중은 낮은 단계로서 지수가 11~20점일 때 해당한다. 2단계는 물적 자원이 교류되고 있으며 그 비중이 높은 단계이며 지수가 21~30점일 경우이다. 3단계는 물적 자원 교류의 비중이 높으며 이를 뒷받침하는 제도적 지원(주로 매개적 제도)이 마련된 경우로서 지수가 31~50점일 때 해당된다. 그리고 지수가 높아질수록 단계도 높아져 10단계에 이르면 실질적으로 경제적 통일

을 완성한 상태이다. 이 단계 구분에 따르면 개성공단 교역을 포함할 경우 2005년부터 2012년까지 남북통합지수는 3단계와 2단계에 머물러 있다. 즉 2005~2008년까지는 3단계였던 남북경제통합의 정도는 2009년부터 2단계로 하락하여 2012년까지 그 단계에 머물러 있다는 것이다. 그러나 개성공단 교역을 제외할 경우는 2005년부터 2008년까지는 2~3단계에서 움직이다가 2009년부터 2011년까지는 2단계에서 지속적으로 머물렀다. 그리고 2012년에는 1단계로 하락하여 1990년대 말이나 2000~2001년의 경제통합 단계와 동일한 수준이 된다.

남북경제통합은 북한 경제성장에 기여할 뿐만 아니라 장차 남북한의 통일을 위해서도 중요하다. 김병연(2011)에 따르면 서울대 통일평화연구원의 남북통합지수 중 경제 분야 지수로 측정된 남북경제통합은 북한 경제 성장에 긍정적인 영향을 주었다. 이는 남한과 북한의 경제력 격차를 축소시키거나 더 늘어나지 않도록 하는 효과를 가짐으로써 미래의 본격적인 남북 경제통합 혹은 통일에 기여할 것이다.

5. 공단 경제효과의 전망

개성공단 사업은 그 규모 면에서 급속히 확장되었다. 사업 초기인 2005년 말에 비해 2012년 말 기준으로 기업 수는 18개에서 123개로, 근로자 수는 6,013명에서 53,448명으로, 생산액은 0.149억달러에서 2012년에는 4.695억달러로 크게 증가하였다. 이러한 급성장의 가장 중요한 이유는 북한의 저임금이다. 북한의 인건비는 중국의 단동에서 중국인에게 지급하는 인건비의 34%, 북한 근로자를 고용하여 중국 내에서 생산하는 인건비의 45%, 베트남이나 미얀마에서 현지인 근로자에게 지급하는 인건비의 48~58%에 불과하다.

개성공단 규모의 급성장에 비해 개성공단이 남한과 북한의 경제에서 차지하는 비중은 크지 않다. 개성공단이 한국 경제에 미치는 효과를 한국의 산업연관표를 이용하여 추정한 한국은행(2004)과 한국산업단지공단(2010)의 추정결과를 이용하여 이 연구가 간접적으로 추정한 자료에 따르면 2012년 기준 한국의 국민소득에서 개성공단이 생산하는 부가가치가 차지하는 비중은 남한 GDP의 0.012~0.043%에 불과하다. 그리고 개성공단에서 유발되는 부가가치가 북한의 국민소득에서 차지하는 비중은 2012년 기준 0.59%이다. 이는 남한 GDP에서 개성공단이 차지하는 비중의 13~50 배에 달하지만 그 절대적인 수치로서는 그렇게 크지는 않다.

개성공단의 경제적 효과는 국민소득 창출의 기여와 같은 직접적 효과를 넘어선다. 개성공단의 입주 기업에 일하는 북한 근로자의 인사 및 노무 관리는 전적으로 북한 측에서 담당함에 따라 기업 조직 및 운영에서 자본주의적 실험을 시도하는 데는 명백한 한계가 존재한다. 그러나 북한 근로자의 생산성 증가율은 높은 것으로 판단되며 이는 북한 근로자의 영양 상태 호전, 숙련도의 증가, 자본재 투입 증가, 근로에 대한 태도의 변화 가능성에 기인한 것으로 보인다. 이러한 요인들은 현재의 북한 경제에 미치는 효과뿐만 아니라 미래의 북한 경제와 남북경제통합에 긍정적인 역할을 할 수 있을 것으로 평가된다. 그리고 개성공단으로 인한 남북교역은 2005년부터 남북경제통합 정도에 영향을 주어서 2012년 개성공단을 통한 교역이 없었을 경우 서울대 통일평화연구원이 평가한 남북경제통합단계는 2단계에서 1단계로 하락하게 된다.

북한 정권이 개성공단 입주 기업 내에 자본주의적 변화가 일어난 것은 차단하려고 노력하고 있지만 개성공단 밖에서는 개성공단 발(發) 시장화가 일어나고 있는 것으로 보인다. 향후 이 시장화의 추이와 영향은 개성공단에서 나오는 제품의 규모와 경로, 북한 정권의 정책, 북한 내 시장의 성격에 따라 달라질 것이다. 그러나 북한 내에 존재하는 광범한 부패와 기업 자산의 절도 현상을 고려할 때 개성공단 발 시장화를 완벽히 막는 것은 어려울 것이다. 이제 개성공단은 공단 자체만의 경제적 효과뿐만 아니라 북한의 시장화, 남북경제통합에의 영향 등의 제반 요소를 감안한, 종합적 시각으로 분석해야 할 것이다.

경영자의 시각에서 본 개성공단

__홍순직

제6장 경영자의 시각에서 본 개성공단
- 개성공단 입주기업 설문조사를 중심으로

홍순직

1. 개성공단 입주기업 현황

개성공단은 2004년 12월에 첫 제품 생산 후 2013년 말까지 총 22.4억 달러를 생산하였다. 2013년 말 현재 총 123개(2014년 6월 현재 125개) 기업에 남북한 근로자 약 53,500여 명이 함께 생산 활동을 하면서 남북 상생의 동반자적 경협 모델로 자리잡아가고 있으며, 나아가 남북한 경제공동체와 생활공동체의 실험장 역할을 하고 있다. 입주기업 업종별로는 섬유 부문이 72개 기업(58.5%)으로 가장 많고, 그 다음으로는 기계·금속 기업이 23개(18.7%), 전기·전자 기업(10.6%), 화학기업 9개(7.3%) 순으로 분포되어 있다.

그러나 개성공단 사업은 남북관계의 불안정성과 5.24 대북 제재 조치 등으로 1단계 3.3km2(100만 평) 사업도 마무리하지 못한 채 지연되고 있다.

당초 개성공업지구는 착공 10년 이내에 3단계에 걸쳐 총 66km²(2,000만 평) 부지에 2,000개 기업을 입주시켜 북한 근로자 35만 명을 고용하며, 연간 매출액 200억 달러를 생산하는 국제적인 제조·물류·상업·금융·주거 기능을 갖춘 국제자유경제지대와 복합 자유신도시로 개발될 계획이었다. 그러나 현재의 실제 운영 상황을 보면, 개발 계획 대비 개발 면적은 5%에 불과하며, 유치기업 수도 125개로 6% 수준이고, 고용 인력은 15%, 생산액(2012년 기준)은 4.7억 달러로 2.5% 내외 수준에 그치고 있다.

표 6-1. 개성공단 입주기업 생산 현황(2013년)

구분	입주기업(개)	비중	생산액(천달러)	비중
섬유	72	58.5%	134,142	59.9%
화학	9	7.3%	16,040	7.2%
기계금속	23	18.7%	31,653	14.1%
전기전자	13	10.6%	33,851	15.1%
식품	2	1.6%	4,538	2.0%
종이목재	3	2.4%	1,158	0.5%
비금속광물	1	0.8%	2,401	1.1%
합계	123	100.0%	223,783	100.0%

그림 6-1. 개성공단 기업 업종별 응답 현황

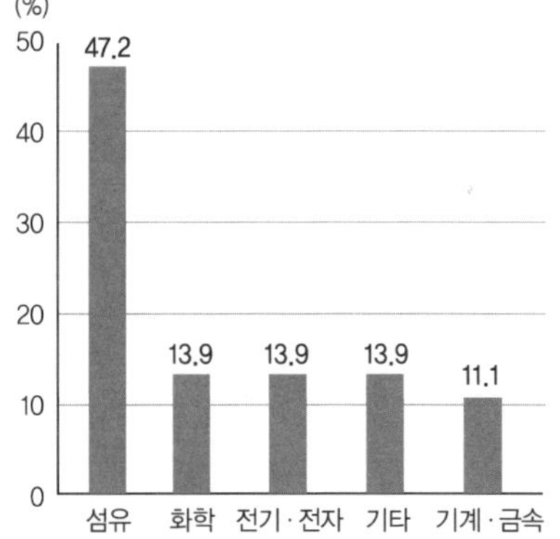

기업가와 자본가의 투자가 없이는 한반도 통일이 어려울 터인데 통일에 대비하려면 경영자의 시각에서 개성공단을 조명해볼 필요가 있다. 개성공단 기업인들이 어떤 경험을 하고 있고 어떤 문제의식을 갖고 있는가를 살펴보는 일은 향후 통일을 준비하는 데 절대적인 도움을 줄 것이다.

이에 개성공단 가동 10년을 맞이하여 입주기업을 대상으로 개성공단 사업 진출 배경과 경영 현황, 향후 계획과 활성화 방안 등을 살펴보기로 하였다. 조사 방법은 지난 2014년 7월 30일부터 8월 13일(2주간)까지 입주기업 CEO 및 책임자를 대상으로 설문조사 방식으로 진행하였다. 또한 활성화 방안 모색에 있어서는 심층 조사를 위해 일부 기업 CEO에 대한 면접조사를 병행하기도 하였다. 응답업체는 총 125개 입주기업 가운데 36개로 28.8%에 불과하여 전체를 대표한다고 할 수는 없다. 그러나 응답업체가 업종별로도 입주기업 전체 업종 분포도와 유사하여 미흡하나마 입주기업 전반의 의견을 반영한다고 할 수 있다. 응답업체의 분포는 섬유 부문이 47.2%로 가장 많고, 화학, 전기·전자, 기타(식품, 종이목재, 비금속광물)가 각각 13.9% 순으로 나타났다.

2. 개성공단 응답 입주기업의 특성

응답업체들의 특성을 입주연도와 모기업 생산 대비 개성공단의 비중, 주력 생산 활동 형태, 투자 규모와 생산 규모, 남북한 근로자 규모, 개성공단의 인건비 수준과 추가 인상 허용 범위 등으로 나누어 살펴보았다. 우선 입주연도를 살펴보면 응답업체들은 2003년부터 입주하기 시작해 2007~2008년에 집중된 것으로 나타났다. 2008년에 입주한 기업이 30.6%로 가장 많았고, 그 다음으로는 2007년 27.8% 순으로 나타났다. 이는 2008년에 정점에 달한 이후, MB 정부 들어 남북관계 경색 및 5.24 대북 제재조치[1]로 인한 신규투자 제한 등으로 입주기업의 증가세가 이어지지 못한 것으로 평가된다.

다음으로 모기업 대비 개성공단에서의 생산 비중은 응답기업의 66.7%가 과반수 이상을 차지해, 대부분의 개성공단 입주기업[2]은 모기업에 비해 개성

---

1 5.24 대북 제재 조치는 2010년 3월 23일의 천안함 침몰이 북한 소행이라는 결론에 따라 취한 조치이다. 이 조치의 내용은 남북교역 중단을 비롯하여, 북한 선박의 우리 해역 운항 불허, 우리 국민의 방북 불허, 개성공단을 제외한 대북 신규투자 불허와 대북 지원의 원칙적 보류 등이 주요 골자이다.
2 이하에서는 응답업체를 입주기업과 혼용 표기하기로 한다. 응답업체의 수는 총 입주기업의 약 30%에 불과하나 전체 입주기업 업종 분포를 반영하고 있어, 큰 무리는 없을 것으로 판단하였다.

공단에서의 생산 비중이 높았다. 보다 구체적으로는 모기업 생산 대비 개성
공단 생산 비중이 51~70%가 27.8%로 가장 많았고, 100% 이상에 달한다는
기업도 16.7%를 차지했다. 이는 개성공단이 충분한 경쟁력을 갖추고 있으
며, 매우 중요한 생산기지 역할을 하고 있다는 것을 의미한다. 또한 남북관
계 경색으로 인한 개성공단에서의 생산 차질은 개성공단 입주기업들의 모기
업 경영 악화에 부정적 영향을 미칠 수 있음을 시사한다.

그림 6-2. 개성공단 기업 입주연도 그림 6-3. 모기업 생산 대비 개성공단 생산비중

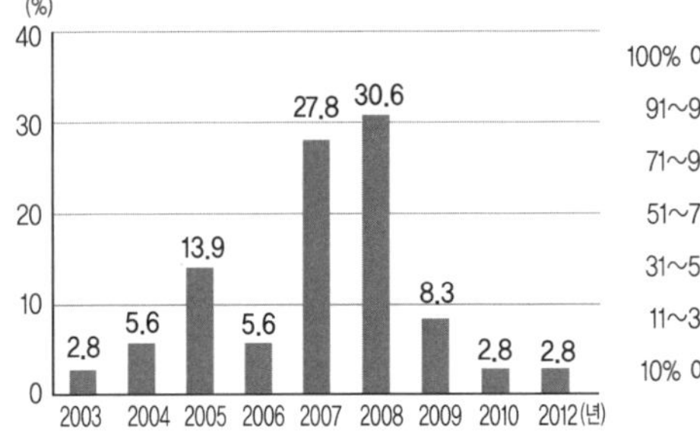
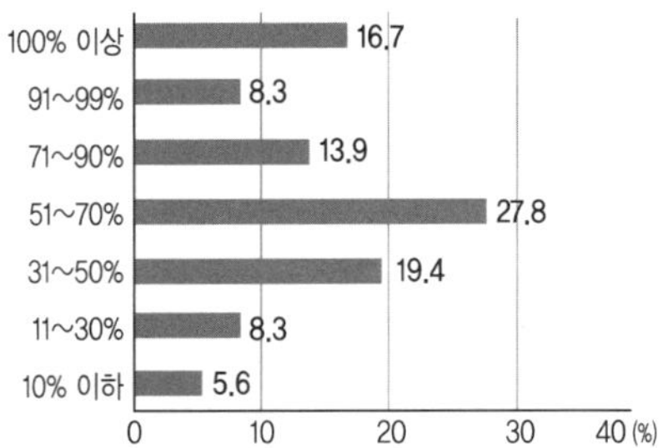

한편 입주기업들의 주력 생산 활동 형태를 살펴보면, 상당수가 완제품
과 임가공 중심의 생산 활동을 하고 있는 것으로 나타났다. 주력 생산품을
기준으로 가공 형태별로 살펴보면 '100% 임가공' 기업이 63.9%로 가장 많
았다. '임가공 50% 이상' 기업 8.3%까지 포함하면 임가공 기업이 전체의
72.2%로 전체의 약 3/4을 차지했으며, '100% 자기 생산' 기업은 13.9%에
불과하였다. 또한 주력 생산품 형태는 입주기업의 절반이 '100% 완제품'이
라고 응답했고, 그 다음으로는 '완제품 51% 이상'(22.2%), '반제품 51% 이
상'(11.1%) 순으로 나타났다.

응답업체들의 투자 규모를 살펴보면, 개성공단 입주기업들은 업종 등에
따라 적게는 10만 달러에서 많게는 1,000만 달러 이상 투자한 것으로 나타
났다. 이 가운데 100~500만 달러가 41.7%로 가장 많고, 500만 달러 이상

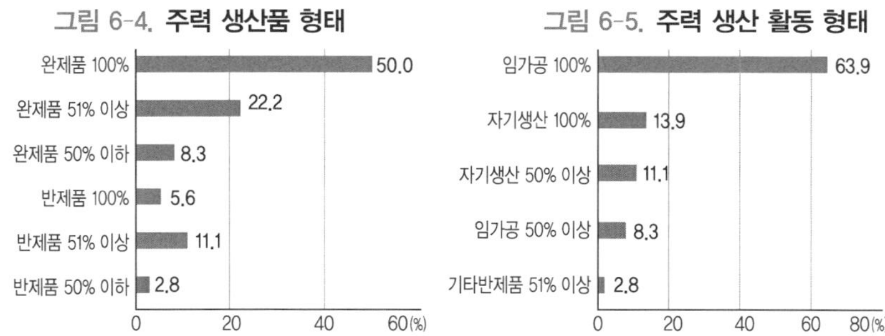

도 전체의 38.8%에 달해 대부분의 입주기업은 100~1,000만 달러 정도를 투자한 것으로 보인다. 참고로 전체 123개 기업의 공장 및 설비투자 규모는 총 6억 달러로 평균 490만 달러에 달해, 응답기업 36개 기업의 평균 투자 규모 550만 달러와 유사한 것으로 나타났다. 또한 개성공단 입주기업들의 연간 생산 규모는 과반수가 100~500만 달러 규모이며, 전체의 3/4(77.7%)이 연간 100만 달러 이상을 생산하는 것으로 응답하였다. 1,000만 달러 이상도 8.3%에 달했으며, 연간 100만 달러 이하 생산 업체는 22.2%를 차지했다.

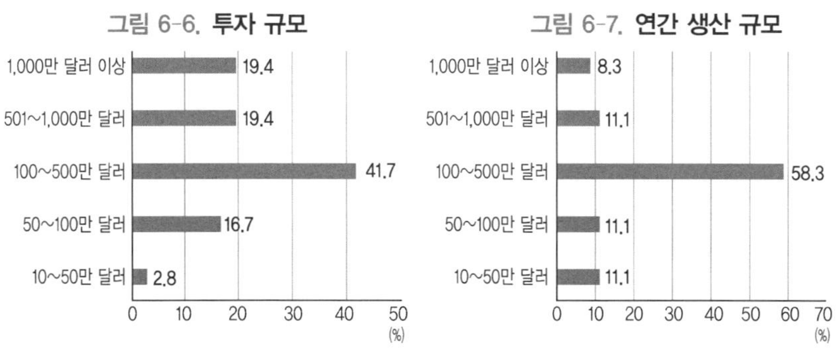

이상을 종합하면 개성공단 사업은 아직 초기 단계로, 대규모 설비투자형 사업이라기보다는 1,000만 달러 이하를 투자하는 소규모 임가공 위주 사업 위주이다. 이는 인건비 절감 목적의 노동집약적 사업 형태임을 방증하는 것

으로 해석된다.

개성공단 입주기업의 북한 종업원 고용자 수는 최소 약 80명에서 최대 3,500여 명에 달하며, 설문에 응답한 입주기업의 북한 종업원 수는 평균 627명 수준인 것으로 나타났다. 북한 종업원 수는 200명 이상~500명 미만이 44.4%로 가장 많고, 1,100명 이상도 11.1%에 달했다.

이와 반대로 남한의 종업원은 대부분 관리직에 종사하고 있으며, 근로자 수는 북한 종업원 수의 1~2% 내외에 불과하다. 개성공단 입주기업의 남한 종업원 수는 최소 2명에서 최대 37명에 달하는 것으로 응답하였으며, 6명인 기업이 19.4%로 가장 많았고, 다음으로 3명(13.9%) 순으로 나타났다. 참고로 2013년 말 현재, 남한 근로자는 757명으로 북한 근로자 52,329명의 1.4%에 해당한다.

그림 6-8. 개성공단 내 북한 종업원 수

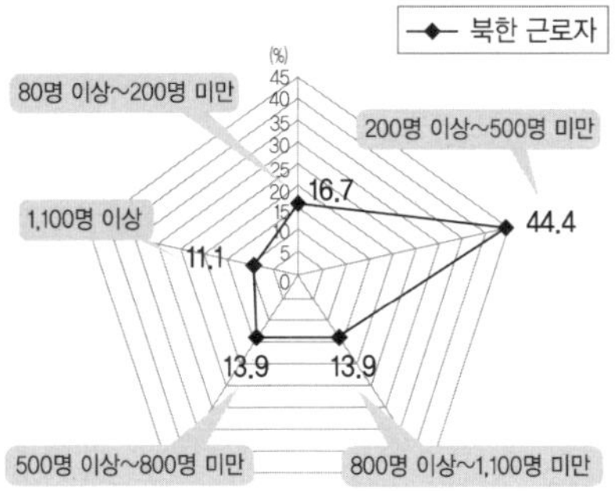

그림 6-9. 개성공단 내 남한 종업원 수

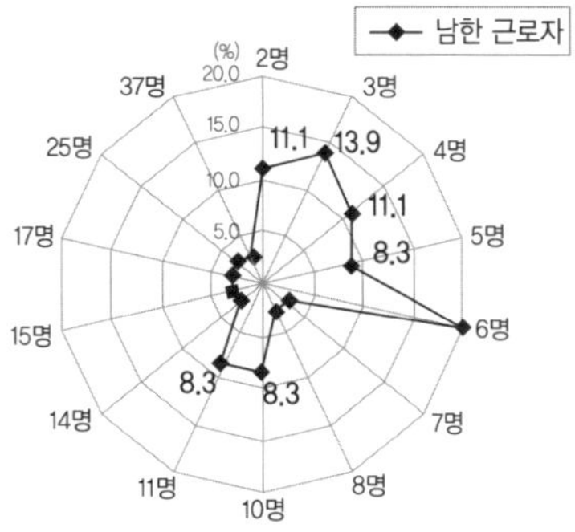

한편, 개성공단 입주업체들이 북한 근로자에게 지불하는 인건비(기본금+시간외 수당+사회보험료 등)는 매월 130~170 달러 수준이 대부분인 것으로 나타났다. 세부적으로는 130~140달러 미만이 25.0%로 가장 높았고, 140~150달러 미만, 150~160달러 미만, 160~170달러 미만이 각각 19.4%를 차지하였으며, 200달러 이상 지급한다는 경우도 2.8% 존재하였다. 이는

개성공단관리위원회에서 발표하는 1인당 인건비가 2013년 평균 128.5 달러와 2014년 1~5월 평균 147.0 달러와 비슷한 것으로 나타났다.

또한 개성공단 입주기업들은 상당수가 현재의 법정 인상률에서 추가적으로 인상할 수 있음을 시사했다. 개성공단 입주기업들은 응답자의 72.3%가 현재 연간 인상률 5% 수준보다 더 인상할 수 있다고 밝혔다. 북한 근로자들에 대한 노무관리 자율성이 확보된다면 향후 얼마나 임금을 인상해 줄 용의가 있는지에 대한 질문에, 8~10% 미만 수준 고려가 36.1%로 가장 높게 응답되었고, 20% 이상도 8.3% 수준에 달했다. 참고로 현재 개성공단 근로자들에 대한 임금 인상률은 연간 5% 수준이며, 2014년 현재 개성공단 근로자의 월 최저임금(기본금)은 70.35 달러로 책정된 상황이다.

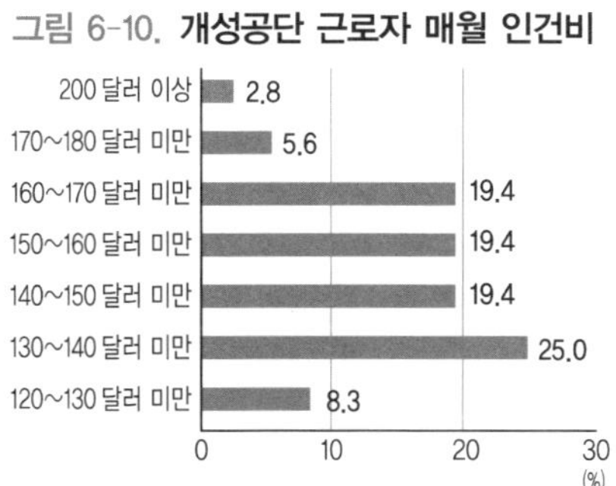

그림 6-10. **개성공단 근로자 매월 인건비**

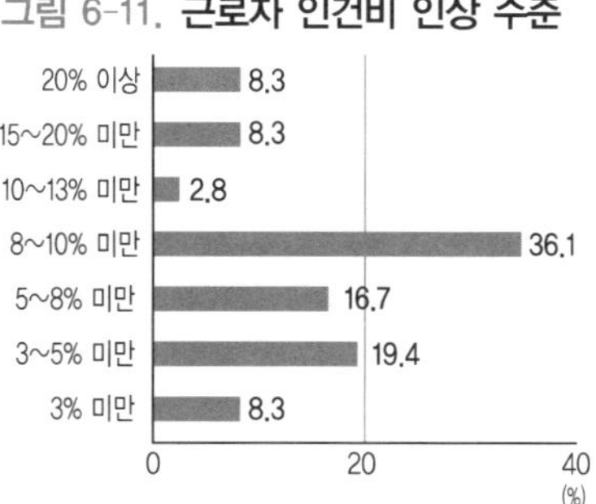

그림 6-11. **근로자 인건비 인상 수준**

3. 개성공단 진출 배경과 경쟁력 평가

1) 개성공단 진출 배경과 진출 후 변화상

개성공단 입주기업들이 진출하게 된 배경과 진출 후 품질 수준과 북한 근로자들의 노동 생산성, 근무 태도 등의 변화에 대해 살펴보자. 우선 개성공단 진출 배경과 동기에 대해 살펴보면, 대다수 기업인 약 88.9%가 양질의 저

럼한 노동력 활용이라고 응답하였다. 그 다음으로는 원부자재 조달 및 판매시장 확보용이(8.3%), 북한 시장 선점 효과(2.8%) 순으로 응답하였다. 반면 관세 면제 효과에 대한 응답은 전무하였다.

다음으로 실제 개성공단 사업을 운영함에 있어서 입주기업의 만족도는 긍정적으로 나타났다. 당초 진출 동기에 대해 얼마나 만족하는지에 대한 질문에 과반수(52.8%)가 만족한다고 응답하였다. 그러나 불만족스럽다는 의견도 33.3%(불만 25.0% + 매우 불만 8.3%)로 다수 존재하였다. 이는 5.24 대북 제재조치 등 남북관계 불안정성과 경색 국면 지속에 따른 공단 개발 지연, 수출 비중 감소, 운영의 자율성 미확보 등이 응답자에게 부정적 영향을 미친 것으로 판단된다.

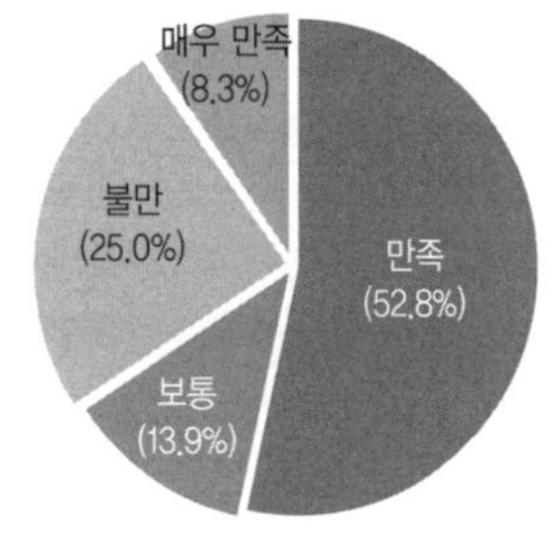

그림 6-12. **개성공단 진출 배경 및 동기**

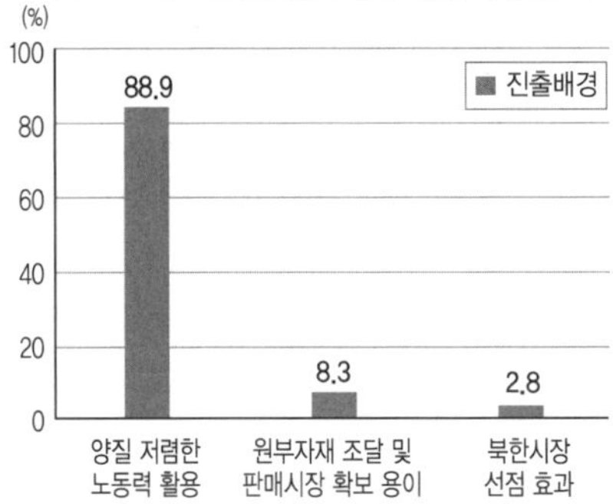

그림 6-13. **개성공단 운영 만족도**

개성공단 사업의 남북관계 개선에 대한 기여 여부 평가에서도 응답자의 절대다수는 긍정적으로 평가하였다. 응답업체들은 개성공단 사업이 남북관계 개선에 얼마나 기여했는가에 대한 질문에 대해 입주기업의 절대다수인 97.2%(매우 성공 47.2% + 다소 성공50.0%)가 성공적으로 평가했고, '별로 성공적이지 못하다'는 의견은 2.8%로 극소수에 불과하였다.

성공적이라고 평가한 내용을 부문별로 살펴보면, '남북 상생의 경제협력

모델 제시'(55.6%)에 가장 높게 응답하였으며, 그 다음으로 '남북한 상호 이
해 증진과 동질감 회복'(13.9%), '천문학적 통일비용을 대비한 통일 대비 시
험장'(11.1%) 순으로 응답하였다.[3] 반면에 성공하지 못했다는 응답자들은
남북 간 긴장완화에 실질적으로 개선하지 못했다고 평가하였다. 이는 개성
공단 가동 10년이 지났지만, 여전히 남북관계 경색 국면이 지속되고 있고,
이로 인해 실제로 개성공단이 가동 중단 상황(2013.4.9~9.15)을 겪었던 데
기인하는 것으로 평가된다.

한편 개성공단을 운영을 통해 북한 근로자들의 근무 자세와 품질, 생산성
변화에 대해서도 긍정적으로 평가하였다. 우선 북한 근로자들의 근무자세
변화에 대해, 절대 다수인 91.7%가 '매우 향상(41.7%) + 다소 향상(50.0%)'
로 긍정적으로 응답하였다.

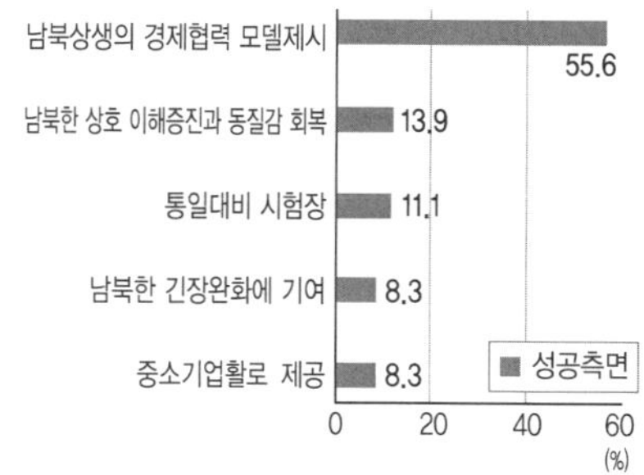

그림 6-14. **개성공단의 성공적 측면**

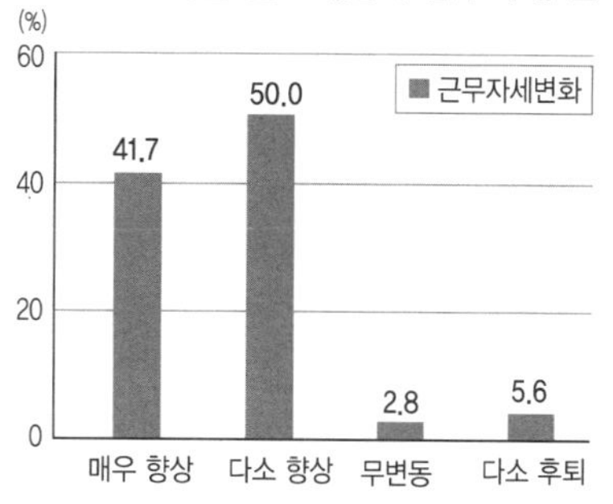

그림 6-15. **북한 근로자들의 근무자세 변화**

---

3 개성공단 사업이 중단되기 직전인 2012년 12월 설문조사에서도 일부 차이가 있기는 하나 비슷한
결과가 나타났다. 현대경제연구원은 연구원과 교수, 남북협력기업 등 통일·외교관련 전문가 104명
과 개성공단 입주기업 34곳을 대상으로 설문조사하였다. 그 결과, 남북 상생의 경협 모델 제시가 가
장 높은 응답률(전문가 80.6%, 입주기업 56.3%)을 보였으며, 그 다음으로는 중소기업 활로 모색(전
문가 6.5%, 입주기업 21.9%), 남북한 상호 이해 증진과 동질감 회복(전문가 3.2%, 입주기업 12.5%)
등의 순서로 나타났다(이용화·홍순직, 2012, 「개성공단 사업 평가, 전문가와 입주기업 설문조사: 3
통과 기숙사 문제 해결이 가장 시급」, 『경제주평』, 현대경제연구원).

개성공단 제품의 품질 변화도 현재 수준은 입주 초기에 비해 비약적으로 향상된 것으로 나타났다.[4] 입주 초기 개성공단 제품의 품질은 국내 모기업 대비 50% 미만이라는 응답률이 전체의 86.1%(30% 미만 + 30~50% 미만)에 달했으나 현재는 8.3%로 1/10 수준으로 대폭 감소하였다. 오히려 50% 이상이라는 응답률이 입주 초기 전체의 13.9%에서 현재는 91.7%로 급신장하였다. 현재의 품질 수준 평가에 대한 부문별 분포를 살펴보면, 국내 모기업 대비 50~80% 미만이 58.3%로 가장 많았고, 80~100% 미만이라고 응답한 기업들도 30.6%에 달했으며, 모기업보다 우수하다고 응답한 기업들도 소수 존재하였다.

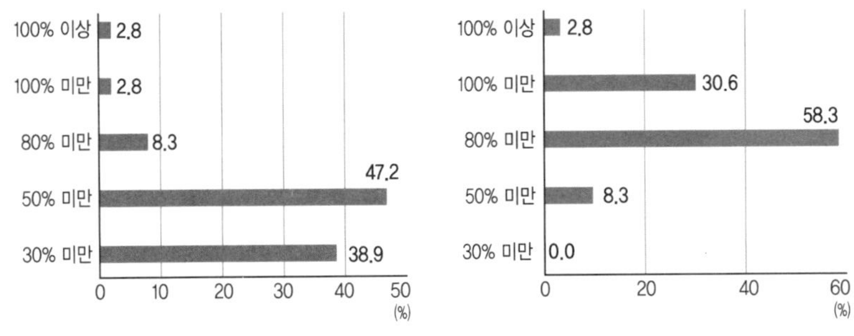

그림 6-16. **모기업 대비 품질수준(입주초기)** 그림 6-17. **모기업 대비 품질수준(현재)**

북한 근로자들의 노동생산성도 입주 초기에 비해 크게 향상된 것으로 나타났다.[5] 입주 초기 개성공단 근로자들의 노동생산성은 국내 모기업 대비

---

4 통일부·중소기업진흥공단의 2012년 10월 조사와 비교하면 입주 초기의 경우에는 '30% 미만(7.7%)' 응답 률이 높아졌고, '80% 미만'(36.3%) 응답률은 낮아졌다. 그리고 현재의 경우와 비교하면 '50% 미만'(2.6%)과 '80% 미만'(42.2%) 응답률이 높아졌다. 10월 보고서에서는 입주 초기와 현재의 품질 수준이 각각 '30% 미만'은 7.7%, 0.9%, '50% 미만'은 42.9%, 2.6%, '80% 미만'은 36.3%, 42.2%, '100% 미만'은 12.1%, 30.2%, '100% 이상'은 1.1%, 24.1%로 나타났다(통일부·중소기업진흥공단, 2010, 「개성공단 입주기업 경영·투자 환경 개선 방안」, 연구용역 보고서, p.10.).

5 통일부·중소기업진흥공단의 2012년 조사 결과에서는 2012년 노동생산성이 모기업 대비 '30% 미만'은 2.6%, '50% 미만'은 28.2%, '80% 미만'은 56.4%, '100% 미만은 9.4%, '100% 이상'은 3.4%로 나타났다(통일부·중소기업진흥공단, 위의 책).

50% 미만이라는 응답률이 전체의 88.9%(30% 미만 + 30~50% 미만)에 달했으나, 현재는 16.7%로 1/5 수준으로 대폭 감소하였다. 오히려 50% 이상이라는 응답률은 입주 초기에 전체의 11.1%에서 현재는 전체의 83.4%로 약 7.5배 늘어났다. 현재의 노동생산성 수준 평가에 대한 부문별 분포를 살펴보면, 국내 모기업 대비 50~80% 미만이 63.9%로 가장 높은 비율을 차지했고, 80~100% 미만이라고 응답한 기업들도 16.7%에 달했으며, 모기업보다 우수하다고 응답한 기업들도 소수 존재하였다.

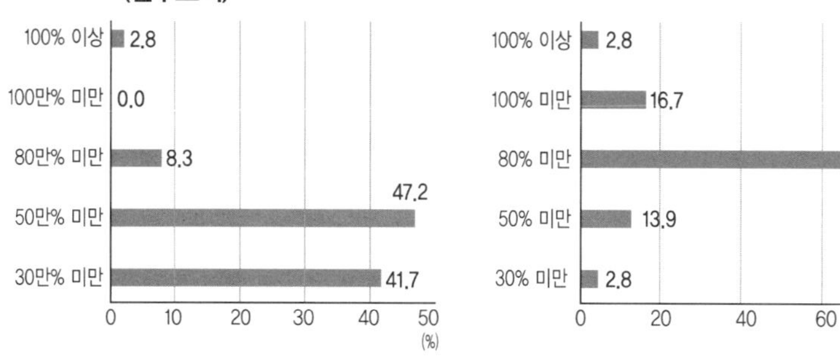

그림 6-18. **모기업 대비 노동생산성 수준**
(입주초기)

그림 6-19. **모기업 대비 노동생산성 수준(현재)**

2) 개성공단의 경쟁력 평가

개성공단의 경쟁력을 국내외 공단과 비교하면, 절대다수의 입주기업은 개성공단이 국내와 해외 공단보다 경쟁력이 높다고 평가하였다.[6] 개성공단이 국내 모기업 혹은 해외 공단에 비해 얼마나 경쟁력이 있는지에 대한 질문에 응답기업의 91.7%(매우 높다 + 다소 높다)가 높은 경쟁력을 보유하고 있다고 응답하였다. 그 다음으로 '비슷한 수준'이라고 응답한 비율은 8.3%에

---

6 2012년 12월의 입주기업 설문조사에 비해 '매우 높다'(2012년 41.7%)는 응답률은 낮아졌고, '다소 높다'(同 50.0%)는 비율은 높아졌다. 이는 2013년 4~9월간의 개성공단 가동 일시 중단이 부정적 영향을 미친 것으로 평가된다(이용화·홍순직, 앞의 책).

달했으며, 부정적 응답(다소 낮다 + 매우 낮다)은 전무하였다.

해외 공단과 대비한 개성공단의 경쟁력 보유 부문을 조사한 결과, 응답자의 42.4%가 '저렴한 노동력'이라고 지적했다. 그 다음으로는 '동일한 언어 사용'(36.4%)과 '지리적 이점'(21.2%)에 비교적 높게 응답하였다. 특히 주관식 응답에서 상당수 기업들은 동일한 언어 사용은 작업 지시와 의사 전달에 매우 유용하다고 답했고, 개성공단이 서울에서 60km로 1시간 거리에 있다는 지리적 이점은 유행에 민감한 의류 제품의 신속한 주문 생산과 기술 지도, 그리고 운송 측면에서 매우 유리하다고 지적했다. 반면에 입주기업들은 물류비와 임대비용 등 부대비용 절감, 관세 면제 효과, 노사 분규 걱정 탈피에 대한 질문에는 응답이 전무하였다. 이는 이 부문의 경쟁력이 없다기보다는 3개 부문의 경쟁력이 워낙 높아 상대적으로 열위에 있어서 선택되지 않은 것으로 해석된다.

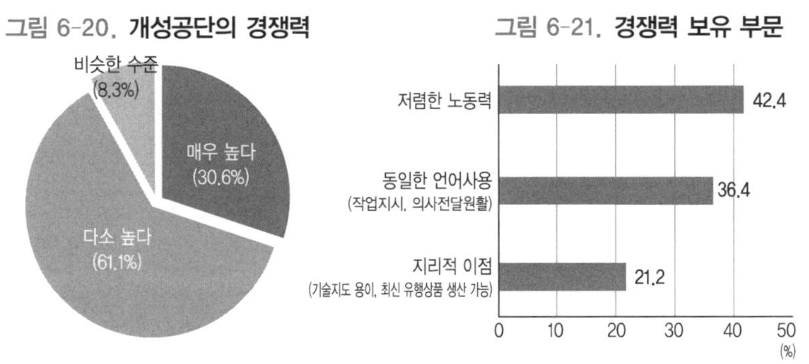

실제로 개성공단은 한국은 물론, 중국과 베트남 등의 동남아 공단과 비교해서도 높은 경쟁력을 갖추고 있는 것으로 평가받고 있다. 개성공단의 북측 근로자들의 월 평균 임금은 중국 청도공단의 1/3 수준이며, 베트남의 탄뚜언 공단에 비해서도 2/3 수준에 불과하며, 임금 인상률도 연 5%로 제한되어 있어 시간이 지날수록 임금경쟁력은 더욱 커질 것이다. 특히 노사분규가 없고

이직률이 낮아 숙련공 양성이 용이하며, 토지 이용료와 세제 등의 측면에서도 양호한 투자 환경을 갖추고 있는 것으로 분석된다.

표 6-2. 개성공단의 경쟁력: 중국, 베트남, 한국 시화공단의 입지조건과 비교

	중국 청도공단	베트남 탄뚜언 공단	한국 시화공단	개성공단
노동 및 임금[7]	월 194달러 (개성대비 3.0배)	월 95.8달러 (개성대비 1.5배)	월 831달러 (개성대비 13배)	월 63.8 달러
	최저임금인상률 전년대비 13%	최저임금인상률 전년대비 29%	최저임금인상률 전년대비 6%	임금인상률 연 5%이내
	노동생산성 60%	노동생산성 40%	노동생산성 100%	노동생산성 71%
	높은 이직률 인력수급 어려움	3D 업종 기피로 구인난	인력 부족 외국인 근로자 채용	낮은 이직률 인력 공급 부족
토지 이용	100~200달러/m² (3.8배)	200~260달러/m² (5.9배)	685달러/m² (16.9배)	39달러/m²
세제	기업소득세 25%, 외국인 기업 우대제도 폐지		법인세 10~22%	기업소득세 14%
물류	콘테이너 20FT 왕복 물류비 최소 1,020달러	콘테이너 20FT 왕복물류비 최소 1,130달러	-	왕복 물류비 318~364달러
	기간: 5~7일 (산둥성-인천)	기간: 9~10일 (호치민-부산)	-	기간: 1일 이내 (최단시간 2시간)
	관세: 6.5~13%	관세: 8~13%	-	무관세

출처: 청도수출가공구 홈페이지(http://www.qdepz.com), 탄뚜언공단 홈페이지(www.tanthuan.com), 한국산업단지공단 홈페이지(www.kicox.or.kr), KOTRA 홈페이지, 최저임금위원회 홈페이지(http://www.minimumwage.go.kr), 조명철(2010), 지식경제부·한국무역협회(2010), 이해정(2012) 등 참조.

한편, 해외공단 대비 개성공단 북한 근로자들의 노동생산성 수준을 비교해보면 평균 84%에 해당하는 것으로 나타났다. 개성공단이 국내외 공단보

---

7 1) 청도공단 최저임금, 2012년 3월 현재 기준.

　2) 탄뚜언공단 최저임금, 2011년 8월 인상분으로 2012년 현재 기준.

　3) 개성공단 최저임금, 2011년 8월 인상분으로 2012년 현재 기준(2014년 현재 70.3 달러).

　4) 안산 시화공단은 2012년 우리나라의 최저임금 기준.

　5) 노동생산성은 의류기업의 시간당 생산성을, '대당생산성(월간총생산량/미싱대수)/월간근무시간'을 의미한다.

다 경쟁력이 있다고 응답한 기업들에 한해 질문한 결과, 해외공단 대비 북한 근로자들의 노동생산성이 50~80% 미만이라고 응답한 비율이 43.7%로 가장 높았고, 그 다음으로 80~100% 미만(33.3%) 순으로 나타났다. 또한 개성 공단의 노동생산성이 해외공단보다 높다고 응답한 비율도 16.3%에 달했으며, 150% 이상이라고 응답한 비율도 8.3%에 달했다. 그러나 이 결과는 인건비 대비 생산액이나 수익률을 고려한 비교라기보다는 단순히 생산액만을 고려한 것이어서, 인건비가 해외 공단에 비해 1/3~1/2 수준인 것을 감안하면 충분히 경쟁력이 있는 것으로 평가된다.

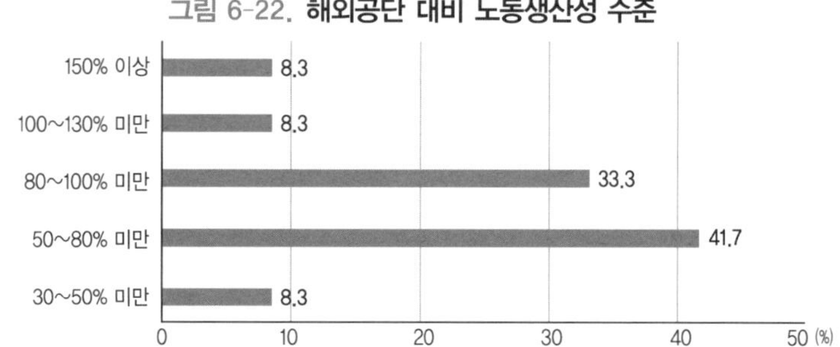

그림 6-22. 해외공단 대비 노동생산성 수준

4. 입주기업 경영 성과와 전망

1) 입주기업들의 경영 성과 평가

개성공단 가동 10년의 경험을 토대로 그동안의 입주기업 경영 성과를 살펴보자. 2013년 4~9월의 일시 가동 중단은 기업들의 경영 성과에 커다란 악영향을 미쳤을 것이므로, 중단 이전과 중단 이후 현재까지로 구분하여 살펴 본다.

설문 조사 결과, 중단 이전에는 적자 기업의 경우가 27.8%에 불과하였지만, 재가동 이후 1년간의 경영 성과는 약 절반(44.4%) 정도가 적자 상태를 기록한 것으로 나타났다. 또한 흑자 기업도 가동 중단 전의 27.8%에서 재가동 후 1년간은 16.7%로 감소하였다. 특히 적자 반전 기업(16.6p 감소)과 흑자 감소 기업(11.1p 감소)의 변화율이 손익분기 기업의 변화율(5.5p 감소)보다 높아, 가동 중단은 개성공단 기업들에게 심각한 경영난을 초래한 것으로 분석된다. 그러나 166일 간의 가동 중단에도 불구하고, 재가동 1년만에 흑자로 회복된 기업이 16.7%에 달한 것은 개성공단의 경쟁력이 그만큼 높다는 것을 방증한다고 할 수 있다.

결국 가동 중단을 고려하여 최초 공장 가동 이후 현재까지의 개성공단 입주기업 경영성과를 종합하면 아직은 적자 상태의 기업이 흑자 상태의 기업보다 많은 것으로 나타났다. 다시 말해 설문에 응답한 입주기업 36개 가운데 적자 기업의 수는 14개(38.9%)로 흑자 기업 9개(25.0%)보다 많았으며, 약 1/3인 13개 기업은 손익분기 상태인 것으로 조사되었다.

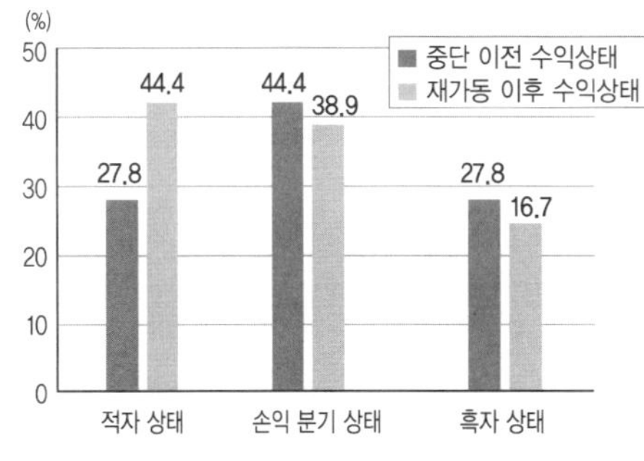

그림 6-23. **개성공단 수익 상태 비교(중단 전후)**

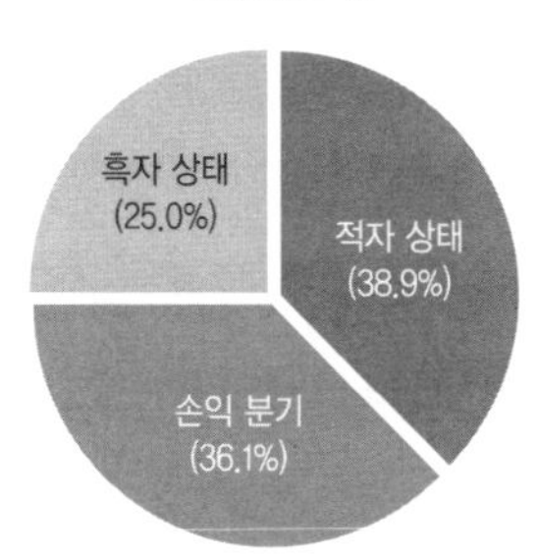

그림 6-24. **개성공단 수익 상태 현황(전체)**

한편 흑자 기업의 경우, 가동 후 3~4년이 지나면 약 3/4인 72.8%의 기업 이 흑자로 전환된 것으로 나타났다. 흑자 기업을 대상으로 "가동 이후 몇 년 만에 흑자로 전환되었는가"에 대한 질문에서, 가동 후 3~4년이라고 응답

한 기업이 45.5%로 가장 많았으며, 가동 후 1~2년 만에 흑자를 기록한 기업
도 18.2%에 달하였다. 또한 적자를 기록한 기업들도 향후의 경영 성과 전망
에 대해서는 낙관하고 있는 것으로 조사되었다. 적자 기업들의 흑자 전환 예
상 시기에 대한 질문에서 약 58.8%(1년 이내 17.6% + 1~2년 이내 41.2%)
는 향후 최대 2년 이내에 흑자로 전환될 것이라고 응답하였으며, 10개 기업
중 9개 기업(88.2%)은 3년 이내에는 흑자로 돌아설 것이라고 응답하여, 향
후 사업 전망은 낙관적인 것으로 평가된다.

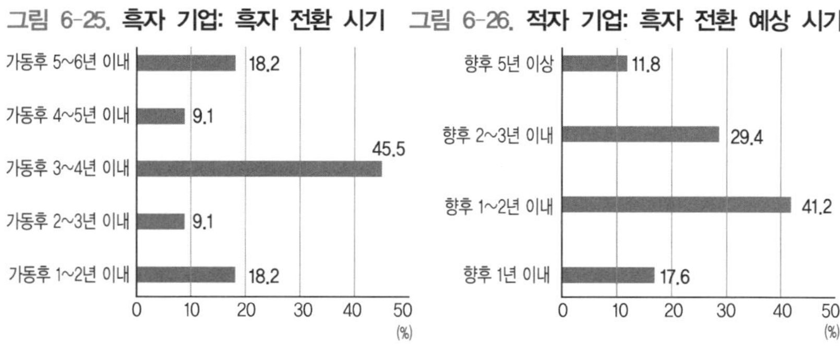

2) 개성공단 사업 전망과 투자 의향

향후 개성공단 사업의 향후 전망과 투자 계획에 대해, 대다수의 입주기업
들은 긍정적으로 응답하였다. 우선 개성공단 사업의 향후 전망에 대해 입주
기업의 3/4 이상인 77.8%(매우 긍정 22.2% + 긍정 55.6%)가 긍정적으로
응답하였으며, 부정적 응답은 전무하였다. 또한 개성공단 사업의 확대 필요
성에 대해서도 대다수의 입주기업들은 2~3단계로 확대되어야 한다고 응답
하였다.[8] 개성공단 사업의 2~3단계 확대 필요성에 대해 응답기업의 86.1%

---

8 2012년 12월의 입주기업 설문조사에 비해 '확대'(2012년 97.1%) 응답률은 낮아졌고, '현 상태 유
지'(同 2.9%) 비율은 크게 높아졌다(이용화·홍순직, 앞의 책).

는 확대해야 한다고 하였으며, 현 상태 유지에 대한 유보적 응답은 13.9%에 불과하였고, 축소·폐쇄에 대한 응답은 전무하였다.

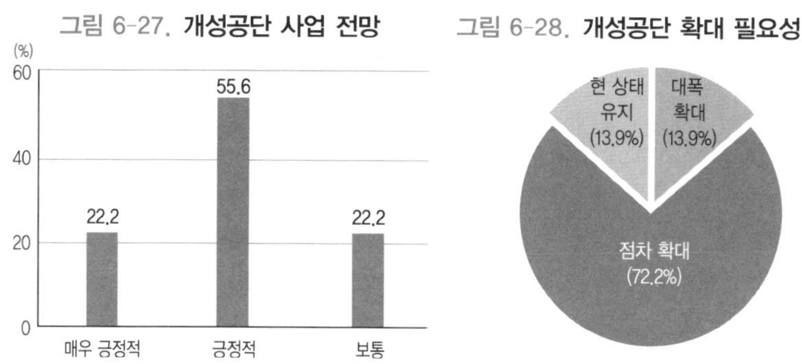

개성공단 입주기업들의 향후 투자 확대 의향에 관해서도 상당수의 입주기업 대표들은 긍정적으로 응답하였다. 정부가 투자 확대를 허가할 경우 개성공단 사업에 투자를 확대할 의향이 있는가에 대한 질문에서, 10개 기업 중 7개 기업(69.4%)은 투자를 확대하겠다고 응답하였다. 하지만 '관망 혹은 현 수준 유지'로 응답한 기업도 30.6%에 달해 투자 확대를 위한 개선 방안과 정부 차원의 지원 정책 마련이 필요함을 시사하였다.

한편 투자 확대 의향에 긍정적인 기업들의 투자 확대 방향은 대부분 '규모 확대'(50.0%)와 '규모와 분야 모두 확대'(42.3%)에 높게 응답하였다. 이는 대부분이 입주기업들이 현재의 투자 업종에 대해 만족하여 기존 업종에 대한 투자 규모를 늘리겠다는 의도와 함께, 이를 토대로 새로운 업종으로의 투자 확대를 모색하겠다는 것으로 평가된다. 이는 앞서 분석한 바와 같이, 향후의 개성공단 사업 전망과 확대 필요성에 대한 긍정적인 응답 결과와 맥을 같이 한다.

개성공단 투자 확대 분야를 자세히 살펴보면, 투자 확대 의사가 있는 기업의 경우 섬유·의류 부문이 53.8%로 가장 많았고, 그 다음으로는 전기·

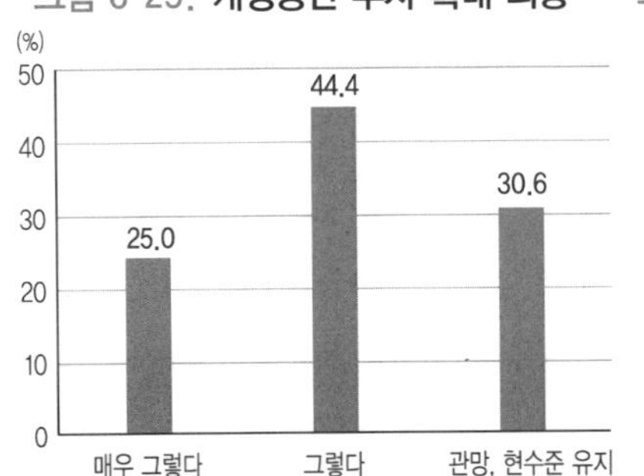

그림 6-29. **개성공단 투자 확대 의향**

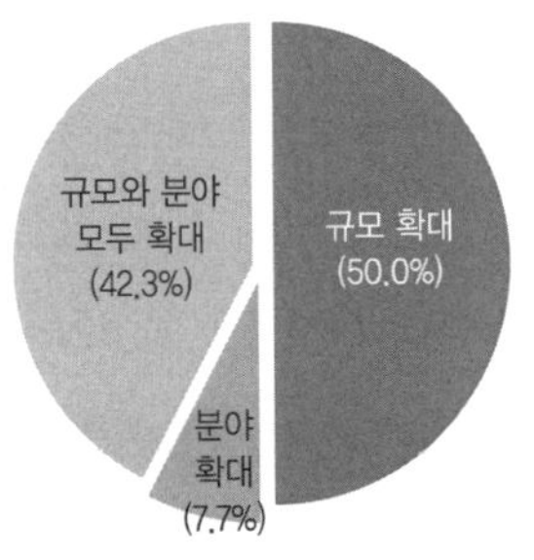

그림 6-30. **개성공단 투자 확대 방향**

전자·정보통신(15.4%), 기계·금속과 화학이 부문이 각각 11.5% 순으로 나타났다. 이는 현재의 입주기업 분포, 즉 총 125개 기업 가운데 섬유·의류 73개(58.4%), 기계·금속 24개(19.2%), 전기·전자 13개(10.4%), 화학 9개(7.2%), 기타 6개(4.8%)의 구성비와 유사한 것으로 나타났다. 다시 말해, 투자 규모와 분야 확대 기업들은 현재의 자기 업종이나 기존의 개성공단에서 운영 중인 타기업 진출 분야로의 투자 확대를 염두에 두고 있다는 것을 의미한다. 이처럼 소극적인 투자 의향은 개성공단 사업이 아직은 초기 단계이고 여러 가지 투자 제한 요소가 많기 때문인 것으로 평가된다.

한편, 개성공단 입주기업들의 만족도 조사를 조사한 결과, 36개 입주기업 중 과반수는 만족한다고 응답하였다. 개성공단 입주 결정 후 그간의 가동 성과에 대한 만족도를 묻는 질문에 52.8%는 '만족'을, 33.3%는 '보통'의 의견을 표시함으로써, 10개 기업 중 약 8~9개(86.1%) 기업은 대체로 만족하는 것으로 나타났다. '불만족'이라고 응답한 기업은 13.9%에 불과하였다. 이는 앞선 결과에서 당초 개성공단 진출 동기에 대한 만족도 조사에서의 만족 비율(52.8%)과 동일하며, 다만 보통(13.9%) 비율은 늘었고 불만(33.3%) 비율은 감소하였다.

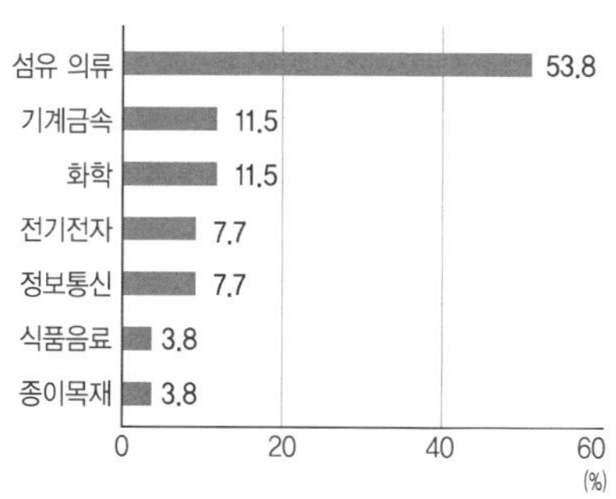

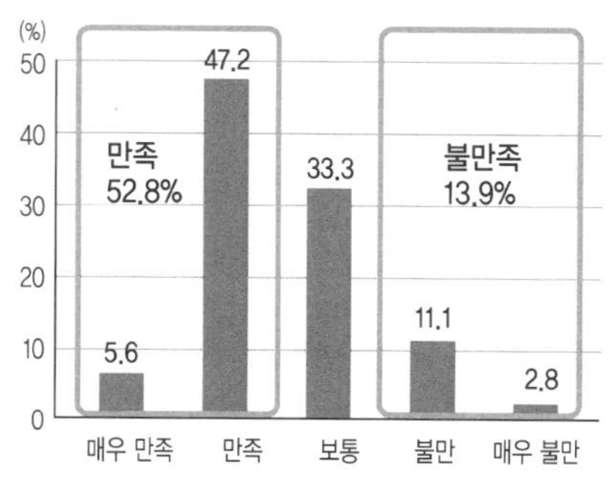

5. 개성공단 사업 활성화 과제

입주기업들의 설문조사 결과와 주관식 응답 결과를 토대로 향후 개성공단 사업 활성화를 위한 현안 과제를 살펴보면 다음과 같다. 개성공단 활성화를 위한 최우선 과제는 통행·통관·통신의 '3통 문제 해결'(27.8%)이며, 그 다음으로는 '북한 근로자 추가 확보 및 기숙사 건립 문제'(25.0%), '북한 근로자들에 대한 노무·인사 관리의 자율권 확보'(16.7%), '북측의 일방적 행동 축소'(12.5%) 순으로 나타났다.[9] 또한 개성공단 사업의 안정적 운영을 위한 '남북한 당국 간의 법·제도적 장치 보완'(6.9%)과 5.24조치와 국제사회의 '대북 경제제재 완화'(5.6%), 그리고 개성공단 사업에 대한 특례 보증 등의 정부 지원 확대(5.6%) 등은 개성공단 사업 활성화의 과제로 지적된다.

이외에도 주관식 응답에서는 통관 절차의 간소화, 북한 지역에 있는 개성공단 생산 설비에 대한 경협 보험 담보 비율 확대, 북한 근로자들의 노동생

---

9 2012년 12월의 입주기업 설문조사에서는 ① 3통문제 해결이 35.3%, ② 북한 근로자 추가 확보와 기숙사 건립은 20.6%, ③ 특례 보증 등 정부 지원은 14.7%, ④ 전략물자 반출 및 원산지 문제가 13.2%, ⑤ 북측의 일방적 행동 축소는 11.8% ⑥ 전력, 수송 등 인프라 개선이 1.5%, ⑦ 기타 2.9% 순으로 나타났다(이용화·홍순직, 앞의 책).

산성 제고를 위한 교육과 기술·경영 지원책 마련, 해외 수출 확대를 위한 개성공단 제품의 한국산 인정 노력 등이 과제로 제시되었다. 특히 입주기업들은 정부에 대한 요구가 많았다. 개성공단 사업 운영에 대해 정치·군사적 현안과 관련 짓지 않는 정경분리 원칙 고수와 함께, 정권 변화와 무관하게 일관된 대북 정책 노선 견지, 그리고 개성공단을 확대 발전시키려는 정부의 확고한 추진 의지 등도 요구하였다. 예컨대, 북측의 일방적·무리한 요구에 대한 우리 정부(개성공단관리위원회 등)의 적극적 대처와 함께, 개성공단 설비에 대한 담보 비율 인정과 경협 보험 보장 확대 등 남측에서의 기업 활동과 동일한 제도 적용을 요구했다.

또한 개성공단 사업은 단순한 경협 현장이 아니라, 통일의 실험장이요 북한에 대한 자본주의 시장경제 확산의 실험장이란 통일 경제적 관점에서 접근 할 필요가 있다고 강조했다. 그래서 2~3단계 개성공단 사업의 확장과 함께, 교통 인프라 등의 확충을 지적했다. 이외에도 진출 업종과 규모에 따라 통일부만이 아니라 지식경제부 및 산업자원부 등과 연계한 범정부 차원의 지원 대책과 진출 확장 방안 마련을 요구했다.

지난 10년간의 운영 과정에서 많은 어려움과 부침이 있었고 긍정적·부정

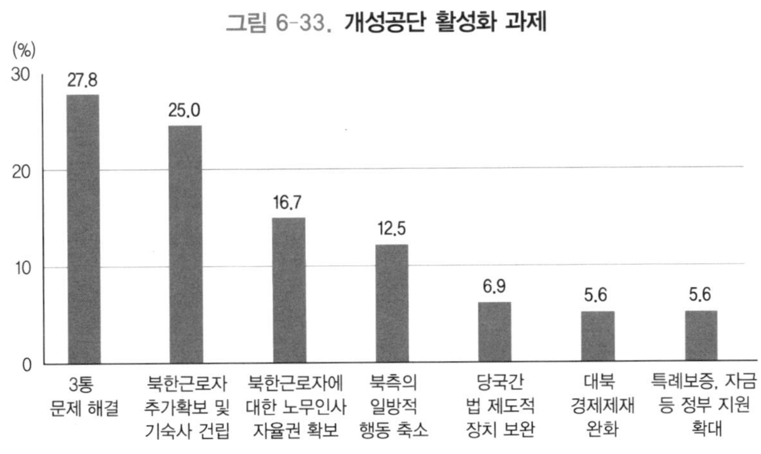

그림 6-33. **개성공단 활성화 과제**

적 평가가 동시에 존재하기도 하지만, 개성공단은 개별 기업의 단순한 영리 사업장이 아님이 입증되었다. 다시 말해 개성공단은 남북한 상생의 경제협력 사업을 통해 남북경제공동체와 통일경제를 실험하는 현장이었으며, 북한에게 제조업 부문의 자본주의 시장경제 학습장을 제공하였다고 할 수 있다. 북한 근로자 53,000여 명과 남한 근로자 800여 명이 함께 생산 활동을 하면서 '향후 통일이 되어도 함께 살아가는 데 문제가 없겠구나'라고 생각하거나 '통일이 되면 우리민족이 다 같이 지금보다 더 잘 살 수 있겠구나'라고 느끼며 통일에 대한 불안감을 해소하고 희망과 기대를 불러일으킨 상징적 장소다. 금강산관광 사업과 함께 '통일 대박' 실현의 시발점이요 마중물이 될 수 있다고 생각된다. 이런 점에서 개성공단 사업은 정치·경제·사회문화적으로 매우 중요한 의미를 지니며, 무엇보다도 한반도의 평화와 통일에 큰 의미를 지닌다.

그러나 현재 개성공단 사업은 개발 면적조차도 당초 계획인 총 2,000만 평의 5%인 1단계 100만 평에 불과하며, 1단계 사업도 마무리하지 못한 상황이다. 또한 입주기업들은 3통(통행·통신·통관) 문제를 비롯하여 근로자 기숙사 건립 문제와 5.24 경제제재 조치로 인한 신규 투자 제한 등으로 큰 어려움을 겪고 있다. 물론 개성공단 사업의 정체는 남북한 모두의 책임이다. 특히 분단과 대립이라는 남북관계의 특수성으로 인해 경제 외적 불안 요인에 더 많은 영향을 받아 왔다. 개성공단 사업을 포함한 모든 남북경협 사업은 3통 문제와 4대 경협합의서, 재발 방지 등에 대한 법·제도적 장치와 경협 인프라가 여전히 미흡하다.

마지막으로 기업의 입장에서도 개성공단과 같은 남북협력사업에 대한 인식 전환이 필요하다. 개성공단 사업의 정치·군사 및 경제·사회문화적 의미와 중요성을 인식하고, 설문조사 과정에서 나타난 단기 현안 문제 해결과 함께, 통일경제 기반 구축이라는 중장기적인 관점에서 접근할 필요가 있다. 개성공단을 포함한 남북경협 사업이 소모성 비용(sunk cost)이 아니라, 한반도의 평화유지와 중소기업의 가격경쟁력 제고, 해외 U-turn 기업의 탈출구 제공 등의 평화·경제적 사업이라는 측면도 생각해 볼 필요가 있다. 남북경협 활성화를 통한 남북 간 경제력 격차 축소는 통일비용 절감에도 보탬이 되므로 통일비용의 '사전적 분산 투자' 개념으로 인식할 필요도 있다. 그리고 한반도 신뢰프로세스는 남북 간 대화와 교류협력 확대를 통해 상호 신뢰를 쌓아 남북관계를 진전시킨다는 구상이므로, 정경분리 원칙과 기합의 사항의 이행 등을 통한 상호 진정성 확인이 중요하다. 바로 이런 측면에서 대북 인도적 지원 확대와 5.24 조치 완화, 그리고 개성공단 1단계 사업의 조기 마무리와 2단계 사업 착공 등의 선제적 조치가 요구된다.

남북한 근로자의 상생, 갈등, 그리고 변화

__정은미

제7장 남북 근로자의 상생, 갈등, 그리고 변화

정은미

1. '공동생활구역 KIC'

2000년에 개봉한 박찬욱 감독의 영화『공동경비구역 JSA』에서 남한군 이수혁(이병헌 분)은 북한군 오경필(송강호 분)에게 초코파이를 내밀며 남한에 가서 살자고 제안한다. 2005년 수천 명의 개성공단 북한근로자들은 매일같이 초코파이를 먹으며 일을 하게 되었다. 2014년 5월 북측은 개성공단 근로자들에게 지급되는 초코파이 대신에 달러를 요구하고 있다.[1] 이처럼 긴밀한 상호작용이 일어나고 있는 개성공단은 '공동생활구역 KIC'이라 할 수 있다.

---

[1] 개성공단 입주기업들에 따르면 5월 중순부터 북측 근로자의 대표인 직장장이 남측 업체에 "앞으로 간식으로 초코파이를 주지 말라"고 요구한 공장이 크게 늘었다. 일부에서는 초코파이 대신 달러를 원하는 사례도 있다고 전해졌다. 연합뉴스, 2014년 6월 15일, "北, 개성공단 '대표 간식' 초코파이 거부 잇달아".

　2005년 개성공단이 조업을 시작할 때 6,013명의 북한 근로자들이 남한의 입주 기업 13개 업체에서 근무를 하였다. 그런데 십 년이 채 되지 않은 기간에 개성공단에서 근무하는 북한 근로자의 수는 2013년에 52,329명에 이르게 되었고 남한의 입주 기업체 수 역시 123개로 늘어났다. 그들과 함께 생활을 하고 있는 남한 근로자의 수도 2013년을 기준으로 757명에 달한다. 2008년에는 개성 공단에 체류하는 남한 근로자의 수가 천 명을 넘기도 하였다.

　우리 사회에 대중적으로 알려진 개성공단과 관련된 정보는 남북한 근로자 수, 입주기업체 수, 생산규모, 관련 법규 등과 같이 다분히 외형적 정보로 제한되어 있다. 반면에 개성공단에서 함께 일하고 생활하고 있는 남북한 근로자들이 서로를 어떻게 생각하고 있고, 자신의 정체성을 어떻게 규정하며, 어떤 부분에서 공감대를 형성하고, 어떤 요소로 갈등하며 또 어떻게 갈등을 해결하고 있는지, 그리고 남북한 근로자들의 행동 양식뿐만 아니라 의식의 변화에 어떤 요인들이 영향을 미치는가와 같은 '살아 있는' 내적 정보는 거의 알려져 있지 않다.

　2013년 4개월 동안 개성공단 사업이 잠시 중단되었던 것처럼 개성공단

▶ 개성공단 북측 근로자들의 출근 모습
출처 : 개성공단 관리위원회 홈페이지

▶ 근로자들의 업간체조 모습
출처 : 개성공단 관리위원회 홈페이지

사업은 통일이 될 때까지 지속될 수도 있고 아니면 통일이 되기 전에 언제라도 또 다시 중단과 재가동을 반복할 수도 있다. 따라서 개성공단 사업에 대한 연구는 단지 생산성이나 수익성, 또는 지속 또는 중단과 같은 외형적인 요소로 제한돼서는 안되며, 오히려 개성공단에서 일하는 사람들과 그들의 변화, 그리고 변화의 주요 요인들과 변화가 야기하는 사회적 변동이나 미래의 결과 등에 주목할 필요가 있다.

통일은 제도적, 정치경제적 통합의 과정을 수반하지만, 독일통일의 선례에서도 나타났듯이 무엇보다도 사람간의 통합, 즉 사회통합이 오랫동안 난제로 남는다. 흔히 개성공단을 통일의 시험대라고 부르기도 한다. 개성공단은 일차적으로 남북한 간의 경제공동체 형성을 위한 시범사업이기도 하지만, 다른 차원에서 보면 수십 년 동안 이질적인 사회문화적 양식과 규범에 길들여진 사람들이 만나서 한 공간에서 일상을 보냄으로써 사회문화적 공동체를 형성해 나가는 기회이기도 하다.

이 장에서는 조업 10년째를 맞고 있는 개성공단에서 하루 8시간 이상의 시간을 매일같이 얼굴을 맞대고 살고 있는 남북한 근로자들의 삶과 의식에 어떤 변화가 생겨나고 있는가를 살펴본다. 구체적으로 살펴볼 내용은 첫째, 체제가 다른 남북한 근로자들이 근로현장에서 생활상 또는 가치규범 및 의식(정체성)의 차이로 인해 발생하는 갈등의 양상과 원인, 그리고 문제해결 과정 등을 살펴보는 것이다. 둘째, 남북한 근로자들이 오랫동안 함께 생활하면서 변하는 것과 변하지 않는 것은 무엇이며, 변하지 않는 것의 구조적, 의식적 요인은 무엇인지 찾아봄으로써 결과적으로 통일이후 예상되는 사회통합의 장애 요소는 무엇인지 가늠해보고자 한다. 셋째, 북한 근로자들이 개성공단 근로현장에서 보이는 시장경제체제에 대한 적응과 일탈을 통해 북한의 체제전환(또는 경제개혁) 과정에서 나타날 수 있는 문제점을 진단 및 전망하고자 한다. 마지막으로, 개성공단에서 근무하는 북한 근로자의 삶의 변화

양상과 개성공단 밖에 미치는 지역적, 사회문화적 영향은 무엇인지 추적함으로써 개성공단의 북한사회의 변화에 미치는 영향력을 살펴볼 것이다.

2. 개성공단 관리자 및 근로자 면접조사

자료를 획득하기 위해 개성공단에 상주하면서 북한근로자들과 일상적 접촉을 했거나 현재 북한근로자들과 생활하고 있는 남한근로자들에게 심층면접조사를 실시했다.[2] 2014년 1월부터 3월까지 총 5건의 사례에 대해 면접조사를 실시하였다. 개성공단에는 다양한 이해와 목적을 갖고 있는 인적 그룹들이 상주하고 있다. 첫 번째 인적 그룹은 개성공단을 둘러싼 당국 차원의 이해관계와 교섭 및 감독을 목적으로 하고 있는 정부 관료들이다. 두 번째 인적 그룹은 입주하고 있는 남한 기업체들이 생산 활동을 정상적으로 수행할 수 있도록 공적인 산업인프라 서비스를 제공하고 있는 공공기관의 종사자들이다. 예를 들어, 토지개발공사나 한국전력공사 등에 종사하는 사람들이 해당된다. 세 번째 인적 그룹은 실제로 북한근로자들을 채용하여 생산 활동을 하고 있는 남한 기업체 관계자들이다. 마지막 그룹은 개성공단에 체류하고 있는 남한 주민들(정부관료, 공공기관 종사자, 기업체 관계자를 모두 포괄하고 있는 의미의 용어)에게 필요한 생활 서비스를 제공하는 사람들이다. 예를 들어, 편의점, 은행, 식당 등에 종사하는 사람들이 해당된다.

필자는 가급적 이 네 그룹에 해당되는 사람들을 골고루 면접조사를 하고 싶었으나, 제한된 조건으로 인해 마지막 생활서비스 제공 그룹에 해당되는

---

2 심층면접조사에 참여한 피면접자들은 정부관료, 공기업 소속 근로자, 남한 기업체의 임직원 등이 포함된다. 피면접자들의 다양한 소속과 직위에 불구하고 피면접자들을 모두 아우르는 적절한 용어가 없어 '남한 근로자'라고 통칭하고자 한다.

사람을 대상으로 면접조사를 하지는 못했다. 피면접자의 현황은 〈표 7-1〉에 간단하게 제시되어 있다. 사례 A는 정부 기관에 근무한 사람으로 개성공단 사업 초기에 약 2년간 개성공단에 체류하였으며 사무실에서 2명의 북한 여성근로자들과 생활을 하였다. 사례 B는 산업인프라 서비스를 제공하고 있는 공기업의 중간급 간부로서 개성공단 사업 초기에 약 2년간 개성공단에 체류했다. B씨 역시 사무실에 2명의 북한 여성근로자들이 고용되어 생활을 같이 하였다. 사례 A와 사례 B는 비슷한 기간에 체류하였고 공적 사업을 담당하고 있었기 때문에 서로 친분이 있다. 사례 C는 개성공단에 입주한 기업체들 중 건설 분야 기업의 임원직에 있는 사람으로 2004년부터 현재까지 개성공단과 서울을 오가며 생활하고 있다. 하지만 고용하고 있는 북한근로자의 수가 소규모이고 모두 남성이라는 특성이 있다. 사례 D는 섬유 분야 기업의 관계자로 2008년에 입주하여 현재까지 사업을 계속하고 있으며, 본사는 남한에 있다. 사례 D는 수백명의 북한 근로자들을 고용하고 있으며, 대부분 여성근로자들이다. 마지막으로 사례 E는 섬유 분야 입주 기업의 관계자이며 2005년에 기업이 개성공단에 입주하여 사업을 시작한 첫 해부터 현재까지 개성과 서울을 오가고 있다. 사례 E가 일하고 있는 기업은 천 명 이상의 북한근로자들을 고용하고 있다. 이 기업 역시 섬유 분야의 제품을 생산하고 있으며, 근로자 대다수가 여성들이다.[3] 사례 C, D, E는 일주일 중 5일은 개성공단에서, 2일은 서울에서 체류하며 지내고 있다. 더 이상 개성공단에 근무하지 않고 있는 사례 A와 B의 경우도 마찬가지로 주중에는 개성공단에서 주말은 서울에서 지내는 생활을 계속했었다.

---

3 사례 D와 사례 E는 비록 섬유를 취급한다는 공통점은 있으나 전혀 다른 종류의 완제품을 생산하고 있다. 하지만 피면접자의 익명성을 보장하기 위해 동일하게 섬유분야로 분류하였다.

표 7-1. 개성공단 남한근로자 심층 면접 대상자 현황

사례	소속 / 분야	체류 시기	면접날짜
A	정부기관	2005년~2007년	2014.1.17
B	공기업	2005년~2007년	2014.1.22
C	입주기업(건설 분야)	2004년~현재	2014.2.8
D	입주기업(섬유 분야)	2008년~현재	2014.2.17
E	입주기업(섬유 분야)	2005년~현재	2014.3.31

개성공단에서 근무하는 남북한 근로자들의 생활과 의식에 관한 연구는 매우 드물다. 비록 남한기업들이 입주하여 생산 활동을 하고 있는 곳이지만 일반 대중의 접근은 철저하게 제한받고 있다. 더욱이 2010년 5.24조치 이후 개성공단은 유관 정부관계자나 기업체 관계자들 외에 출입이 더욱 어려워졌다. 이러한 상황으로 인해 개성공단과 관련된 연구들은 주로 법이나 제도 등의 연구주제들로 한정되어 있다. 임을출의 『웰컴투 개성공단』(2005), 개성 공업지구5년 발간위원회의 『개성공업지구5년 개성에 가면 평화가 보인다』(2007), 박영환의 『개성공업지구와 북한선교』(2009)가 부분적으로 남북한 근로자의 상호작용과 의식, 행위양식을 다루고 있다. 양문수·이우영의 "개성공단 북한근로자에 대한 남한주민의 태도에 관한 연구"(2013)는 개성공단의 남북한근로자의 의식과 태도를 전면적으로 다룬 유일한 연구이지만, 분석의 초점이 남한근로자의 의식과 태도에만 맞춰져 있다는 한계점을 가지고 있다.

앞서 언급한 연구들을 살펴보면 몇 가지 공통되거나 상반되는 주장들이 발견된다. 첫 번째 쟁점은 체류기간이나 접촉빈도와 남북한근로자의 인식과의 상관성에 관한 것이다. 개성공단을 출입하는 남한근로자들을 대상으로 실시한 설문조사의 결과를 토대로 양문수와 이우영은 접촉빈도가 높을수록 그리고 개성공단에 상주하지 않는 경우보다 상주하는 경우에 북한근로자에 대한 수용 수준이 낮게 나타났다고 주장하였다. 개성공업지구5년 발간위원회의 보고서 경우에는 사업 초기에는 많은 대화를 나누지 않아서 오해가 생겼으나, 시간이 지나면서 업무적인 대화 외에도 가족이나 일상적인 대화를 나눌 정도로 발전했다고 서술하고 있다. 반면에 박영환은 체류기간과 의사소통 만족도 및 전반적인 북한근로자에 대한 인식과는 통계적으로 상관성이 없는 것으로 나타났다고 상반된 분석결과를 제시했다.

두 번째 쟁점은 북한근로자의 의식 정형에 관한 상반된 관점이다. 양문수와 이우영은 북한근로자에 대한 남한근로자의 인식이 대체로 수동적이고, 의존적이며, 무기력한 것으로 나타났다고 제기한다. 이 견해와 비슷하게 임을출은 북쪽 노동자들은 "시키는 일만 한다. 능동적이지 않고, 수동적이다. 주인의식이 부족한 게 제일 안타깝다"며 어느 개성공단 입주기업의 공장장 인터뷰의 내용을 제시했다. 반면에 개성공업지구 5년의 자료에 의하면, 때때로 북한근로자가 당당하게 자신의 입장을 남한기업에 전달하고, 그 일을 맡겼을 때 책임감을 가지고 일하는 자세도 있었으며, 샤워실 대신에 한증탕을 요구하면서 북한근로자들이 스스로 건설해내기도 했다는 또 다른 입주기업체 간부의 인터뷰 내용을 전하고 있다. 하지만 북한근로자들이 어떤 경우(일)에 수동적이고 어떤 경우(일)에 능동적인가를 면밀히 볼 필요가 있다. 또한 의사결정의 자율성(또는 권한)을 얼마나 부여하였는가에 따라 능동성 또는 책임의식은 달라질 수 있다.

흥미롭게도 첫 번째 쟁점과 두 번째 쟁점을 보면, 개성공단사업과 이해관계가 없는 개별 연구자의 연구들의 경우에는 대체로 부정적인 분석결과가, 개성공단사업과 이해관계가 있는 연구들의 경우는 대체로 긍정적인 면을 부각시키거나 중립적인 입장을 취하려는 경향이 두드러진다.

마지막으로 기존 연구들에서 주목되는 사항은 남북한 근로자 간의 관계 형성이나 갈등에 대한 관점이다. 박영환의 연구에서는 "북한사람들과 일을 하다보면 예상치 못한 일들로 문제의 갈등이 깊어진다"라는 견해에 41.4% '그렇다', 22% '아니다'라고 응답해 남북한 근로자간에 갈등이 상존하고 있음을 알 수 있다. 그렇다면 이런 갈등이 형성되는 이유는 무엇일까. 개성공단의 남측 기업 관계자는 기업 내에서 남북의 관계를 수직적 관계, 즉 상하관계에 있다고 보지만, 북측사람들은 남북을 대등한 관계로 생각하는 경향이 있다는 양문수·이우영의 주장에서 남북한 근로자들 간에 발생하는 갈등의 구조적 원인을 짐작할 수 있다.

대체로 기존 설문조사는 상대방에 대한 인식, 남북한 근로자들 간의 친밀감, 신뢰 및 수용, 의사소통, 갈등 등 주로 정서적 관계 형성에 초점을 맞추고 있다. 반면에 개성공단사업에 대한 상호인식의 차이, 노무관계에 대한 상호인식의 차이, 제도 및 규범체계·조직문화의 차이 등으로 발생하는 관계형성의 어려움(또는 갈등형성)은 상대적으로 덜 주목받고 있다.

자본주의사회의 기업에서 근무하고 있는 북한근로자의 의식과 행위에 영향을 미치는 요인들은 무엇일까. 그리고 외부에서 유입된 자본주의 또는 남한의 요인과 내부에서 강제하고 있는 사회주의 또는 북한의 요인 중 어느 쪽이 더 영향력이 클까. 아니면 어떤 면에서는 잘 적응하지만 어떤 부분에서는 갈등하는 것일까. 중국에 진출한 한국기업에서 근무하고 있는 중국 노동자의 의식과 태도에 관한 연구는 그들의 의식체계의 복합성을 제기한다.

이경아의 "중국진출 한국기업의 노동자가치관과 문화적 적응"(2008)에 관한 연구는 중국에 진출한 한국기업 내의 중국노동자 의식 속에 중층적으로 작용하고 있는 문화적 가치관들을 분석하고 있다. 이 연구는 북경, 천진, 상해 일대에 진출한 한국기업의 중국노동자 517명을 대상으로 설문조사를 실시하였고, 중국노동자 9명과는 심층면접조사를 실시하였다. 이경아는 한국 기업에 종사하는 중국노동자들의 사고에 전통적 가치관(情), 사회주의적 가치관(平), 시장경제적 가치관(理) 등이 복합적으로 작용하고 있으며, 그 중

시장경제적 가치관이 가장 강한 영향력을 발휘한다는 분석결과를 제시했다. 이 연구는 중국의 개혁개방, 자본주의경제로의 이행의 역사가 20여 넌이 넘었음에도 불구하고 외자기업 내에 종사하는 현대 중국노동자의 의식과 행동에 여전히 전통적, 사회주의적 유산이 영향을 미치고 있음을 보여준다는 점에서 주목된다. 초보적 수준의 경제개방 형태인 개성공단에 근무하고 있는 북한노동자의 의식과 행동에는 시장경제적 가치관보다는 전통적, 사회주의적 가치관의 영향이 훨씬 더 크게 미칠 것으로 예상된다.

개성공단사업을 기획하고 추진하는 정책입안자들이나 확대를 주장하는 많은 사람들은 공통적으로 남북경제협력사업이 장기적으로는 시장경제체제로 북한사회를 변화시키는 데 기여할 것이라는 점을 강조한다. 과연 이들의 의도나 주장처럼 10여 년 동안 개성공단사업은 북한주민의 삶과 의식에 어떤 영향을 미쳤을까. 그리고 개성공단이 개성 지역사회에 미친 영향은 무엇인가. 이 질문에 대한 답을 찾기 위해 변동(근대화, 산업화) 과정에서 전통사회의 질서 및 규범, 문화양식 등이 겪는 갈등과 적응에 관한 사회인류학적 연구들을 살펴볼 필요가 있다.

사회변동 이론과 연구에 의하면, 근대화(또는 산업화)가 전통(기존의 가치규범체계)과 갈등을 유발하지 않으면서 변동을 촉진하는 사례들이 있으며 이러한 연구사례는 개성공단에 근무하는 북한근로자의 적응성과 지역사회의 변화를 연구하는 데 중요한 시사점을 준다. 내쉬(Nash)의 과테말라 칸텔 지방에 대한 연구는 산업화의 과정 속에서도 전통적 생활이 상당 정도로 지속될 수 있으며, 오히려 발전에 기여할 수 있음을 발견하였다.[4] 칸텔지방에서 공장 노동은 전통적인 휴일은 물론 남성들이 전통적으로 요구받는 시민의 의무(수 주일~최대 2년 소요)를 수행하도록 벌칙없이 허용하였다. 지

---

4 Nash, Manning, 1967, *Machine Age Maya*, The University of Chicago Press.

역사회의 공동체와 전통적 제도는 생산활동에 차질을 빚지 않으면서 병행되어 유지되었다. 마찬가지로 개성공단의 북한근로자들도 정기적 또는 비정기적으로 행해지고 있는 북한주민의 생활총화와 노동동원(영농철 농촌노력지원, 금요노동 등)을 병행하고 있으며, 그러한 사회주의 전통적 제도가 개성공단의 생산 활동에는 차질을 빚지 않고 있다.

앤더슨(Anderson) 부부의 한 덴마크 항구 지역공동체에 대한 연구는 2세기 동안 항구 공동체를 유지해왔던 Dragor라는 촌락이 20세기 들어 포괄적인 변동을 급속하게 겪으면서 기존의 전통산업은 사라졌지만 지역사회의 공동체가 붕괴하지 않고 거의 아무런 갈등없이 그 변동에 적응할 수 있게 된 배경과 원인을 분석하였다.[5] 그 촌락의 문화 양식들은 변형되거나 폐기되지 않았으며 동시에 새로운 유형들이 구(舊) 문화양식들과 대립하지도 않았다. 또한 문화지체현상이 일어나지 않았다. 예를 들면, 경제적 요소로써 전통적인 촌락노동이 더 이상 수행되지 못하기 때문에 생긴 경제적 위기는 인근대 도시로의 고용기회의 증가로 인해 급속히 해결되었다. 그리고 구(舊) 문화 양식과 신(新) 문화 양식 중 하나만을 배타적으로 채택하려고 하는 적대적인 사회집단이 없었다. 마지막으로 변동이 지위상승을 가져왔다. Dragor는 인접한 코펜하겐에 새로이 편입됨에 따라 이 지역의 사회적·경제적 지위가 크게 고양되었다.[6] 개성공단 근로자들 집단에서 표면적으로 나타나는 갈등은 크지 않다. 그들은 어떻게 새로운 근로환경과 규율에 빠르게 적응하고 있는가. 왜 그들은 주말노동을 자처하는가. 왜 많은 사람들이 인맥과 뇌물을 동원하여 개성공단에 근무하기를 원하는가. 이와 같은 질문들에 앤더슨 부

---

5 Anderson, Robert T. & Aderson, Barbara Gallatin, 1964, *The Vanishing Village: A Danish Maritime Community*, University of Washington Press.

6 Ibid, pp.140~143.

부의 연구는 많은 시사점을 준다.

3. 첫 만남-경계 허물기

남한근로자와 북한 근로자의 첫 만남에 대한 기억은 대체로 실망감과 어색함이다. 이러한 느낌은 오랜 기간 이질적인 체제와 문화에 익숙해진 사람들의 만남이기 때문에 어쩌면 당연한 것일지 모른다. 남한 근로자들은 대체로 자신들은 호의적으로 다가가려 해도 북한 근로자들이 비호의적으로 나온다고 불만을 토로한다. 어떤 피면접자들은 북한 근로자들이 당국으로부터 남측 사람들에게 너무 호의적으로 대하지 말라고 철저하게 교육을 받고 온 느낌을 받았다고 했다. 이질감이나 냉대와 같은 첫 느낌은 낯선 존재에 대한 경계일 수도 있고, 자존감을 지키기 위한 의식화의 결과일 수도 있고 아니면 내부의 '감시자'에게서 정치적 비난이나 평가를 받을 빌미를 만들지 않기 위한 자기규율화의 일환일 수도 있을 것이다.

처음 우리가 부임했던 시절, 북측 사람들이 파견되기 전에 강당 같은 곳에서 사전 교육을 받는데 휴식시간에 쉬고 있는 그네들한테 다가가니까 아무 말도 하지 않고 도망가면서 멀리했다. 남한 사람이랑 얘기하면 죽는 줄 알더라. 세관에 있는 군인들도 그러했다. 그렇게 교육을 받은 것 같았다. 그런 낯선 관계에서 친밀한 관계가 되기까지 약 3개월 정도가 걸렸다. 친해지려고 우리 쪽에서 노력도 많이 했다. 이것저것 잘해주고, 우리 지사님이 좋으신 분이어서 사비를 들여 그 아이들 화장품도 사다줬다. 사진 찍으면 현상해서 다 줬다. 그랬더니 마음을 열고 속에 있는 이야기들을 하더라(사례 B).

나의 경우 아버지의 고향이 평안북도였고 아버지께서 그 쪽 사투리를 계속 쓰셨기 때문에 어릴 때부터 북측 사람들을 안 좋게 바라보지 않았다. 어린 시절 "나는 공산당이 싫어요"라는 말이 떠돌면서 북측 사람들을 도깨비로 묘사했을 때에도, "우리 아버지는 도깨비가 아닌데 왜 그렇게 생각할까" 하는 의문이 들었었다. 어쨌든 이전까지 부정적인 선입견을 가지고 있지 않았고, 처음 법인장으로서 개성에 가 그네들을 만났을 때에도 '순진하다'는 느낌을 받았지, 그들을 부정적으로 생각하지 않았다. 물론 그들이 마음속의 내밀한 이야기를 해주지는 않지만, (우리가 당연하게 생각하는) 물질적 수준의 생활을 경험해보지 못한 사람들을 만나보니 참으로 순진하다는 생각이 들었다(사례 D).

하지만 공통적으로 북한 근로자들이 스스로 마음의 경계를 내려놓고 남북한 근로자들이 사적인 대화를 나눌 수 있기까지는 많은 시간이 필요하지 않았다. 자연스러운 일상적 대화가 가능하기까지는 어떤 면접 대상자의 경우는 몇 주가 걸렸고, 어떤 면접 대상자들은 몇 개월이 소요되었다. 공통점은 서로가 친해지려고 여러 가지로 노력을 했다는 것이다. 어떤 곳은 매일같이 출근시간에 출입문 앞에 남한 기업 관계자들이 서서 북한근로자들에게 머리 숙여 아침인사를 하기도 하였다. 어떤 사람은 사적인 애로사항을 들어주거나 필요한 물건을 대신 구해주기도 하였다. 사적인 부분이나 북한당국이 외부에 공개하기 싫은 내부의 열악한 사정과 같은 소재로 대화를 나눌 수 있다는 것은 남북한 근로자간에 신뢰가 형성되었음을 보여주는 중요한 지표이다.

처음에는 북한 사람들을 만난다는 것 자체가 신기하고 사람들이 순할 거 라고 생각했는데, 실제로는 쌀쌀하게 대하는 사람이 많다. 철저히 교육을 받고 배치 받은 사람들이다 보니 이질감이 더 크게 느껴진다. 기대했던 모습과는 너무나 달라서 실망하는 경우가 많은 것이다. (중략) 나의 경우 그들과 자연스러운 대화를 나누기까지 3개월 정도의 시간이 걸렸던 것 같다. 실제로 그곳에서 생활하는 것이기 때문에 일상적인 이야기를 나누고 궁금한 점을 물어보기도 했다. 예컨대, 요즘 힘든 점은 무엇인지, 주말에는 무엇을 하는지 등등(사례 A).

OO에서 일하는 어느 여직원은 친해진 이후 개인적인 이야기들을 말해주곤 했는데, 자신이 평양 OO대학 출신이고 부모님 두 분 다 그곳 출신이며, 옛날 90년대 고난의 행군 시절에 많은 사람들이 굶어죽은 것이 사실이라는 등의 이야길 했다. 사실 이런 이야기(가난에 대한 이야기)는 자신들의 허물을 보여주는 것과 다름없어서 친해지더라도 웬만큼 잘 하지 않는데 참 고마웠다. 전기 사정 안 좋다는 이야기를 듣기도 하고. 개성에는 전기가 낮에는 거의 들어오지 않고 초저녁에만 전기가 들어온다고 한다. 초저녁에 들어온다고 하더라도 1주일에 이틀 정도만 들어온다. 이런 이야기들을 해주었다(사례 B).

초창기에는 사실 서로의 탐색 기간이 있었다. 하지만 이러한 기간이 지나고 나서는 서로의 가정사 이상의 긴밀한 이야기를 나눌 수 있게 되었다. 모든 근로자와 할 수 있는 건 물론 아니고, 사무관리 쪽 근로자나 각 조의 조장들, 그리고 직장장들과는 터울 없이 지낼 수 있게 되었다. 서로가 서로를 존중하는 정도가 되면 애인과 데이트했던 이야기, 가족의 경조사 등을 공유하게 된다. 구글 위성사진으로 자기네들 집의 크기나 위치를 보여준다거나…. 이념적, 정치적인 이야기만 아니라면 편하게 지낼 수 있다. 때문에 우리 남측 직원들이 회사를 그만 둔 경우도 거의 없지만, 북측 직원들도 마찬가지이다. 미혼으로 입사한 근로자들이 결혼을 하고 아이를 키우면서도 지속적으로 우리 회사를 다닌다. 아이들은 북측에서 운영하는 탁아소에서 맡기면서 말이다. 이렇게 친해지기까지 몇 주 정도밖에 걸리지 않은 것 같다. 출근 시간에 전 직원들이 북측 직원들에게 인사를 한 것이 그들과의 거리 좁히기에 일정 부분 영향을 미친 것도 있고, 우리 회사에서 실천하는 것들이 말로만 그치지 않는다는 점을 그들 스스로 잘 알게 되는 것도 크게 영향을 미쳤다고 본다. 우리 회사는 처음부터 현재까지 실천하고 있는 원칙이 한 가지 있다. 간부를 포함한 전 직원들이 출근하는 북측 직원들에게 아침 인사를 하는 방침이다. 비가 오는 날에도 추운 날에도 아직까지 한 번도 빠지지 않고 지키고 있다(사례 E).

4. 생계형 일탈과 관용의 이중성

사회주의의 '부족경제' 또는 '결핍경제'는 사회구성원들로 하여금 생계형 일탈을 부추긴다. 이러한 행위는 제임스 스콧(James Scott)이 개념화한 '일상형 저항'의 행태일 수도 있다. 공공재에 대한 탈취나 횡령과 같은 현상은 북한사회에서도 뿌리 깊은 사회적 문제이다. 분단 이후 현재까지 반세기 이상을 중공업(또는 국방공업) 우선 발전노선을 견지해왔기 때문에 경공업이 발달하지 못했다. 따라서 특권층을 제외한 대부분의 북한 주민들에게는 일상 소비재의 부족이 만성화 되어있다. 따라서 공공재에 대한 사적 전용이나 탈취 행위가 빈번하며 그러한 행위에 대한 규율의식이 약화되어 있는 상태이다. 개성공단에서 일하는 북한근로자들에게도 생계형 일탈 행위는 일상적으로 일어난다. 사무직의 경우 프린터 용지나 사무용품이 주로 없어지고, 생산직의 경우에는 화장실의 휴지부터 식당의 각종 식자재, 그리고 공장의 자재와 공구 등이 자주 사라진다. 남한 근로자들도 그러한 사실을 잘 알고 있으며, 대체로 일탈행위에 대해 눈감아 주거나 암묵적 용인을 해주고 있다. 흥미로운 것은 생계형 일탈 행위에 대한 관용에는 자본주의적 이해관계가 은폐되어 있다는 점이다. 다시 말해서, 북한근로자의 생계형 일탈 행위에 대한 묵인은 한편으로는 원만한 노무관리를 위한 유인제의 역할을 하기도 하고, 다른 한편으로는 임금 인상을 억제하는 요인이기도 하다.

남한 기업 사장이 화장실에 비누랑 휴지를 충분히 갖다 놓으면 (누군가가 들고 가서) 자꾸 없어지니까 직장장이 빨리 공급해달라고 요구하는 경우가 있다. 참고로 물품을 빼돌리는 일은 꽤나 빈번하게 일어나는데, 가령 식당에서도 쌀, 조미료 등을 가져간다고 한다. 변전소에서도 기자재 같은 걸 들고 가져가고. 심지어 세관원 직원이 군인 상납을 위해 타이어를 부탁한 적도 있었다. 하지만 이런 건 어느 정도 예상하고 들어간 것이기 때문에 심각하게 생각하지 않았다(사례 B).

한 예를 들어보자. 우리 공장에는 자재와 공구가 비싼데, 이게 야금야금 없어
진다. 그걸 민감하게 반응하기 시작하면 한 마디로 돌아버린다. '얘네들한테
한 명당 돌아가는 월급이 10달러로 치면 연장은 몇 백 달러인데 그럼 몇 년
치 월급이 없어져버렸네…'라고 생각하게 되면 돌아버린다. 하지만 '어차피
다 줄 것이다. 그래, 너네들 다 가져라'라는 심정으로 자재를 그들 책임자에게
줘버리면 매우 간단해진다. 어차피 없어질 자재이지만, 그 이전보다는 천천히
없어지더라. 그런 마음가짐을 가지게 되면 설사 없어진다고 하더라도 '어차피
너네들한테 주려고 한 거니까…'라는 생각이 들어서 마음이 편안해진다(사례
C).

근로자들이 물건들을 조금씩 집에 가져간다는 점도 공통점이다. 일종의 생계
형 범죄와 같다. 북측 사람들은 제대로 된 양말이 없어 발싸개라는 걸로 발을
보호하는데 우리 기업이 양말을 생산하다보니까 몇 개씩 집에서 신으려고 가
져가는 경우가 더러 있었다. 요즘에는 집에 가져간 양말을 팔아서 수입으로
한다고 들었다. 아무래도 직장에 다니면서 사건이 터지면 자기에게 불이익이
돌아온다는 사고방식이 없어서 그런 것 같다. 즉 규범의식의 차이이다. 기업
이 살기보다는 내가 먼저 살아야 한다는 생각에 정말 어마어마하게 훔쳐간다
(사례 D).

공단 내에서는 가장 큰 규모인 회사임에도 불구하고 사실 노무관리는 예상과
달리 그다지 '어렵지 않았다'. 개성공단 사업 초기에 벌어진 한 가지 사례를
얘기하자면, 어느 봉제 및 완구 전문 회사가 처음 직원들의 군기를 잡겠다는
발상에서 벌어진 일이 있었다. 화장실의 화장지가 계속 없어지던 상황에서 그
걸 가져가는 걸 보고 남측 법인장과 북측 종업원들 사이에서 몸싸움이 벌어진
것이다. 이에 북측 근로자대표가 근로자들의 출근을 허용하지 않자, 남측 법
인장이 사업권 반납을 하고 나온 사례였다. 남한이나 해외 법인에서는 충분히
잘 해결될 수 있는 사건인데 아무래도 북측과의 관계에서는 이러한 문제가 더

크게 빚어질 수 있기 때문에, 우리 회사를 제외한 다른 회사들이 노무관리에 어려움을 느끼는 것 같다(사례 D).

북한 근로자들의 생계형 일탈을 부추기는 또 다른 요인은 노동보수의 직불제도가 실현되지 않기 때문이다. 개성공업지구 노동규정(제33조)에 따르면, "기업은 노동보수를 화폐로 종업원에게 직접 주어야 한다. 이 경우 상금은 상품으로 줄 수도 있다"고 규정하여 임금직불제도를 규정하고 있다. 임금 직불문제는 2004년 개성공단 초창기부터 뜨거운 논점이었고 개성공단 존폐의 문제로까지 번질 수 있는 민감한 사안이었다. 그러나 현재 노동보수의 지급방식은 다음과 같다. ① 기업이 근로자별 급여명세표를 작성하여 근로자 본인의 확인 서명을 받고, 이 때 북한의 기업통계원이 근로자별 구매요청 물자내역을 취합한다. ② 기업은 임금을 총국에 달러화로 지급한다. ③ 총국은 사회문화시책금(총 임금의 30%)을 제외한 나머지를 근로자의 몫으로 현물을 구입할 수 있는 상품공급카드(근로자 몫의 80%)와 공식환율로 환산된 북한 화폐(근로자 몫의 20%)를 현금으로 지급한다. ④ 개별 근로자는 개성시에 있는 10여 개의 공업지구 전용 물품공급소에서 상품공급카드를 이용하여 상점가격보다 상당히 싼 국정가격으로 물품을 수령하고, 현금은 이발비 등 생활비로 사용하게 된다.[7] 이상에서 설명한 것처럼 결과적으로 개성공단 북한 근로자의 손에 들어오는 현금은 매우 적은 수준이다.[8] 이처럼 규정에도 있는 임금직불제도가 실질적으로 시행되지 않기 때문에 북한

---

7 개성공업지구 법제연구회, 2012, 『개성공업지구 법제의 진화와 미래』, 경남대학교 극동문제연구소, pp.123~124.

8 미국 북한경제전문가인 마커스 놀런드 피터슨국제경제연구소 부소장은 "북한 개성공단 근로자들이 받는 월급 130달러 중 실제소득은 2달러에 불과하다"고 주장했다. 통일부는 개별 근로자에게 지급되는 현물과 현금을 합하면 실질적으로 80달러 안팎으로 월급을 지급받고 있는 것이라고 밝힌 바 있다. CBS노컷뉴스, 2014년 3월 13일, "北 개성공단 근로자 실질월급은 80달러 수준".

근로자들은 다양한 생계형 일탈행위를 통해 획득한 물품을 통해 부족한 생활비를 보존하고 있는 것이다. 기업에서 가지고 나온 물품은 일부는 자가 소비에 사용하기도 하고 일부는 시장에 내다 팔아 현금화하기도 한다.

5. 작업현장-사회주의 생산문화의 공존과 한계

남한사회의 일반적인 주민들은 개성공단을 통해 북한 땅에 자본주의경제를 들여놓았다고 생각할 수 있다. 그러나 사실상 개성공단을 움직이는 원리를 깊이 들여다보면 사정은 복잡하다. 북한 땅에 자본주의 기업이 남한기업이 입주하여 가동되고 있는 것은 사실이나 가장 중요한 노동력 선발권이 남한기업에게 없다.[9] 임금협상은 노사가 결정하는 것이 아니라 실질적으로 남북한 정부 당국이 개입한다. 작업장에서 북한근로자에게 작업지시를 내리는 것은 남한기업주가 아니라 북한근로자들 중 직장장이다.[10] 생활총화나 갑작스러운 집단 노동력 차출에도 남한기업주는 인내하고 그들이 돌아오기만을 기다려야 한다. 그러나 생활총화와 같은 사회주의 전통적 제도가 생산활동에 차질을 주지는 않는다는 점이 흥미롭다.

---

9 개성공업지구에서 노력알선은 기업이 북한의 노력알선기업에게 근로자 공급을 신청하면 노력알선기업이 북한의 다른 지역의 행정기관과 교섭하여 개성공업지구로 배치되는 근로자를 공급받아 기업에게 공급해 주는 체계이다. 2005년 초까지 개성공단 입주기업은 현대아산을 통하여 총국으로부터 북한근로자를 공급받았다. 2005년 4월 개성공업지구 관리위원회는 총국과 '노력알선에 관한 합의서'를 체결하여 노력알선기업으로부터 노력을 알선받기로 했다. 그러나 2011년 12월 현재 개성공업지구에서 노력알선기업은 설립되지 않았으며 총국 노동처에서 그 역할을 대신하고 있다. 위의 책, pp.95~96.

10 북한 근로자의 직제는 통상 직장장, 총무, 반장, 조장으로 구성되어 있다. 북한은 초기부터 직장장과 총무를 선임하였다. 직장장은 기업 내 종업원의 배치를 임의로 조정하거나, 조장·반장을 기업의 의사와 상관없이 임의로 임명하기도 한다. 위의 책, pp.104~105.

우리 쪽에서 이해하고 감내하는 또 다른 것은 노동자의 차출 부분이다. 처음에는 이해하지 못했는데, 항상 특정 시점에 그네들이 해야 할 것이 있다는 걸 알게 되었다. 봄에는 모내기하러 가고, 가을에는 추수하고 김장하러 가고…. 그 때마다 약 10%의 노동자들이 차출되어서 일을 하는 걸 알지만, 나름대로 인정해줄 부분이라 생각한다. 이들은 1년에 정식 휴가가 15일이 있는데, 이 휴가를 이용한다는 명목으로 이렇게 쓴다. 15일 이후에는 아프거나 다른 이유로 빠지고 그들이 해야 하는 일을 하는 것이다. 다른 예를 들자면, 원래 근무시간은 오전근무 8~13시, 오후근무 13~17시인데, 그들은 대개 아침 6시 반에 출근해서 1시간 반 동안 총화를 하거나 세수하거나 빨래를 하거나 등등 자기네들 나름대로 할 일을 한다. 그러다보면 업무를 제 시간에 시작하지 못하는 경우가 많다. 하지만 그들이 늘 하는 것들이니 눈감아 줄 수밖에 다른 도리가 없다(사례 C).

사실 처음에는 생활총화(직장장 주관) 때문에 근무를 못하는 사정을 예상하지 못했었다. 총화는 매일 오후 4시에 반장들(우리 회사의 경우 약 10명)이 모여서 하고, 대표들은 오전 10시, 오후 3시에 총국에 보고하러 올라간다. 그리고 1주일에 한 번 4시간가량 전체 총화를 해야 하기 때문에 전체 노동자들이 회사 출근을 안 한다. 우리 회사의 경우 월요일 오전 12까지 근무하고 1시에 퇴근해서 그 이후 4시간 동안 총화를 하도록 한다. 하지만 작업하지 못한 만큼 그 쪽에서 보충을 해준다. 월요일 12시부터 작업을 못했다고 하면, 화요일부터는 하루에 1시간씩 꼭 보충을 해서 빠진 4시간을 채워주는 식이다. 이렇게 그 쪽에서도 근무시간을 철저하게 지키고 관리한다. 그러다보니 규칙적으로 운영되고 생산계획을 짤 수 있으며 계획진행에 차질이 빚어지지 않는다(사례 D).

그럼에도 불구하고 백여 개가 넘는 기업들이 개성공단을 나오지 않고 사업을 계속하고 있는 것은 무엇일까. 바로 값싼 노동력, 즉 저임금이 가져다주는 '이윤' 때문이다. 비록 북한당국이 노동력 알선권을 갖고 있다고 하지만, 다른 한편으로는 철저하게 당국이 노동력 통제를 해주기 때문에 남한 기업주는 노무관리의 비용을 절감할 수 있다. 더욱이 개성지역이나 인근지역에서 제한적으로 노동력이 선발되어 오기 때문에 지역공동체에서 형성된 사회관계적 규범이 작업현장에까지 적용되어 노동력을 효과적으로 통제할 수 있다.

일단 북측 근로자들의 경우에는, 자신들이 일하고 있는 환경 자체가 시장경제 적임에도 크게 불만이 없는 것 같다. 개인적인 불만을 직장장을 통해 표하지 않으며 따라서 노사분규나 집단항쟁이 발생하지 않는다. 대부분의 사람들이 피동적이어서 웬만한 건 다 수용하는 것 같다. 즉 경영자가 하는 방식대로 잘 따르는 것 같다(사례 B).

조직문화를 살펴보면, 우리처럼 대리-과장-부장 등 조직 내 상하관계가 존재하듯이 그들 나름대로 상하관계가 명확하게 존재한다. 공단 외부의 공동체 생활방식이 작업장 내부 문화에 영향을 미치는데, 왜냐하면 다들 젊은 나이에 군대 가서 10년 동안 군복무를 한 이후 제대해서 동네 사람들과 얽히다가 공장에 들어온 케이스이므로 군대 생활의 연장으로서, 또 지역공동체생활의 연장으로서 일하기 때문이다. 군대에서 상하위계의 질서문화를 배우고 난 이후 제대해서 동네 사람들과 일상생활을 함께 한다고 하더라도, 개성 시내 인구가 비교적 적어서 몇 다리만 걸치면 다 친척이기 때문에 개인의 자유를 느낄 여지가 없는 것이다. 군대생활의 끊임없는 연장이다. 특히 우리 사업체의 노동환경이 여타 생산 현장처럼 단순작업을 하는 게 아니라 언제든 산업재해가 일어날 수 있는 위험한 건설현장이다 보니, 자기들 나름대로 군기가 빠짝 들어 있더라. 자기네들끼리 욕을 하고 잘못하면 호통 치고 그런다. 확실히 우리보다 강하다는 느낌이 들었다(사례 C).

우리 회사의 경우 직장장 바로 아래에 있는 대표들이 생산관리, 총무 등을 맡는다. 우리 측에서도 매번 직장장과 얘기를 하기 번거롭기도 해서, 사소한 사

항들은 그 대표들에게 얘기해서 바로 바로 처리해주도록 한다. 이러한 위계질
서를 만든 것은 북측이었다. 그들은 사업장에 배치되면 조직부터 만든다. 반
장, 총무, 생산관리 등이 필요하다고 요구하더라. 이 대표들은 관리만 하고 실
제적으로 일을 하지 않기 때문에 사실 우리들 입장에서는 관리자들을 줄이는
것이 좋지만, 그네들이 요구하니까 어쩔 수 없는 부분이다. 대표의 선발권이
직장장에게 있어 그의 권한이 엄청나다고 할 수 있다. 거의 우리에게 통보해
주는 식이다. 마치 현장에 사장님이 한 명 더 있는 것 같은 느낌이다. 인사권
을 쥐고 있으니까 거의 법인장과 맞먹는 것과 마찬가지라고 할 수 있다. 만약
직장장과 대표의 권한을 제한하려고 할 때에는 그것이 노동생산성과도 연결
되는 문제이기 때문에(즉 노동자들의 집단적인 반발 내지는 무대응으로 이어
진다는 것) 쉽사리 그렇게 할 수 없다(사례 D).

그러나 사회주의적 요소가 항상 순기능을 하는 것은 아니다. 개성공단과
관련한 기존 연구들에서 대체로 북한근로자에 대해 '의존적이다', '수동적이
다', '주인의식이 없다' 등으로 평가했는데 그런 행위양식을 양산하는 구조
적 요인이 무엇인지 살펴볼 필요가 있다. 피면접자들은 대체로 북한근로자
들 내부에 보이지 않는 '감시의 눈'의 존재를 말한다. 또한 일부 피면접자들
은 북한당국의 저지로 인해 근로자들의 후생복리를 개선하기 어렵다고 토로
하기도 한다. 북한 당국은 개성공단의 근로자의 후생복리만 아니라 개성공
단 밖의 인민들의 후생복리도 신경써야 하기 때문에 전 인민에게 고른 혜택
을 줄 수 없을 바에는 개성공단의 북한근로자들에게 돌아갈 혜택을 포기해
야 하는 것이다. 이처럼 내부적 감시체계와 평균적 분배주의와 같은 요소는
북한근로자를 수동적으로 만들고 기업경영의 창의성을 발휘하지 못하도록
만든다.

중요한 것은 사회주의 사회의 행위양식이 그들로 하여금 새로운 일을 시도하
지 못하도록 개인의 창조성을 제한한다는 점이다. 일반 근로자들은 알려고 해

서도 안 되고 자신의 일이 아닌 다른 것이 어떻게 돌아가는지 그 사정에 대해 호기심을 가지면 위험해진다. 자기가 하는 일의 영역을 분명히 인식하고 그 안에서 움직여야 한다. 그것이 제일 안전하다. 이러한 모습을 보면서 '사회주의 국가에서의 삶이 이런 것이구나'라는 걸 느꼈다. 기계적 사고에 익숙해져서 새로운 일을 개척해서 한다는 것을 두려워한다. 북한 지도부는 항상 책임자와 생산자 단위의 창발성, 창조성, 혁신을 강조하지만, 개인 단위에서 이를 실현하는 것에 두려움을 느낀다. 때문에 안전 제일주의의 성향으로 귀결될 수밖에 없다. 이러한 모습은 감시체계가 명확히 존재하기 때문에 나타난다. 내부에서 서로서로를 감시하지만, 외부에서도 마치 빅 브라더 같은 사람이 존재해서 자신들을 감시하고 있다고 생각한다. 언제나 감시의 레이더가 일상적으로 작동하고 있다는 인식이 지배적이다. 때문에 잘못된 행동이나 말이 어디론가 흘러가는 것을 두려워한다. "우리끼리 이야기한 것은 우리끼리만 공유하지 왜 다른 쪽에 전달하느냐"라는 말을 하는데 이는 이러한 두려움을 보여주는 것이다. 친해지면 솔직하게 얘기를 나눌 수 있는데 나중에 알고 보면 이상한 소문이 퍼져 있고… 등등 이런 일들이 있다 보니까, 새로운 사람들을 만나서 말 나누는 것조차도 경계하고 조심하는 경향을 보인다(사례 A).

오히려 경쟁원리를 주창한 쪽은 기업주들이었다. '노동자들에게 차등을 줘서 보너스를 줄 수 있게 해달라'는 것이 그들의 주된 요구였다. 이에 대해 북측은 자신들의 체제가 무너진다고 생각해서인지 절대적으로 거부/통제하고 있다. 근로자들이 양말 하나 없이 노동하는 걸 안타까워 한 기업주들이 양말 같은 것이라도 동기부여 차원에서 줘도 되느냐고 요청했지만, 북측에서는 '우리는 평등사회라서 안 된다'고 답했다고 한다. 한마디로 근로자의 복지 문제인데도 안 된다는 것이다. 이러한 차이들이 남북한 경제협력에 있어 반드시 해결해야 할 문제인 것은 맞지만, 서로 다른 체제에서 경협을 시도한다는 차원에서 어쩔 수 없이 감안해야 하는 부분인 것 같다(사례 B).

제가 대북 사업을 하면서 가장 이해되지 않았던 것 중에 하나가 이것과 연결될 것 같다. 한국체육진흥관리공단에서 아는 사람으로부터 축구공 500개

를 받을 수 있게 되어, "개성 지역 내 학생들과 자매결연을 맺어보는 게 좋겠
다"는 생각을 한 적이 있었다. 그런데 이에 대해서 북측 참사들이 하는 말이,
그것을 실현할 수 있는 방법은 우리 회사와 개성 시내 있는 5학년 남자아이
들 전부나 6학년 남자아이들 전부와 결연을 맺는 방법이라는 것이다. 즉 어
느 특정 학교를 선택해서 그 학교 내 학생들과 자매 결연을 맺을 수는 없다는 것
이다. 사회주의가 기본적으로 평등을 원칙으로 하고 있기 때문에, 아예 주지 않
는 한이 있더라도 불평등하게 분배할 수는 없다는 논리인 것이다. 혹시나 소문
이 나면 혜택을 받지 못한 다른 학교들이 불만을 표할 수 있기 때문이라고 한
다. 그러다보니 결국에는 아무것도 안 하게 되는 쪽으로 결론이 난다(사례 E).

6. 변화와 적응, 그리고 확산

초기에 대부분의 남한근로자들은 사회주의 조직문화나 규율체계를 잘 알
지 못하여 북한근로자들과 갈등을 빚게 되었다. 남한기업들은 북한근로자
와의 관계를 갑을관계 또는 수직적 관계로 인식했으나 북한근로자들의 생각
은 전혀 그렇지 않았다. 북한근로자들은 그들을 고용한 주체가 남한기업이
아니라 북한 개성공업총국이고 그들은 개성공단 내 기업체로 파견된 근로자
로 인식하고 있다. 이러한 상반된 관계 인식은 근본적으로 갈등을 내재하고
있었다. 그러나 2013년 4월부터 약 4개월간의 개성공단의 폐쇄는 북한근로
자들에게 남한기업과의 관계에 대한 인식에 변화를 일으킨 중요한 사건이었
다. 남한기업의 생산활동에 수동적이었던 북한근로자들의 태도가 적극적으
로 변했다. 왜냐하면 남한기업의 존속이 그들의 생계뿐만 아니라 삶 전체와
직결된다는 것을 깨달았기 때문이다. 사례 C, D, E는 공통적으로 4개월 후
다시 만난 북한근로자들에게서 느낀 첫 번째의 변화로 일에 대한 열정을 꼽
았다.

작년에 잠시 조업이 중단되었을 때 북측 근로자들은 고통의 기간을 감내해야 했던 것 같다. 그 기간에 정부 측에서 요구해서 잠시 공단에 올라간 적이 있었는데 그 쪽 대표가 뛰어 나와서 '언제 다시 일하냐'고 계속 애걸복걸하더라. 달리 생각하면 그 시기가 전화위복의 기회였던 것 같다. 조업 중단을 두려워하는 쪽은 이제 그네들인 것이다. (중략) 조업 중단 이후 9월부터 다시 일을 시작했지만 설날 특수에 맞춰서 생산-납품하기에는 너무 촉박해서 굉장히 걱정을 많이 했는데, 그 문제를 대표랑 논의한 후 대표가 '우리가 맞춰주겠다'고 공언하여 결국에는 철야근무를 하면서까지 계획에 맞춰 일을 끝냈었다(사례 D).

주목해야 할 것은 추가 노동을 자처하는 북한 근로자들이 많아졌다는 것이다. 자발적 추가 노동을 요구하는 것에 대한 배경은 북한사회의 동원체제에 대한 반작용(또는 회피)과 물질적 혜택으로 압축된다. 개성공단에서 일하는 근로자들은 북한의 일반근로자들보다 더욱 엄격한 조직생활의 통제를 받는다. 근무하지 않는 토요일과 일요일에는 여러 가지의 과업들(예를 들어, 농촌 지원 사업)을 수행하는 데 동원되기 일쑤이다. 그런데 불가피하게 소속된 해당 기업에서 야근을 한다거나 주말에 연장근무를 할 경우에는 조직생활이나 동원사업을 면제받을 수 있게 된다. 게다가 특별수당이라고 하는 추가 임금을 더 벌 수 있으며, 주말에 회사에서 양질의 식사를 해결하니 여러 면으로 가계경제에 도움이 된다.

일요일 근무가 큰 변화인 것 같다. 사실 나의 경우 '쉴 때는 쉬고 일할 때는 일하자'라는 생각이 확고해서 연장근무를 싫어하는 편이고, 그들이 근무를 많이 한다고 해도 특별한 성과가 없다고 생각하는데, 계속 일요일에 일하게 해달라고 요구해서 이상하게 느꼈었다. 그래서 처음에는 평상시에 똑바로 하라고만 말했었다. 그리고 그러한 요구를 하는 이유가 비교적 검문이 느슨한 일요일에 일주일 동안 숨긴 자재를 가지고 나가기 위해서라고 생각했었다. 그런데 최근

에 알게 된 사실은 이 사람들이 공단에 일하러 나오면서 주중-주말에 대한 개
념이 생겼다는 것이다. 그들로서는 일요일에 일하러 나오지 않으면 주중-주
말 할 것도 없이 똑같이 여기저기 불려나가서 과업을 수행해야 한다. 그렇기
때문에 차라리 공단에 나오게 되면 씻고 낮잠 자고 먹고 특별수당도 받을 수
있는 등 특별한 혜택이 있는 것이다. 그러니까 좋아서 일을 한다. 내가 그 사
실을 알게 되면서 그들을 조금씩 이해하게 되었다(사례 C).

사업장에서 노조위원장 급인 직장장이 공단 외부에서 자신들이 수행해야 하
는 과업에 대해 말한 적도 있었다. 옛날에는 공단 외부에서 이러저러한 과업
을 해야 한다는 사실에 대해 숨기고 물어봐도 솔직하게 말해주지 않았는데,
요즘에는 '까놓고 얘기하자'라는 식으로 변해서 터놓고 얘기한다. 여기서 과
업이란, 가령 가을에는 추수, 겨울에는 집수리와 같이 전 주민들이 동원되어
협동으로 수행해야 하는 일을 말한다. 일요일에 일을 시키려고 하면 밀린 과
업이 있어 안된다고 말하더라. 밖에 나가서 일하려면 겨울에는 춥고 여름에는
덥기 때문에, 그네들도 당연히 회사 일을 하고 싶어 하지만 어쩔 수 없는 것
같다(사례 D).

개성공단에서의 노동생활은 북한근로자들의 생활양식을 빠르게 변화시
키고 있다. 처음 공장에 일하러 온 북한근로자들은 자본주의적 물질세계에
대해 전혀 경험한 바 없었고 그야말로 '촌뜨기'에 불과했다. 행색은 초라하
고, 얼굴은 새까맣게 검었다. 그러나 수개월이 지나자 그들의 얼굴은 뽀얗게
살이 올랐고, 근무 시작 전에는 반드시 남한의 인스턴트 커피를 마셔야 하
고, 초코파이와 라면의 맛에 길들여졌다. 개성공단에서 일하는 근로자들만
입맛이 변하는 것이 아니다. 사례 E의 설명에 의하면, 대부분의 북한근로자
들은 공장에서 간식으로 지급되는 과자나 음료 등을 공장 내에서 모두 소진
하지 않고 퇴근할 때 몰래 가지고 나가서 다른 가족구성원들과 공유한다. 따
라서 개성공단 내 북한근로자들만이 아니라 개성이라는 지역사회의 생활양

식까지 변화시키고 있다.

여성근로자들은 남한에서 유행하는 패션스타일을 따라한다. E사례의 설명에 의하면, 남한에서 통굽이 유행하면 개성에서도 유행하고, 남한에서 다양한 디자인의 양산이 유행하면 개성에서도 유행한다고 한다. 아래 인용된 사례 E의 증언처럼 개성공단이 지역사회에 미치는 파급효과는 북한주민들의 삶 전반에 걸쳐서 나타난다. 여러 다양한 물질적 인센티브로 제공되는 갖가지 간식 제품들이나 회사에서 갖고 나온 생필품들은 자가소비로만 그치는 것이 아니라 공단 밖의 시장을 통해 지역사회뿐만 아니라 북한 전역으로 확산된다.

여성노동자들의 출근길을 찍은 사진을 보면 심지어 밍크코트를 입은 사람도 있다. 우리가 흔히 생각하는 검정색, 회색의 밋밋한 옷들이나 흰색-검정색으로 된 옛날 한복 같은 것이 아니다. 우리의 영향을 받았을 수도 있고 중국의 의류문화에 영향을 받았을 수 있다. 구두에 대한 패션도 정말 빠른 속도로 변한다. 남한에서 통굽이 유행하면 그쪽에서도 유행한다. 남한에서 다양한 디자인의 양산이 유행하면 그쪽에서도 그렇게 되고.

개성시에서 호주 국적을 가진 한국인 여성분이 백화점, 김치공장 등 다섯 개를 운영하는데, 어느 신문과의 인터뷰에서 "개성공단이 생기기 전에 백화점에서 칼라TV가 6개월에 2대가 팔렸는데 공단이 생긴 이후에 6개월에 150대가 팔렸다"고 말했다. 현금을 계산했는지, 쿠폰으로 샀는지는 모르겠지만, 확실히 삶의 질이 높아졌음을 알 수 있다. 이러한 영향은 개성공단에서 일하는 사람뿐 아니라 그가 속한 가족 전체의 삶의 향상에 미친다고 볼 수 있다.

일단 우리 공장의 예를 들면, 그들에게 제공되는 것이 비누, 라면(2개씩), 생달걀, 김치, 초코파이(1주일에 8개), 햄 소시지 등이다. 라면의 경우 알라면(봉지라면)을 달라고 하는데 이는 공단 내에서 끓여먹지 않고 집에 가져가면 더 많은 사람이 먹을 수 있기 때문에, 그리고 계란을 생달걀로 주는 이유는 어찌되었든 집에 가져가서 더 많은 양의 음식으로 만들어 먹을 수 있기 때문이다. 그러다보니 개성공단 내에 일하는 사람이 가정 내에 있을 때 그 가족 전체가 혜택을 볼 수 있는 부분이 확실히 존재한다. 더불어 우리 회사의 경우 □□과 연계하여 좋은 질의 비누를 제공하고, 겨울에는 신입사원이 만든 겨울코트를 제공하기도 한다. 또 회장님이 한번쯤 공단에 가실 때마다 떡, 귤, 바나나를 나눠주곤 한다. 명절이나 특별한 날에 여러 혜택을 제공하다보니 확실히 사람들의 인식이 변해가고 있을 것이라고 본다(사례 E).

이처럼 개성공단의 남북한 근로자들은 상생하면서 서로 변화하였다. 남한근로자들은 사회주의의 원리를 이해하기 시작하였고, 북한근로자들을 한 가족으로 인식하기 시작했다. 북한근로자들은 자본주의를 모방하면서 점차 자본주의 생활양식에 익숙해지기 시작했다. 어쩌면 이러한 변화가 개성공단이 갖고 있는 소프트 파워일지도 모른다. 조지프 나이(Joseph Nye)에 의하면, 소프트 파워는 군사력이나 경제력과 같은 하드 파워의 강제나 보상보다는 사람의 마음을 사로잡아 원하는 것을 얻어내는 능력이다.[11] 이러한 변화가 갖고 있는 잠재적 위험성을 감지한 북한당국은 개성공단에서 일하는 북한근로자에 대한 사상통제를 더욱 강화하기 시작했다. 또한 개성공단 안에서 취급되는 물품이 개성지역이나 인근지역의 시장에서 유통되는 것에 대한 단속도 강화되고 있다. 하지만 북한사회에 침투하고 있는 개성공단의 영향력을 완벽히 차단하기에는 이미 역부족인 상황인 것으로 보인다.

개성을 몇 차례 다니면서 개성역을 갈 일이 있었다. 개성역 광장 앞에 엄청 많은 사람들이 모여 있더라. 전체적으로 모여 있는 게 아니라 집단별로 모여 있는 것 같았다. 친한 참사가 있어 무슨 행사가 있냐고 물었더니 딱 한 마디 하더라. "개성공단에서 근무하는 사람들이다." 알고 보니 개성공단에 있는 사람들은 총화를 1.5배 더 한다고 한다. 한마디로 물들었을까봐. 그 장면은 근무지

---

11 조지프 나이, 1996, 『소프트 파워』, 홍수원 역, 세종연구원, p.32.

에 나가기 전 총화를 실시하고 있었던 것이었다. 1.5배 총화를 더 받음에도 불구하고 개성공단에 들어오기 위해서 뇌물을 쓰는 사람도 있다고 들었다. 급여에 의해 동기가 부여되기보다는 급여 외에도 부수적으로 얻어가는 것들이 확실히 존재하기 때문이다. 개성시장에 대해서는 정보 자체가 굉장히 제한되어 있지만, 들리는 얘기로는 매우 활성화되어 있음에도 감시 자체가 너무 심해서 외부로 그 정보가 확산되지 못하는 구조라고 한다. 특히 공단에서 나갔던 물건들에 대한 감시가 삼엄하다고 한다. 한번은 우리가 떡국 떡을 나눠 준 적이 있는데 그걸 포장지까지 뜯어서 종이에 가지고 가게끔했었고, 심지어 귤도 껍질을 까서 주도록 하는 모습을 보면서 통제의 수준이 굉장히 심각하다는 생각이 들었다. 이러한 통제 때문에 개성 공단에서 나가는 물건들은 그 직원의 가족들이 개성시장이 아닌 그 인근의 시장에서 판매를 한다고 한다(사례 E).

최근 개성공단을 직접적으로 다루지 않고 있지만 개성공단과 북한의 사회 변동을 이해하는데 매우 유용한 시사점을 찾을 수 있는 흥미로운 책이 한 권 출간되었다. 박소영의 『개성 각쟁이의 사회주의 적응사』는 북단 직후 남한의 지배를 받다가 한국전쟁을 통해 북한으로 편입된 '신해방지구'(남한으로는 미 수복지역이다)인 개성에서 수행된 신해방지구 정책을 분석하고 있다. 이 글과 관련하여 필자가 이 책에서 흥미롭게 본 것은 개성주민들이 자본주의와 사회주의를 모두 경험하면서 변화에 능동적으로 대응하였고 그 과정에서 스스로의 이익을 창출해 왔다는 점이다. 이것은 필자가 앞의 선행연구 검토에서 산업화가 기존의 규범체계와 갈등 없이 사회변동을 일으키는 사례연구들을 언급했듯이 사회주의체제 안에서 개성시라는 기존의 지역공동체가 유지되면서도 개성공단이 병존하는 사회현실과, 또 유연하게 사회변동에 적응해나가는 개성공단 근로자의 행위양식을 이해하는 데 도움이 된다.

나이(Nye)가 그의 저서에서 "북한 독재자 김정일은 피자와 미국 비디오를 즐기는 것으로 알려졌지만 그렇다고 그런 기호가 그의 핵개발 계획에 어떤 영향을 미치는 것은 아니다"라고 언급했듯이 소프트 파워의 행위와 그것을 생성하는 문화자원이 동일한 것은 아니다.[12] 마찬가지로 개성공단의 북한 근로자들이 매일 초코파이를 먹는다고 해서 그들이 모두 남한으로의 탈북을 꿈꾸거나 김정은을 수령으로 생각하지 않는 것은 아니다. 소프트 파워는 자발적 변화를 이끈다는 점에서 통일을 이루어가는 과정에서 중요하다. 개성공단을 통해 창출되는 경제적 이익이나 상호의존성의 증대보다도 더 중요한 것은 남북한 근로자들이 스스로 변화의 주체가 될 수 있다는 자의식의 형성에 있다. 또한 개성공단에서 일어나는 자발적 변화는 북한 근로자 일방의 변화만이 아닌 남한 근로자의 변화까지 포함하는 것으로, 궁극적으로 통일 이후 내적 통일을 위해 어느 것보다도 중요한 '상호존중' 또는 '인정'의 도덕적 가치를 습득하는 기회를 제공한다는 점에서 큰 함의를 찾을 수 있을 것이다.

---

12 조지프 나이, 위의 책, p.40.

개성공단에서의 보건의료 활동

_김정용

제8장 개성공단에서의 보건의료 활동

김정용

1. 개성공단의 의료 활동 시작

1) 개성 공업지구 내 남한 주재원들을 위한 의료 서비스

2005년 개성 공업지구가 시작되면서 남한 주재원들의 건강 유지와 질병 진단 및 치료를 위해 의료인과 의료기관이 필요하게 되었다. 이곳이 의료의 사각지대가 되지 않기 위해서 무료로, 제한된 공간에 거주하는 진료 의사들과 간호사들을 중심으로 (재)그린닥터스 개성의원이 시작되었다. 개성은 환자를 금방 후송할 수도 없는 곳이고, 사고로 응급환자가 생기면 후송하기까지 응급처치를 1~2시간 동안 맡아줄 기관이 필요하였다. 이런 이유로 2005년부터 시작된 (재)그린닥터스 개성의원은 주재원들의 의료 취약상태를 해소하고, 무상 진료를 통해 주재원들의 사기를 진작시키며 응급 상황에 대한 대책 및 후송뿐 아니라 주재원들의 심리적인 안정감에 기여하게 되었다. 이를 위해서 여러 기관, 여러 지역에서 달려온 자원 봉사 의료인의 헌신적인 수고가 있었다.

2005년 당시에는 이런 사람들이 있어 많은 시간을 투자하고 수고함으로써 사업이 열정적으로 전개되었다. 공업지구의 많은 주재원들도 감사하는 마음으로 여러 가지 필요 즉 숙소, 식사, 생필품 등을 나누었고, 그 속에 서로의 마음도 통하게 되었다. 여러 의료인들이 1주에서 몇 달까지 체류하면서 진료하였고, 작지만 아름다운 수고가 점점 열매를 맺어갈 수 있었다.

그러나 시간이 지날수록 이 일을 체계적으로 이끌며, 현장에서 오랫동안 상주할 책임자의 필요성이 대두되었다. 2005년 처음 7~8개월간은 부산 지역 여러 대학병원의 수련의들을 순환배치하였지만, 공업지구로 오는 순환 의료인 공급이 점차 어려워지면서 한계에 이르렀다. 개성은 의료인에게 적절한 재정적 지원이 있어도 외면되기 쉬운 곳인데 더욱이 지원이 열악한 상황하에서는 개성 근무를 자원할 의료인을 찾기는 정말 어려웠다. 마치 '찾는 자가 임자(Finders Keepers)'라는 속담처럼 자기에게 좋고 가치 있는 것을 찾을 때는 서로 가지려고 하지만, 발견한 것이 다른 사람의 문제이며 고통스럽고 힘든 희생이라면, 아무도 그것을 자기 것이라고 하지 않는다. 많은 사람의 아픔과 고통의 문제를 위해서, 의료 혜택을 간절히 원하는 그들을 위해, 우리가 조그만 수고를 통해 그들에게 응답하는 것이 얼마나 중요할까?

여러 곳을 찾다가 (재)그린닥터스가 의료 봉사하던 지역인 인도에서 한 의료인을 발견하고 여러 차례 이곳에 와줄 것을 요청했다. 김 원장은 인도의 의료 봉사와 열대 의학 연구를 뒤로 한 채 10월 이후부터 개성의원 진료를 준비하였고, 개성 공업지구 내에서 장기 근무 의사를 맡아 의료 시설을 책임지고 운영하기 시작했다. 그 해 후반부터는 밤낮으로 의료인의 순환배치와 관계없이 안정화가 시작되었다.

이런 가운데 여러 과의 많은 자원봉사 의료인들이 특진을 시작하였다. 주간 단위로 안과, 치과, 정형외과, 한방, 피부과 등이 함께하게 되었고, 그 당시 발생한 말라리아, 설사 질환 등 풍토병도 적극적으로 치료할 수 있게 되었다. 이것은 남과 북 모두에게 필요한 부분이므로 서로 협력해서 대처해야 할 문제였다.

2005~2006년의 개성의원은 남측 주재원 진료를 중심으로 시작하여, 의료진의 헌신적인 수고와 노력의 결과로 안정적인 자리매김을 하였다. 그러나 시간이 지날수록 남북 공동으로 협력해서 개성 공업 지구 안의 모든 사람들의 보건과 의료를 감당할 계획이 필요했다. 개성의원이 자리를 잡은 다음 해 2006년부터는 틈틈이 북한환자들도 직접, 간접적으로 의료기관을 이용하게 되었다. 25평의 작은 개성의원에서는 매일 남한 환자 40~60명을 진료하였는데, 점차 시설 및 장소의 확대 필요성이 대두되었다.

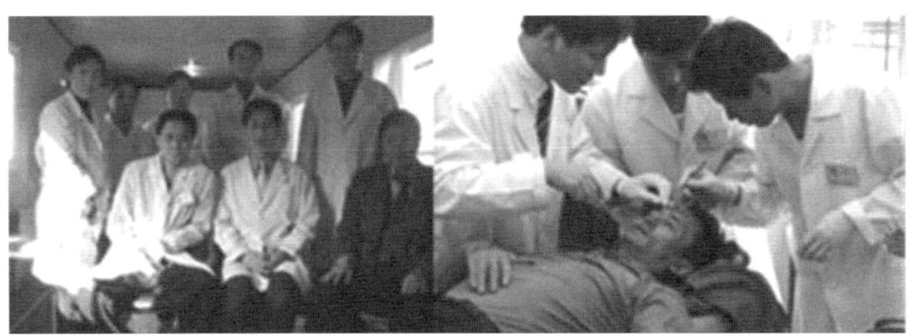

▶ 남북협력병원 초기 의료팀(왼쪽), 북한 사고환자 협력진료 모습(오른쪽)

2) 개성 증후군(개성 신드롬)

2004년 말부터 남한 사람들이 개성공업지구를 방문하고 상주하게 된 결과, 북한 사람들과 상대하여 말하고, 협상하고 행동하면서 자연스럽고도 특별하게 만들어진 증상들이 있었다. 이를 가리켜 개성 증후군이라 하는데, 개성에 온 남한 사람들 모두가 짧든 길든 개성 증후군을 겪는다. 주요 증상으로는 혈압 상승, 수면 장애, 밀폐공간에 대한 공포증, 정서적 불안과 화를 내는 것 등이었다.

첫째는 혈압 상승인데, 혈압이 정상이던 사람들도 스트레스와 긴장 때문에 혈압이 평상시보다 10~20정도 상승하였다. 따라서 정상인도 고혈압이 되고 고혈압이었던 사람들은 더욱 심각해졌다. 그런데 놀라운 일은 그들이 남쪽에서 혈압을 재보면 다시 정상으로 나온다고들 한다. 이러한 상황에 오래 노출되자 혈압 약을 찾는 사람이 많아졌다. 개성의원에도 예전의 혈압 약이 있기는 하지만, 새로운 약제들은 고가이고 장기 투여해야 하며 늘 부족하므로 환자들에게는 남쪽으로 내려갈 때마다 1개월~2개월 분량씩 받아오라고 권했다. 개성의원에는 혈압 약이 떨어졌을 때 환자들을 긴급하게 도울 수 있는 정도가 준비되었다. 스트레스 때문에 혈당 또한 대부분 상승해 있기에 함께 처치해 주어야 했다.

이런 상황이 지속되자 북한 사람들도 혈압을 측정하러 왔고 고혈압 약을 요청했다. 아마 그 동안 약이 부족하거나 아예 없어 치료하지 못하다가 필요했던 약이 개성공업지구 내에 소개되니 복용하고 싶어졌을 것이다. 남한 사람이나 북한 사람들이 이곳에 머물면서 스트레스를 해소하고자 술과 담배를 많이 하므로 혈압은 더욱 올라갔다. 더욱이 술과 담배는 공업지구 내 가게에서 면세가 되기 때문에 더 많이 소비하였다.

둘째는 수면장애이다. 많은 사람들이 병원에 와서 수면제를 요청하였다. 혼자 밤에 누워 있으면 가슴도 두근거리고 잠도 오지 않다가 잠이 들어도 한밤중에 일찍 깨므로 늘 피곤하게 된다. 환자에게 수면제 사용은 좋지 않다고 설명하며 다른 방법으로 상담을 해주었다. 저녁에 운동을 많이 하도록 권장하여 피곤해서 쓰러져 잠을 자도록 하였다. 어떤 이들은 밤늦게까지 술을 마시고 떠들다가 술에 취해 자신도 모르게 긴장과 경계를 늦추게 되어 잠이 든다고 하였다.

아침 일찍부터 작업이 시작되니 피곤이 누적되어 더 이상 견디지 못하고 개성의원에 와서 수액이나 영양제를 요청하기도 한다. 환자들은 대부분 수액을 맞기 시작하자마자 어느 사이에 깊이 잠들었다가 수액 투여를 끝낸 다음에야 일어난다. 북한 사람들과 일하는 동안 쌓인 스트레스도 잊고, 작업 완수를 위해 밀어붙이던 일도 잊은 채, 이곳에서만은 잠시라도 단잠을 자고 간다고 한다. 무료 진료를 해주니 더욱 부담이 없어 직장으로 돌아가 기쁘게 일하는 모습을 볼 수 있다. 수면 장애뿐 아니라 갑자기 자다가 일어나서 벽을 두드리거나, 벽을 긁는 분들도 있었다. 밀폐된 공간에서 공포감, 긴장과 스트레스를 연속으로 받으면 밤중에 이런 행동이 나타나기도 한다.

셋째는 감정 변화가 심해지는 것이다. 공업지구에 근무하는 남한 사람들은 불안을 느끼고 쉽게 화를 내는 자신을 보며 놀라는 경우가 많다. 평상시에는 침착하고, 평온한 사람들이었는데 어느 날 자신이 너무 쉽게 감정을 변화시키고 화를 내는 것을 발견한다. 대개 상대방의 상식을 벗어난 반응과 적대감, 피해 의식 때문에 마음속으로는 가득 차 있으나 표현하지 못한 채 쌓인 것들이 갑자기 드러난다. 개성 공업지구에 발을 들여놓은 후 6개월은 귀머거리 3개월, 벙어리 3개월로 보낸다. 북한 사람에게는 말을 조심해야 한다. 모두가 늘 100만 평의 제한된 공간 속에서 살아가기 때문에, 남한 사람끼리 한 말들도 24시간만 지나면 소문이 되어 자신의 귀에 전달되니 긴장이 더욱 심해지고 마음을 드러낼 수 없게 된다. 이곳에서는 입출경이 정해진 날만 가능하고 응급 상황이 닥쳐도 2시간가량 절차를 거쳐야 하므로, 생명이 위험하지 않은가 하는 심리적 불안감 및 걱정도 있다.

이 모든 증후군을 해결하기까지는 시간이 최선의 약일지도 모른다. 하지만 사람들 대부분이 스스로의 방법을 터득해 갔다. 개성의원은 더욱 문턱을 낮추어 항시 드나들 수 있게 하였고, 마음껏 대화하는 공간을 만들어 주었다. 혈압약이나 수면제보다는 운동을 장려하였고, 술, 담배보다는 많은 대화

창구와 수액제를 공급해 주었다. 저녁 시간에 삼삼오오 스포츠 동아리가 만들어졌고 어학을 중심으로 대화하는 모임도 생겨났으며 종교 활동도 진행되어간 결과, 개성 공업지구의 주재원들은 신체적 정신적 활력을 되찾았다.

3) 개성 말라리아 초기 대응

DMZ는 말라리아 모기에게 천혜의 서식지가 된다. 아무도 들어가지 않고 아무런 방역도 하지 않으니 이 모기들은 갈대 숲 속에서 겨울을 난 다음 봄이 오면 남과 북으로 70Km까지 날아가서 생명의 몸부림을 시작한다. 개성 공업 지구에서는 이들로 인해서 남과 북이 서로의 피를 나누는 일이 전개된다. 왜냐하면 말라리아에 감염된 모기들과 감염되지 않은 모기들이 공업지구 내에서 남과 북을 가리지 않고 여러 사람들을 부지런히 물기 때문이다.

2005년을 아무런 대비 없이 지난 후에 2006년 봄을 맞이했다. 북한 직원들은 이미 말라리아 예방약을 매년 5월에서 7월 사이 매달 1회 투여 받았으므로, 모기에 물려 감염되어도 자신을 보호할 수 있다. 북한 사람들은 예방을 목적으로 항 말라리아 제재인 클로로퀸을 쓰는데, 이 약은 그 자체가 많은 부작용을 일으킬 뿐 아니라 내성이 생기지 않았을까 우려되기도 했다. 말라리아는 국제적으로 조기 진단과 치료가 원칙이며 효과적 방역 사업을 해야 하지만, 그들의 선택은 어쩔 수 없었다.

2006년 봄이 되면서 드디어 말라리아의 경고가 남한 주재원에게 왔다. 개성의원 한쪽 구석에 있던 낡은 현미경을 찾아내어, 검사 키트도 없이 모기에 물린 경험이 있고 열이 나는 많은 사람들을 현미경으로 진단하기 시작했다. 말라리아가 1년 이상 잠복한 경우를 의심할 만한 사람도 많았다. 혈당검사를 하듯 손끝을 찔러 박층 및 후층 도말 슬라이더들을 만들어서, 염색하고 말린 다음 현미경으로 들여다보며 진단하는 경우가 하루에 20~30명에 이르렀다. 그 중 몇몇은 치료한 뒤 3일 후에 다시 현미경으로 검사하여 경과를 살폈다. 김 원장 혼자서 이 모든 과정을 시행하기엔 역부족이었는데도 밤늦게까지 현미경을 보았다. 검사 키트도 없고 낡은 현미경만으로 진단해야 하니 성능과 효율도 낮고, 염색 시약도 부족하여 많은 어려움이 있었다. 당시 두 자리 숫자의 확진 환자들은 치료해 주었고, 열이 많이 나는 사람들은 진단과 관계없이 본인의 의견에 따라 남쪽으로 출경할 수 있었다. 그러나 열이 적고 의심 징후만 있는 환자들은 출경할 수 없었다. 그때는 말라리아 활성화 시기였으므로 치료 및 예방 차원에서 말라리아 약을 투여하였다.

이것이 계기가 되어 보건복지부에서도 말라리아 문제에 관심을 갖게 되었다. 신형 현미경을 갖추고, 간편한 말라리아 검사 키트도 보급되고, 염색 시약뿐 아니라 말라리아 치료약 및 예방약이 공급되자 그 이후부터는 말라리아 진단과 치료에 날개가 달렸다. 남쪽으로 유입될 말라리아의 예방과 치료를 통해서 역학(疫學)적 의미도 새로워졌다. 초기에는 북한 환자들이 우리들의 말라리아 치료 및 예방을 관망하다가 이후 조금씩 관심을 갖고 우리에게 문의하기 시작했다.

2. 통일의료의 첫걸음, 개성협력병원

개성공업지구에서는 그 당시 북한 근로자를 위한 현대아산 구역의 총국 내에 북한 의료인 5명이 낮 시간에만 근무하며 일차적 진료를 하고 있었다. 그곳에는 내과, 외과, 산부인과 의사들과 간호사 2명이 있었다. 근로자 숫자가 증가하고 환자가 밤낮으로 발생하게 되자 야간에는 남측 진료소로 와서 남한 의료인의 진료를 받게 되었다. 뿐만 아니라 공업지구 전체의 환자들을 담당하기에는 시설과 장소, 인원, 약품 등 모든 것이 충분치 못했기에 이런 여러 필요가 대두되어 2006년 중반부터 인력 재정, 의료품, 기타 시설 제공을 (재)그린닥터스 개성의원에 요청하였다.

이 일을 계기로 개성의원은 의약품 지원부터 시작하여 여러 차례 모임을 열고 협력병원의 모형을 만들어 나가기 시작했다. 개성협력병원은 남북이 한 공간에서 같이 일하여 쌍방에게 의미가 있도록 운영한다는 전제 조건이 있었고, 시설물도 같이 활용하기 위해서 전체를 운영하는 주체와 내규를 정했다. 남측 의료인에게는 월급 개념이 없었기 때문에 북측 의료인 지원금을 따로 책정하고, 구체적인 지원 항목 등도 협의했다.

드디어 2007년 초부터 (재)그린닥터스 개성협력병원을 남북 공통의 전체 이름으로 결정하고 진료를 시작했다. 남북 환자들은 두 출입구로 각각 출입하고, 중앙은 유리창으로 만들어 서로 왕래하며 협력진료의 모형을 만들어 갔다. 남쪽 입구는 유리문에 (재)그린닥터스 개성협력병원이라는 명칭을 그대로 쓰고, 북쪽은 종합진료소라는 이름을 썼다. 하루에 남쪽 환자는 40여 명, 북쪽은 160여 명을 진료했으므로, 명실 공히 하루에 남북 환자 200여 명을 진료하는 개성 협력병원이 되었다. 의료 시설은 부족하나 의사 숫자만은 병원 급이었다. 예전의 개성의원은 25평이었으나, 개성협력병원은 120여 평 공간을 마련하고 그에 걸맞은 시설과 장비를 갖추었다. 남쪽의 무상진료, 협력진료, 무보수 자원 봉사진료라는 방식이 북측의 예방진료, 무상진료, 호 담당제 등과 어울려서 통일 의료의 새로운 모습을 갖추게 되었다.

초기에는 매달 2회 정도 남북 의료 세미나를 열어서 여러 가지 차이점이 있는 의료 내용과 개념을 서로 맞추어 갔다. 초기엔 남쪽 진료실에 상주 간호사가 없어 여러 업무를 지원해주는 북측 간호사들이 함께 일했다. 의료는 본질적으로 서로 가까이 가야 하기에 남과 북이 한 식구처럼 일을 해나갔다. 남한 의료의 특징인 영어 단어로 기록된 진료 기록부를 알아가기 위해서 북한 의료인들은 부단히 노력한 끝에 한 달이 지나기 전에 적응했다. 남북 의료진이 점차 손발을 맞추어 가자 환자들도 즐거워했고, 병원은 철저한 관리하에 작은 부분 몇 가지씩을 숙달시켜갔다.

2007년부터 역사적인 남북 협력병원이 만들어진 결과 북한 종합 진료소를 지원하는 대신 한 공간에서 남북한 환자들이 진료를 받게 하였고 간호 인력의 부족도 공급 받았으며, 북쪽 치과의사도 고용하여 개성협력병원은 작지만 명실 공히 통일 의료의 첫걸음이 되었다. 남북 의료인들의 배경, 교육 환경, 진단과 치료의 접근, 환자에 대한 태도, 의료기 및 약품의 사용 차이가 있기는 했으나, 생활과 문화의 차이 속에서도 언어가 같다는 한 가지 장점을 가지고 모든 문제를 해결해나갔다. 시행착오도 있었으나 여러 번 토론, 다툼, 갈등을 거쳐 협력의료, 통일의료의 꽃을 피웠다. 협력병원의 꽃은 수고와 양보, 인내였다. 생각해보면 오랜 고통과 갈등 속에서 인도주의적인 의료 및 보건을 상징하는 통일의 꽃들을 잘 가꾸어 피우기까지 많은 사람들이 수고하고 양보하며 인내했다. 아무것도 거저 되는 것이 아니었다. 서로가 꼭 필요한 것에 대해 정확하게 인식하고, 일방적 태도 대신 협력과 상호유익을 통해 결과로 보람을 느끼게 해야 한다.

당시에 이 의미 있는 협력병원을 만들기 위해서 활용한 것은 관리위원회의 숙소를 철거하며 생긴 가건물들의 재료와 기타 자원들이었다. 그런 것들을 활용해서 1억 남짓한 돈으로 120평의 협력병원을 만들었다. 많은 자원으로 번듯한 건물을 짓기보다 꼭 필요한 것으로 실속 있게 만들었다. 여러 업체들도 필요한 물품들을 하나씩 후원하였다. 의료장비들은 남쪽에서 여러 단체와 병원들의 도움으로 마련했다. 이것은 한 사람의 소유가 아니다. 남과 북의 주재원과 근로자를 위하여 그들의 건강과 보건을 향상시키려고 모든 사람들이 노력한 결과로 받은 귀한 산물이다.

초반 개성협력병원은 통일을 염원하며, 인류의 건강과 행복을 위한 숭고한 의미를 유지하려는 총체적인 노력과 헌신으로 만들어진 것이기에 남과 북 어느 쪽도 거부감 없이 기대에 찬 협력 진료를 시행했다. 그러나 시간이 지날수록 초심은 변질되고 정치적인 영향을 받기 시작하면서 남과 북의 중간 유리문은 닫혀갔고, 서로 갈등을 일으켰다. 급기야 정치적인 상황과 맞물려 협력병원 내 남북이 조금씩 거리를 두게 되었다.

세월이 지나 서로의 이해가 깊어지자 공식적으로는 거리감 속에 있으나 실제 협력은 발전되어 갔다. 의미 있는 의료를 통해 서로 이해하며 통일의 자신감을 품는 모습을 보여주었다. 의료를 통해서 시작하다 보니 어느 누구나 거부감을 사그라뜨리고 인도적 사명감으로 서로 이끌어주게 되었다. 밤마다 당직처럼 불려 나오던 나를 위로하듯 자신들이 밤마다 당직을 자처하여 나를 쉬게도 해 주었다. 협력병원에 걸맞게 여러 과목 진료도 이루어졌고 특히 남한 한의사들과 북한 고려의학이 만나는 시간도 서로에게 큰 의미를 남겼다.

2007년 한 해는 정치적으로도 개성공업지구 사업이 활성화되고 개성협력 병원도 발전하면서 공업지구가 모든 면에서 가장 왕성한 모습을 보여주었다. 생산이 늘고 건물이 확장되어 남한의 많은 작업자들이 거주하게 되자 밤낮으로 사고 환자들도 많아졌고 하루에도 몇 명씩 후송하기도 했다. 남북의 모든 인원이 증가하자 남북의 구급차 두 대는 개성 및 일산, 문산, 파주 등지로 분주하게 응급 후송도 해나갔다. 이런 와중에 개성 관광도 성사되자 관광객 중에도 진료가 필요한 사람들이 생겼다. 개성협력병원에 대한 관심도 더욱 증가하고, 의료진도 하루하루 기대감 속에서 지내게 되었다.

병원 내 X-ray 기계가 남북의 중간 구역에 있었기에 북한 환자들이 하루에도 몇 명씩 넘어와서 흉부나, 사지, 척추부분의 골절유무를 보기 위해 사진을 찍었다. 방사선사가 없으므로 원장이 직접 사진을 찍고 자동 현상기로 인쇄했다. 현상기 시약을 교체하는 것도 큰일이었다. 때로는 이것이 문제가 되어 이 곳에서 중요한 의료 장비인 X-ray기를 사용 못하게 되기도 하였다. 이따금 가동하는 초음파기도 비슷한 방식으로 썼다면, 북한 산모들도 남쪽 기구를 같이 사용하며 협력하는 기회를 많이 만들어 갈 수 있었을 것이다. 그러나 한 단체에서 북쪽 진료소에 직접 초음파기를 기증하는 통에 이런 기회를 만들지 못하게 되었다. 협력 진료의 목적은 가능한 서로 많이 부대끼며 의학적 교류를 하는 것인데 초음파기 기증 때문에 초음파 협력 사업은 오래 가지 못하였다.

▶ 남북의료협력 진료 및 세미나 장면(왼쪽), 2007년 개성협력병원 개원식(오른쪽)

2008년 중반부터 더욱 많은 관심 속에 자원봉사자도 늘어났고, 여러 단체의 재정, 의료품, 의료기 후원도 늘어났다. 북한 의료 인력도 7명에서 20여 명으로 늘어나 협력 의료의 박차를 가해 나갔다. 그러나 사람들의 관심이 집중되는 것은 개성공업지구 의료 보건에 도움만 되는 것은 아니었다. 이권을 취하려는 사람들도 개성에 모여들게 되면서 순수한 동기와 수고를 방해하기도 하였다. 즉 사회적, 정치적인 유익을 추구하려는 사람들의 야망 때문에 개성 공업지구의 남북한 환자들에게 맞추었던 초점(focus)이 약간 다른 쪽으로 기울어졌다.

그 해 중순부터 장기로 상주하며 책임자를 맡았던 김 원장도 이런 저런 여러 이유와 개인적인 사유로 6~7개월간 상주하지 못하게 되었다. 그러자 낮에는 순환 의료인이 자리에 있더라도 밤에는 간간이 의사 자리가 비어있는 모습이 나타나기 시작하였다. 이유가 어떠하든, 공업지구 내에서 남북 환자들을 위하여 남북 의료인이 상주하며 협력병원 사업의 가치를 유지하는 일이 중요하다.

2009~2010년 동안에 개인적인 질병 치료의 단계를 넘어서서 감염병을 위한 예방 사업에서도 진보를 이루었다. 독감 백신을 후원 받아 접종하고, 말라리아 진단 치료 및 방역사업을 시행하며, 대량의 설사환자 발생 시 수액 지원 및 수질검사도 시행하였다. 정치적인 경색도 있었지만 협력병원을 통한 남북 보건 의료 사업은 잘 유지되어 갔다.

2011년부터 다시금 남북한 환자들에게 초점을 맞추고, 상주 의료인을 중심으로 남북 의료진이 재정비되었다. 개성공업지구를 넘어서 북한 다른 지역까지 직접, 간접 진료를 하기 위한 의료기지(base camp)의 역할도 하고, 남북 말라리아, 결핵 환자 진료에 진보를 이루고 첨단 X-ray 장비로 북한 환자들의 여러 필요를 채우며, 실제적 훈련도 하고, 대장내시경, 위장내시경, 초음파 등의 다양한 영역에서 남북한 환자들에게 특별 진료의 기회를 제공하며 의료진을 훈련시키는 계기를 맞이하였다.

2012년 말까지 개성 협력병원 진료 건수는 2005년에서 2006년 말까지 남한 환자는 11,200명에 이르렀으나 북한 환자는 2,200명에 불과했다. 남북 협력병원이 되면서 2007년부터 2011년까지는 남한 환자를 매년 5천 명에서 7천 명쯤 진료하고, 북한 환자는 매년 5만 명에서 7만 명씩 진료하였으므로, 누적 합계는 남한 환자 4만 2천 명, 북한 환자 25만 명에 이르렀다. 2012년 12월 말 개성협력병원이 철수할 때까지 지난 8년간 남한 및 북한 환자 총계 는 각 5만여 명 및 30만여 명으로 누적 합계 약 35만 명을 진료하였다.

3. 개성협력병원의 진료활동

1) 개성 말라리아 퇴치

2007년 봄이 오자 말라리아 사업을 위해 병원 내 시설 및 진단 재료를 정비하였고 관리위원회와 보건 담당자도 갖추었으며, 개성공업지구로 방역 차량을 불러서 방역사업을 시행하였다. 그 결과 2~3년이 지나자 말라리아 환자는 한 자리 숫자로 줄어들었다. 보통 말라리아로 의심되어 열이나고, 추위를 느끼는 사람들에 대해서는 개성협력병원에서 두 종류 도말 슬라이드의 현미경 검사와 말라리아 키트 검사까지 아울러 시행하였으므로, 말라리아 여부가 분명하게 확진되었다. 이곳 삼일열 말라리아(vivax malaria)는 생명에 지장이 없는 양성 말라리아이기 때문에 3일간 출퇴근하며 말라리아 약물 치료와 수액 등 보조 치료를 시행하였다. 이렇게 하면 근로자들이 각 업체에 머물면서 맡은 업무도 어느 정도 진행할 수 있고, 질병 또한 점점 환자들의 걱정에서 사라지므로 "말라리아는 개성에서"라는 단어도 생겼다. 실제로 아프리카 등에서 말라리아에 걸리면 현장에서 치료하는 것이 가장 최선이라고 한다. 사실 열이 많은 말라리아 환자를 본인의 의견에 따라 후송해보니, 병원에 입원하는 약 1주일 동안 잦은 채혈, 보건소 보고 및 점검, 많은 비용 지불, 현장 일터의 근무 공백으로 불편을 호소하는 일이 있었다. 3일 후 다시 현미경 검사를 하면 환자들이 정상으로 돌아오므로, 이때부터 재발 방지 약을 14일 투여한다. 증상이 소실되면 아무런 문제가 없다고 생각해서 성실하게 먹지 않는 사람들도 있었다. 이 모든 과정을 비용도 없이 해주니 모두들 좋아 했다.

이렇듯 현장에서 말라리아 검사와 치료의 소문이 북한 의료인들에게도 전달되자 이 부분이 협력 진료의 계기가 되었다. 그들에게 진단 및 치료 방식을 알려주고, 진단 키트 및 치료약 등도 지원해 주었다. 그러나 그들은 자신들이 해온 방식대로 항 말라리아 제재로 쓰이는 할록신을 예방약으로 써서 매달 개성 공업지구 근무자 전체에게 먹였다. 그 결과 증상은 약해지지만, 진단이 늦어지고 약제 부작용도 심해졌다. 무엇보다도 이 약제에 내성이 생긴다면 남한 사람들도 개성에서 걸리는 말라리아에는 2차 3차 약을 써야 하는 어려움을 겪게 될 수도 있다. 개성 말라리아 상황은 생각보다 심각했다. 우선, 개성공업지구에서 나타나는 말라리아는 소위 "겨울 말라리아"라 불리는 현상을 보인다. 개성 말라리아는 잠복기가 길어서 여름에 모기에 물린 후 6개월 이상 지나서 겨울철에 감기 몸살처럼 다가온다. 다행히 질병 기전(機轉)이 악성 말라리아와는 달라 생명에 지장을 주지 않는 양성 삼일열 말라리아이지만 겨울에는 보통 놓쳐버리기 쉬운 질병이다. 영하 10도 ~20도로 추운 개성 공업지구의 겨울철에도 말라리아로 진단 치료받는 사람들이 간간이 보였다. 이러한 증상이 있는데도 만일 감기약만 먹는다면 발열, 탈수, 몸살 증상을 2주간이나 고통스럽게 겪어야 하며, 적혈구가 깨어져 빈혈이 생기고, 간, 비장이 커지는 증상으로 무기력해져서 작업 능력이 현저히 저하된다.

둘째, 개성공업지구에서 나타나는 말라리아는 "재발 말라리아"의 전형적인 모습을 보여준다. 비록 재발 방지 약을 14일간 복용해도 10명 중 2~3명은 재발을 경험한다. 보통 잠복기가 1~2개월이 아니라 5~6개월 심지어는 1년이 되므로 다음 해 모기가 날지도 않았는데 재발 말라리아 증상으로 오는 사람들이 있었다. 이유는 사람마다 다르지만 재발 방지 약 유무에 관계없이 간 속에 잠자고 있던 말라리아 원충들이 조건이 되면 혈액 속으로 나오기 때문이다. 어떤 주재원은 3~4차례 재발 치료한 사람이 있었다. 재발한 경우도 역시 조기 진단 및 치료하면 3~4일로 끝난다.

셋째, 개성공업지구에서 근무한 사람들은 다른 이유 없이 말라리아 지역에 있었다는 이유만으로 "헌혈 못하는 사람"이라는 꼬리표를 달고 다니게 되었다. 그렇다면 개성의 북한 사람들도 수혈을 못할 뿐 아니라, 아프리카, 동남아, 인도 등 말라리아가 만연한 지역의 사람들은 절대 헌혈/수혈이 금지되어야 한다는 논리가 된다. 그러나 사실은 그렇지 않기 때문에 글쓴이는 보건부에 여러 번 건의하였다. 현재 열이나 몸살 증상이 없으면 말라리아에 감염된 적혈구가 혈액 속에 전혀 없으므로 다른 사람에 감염되지도 않으며, 더욱이 개성 말라리아는 생명에 지장이 없는 양성 말라리아이다. 그런데도 이런 정책을 유지하는 것은 진지하게 재검토해야 할 부분이다.

넷째는 개성공업지구 말라리아 예방/방역 사업의 성과가 분명하다는 것이다. 매년 파주보건소가 방역 사업으로 수고하고 있으며, 개성공단 관리위원회에서도 방역업체를 고용하여 효과를 본다. 말라리아 방역 사업에서는 원충을 전달하는 매개체인 모기의 증식을 억제하는 것이 좋은 일이다. 그러나 장소는 넓고 흩어진 공장들을 다 책임지기는 어렵다. 한 때 개성 시내에서 들어오는 말라리아를 줄이려는 계획으로 양성 말라리아의 재발을 방지하고 및 배우체(gametocyte)를 죽이는 기능의 '프리마퀸(primaquine)'을 대량 지원하는 일이 있었다. 사실 효과는 크게 기대하기 어렵고, 사용법도 근거가 없다. 도리어 약제 내성을 만들고, 산모나 유아 및 선천적으로 혈액 내 효소가 부족한 자에게는 용혈현상이 생길 수도 있다. 이런 부작용에 대한 대책도 없이 개성에 전달하고 지원하는 일은 다시 생각해서 개성공업지구의 보건과 의료에 유익이 되도록 가다듬어야 한다.

개성공업지구에서는 시간이 지날수록 말라리아가 점점 사라지게 되었다. 많은 사람과 담당 부서가 수고한 결과이다. 파주, 문산, 철원, 강화 등 DMZ와 가까운 곳에도 전문적인 방역, 진단, 치료를 발전시켜 20년 전부터 재출현한 한국 말라리아의 확산을 방지하고 말라리아 청정지역으로 새롭게 평가되기를 기대해 본다.

2) 특진과 협력 진료의 에피소드

개성공업지구에서는 자원봉사 특진 의료진들이 당일 혹은 1박 2일로 머물면서 남한 주재원들의 치과, 외과, 소화기 내과, 영상의학, 통증의학, 산부인과, 한방, 안과, 피부과 등 다양한 과목의 의료 필요를 채워주었다. 가장 효과적인 부분은 치과 의료진의 방문 및 진료이다. 한 치과의사는 몇 달동안 규칙적으로 출입하면서 진료하였다. 남한 환자들을 치료할 뿐 아니라 협력병원에서 함께하던 북한 치과의사와 협력 진료를 하기 위해서 경북대 치대 교수 및 그 제자들이 몇몇 원장을 중심으로 수년간 꾸준히 매달 방문하여 진료를 하였다. 개업 중인 몇몇 원장들도 규칙적으로 남북한 환자들을 진료하였고 비싼 치과 재료들도 많이 공급해 주었다. 개성협력병원 외에도 관리위원회에서 연내 몇 차례 치과 협회 의료진을 초청해서 치과 진료의 필요를 채워주었다. 개성협력병원에서 북한 치과 의사를 통해 북한 환자들도 매일 3~5명 정도 진료를 받게 되었으나, 아주 제한된 사람들만 진료를 받을 수 있었다.

다음으로 외과부분의 특진도 의미가 있었다. 정형외과 의사나 일반외과 의사들이 매달 1~2회 규칙적으로 방문하여 필요한 수술들을 했는데, 그 중에서 북녘 환자의 오래된 손등 양성 종양(kerato-acanthoma)을 제거하는 수술과, 제거 부위의 피부이식을 위한 첫 남북협력 수술의 기억이 생생하다. 한 성형외과 원장 부부의 수고로운 집도 및 북한 외과의사, 내과의사, 북한 간호사들의 협조로 그날 작은 수술실은 꽉 차 있었다. 이식한 부분을 2~3주간 안전하게 덮어주었고(dressing), 피부가 치유되는 어려운 과정은 상주하는 의료인이 담당하여 결국 성공하게 되었다. 마지막 치료 시 환자는 감사 선물을 가져다주었는데, 그 이후엔 개성 공업지구에서 더 이상 그를 보지 못했다.

위 내시경을 위해서 소화기 내과 의사들이 규칙적으로 와주었고, 특히 연대 의대 교수를 중심으로 여러 소화기 내과 팀이 이 일을 진행해 주었다. 대구시 전 현직 의사 회장 및 다른 내과 의료진도 규칙적으로 내시경 및 초음파 진단을 하였다. 광주시 의사들을 중심으로는 규칙적인 대장 내시경을 시행하여 암 및 용종 등 진단에 큰 도움이 되었다. 사실 남쪽에서 이런 것을 하려면 시간도 많이 들고 예약도 해야 하며, 많은 비용도 지불해야 하지만 이곳에서는 그들 모두를 무료로 진료하였다. 간간이 안과 진료를 위해 (재)그린닥터스 본부 안과 원장 및 여러 안과 의사들이 이곳에서 특진을 시행하였고, 통증 치료를 위해서 개업 원장들이 규칙적으로 방문하여 헌신적인 기여를 하였다. 여기에 한의사 원장 중심으로 한방 진료도 이루어진 덕분에 북한 고려의학과 협력 진료하는 계기도 마련되었다. 산부인과 특진을 위해서는 산부인과 여성 원장 및 다른 의사들이 방문하여 북한 산과 의사들에게 초음파 교육도 하였으며, 개성 공업지구 내의 북한 근무자 5만 명 가운데 임산부 500여 명의 진단을 위해 여러 필요한 것들도 기여해 주었다.

이러한 특진은 남한 사람들의 필요를 적절히 도와주었을 뿐 아니라 북한 의료인들에게는 좋은 교육의 기회가 되었으며, 북한 환자들 몇몇에게도 도움이 되었으리라 여긴다. 많은 병원, 여러 지역에서 온 자원봉사 의료인들이 헌신적으로 특진을 실시하여 개성협력병원의 중요성을 새롭게 해주었다.

▶ (차례로)안과 진료, 남북협력 첫 수술, 말라리아 진단검사, 남북환자후송용 구급차들

3) 사고와 응급 후송

개성공업지구에서는 매년 평균 30~40여 건 남한 응급 환자들이 긴급하게 출경하였다. 이에 반해 북한 종합진료소에서는 매일 1~2건, 매달 30~40여 건 개성 시내 인민병원으로 후송하는 일이 있었다. 개성협력병원 앞에 세워진 응급차량 두 대는 항상 남과 북으로 여러 종류의 응급환자들을 실어 날

랐다. 팔 다리 손 부위의 외상과 열상 환자도 있었고, 여러 부위 골절환자도 있었으며 내과 부문에서는 급성 충수염 등 복통 환자, 가슴 통증을 동반 심장질환 환자, 두통과 구토를 동반한 뇌 증상 환자, 심한 고혈압 및 당뇨병 환자, 여러 장기에 있는 결석으로 인한 통증 환자, 사고로 인한 응급 환자 등이 있었다.

남북 모두 서류를 작성해서 출입사업부에 전달하면 이곳에서 시작해서 남북 군부 및 유엔사령부에 전달되고 서류가 바쁘게 여러 곳을 움직인다. 다행히도 낮 시간이면 이 모든 과정이 쉽게 협조적으로 이루어지지만, 환자가 밤에 발생하면 닫힌 양쪽 출입문을 여는 것이 참으로 어려웠다. 한밤중에 응급 환자를 싣고 양쪽 출입문을 열어 깜깜한 도라산 출입 사업소로 향하는 길을 내려가면 두려움보다는 환자에 대한 염려로 가득 찬다. 환자를 돌보면서 긴급 출경 수속을 하고 어떤 때는 직접 운전하려니 바쁘고 힘들었지만, 이 모든 일들이 한 사람의 생명과 건강을 위한 것이기에 힘을 다해 진행했다. 남쪽 도라산 출입사업소로 내려가서 이미 온 구급대 차량이 있으면 인계 및 이송을 하고 구급대 차량이 없으면 직접 일산 백병원 및 다른 병원까지 운전대를 몰아 달려갔다. 낮 시간에는 개성공업지구로 돌아가지만 밤에는 개성 공업 지구로 돌아가지 못하고 도라산 출입 사업소에 몇 시간 머물다가 아침 첫 시간에 돌아간다. 환자들을 위해 밤늦게까지 응급치료와 후송을 마치고 밤새 거의 자지 못한 채 개성 공업지구로 돌아가면 많이 피곤해진다. 환자들을 위해 이 모든 과정을 완수하고 도움을 줄 수 있었다는 보람만이 유일한 위안이 었다.

세월이 지날수록 조직이 체계적으로 움직였지만 거쳐야 할 곳이 너무 많아 출경을 하기까지는 평균 두 시간이 필요했다. 특히 시급을 다투는 환자를 이송할 때에는 마음이 타들어갔다. 1시간 내로 출경한 경우도 있는데 이때는 남북 모두가 합심해서 수고하여 한 생명을 살릴 수 있었다. 또한 교통사고 환자가 여럿 한꺼번에 생겼을 때는 혼자서 감당할 수 없어서 인도주의 차원에서 북측 의료진에게 도움을 요청하여 함께 일을 진행해 나갔다. 거꾸로 북측에서 응급환자가 발생했을 때에도 함께 협력해서 진단 치료를 의논하기도 했다. 이러한 경험 속에서 협력병원의 진정한 의미를 알게 되었다. 응급 상황처럼 긴급할 때 남쪽이든 북쪽이든 마음을 다해서 여러 모로 도와주는 모습이 아름다운 작은 통일이다.

한번은 공업지구 내에서 교통사고가 났다는 연락을 받고 현장으로 달려갔다. 환자가 2명이 있어서 급히 개성협력병원으로 후송해서 진료를 하다가 북한 의료인에게 도움을 요청해서 함께 진료하게 했다. 한 응급 환자가 말을 할 수 있게 되어 상황을 들으려고 하는데 북한 말씨였다. 북한 의료진들에게 웃으며 말하기를, "더 이상 나를 돕지 말고 2명 환자들을 북측 진료팀으로 데리고 가라." 하고 보냈다. 사실 환자 중 한 명은 너무 인상이 좋아 남한 응급 환자로 착각하였다.

어떤 경우에는 현장으로 응급차량이 달려가니 이미 사망한 경우였다. 처음 경험하는 이런 상황에서는 그 순간 떠오르는 기지가 필요하기도 했다. 긴급히 심폐소생술을 하면서 개성협력병원으로 데리고 와서 구급차에 실은 채로 후송의뢰서를 빨리 준비하고 인공 호흡도 지속하였기에, 한밤중이었지만 30~40분 내에 출입문을 열고 남쪽 도라산 출입 사업소까지 후송하였다. 그리고는 남쪽 차량에 인계해 주었다. 만일 현장에서 사망이라고 했으면 구급차로 후송할 수 없으므로 남쪽 영구차가 올라와서 시신을 수습하고 인계해야 하였다. 그러려면 절차도 복잡하고, 시신을 안치할 곳도 없는 데다, 정밀 조사도 북쪽에서 시행하는 등 일주일 이상 시일이 걸릴 수도 있다고 했다.

어떤 때는 허리가 심하게 아프다고 해서 통증 주사를 놓고 긴급 출경을 하여 한밤중에 내려갔다. 이 일을 처리하려면, 남북의 여러 부서에 속한 사람들 10여 명 이상을 깨워야 하는데, 이는 모두에게 번거롭고 힘든 일이었다. 그런데 남쪽으로 후송하고 나니 걷지도 못하던 그 환자가 갑자기 벌떡 일어나 구급 차량으로 걸어갔다. 자신의 필요를 위해서 조금 아픈 것을 많이 아픈 것처럼 과장하여 한밤중에 남과 북의 많은 사람을 수고하게 하는 '얌체'도 있었다. 이 사건이 계기가 되어 허리가 아프다는 사람은 긴급 출경 시 시간도 연장되었고 밤에는 거의 나갈 수 없게 되었다. 이런 일 때문에 정말 아픈 환자들이 피해를 보게 되었고, 남과 북의 보건 의료 분야에서 신뢰를 깨는 경우도 있었다.

(재)그린닥터스 개성협력병원은 헌신적으로 자원봉사를 하는 의사들 1~2명이 맡아서 밤낮으로 환자들에게 무상 진료와 응급 처치를 해주고, 구급차로 응급 후송도 해주었다. 자기 비용으로 개성에서 숙박하기도 하고, 아침 일찍 개성으로 올라와 쉬지 않고 진료를 하는 사람들이 지난 수년간 있었다. 개성공업지구 내에서 응급처치 및 후송을 하는 중요한 요령은 북측 출입관련 부서와 협조 관계를 유지하는 것이다. 그렇게 해야 출입 시간을 더욱 단축시킬 수 있다. 돈과 관계없이 순수하게 환자를 대하고 응급처치를 하는 따뜻한 마음이 전달되었기에, 모두가 힘을 합쳐서 서로 감사하는 마음으로 오랜 세월 진료를 시행할 수 있었다. 이런 관계의 장점에 덧붙여 정부의 지원으로 협력병원 안에 의료장비 및 시설을 보충하고, 의료 인력 단 한 명을 위한 예산만이라도 지원해 주었더라면 금상첨화였으리라 생각해본다.

4) 전염병 예방과 진료

개성공업지구에서는 사고환자나 응급환자, 말라리아 환자 이외에도 여러 가지 풍토병이 다른 사람에게 영향을 주었다. 계절마다 찾아오는 독감 및 조류독감, 여름철 꽃가루 및 노란 나방이 극성을 피워 생기는 피부병, 유행성 결막염, 여러 원인에 의한 설사 등이 대표적이다. 이런 질병은 남과 북이 공통으로 당면한 문제이며, 서로 힘을 합쳐서 해결하지 않으면 근본적 해결이 되지 못하는 것들이다.

첫째는 꽃가루 및 노란 나방에 의한 알레르기성 피부병이다. 저녁에 운동하는 것이 개성 증후군에 많이 도움이 된다고 해서 다니다 보면 모기에 물리기도 하고, 밤중에 불빛을 따라 찾아다니는 이름 모를 노란 나방과 꽃가루에 자극을 받아 붉은 반점, 가려움증을 동반한 피부 자극 때문에 내원한다. 때로는 단기간 내 60~70여 명이 한꺼번에 몰려든다. 거의 1개월간 이 환자들에게 주사와 약물, 연고를 투여하니 잘 치료되었다. 북쪽에서도 이 문제 때문에 연고를 많이 요청한다. 몇 해 동안 분무기로 방역을 하고 운동할 때 긴 옷을 입는 등 적극적인 대책을 세운 다음부터 이런 질병이 계절별로 잠깐 왔다가 사라지고 그 숫자도 줄어들었다. 이따금 농가진(impetigo, 고름딱지)이 생겨서 더욱 오래 치료하는 사람들이 있었는데, 더운 여름날에 이런저런 것으로 불편을 겪는 남한 주재원들이 있었다.

둘째는 기생충 질병이다. 매년 이곳에서 식사하며 생활하는 사람들은 구충제를 먹는 일에 적극적이다. 특히 알벤다졸(Albendazol)은 아주 편리한 약이며 효과가 크다. 아직도 북한은 분뇨를 사용하므로 채소류를 먹다가 기생충에 감염될 가능성이 있다. 여러 단체에서 개성공업지구 전체에 구충제 약 5만 개를 지원한 결과, 남과 북이 함께 동시에 투약하는 계획이 2008년 이후부터 시작되었다. 어떤 해는 공업지구 근로자 5만 명만 치료해서는 되지 않는다고 하여 그들의 식구까지 함께 투약하느라 약 20만 개를 공급해서 나눠 주기도 하였다. 만약 모두가 단기간에 올바로 투약한다면 개성공업지구의 보건 및 건강에 관한 가장 효과적인 사업이 될 수 있었다. 처음에는 북쪽에서 자존심을 유지하느라 우리들만 먼저 구충제를 먹고 기다려야 했다. 그러다가 북쪽을 이해시킨 후에는 구충제 복용이 너무나 자연스런 연중행사가 되었다. 남한 환자에게는 드물었지만 북한 환자들에게는 이것 말고 다른 구충제도 필요하였다. 이왕 마음이 열린 상황에서 북녘은 프라지콴텔

(Praziquantel)을 조심스럽게 요청하였다. 이것은 촌충이나 디스토마에 잘 듣는 구충제인데 날 것이나 덜 요리한 음식물에서 감염되는 것이다. 뇌에 들어간 촌충 질환은 간질 증상을 일으키는데, 덜 익은 돼지고기를 섭취한 사람들에게서 잘 나타난다. 이 약을 어렵게 구해서 전달해주었는데, 이어서 항전간제(antiepileptic, 항간질제)까지 투여하는 과정도 겪었다. 전에는 약이 없어 포기하던 질환이었는데, 개성공업지구 내 개성협력병원이라는 통로를 통해서 개성뿐 아니라 북한 전역에 도움을 주게 되었다. 남한 사람들은 북한 식당에서 북한 재료를 사용한 돼지고기를 먹는 경우가 적었고, 먹게 되더라도 잘 요리해서 먹는 지혜를 얻었다.

셋째는 다양한 원인으로 생기는 설사였다. 매년 찾아오는 여름 식중독 및 겨울 노로바이러스성 장염, 전 계절 특히 다른 음식물로 인한 과민성 대장염 때문에 설사 환자들이 병원을 찾는 횟수도 꾸준히 증가하였다. 어느 해에는 100~150여 명이 집단 설사 현상을 일으켰다. 약물과 수액으로 대증 치료 및 적극적 치료에 힘입어 1~2개월 안에 모든 환자들이 잠잠해지기도 하였지만, 설사는 개성공업지구에서 늘 긴장해야 하는 질환이다. 일은 해야 하는데 식사도 못하고, 탈수되고, 복통에다가 열과 몸살까지 동반되니 하루에도 많은 이들이 내원해서 치료를 받았다. 수액을 맞기 위해서 4개 침상이 모두 다 차게 되면 밖에서 기다리며 예약을 할 때도 있었다. 유행할 때는 하루 환자가 60~70명 이상이 되므로 진료를 마치고 나면 아주 피곤해지지만 보람도 있다. 1~2시간 수액을 맞으며 치료를 받고 가는 분들의 얼굴에는 고마운 빛이 역력하다. 치료비를 받지 않으니 자발적으로 매점에 가서 음료수나 다과를 사다 주고 간다. 서로가 돕는 아름다운 모습들이다.

수액을 공급 받기 위해서 남쪽으로 내려갈 때마다 여러 병원이나 의료진에 미리 연락을 해놓으면 많은 후원자들이 수액 및 영양제, 비타민 주사액 등을 준비해 놓으므로, 그것을 운송하는 것도 즐거웠다. 이러한 수액은 설사 환자뿐 아니라 탈수가 일어나거나 피로한 환자에게 활용한다. 한번은 개성 시내에 식중독이 발생하여 병원의 모든 수액을 주고 더 지원받아 주기도 하였다. 개성공업지구에서 수액은 남북 모두에게 필수품이 되었다. 수액과 수액 세트, 영양제 및 주사제를 제공해준 여러 사람 및 여러 단체, 여러 병원들은 비록 개성에 와 보지는 않았으나, 개성공업지구 보건 의료의 부족한 부분을 채우기 위해 희생과 수고를 아끼지 않았다. 뿐만 아니라 남과 북 의료진이 힘을 합쳐 설사 질환을 척결하고 건강한 몸으로 공업지구 생산 활동에 전념하도록 많은 수고를 하였다. 몇몇 사람들은 개성공업지구 내에 수액 공장 시설과 수액 세트, 주사기 등을 생산하는 공장을 만들라고 우리에게 제의하기도 하였다. 생산한 것을 개성 공업지구에서 사용할 뿐만 아니라, 개성 및 그 인근에도 제공하고, 북한 전역에 판매한다면 이 사업이 잘 유지될 수 있으니 시도해 볼 만하다.

넷째는 독감 및 조류 독감 등이다. 2008년 이후부터는 많은 환자들이 발생했고, 서로 감염될 것을 염려하며 많은 사람들이 내원했다. 열과 몸살, 기침 및 기타 증상들을 호소하는 환자에게 대증 치료를 하였으나 1~2주는 고통을 받았다. 우리는 매년 여러 곳에 수소문해서 남한 환자 숫자만큼 독감 예방주사약을 지원받아 개성공업지구 개성협력병원에서 무료로 접종하였다. 어떤 때는 5~7일 이내에 700~900명에 이르는 사람들이 앞을 다투어 와서 감사히 접종을 받는다. 어떤 이들은 일시 개성 공업지구를 방문했다가 달려와서 주사를 놓아 달라고도 했는데, 문진을 하고 열을 점검하면서 조건이 되지 않는 사람들을 되돌려 보내기도 했다. 제한된 시기에 무상으로 접종하는 것이 다 사라질까봐 매일 오는 사람들도 있다.

이런 저런 일들을 겪으며 한 해의 독감예방 접종을 마치고 나면 또다시 얼마 되지 않아서 병원을 찾는 자들이 많아진다. 몸이 약해진 것인지 감기 몸살 증상으로 다시금 치료 받는 사람들이 있다. "예방 접종을 했는데도 왜 이런가?” 하고 물으면, “독감 접종하지 않았으면 이것보다 더 심해서 달려왔겠지요.” 하면서 농담으로 즐겁게 대화를 나누다 보면, 옆집의 이웃이나 친구와 같은 관계 속에 서로 도와주고 지낸다. 어느 해부터인지 남쪽과 많이 접하는 세관원, 참사, 북한 의료인들은 독감 예방접종 지원을 부탁한다. 나는 이럴 때 제일 행복하고 보람을 느낀다.

보건 문제만은 억지로 하라고 요구하거나 못 주어서 안달할 필요가 없다. 우리끼리 좋은 것을 하고 있으면서 그것을 그대로 보여주면, 그들이 소문을 듣고 스스로 우리에게 도움을 요청해 온다. 5만 명에게 다 접종할 수도 없고, 약의 부작용도 있기 때문에 필요한 만큼 달라고 할 때까지 기다리는 것이 가장 현명한 방법이다. 예방 접종 후에 꼭 부작용이 없었는가 물어보는 것도 빠뜨리지 않았다. 어느 해는 조류 독감이 큰 문제가 되어 보건복지부에서 남북 모두에게 약제와 주사약을 주려고 했는데 북측이 거절하는 바람에 남쪽의 의료진만 접종하고 그냥 돌이켰다. 타미플루(Tamiflu) 및 리렌자(Relan-za)를 50만 개나 가지고 왔으나 타미플루 1천 개 및 백신 20개만 남겨주고 돌아갔다. 그들에게도 이것이 필요하고 중요하지만 지시가 없이는 움직일 수 없음을 잘 숙지해야 한다. 그들이 필요해서 요청할 때까지 기다린 다음에 주의사항을 강조하고, 관리 및 감독해야 한다는 것을 개성에서 8년을 머물면서 터득하였다. 이후에 북한에서 요청이 있어 북한 사람들에게 접종할 수 있게 되었다. 남북이 후일 통일의료를 지향한다면 서로의 개념과 방법을 많이 이해해야 한다. 다른 것에 대해 틀린 것이라 하지 말고(“Different but not wrong”) 나의 시기에 모든 것을 맞추는 것이 아니라 그들의 시기까지 기다려주어서 자발적인 동기로 도움과 협력을 이루어 가야 한다.

다섯 번째는 결핵이었다. 개성공업 지구 내에서 결핵환자는 공개적으로 치료할 수 없었다. 어느 쪽에도 문제의 소지가 있었으며 노출하고 싶지 않은 부분이었다. 그래서 그들은 인민병원이나 다른 곳에서 진단을 받고 나서 치료를 위한 항결핵제(antituberculou drugs)를 요청했다. 남측 환자는 지난 기간 동안 간간이 결핵 진단을 요청한 바 있었지만 누구도 치료는 요청하지 않았다. 개성공업지구 기업체에 입사할 때 결핵이 없었고, 근무하면서 걱정 되어 사진을 찍은 사람들은 있었으나 병원에 온 사람 중에는 발견된 적이 없 었다. 그러나 북측 의료진이나 참사들은 심지어 개성 이외의 지역에서도 결 핵이 발견되었으나 치료제가 부족하다면서 지원을 요청했다. 우리는 많은 사람을 진단하고 치료하는 것이 중요한 것이 아니라, 한두 명이라도 정확하 게 치료해야 한다는 보건 의료의 원리들을 전달해 주었다.

우리는 치료 원칙을 놓고 그들에게 몇 가지를 제안하였다. 먼저 일단 결 핵이라는 근거, 진단한 이유와 환자의 간단한 정보를 요청했으므로 비록 이 름은 다르더라도 나이와 성별은 알게 되었다. 인민병원에서 의사들이 보고 결핵이라고 해도 X-ray 사진을 가져오지 못하므로, 초기에는 최소한 객담이 라도 가져오도록 해서 우리 쪽에서 검사를 시행할 계획을 세웠다. 이후에 효 과적으로 대한결핵협회를 통해 의료인력 및 의료장비 지원을 받게 되었다. 그 다음 치료는 최소한 6개월이 걸리는데, 첫 1개월 분의 약만 주어 점검 및 감독에 최선을 다하였고, 2개월까지 집중 치료를 한 후에 3개월째부터 약이 달라진다고 강조하여, 치료법 원칙을 의료인에게 교육하였다. 3차례나 점검 하고 경과도 물어본 뒤에, 한 번이라도 먹지 않으면 내성, 효과 등을 이유로 그 환자의 치료를 지원할 수 없음도 강조하였다. 치료 과정을 직접 볼 수는 없더라도 자발적으로 시행하게 하였다. 북측 의료인을 통해서 전개되는 치 료 사업이므로 그들을 교육하여 책임감을 느끼게 하였다.

마지막으로 결핵의 증거가 불충분하면 북한 의료인의 증명서를 요청했는 데, 한 번은 그들이 적어온 서류에 폐 사진을 촬영해 오는 대신 폐의 결핵 부 위를 손으로 그려서 표시해오기도 하였다. 조금이라도 그들의 근거를 활용 해서 지원받은 결핵 약을 가지고 WHO원칙에 준해서 투여했다. 지난 6~7

년 내에 2자리 숫자의 환자들을 6개월씩 치료하였는데, 북한 의료진은 결과들이 좋았다고 전해주었다.

5) 가장 큰 효자 X-ray

개성공업지구의 의료 시설을 시작하면서 가지고 들어간 의료 장비 중 효자는 단연 엑스레이 촬영기였다. 골절인지 아닌지 쉽게 진단함으로써 긴급 출경 필요를 판가름하고, 가슴 사진 하나로 여러 정보를 알게 되어 결핵 및 폐렴 여부를 가늠할 수 있게 해주었다. 그러나 이 기구를 사용하려면 부속 기구와 소모품의 지원이 필요한데 어느 것 하나라도 없으면 낭패를 보게 된다. 원장 자신이 직접 사진을 찍고 나서 환자들에게 기다리라 하고 현상실에서 현상했는데 어떤 때는 현상액이 부족하거나 오래되어 불량 사진이 나오는 바람에 처음부터 다시 해야 하는 상황도 전개되었다. 방사선사들이 틈틈이 한 번씩 와서 도와주기도 했지만 역부족이었다. 2007년에는 그것보다는 새로운 기구가 들어와서 한두 해 동안 좋은 사진을 현상할 수 있었다. 이 시기에 함께 시작한 남북 협력병원에서도 단연 최고로 효과적인 의료 기구였다. 하루에도 북한 환자가 3~4명씩 와서 북한 의료진과 함께 사진을 찍었는데, 이를 판독한 후 사진을 전달해주면 그들의 진료에 큰 도움이 되었다. 골절이 있는 환자를 후송한 경우에는 이렇게 찍은 사진 한 장이 정형외과의 수술 지침이 되었다고 듣기도 하였다. 그 이야기를 듣고 더욱 최선을 다해 사진을 찍게 되었다. 때로는 다른 직원에게도 기술을 가르쳐서 자연스럽게 도움을 주도록 했다.

시간이 지나 현상액의 공급도 어려워지고 암실에 있던 필름도 문제가 되기 시작할 때쯤 이 모든 문제를 단번에 해결해 주는 계기가 생겼다. 전산화된 X-ray기구(CR, Computed Radiography)가 들어오자 남과 북 의료진들의 마음도 기뻤고, 공업지구의 모든 사람들도 더욱 편리하게 이용할 수 있게 되었으며, 진단도 발전시키는 계기가 되었다. 더 이상 현상액도 필요없고 필름을 갈아 넣을 필요도 없으며, 찍고 나서 20초 만에 결과가 컴퓨터 화면에 나타나기 때문에 곧바로 결과를 알게 되는데다가 화면 크기 밝기도 조절할 수 있어서 진단이 정확해졌다. 개성협력병원 북한 의료인들에게도 이 방법과 기술을 서서히 전수하고 언젠가 이 의료기구도 전달해서 개성공업지구뿐 아니라 개성 시내 인민병원에도 도움이 되길 바랐다. 이 새로운 의료기기는 짧은 시간에 많은 일을 할 수 있기에 그렇게 고대하던 바, 개성 공업지구 전체를 대상으로 약 3년에 걸쳐 엑스레이 건강 검진을 시행하자는 계획에 대하여 남북 사이에 공감대가 형성되기 시작했다. 물론 결핵이나 다른 질환이 보이면 약을 제공해주는 것도 당연히 협의하였다. 그러나 전산화 의료기기에도 문제가 있었다. 전산화되어 사진이 만들어졌더라도 북한 환자를 후송하기 위해서는 필름이 필요했는데 여의치 않았다. 개성협력병원에서는 기억장치로 사진을 옮겨 접수 컴퓨터에서 A4용지를 사용하여 사진을 출력하였고, 거기에 이름까지 적어서 그런대로 쓸만한 결과지를 만들어 주었다.

이렇듯 70, 80, 90년대 엑스레이 기술과 의료기구가 점차 발전되면서 효과적인 전수가 이루어지던 무렵에 개성협력병원 내의 이 협력 사업을 어렵게 하는 일이 일어났다. 우리 의견과는 관계없이 남쪽의 한 단체가 북쪽 진료소에 디지털화 X-ray 기구(DR, Digital Radiography)를 설치하고, 우리가 북측 영상 담당 의사를 선정하고 그에게 월급을 주라고 요청하였다. 아직 CR도 적응되지 않은 그들에게 자기 식으로 DR을 주니 우리들 사이에 갈등과 어려움이 초래되기도 하였다. 그러나 언젠가는 필요하리라 생각하며 우리는 북한 담당 의사에게 기술을 전수하는 일을 계속했다. 찍는 것도 중요하나 판독하는 것도 중요하므로 그것을 위해 많은 기회를 마련했다. 비록 첨단기구는 들어왔으나, 간절히 원했던 개성공업지구 전체 엑스레이 검진 사업은 이루지도 못하였고, 남북 협력병원 사업의 효자는 이렇게 다른 기계에 밀려 빛을 잃었다. 그 뒤로는 남측 진료소로 북한 환자들을 데리고 와서 X-ray 사진을 찍고 진단하는 협력 진료가 현저히 줄었다.

6) 장기 근무자들을 위한 건강 세미나

2005년부터 2012년까지 개성 공업지구에서 지난 8년간을 근무한 사람들 50여 명 가운데 참석 가능한 20여 명을 개성협력병원으로 조대해서 상기간 건강하게 근무할 수 있었던 비결을 알아보는 작은 세미나를 시행하였다. 이 자리에서는 그 동안의 노고와 건강함에 감사하는 뜻으로 비타민을 선물로 주고, 식사도 하며 몇몇 좋은 경험도 전해 들었다. 공통된 의견은 단순하게 규칙적으로 식사하고 휴식하는 것부터 시작해서 꾸준히 운동하는 것이었다. 그 밖에는 긍정적인 마음가짐으로 북한을 품으며 통일을 바라보는 목표를 세우고 조그만 영역에서 기여하겠다고 생각한다든지, 자기 계발에 집중하는 계기를 마련하여 열심히 여유시간을 활용하든지, 스포츠 동아리에 규칙적으로 참여하여 자신의 스트레스를 표출하는 등등을 이야기하였다. 그들은 서로 오랫동안 보아왔던 사이이기에 지병이 있어 아플 때마다 일찍 개성협력병원으로 찾아왔고 예방 접종 등으로 병원 문턱을 자주 넘어선 사람들이었다. 이들 모두는 정신적으로 강건하고 건전하여 오래 근무할 수 있었는데, 수천 명 가운데 50여 명이 그때까지 근무하고 있었다. 이들 모두가 통일을 바라보며 개성공업지구 상주 10년을 넘어 더욱 장기 근무하는 개척자들이 되기 바란다.

7) 남북 협력병원의 건강과 통일을 위한 염원

남북 협력병원이 시작될 무렵부터 개성공업지구의 의료와 건강을 위해서 함께 일하는 직원들은 통일을 위한 염원이 담긴 글을 돌아가면서 읽고 나서 진료를 시작했다. 그러자 다른 많은 사람들도 통일 의료에 관심을 갖기 시작하였다. 한번은 미국 화이자 제약회사 제프 킨들러 회장과 사장단 일행이 한국을 방문하여 개성 공업지구에 들렀다가 개성협력병원에 와서 남북 협력병원 사업의 의의를 소개받고 난 후 남과 북의 통일 및 인류의 건강과 행복을 위하여 함께 협력하자고 말하고 평화와 행복을 위한 조각 그림들을 벽에 붙여주고 갔다. 이 일 이후에 국내와 해외의 많은 사람들이 방문하여 개성협력 병원을 격려하였고, 여러 단체와 병원에서 자원봉사 의료인들이 와서 특진을 함으로써 남측 주재원에 대한 의료를 질적으로 향상시켰으며, 많은 의료품과 약품 및 소모품을 지원해 준 덕분에 협력병원을 통해서 북쪽 진료소로 수억 대의 약품을 보낼 수 있었다. 의료품 지원 덕분에 그들이 건강하게 사업장으로 가는 것을 보며 마음이 즐거웠다.

한 번은 개성협력병원 사업이 남북의 통일과 협력 의료 및 건강에 크게 기여하고 있음을 아는 영국 상원의원들의 초청으로 국회에서 개성협력병원의 과정과 중요성을 발표할 수 있게 되었다. 여러 방송에서 이것을 지켜보며 남북이 의료를 통해서 통일의 첫걸음을 내딛고 있음을 알려주었다. 이 작은 개성협력병원의 조그만 노력과 수고는 개성공업지구의 건강을 책임지는 것

▶ 화이자 회장단의 방문 및 협력
출처 : 헬스코리아 뉴스

으로만 끝나지 않고 남과 북의 무상진료, 자원봉사 의료, 남북 협력병원까지 이어진다. 이는 의료를 통한 통일의 시발점이며, 작지만 아름다운 일이다.

4. 개성공업지구 보건 의료 시설의 변화

1) 개성공업지구 체계적 응급 의료의 필요성 대두

자원봉사 의료진이 무상진료를 하던 남북 협력병원의 체제를 완전히 바꾸는 계획이 2012년 초부터 시작되었다. 남한 주재원을 위한 의료의 질적 수준도 높이고, 응급의료의 체계를 구축하는 유상진료 형태로 병원을 세우기 위해, 개성공업지구는 정부예산을 가지고 사업을 구상하여 시행하였다. 일산 백병원 팀의 방문이 잦아지고 응급의료센터의 건물도 완성되어 가던 그 해 11월이 되자 (재)그린닥터스 개성협력병원의 이름으로는 더 이상 남북 협력 진료 전체를 할 수 없다고 통보해왔다. 연초만 해도 개성공단 관리위원회는 남한 사람을 위한 응급의료센터만 일산 백병원이 책임지고, 개성협력병원은 북한 종합진료소를 맡아서 진료한다는 약속이 있었다. 그러나 12월이 되니 통일부 방침으로 (재)그린닥터스 개성협력병원과 북한 진료소의 협력 사업까지도 새로운 위탁 병원에 다 인계해 주게 되었다. 남한 사람들이 더욱 좋은 시설에서 양질의 의료를 받을 것을 기대하고, 또한 개성협력병원이 할 일은 여기까지임을 인식하며 철수 절차를 시작하였다. 동시에 일산 백병원의 의료인들에게 개성공업지구 보건 의료를 위해 기본 설명을 해주면서, 강한 동기와 헌신이 필요함을 강조했다.

이러한 변화에는 여러 가지 고려할 점이 있다. 첫째는 상주 의료인이 없어지고 다시금 순환의사 제도로 돌아간다는 점, 둘째는 무상치료 모습이 북한 의료에 깊은 인상을 주었는데 유상 치료로 바뀐다는 점, 셋째는 한 건물

에서 남북 의료진이 협력하던 아름다운 모습과 수고가 사라진다는 점, 넷째
는 개성공업지구 내 보건 의료의 오랜 경험과 방법을 뒤로하고 다시 시작한
다는 점이다. 개성공업지구 내의 의료와 보건은 시설과 재정보다는 관계와
헌신으로 더 많은 결실을 이룰 수 있었다. 또한 남한에서 시행되는 의료와
는 다르게 많은 변수들이 작용하는 곳이기에 무 자르듯 하기보다는 여러 요
소를 고려해야 한다. 우리끼리 먼저 협력하고 서로 돕는 모습을 그들이 주시
하고 있음도 알아야 한다. 그나마 정치적인 이유와 관계없이 의료는 인도주
의가 우선 중요한 일임을 그들도 인식하고 있다. 우리도 이 영역만은 순수한
인류애와 사랑의 동기로 행해야 하겠다.

2) 개성공업지구 부속의원을 통한 의료 보건의 현황

2013년부터 본격적으로 시행된 응급 의료는 개성공업지구 부속의원이
맡아 남한 환자를 대상으로 진료하였다. 일산 백병원이 이 일에 적합하다고
여겨 이 일을 맡아 시행하고 있다. 이전과 다른 점은 보험 수가에 준하여 유
료로 치료하고 있고 남과 북이 한 장소에서 협력 병원을 함께 하지 않는 점
이다. 그나마도 몇 개월 되지 않아 4월 말부터 9월 초까지 개성공업지구의
문이 닫혀버렸다. 공업지구의 보건 의료를 위해 새롭게 시작한 응급의료센
터의 의의가 드러나지 못한 시기였다. 더구나 4월 초에 응급의료센터의 의
료진이 먼저 철수했기 때문에 개성공업지구에 남아있는 근무자들의 건강을
몇 주간 돌보지 못하였으므로, 의료 공백을 불평하는 사람들도 있었다. 9월
이후로 진료가 재개되자 기존대로 응급의학과 전문의들이 한 주일씩 순환
근무하며 간호사 및 의료인들, 행정요원, 특진 의사들이 교대로 개성공업지
구의 보건 의료를 위해 수고하고 있다. 주말에는 여러 과 의사들과 응급구조
사 및 간호 팀이 교대로 당직을 해나가고 있다.

일산 백병원에서 파견되는 응급의학과 의사들이 개성 공업지구의 응급

의료를 위해 365일 파견 근무를 맡는다는 당초의 계획은 무리가 아닌지 재고해야 한다. 이 분야의 의료진 4~5명이 순환 근무를 한다 하더라도 실제로는 의료인의 절대 부족을 겪게 된다. 외과나 내과 의사 중에 있는 응급상황 유경험자에게도 근무를 맡기는 것이 가능한데, 개성공업지구 관리위원회와 위탁기관인 일산 백병원 사이에 주장이 다른 것 같다. 특히 주말에는 응급실 경험이 있는 다른 과목 의사와 응급구소사를 두어도 응급 상황을 내비할 수 있다고 생각한다.

일산 백병원도 고려해 봄직한 것은 순환의사의 근무와 더불어, 개성에 상주하면서 전체를 책임, 관리하는 의료인이 필요하다는 점이다. 개성공단 관리위원회와 일산 백병원 간의 이해관계 때문에 개성공업지구에 거주하는 남한 환자들의 보건 의료에 피해가 생기지 않아야 하겠다. 하루 10~20여 명에 그치는 유료 진료 환자들을 위해서 응급의학과 및 특진 의사들이 순환 근무를 맡는 모습은 비효율적이라는 생각도 든다. 예전보다 병원문턱이 높아서 잘 가지 않는다고 말하는 사람들도 간간이 있다. 물론 개성공업지구의 의료를 위탁 받은 일산 백병원은 많은 대가를 지불하며 그 곳에 있는 환자들에게 많은 유익을 주고 있다. 특히 대량의 응급 상황을 전제하였을 때는 더욱 그렇다고 생각된다.

3) 개성공업지구 보건 의료의 발전을 위한 지침들

의료와 보건의 문제는 남과 북이 함께 하는 것이기 때문에 고도의 기술과 지혜가 필요하다. 간단히 말하면 아무리 좋은 시설과 전문 기술, 지식이 있어도 적용되지 못해서 무의미해 질 수 있는 곳이다. 인간관계가 특히 중요하며, 사업적인 의료가 아니라 사람들의 마음을 움직여 마음의 안정을 주어야 한다. 그렇게 해야 남한 사람들이 개성 증후군에서 벗어나고, 북한 사람들은 열려 있는 도움의 문으로 달려올 수 있다. 이를 위해서는 융통성 있는 아량

과 현지화가 필요하다. 개성공업지구 보건 의료의 발전을 위한 몇 가지 지침
을 제시해본다.

- 남북 협력병원을 다시 발전시켜서 공업지구 5~6만 명 전체를 돕도록
체계적으로 운영하고, 통일 의료의 새로운 모형을 형성해가야 한다.
- 유상 무상 진료의 장단점을 잘 이해해야 한다. 개성 지역만은 남북
무상 진료의 효과를 극대화하기 위해 전체 주재원에게 설문 조사를
실시하고, 유무상 여부를 다시 결정하는 것이 필요하다. 즉 정부 차원
에서 지원하는 보건소 개념의 공공의료 및 예방 사업에 초점을 두어
야 한다.
- 상주 의료인을 고용하든지 공모해서 남북 모두와 좋은 관계를 안정
적으로 형성할 기초를 마련하여, 남한 환자의 응급 치료를 위한 순환
의료인 형태의 한계를 극복해야 한다.
- 남북 협력의 시발점이 보건 의료 분야임을 새롭게 인식하고 인도주
의적 차원에서 진정한 도움과 발전을 위한 중요한 통로가 되도록, 우
선시하는 사고와 지원이 필요하다.
- 개성공단 관리위원회가 주관하여, 보건 담당자 정도가 아니라 보건
관리국을 새롭게 만들어야 한다. 그곳에서는 위탁 응급의료센터 관
리 및 공업지구의 전체 방역, 남북 협력 의료 등을 효과적, 총체적으
로 담당해야 한다.
- 응급 환자를 위한 시설은 이미 갖추어 졌으나 시간이 너무 오래 걸린
다. 응급 후송 시간은 1~2시간이 아니라 0.5~1시간으로 단축하여야
한다. 주재원의 안정감과 생명보호를 위해 남북이 협의하여 체계를
구축해 나가야 한다.
- 진료 및 응급치료에 대한 중요한 자료들을 잘 확보하여 매년 남북 보

건 의료 분야에 예상되는 상황에 대해서 탄력적, 능동적으로 대처해야 한다.

- 개성공업지구 내에 있는 회사별 의무실 여러 곳에 일차적 지원 계획을 세워주고 각 업체가 구입해야 하는 의료품과 그 비용의 부담을 줄여주는 것이 필요하다.
- 의료인 수급 문제와 특별지역에 대한 의료인의 회피 등을 고려하여, 유료 위탁 경영에만 국한시키지 말고 의료 자원봉사, 여러 팀의 연합과 협력을 도모하여 개성공업지구 보건 의료의 총체적 발전을 이루어야 한다.

4) 개성공업지구 보건 의료를 위한 남북 협력 병원의 재조명

개성공업지구의 많은 기업체는 통일 시험장이다. 생산 현장은 자신들의 필요 때문에라도 서로 도울 수밖에 없는 곳이다. 기업체 내에 여러 편의 시설과 음식물을 제공함으로써 북녘 근로자의 건강도 크게 향상되었다. 초창기에 비해 얼굴빛도 달라졌고 기초 체력도 증가되었다. 개성 협력병원은 남한 사람에게도 재정적인 부담 없이 언제든지 건강과 의료 문제를 해결하는 곳이 되었고, 북한 사람에게도 진료와 의약품 공급을 통해서 건강을 증진시키는 곳이었다.

(재)그린닥터스 같은 NGO 보건 의료 사업은 현재 위탁 경영을 맡은 병원 한 곳이 하는 것보다 훨씬 많은 영역에서 기여할 수 있다. 물론 체계가 덜 갖추어져 있고, 자원 의료봉사에 의존할 수밖에 없으며, 재정도 불확실한 면이 있지만, 북한의 여러 가지 필요에 대해서 남한뿐 아니라 여러 통로로 효과적으로 지원할 수 있는 장점이 있다. 나아가서 개성 협력병원의 경우는 한 단체에만 국한되지 않고 여러 영역의 다양한 전문가들과 팀들을 유지할 수 있었으며 재정적인 압박도 적었다. 그러나 경제 논리가 개입된 개성공업지

구 관리위원회 부속 의원의 위탁 경영은 오랫동안 유지될 수 없는 구조를 지니고 있다. 서로의 조그마한 입장 차이가 크게 불거지면 남북 환자들이 고통을 받을 수 있다. 잃어버려서는 안 될 보건과 생명 문제는 항상 존중을 받아야 할 것이다.

5. 전망과 기대

1) 진정한 도움

개성공업지구는 통일을 염원하는 사람들이 모여서 이루어진 역사적 현장이다. 남과 북이 함께 어우러진 경제 특별구역이다. 함께 잘 살아가기 위해서 힘을 합쳐나가는 통일 시험대이다. 지난 8년을 개성공업지구에 살면서 HELP라는 단어를 통해 보건 의료가 기여한 진정한 도움의 의미를 생각해 보았다.

HELP의 첫 글자 H는 Health이다. 모든 도움의 시작과 문을 여는 계기는 보건·의료 분야이다. 건강해야 경제적인 활동도 할 수 있고 열심히 참여할 수도 있다. 본래 남한 사람만을 위해 진료하던 중 틈틈이 야간 작업장에서 생긴 북한 응급 환자들이 방문하자 인도주의적 차원에서 도울 수밖에 없었다. 남한 환자들을 무상으로 치료하고 있는 상황이므로 북한 환자에게도 아낌없이 진료하였다. 그들을 위해 최선을 다한 뒤 나중에 북한 의료진이 오게 되면 다시 그들에게 진료받거나 개성 시내 인민병원으로 후송하게 하였다. 시간이 1~2년 쯤 흐른 후 상주 인원증가와 북한 환자 수의 증가로 북한 의료인의 야간 상주 및 진료 장소도 필요하게 되었다. 2006년부터 그들을 지원할 장비와 비용을 준비하여 2007년에는 처음으로 개성 협력병원이 만들어졌는데 한 공간에서 함께 늘어나는 의료 수요와 보건문제를 감당하게 되었다. 그들의 필요는 여러모로 많았지만 실제로 도울 수 있는 자원과 인력은 부족하여 한계가 있었다. 함께하는 남북 의료인들이 개성공업지구의 건강의 지킴이요, 생명의 돌봄이었으며, 이들이 보건 분야의 작은 통일을 이루었다.

HELP의 두 번째 글자인 E는 Economy이다. 개성공업지구에서 건강한 몸으로 열심히 일을 한 대가로 경제적, 물질적 지원을 하는 것이다. 이것은 상호의 노동력과 자본, 기술을 안정적으로 지원하고 협력해야 가능하다. 개성공업지구는 이 측면에서 서로의 유익을 도모할 수 있었다. 현장에서 서로를 이해하고 함께 수고한 결과 많은 결실을 맺었고 통일 경제의 작은 단면을 보여 주었다. 세월이 지나면서 많은 문제와 보완이 필요하게 되었지만 경제적인 도움 면에서 중요한 장소가 되므로, 이러한 공업지구 형태가 여러 곳에서 지속적으로 개발되는 것이 중요하다.

HELP의 세 번째 글자인 L는 Language이다. 서로 같은 말을 사용하며 함께 일을 하지만 때로는 서로 다른 의미를 나타내고 오해를 일으키기도 한다. 효과적으로 작업을 수행하기 위해서 정확한 의사소통과 의미전달을 지향하게 하는 장소가 바로 개성 공업지구이다. 언어는 문화도 싣고 생각도 실어 나른다. 이는 서로 간 이해의 폭을 증가시키므로 통일을 향한 큰 도움이 된다. HELP의 마지막 글자인 P는 Politics이다. 이 마지막 단계가 안정적으로 이루어져야 한다. 개성공업지구가 정치적인 상황에 따라 움직이는 일들이 경제적인 발전에 많은 어려움을 주고 있다. 그러나 이는 서로 다른 상황에서 함께 일해가기 위한 필수적인 진통 과정이라 여긴다. 마치 통일을 향해 함께 심어진 나무 속에 만들어진 나이테를 보는 듯하다. 넓게 자랄 때도 있고 작고 단단하게 만들어지는 시기도 있으니 모두가 아름다운 통일나무를 심는 일에 도움을 주는 것들이다.

2) 개성공업지구 보건 의료의 자료적 가치

　개성공업지구가 시작될 때 많은 사람들은 북한 사람들의 건강상태에 대해서 염려하면서 진단 및 치료를 위한 의약품이 많이 부족하리라고 예상하였다. 2014년 한국 보건사회 연구원이 보고한 "통일대비 보건의료분야의 전략과 과제"에서 언급한 바를 보면, 남한은 평균수명이 81세인 데 비해서 북한은 10년이나 낮은 69.4세였고, 신체나 활동에 장애가 없는 건강 수명도 남한은 73세인 데 비해서 북한은 62세라고 보고했다. 개성공업지구에서 서로 인사를 나누며 나이를 말할 때 서로가 깜짝 놀라는 모습은 이것에 대한 좋은 증거를 제시해 준다. 우리가 보기에는 40대였는데 그들은 30대라고 한다.

　사망원인에 관해서 보고한 바를 보면, 남한은 암이 30%, 심혈관 질환이 29%, 감염 질환이 5%인 데 반해서 북한은 심혈관 질환이 33%, 감염 질환이 25%여서 남한과 매우 다른 모습을 보였다. 실제로 개성공업지구에 근무하는 남한 사람들도 평상시보다 10~20 정도 높은 혈압이 측정되고 있다. 북한 사람의 경우, 그 사회에서 발생하는 지속적인 스트레스와 흡연(한국의 1.5배. 15세 이상 인구 대비), 독한 술 등이 혈압 및 심혈관 질환을 증가시켰다. 물론 남한과는 다르게 식생활상 콜레스테롤이나 지방, 염분 등은 적게 섭취하는 것으로 보인다.

　다양한 감염질환은 적절하게 진단하고 치료하면 생명에 미치는 문제를 많이 해결할 수 있다. 그러나 진단과 치료가 제시간에 이루어지지 않고 늦어진 탓에 만성적, 치명적 상태가 된다. 항생제 사용을 보면 이미 내성이 있을 것 같은 약제들을 과량으로 사용한다. 응급실 형태의 진료가 주를 이루며, 주사기가 부족한데다가 혈관 주사를 많이 사용한다. 특히 진단을 미룬 채 하는 추정 치료가 더욱 내성을 일으키는 원인이 된다. 결핵, 뇌막염, 장티푸스 등 세균성 질환과 기타 바이러스성 질환은 고사하더라도, 많은 기생충 질환 및 말라리아 및 아메바 등 원충 질환, 곰팡이성 질환으로 고생하는 사람들도 많이 보였다. 특히 발작을 일으키는 덜 익은 돼지고기를 통해서 감염되는 촌충질환인 낭충증(Cysticercosis) 치료 의약품이 부족해서 기회가 생기는 대로 많이 도와야만 했고, 자주 재발하는 말라리아도 그들을 아주 힘들게 하였다. 또한 불규칙한 약 복용, 불충분한 치료 약제 때문에 결핵 치료 효과도 저하되었고, 새로운 결핵 발생도 증가 추세에 있으며 내성 결핵 환자가 생겼을 가능성도 높아졌다.

살릴 수도 있었던 사람들이 죽어가는 모습을 보며, 더욱 체계적으로 지원하고 돕는 일이 필요함을 느낀다. 수년간 그들과 옆에서 함께 살면서 환자들이 보이는데도 지원하기 어려웠다. 안타깝지만 이것이 개성공업지구의 보건의료 현실이었다.

암 환자 관련 이야기는 남한 사람과 비교하건대 북한 사람에게서는 많이 들어 보지 못했다. 환자가 사망하는 이유를 대개 암이라기보다 다른 것으로 진단한 듯하다. 북한에서는 실제로 검사장비들이 불충분하다. 제한된 사람들만이 이용하는 CT, Lab, X-ray, 초음파 등 진단 장비들을 보편적으로 많이 활용하여 각종 암으로 인한 사망 원인의 대중적 수치를 다시 점검해보아야 할 것이다. 북한의 많은 건강 보건 자료들이 이런 문제점을 가지고 있어 정확성이 떨어진다. 실제 병명을 알지도 못한 채 암으로 죽어가는 사람들이 엄청나게 많으리라 여겨진다. 작지만 아름다운 개성협력병원은 조그만 의료장비를 통해서, 여러 종류의 의약품들을 통해서 부족하나마 남북 환자의 건강 유지에 기여하였다.

3) 남북의료의 차이점을 이해하는 것이 성공의 비결

똑같이 가슴이 아파 참지 못하는 환자라도 개성협력병원의 남쪽 출입구와 북측 출입구로 들어온 경우, 그들을 처치하는 방식이 다르다. 남한 환자이면 증상과 병력을 점검하고, 청진 및 심전도 등으로 원인 규명을 신속히

한 후에 고혈압, 협심증, 심근경색, 폐렴 등으로 방향을 잡아 나가며, 협심증이 의심되면 혀 밑에 니트로 글리세린을 넣게 된다. 그러나 북한 환자가 들어가면 경험적으로 신속하게 니트로 글리세린을 넣어 증상 치료를 먼저 하고 이를 근거로 협심증이라고 말해준다. 이런 차이를 아는 것이 중요하다.

한 번은 두 손가락이 거의 절단되어 달려온 20대 초반 여직원이 아픈데도 아무 소리도 않고 들어왔다. 마침 그곳에 함께 있게 되어 글쓴이도 치료 방식을 관찰하게 되었다. 마침 당직 서던 북한 내과의사는 손가락에 고무줄을 묶어 지혈한 후에 손가락에 마취를 하고 바로 두 손가락을 절단하였다. 젊고 예쁜 여직원이 아프다는 소리도 않고 손가락의 장애도 아랑곳하지 않았으며, 오히려 진료해주는 그 의사에게 고마워하는 기색이 역력했다. 중간 두 손가락이 없어 평생 장애자로 살아가야 하는데 꼭 절단만이 능사인가 생각했으나, 북녘에서는 이 방법이 감염병을 막고 재생 치료과정이 짧으며, 안전하게 치료하는 방법이라고 여기는 것 같다. 일전에 나이 든 남한 환자가 손가락이 완전히 절단되어 환자와 보호자가 당황한 채 우리 병원으로 달려와서 안절부절 했다. 장갑 속에 절단된 손가락 끝자락을 잘 보존해서 환자와 함께 남쪽으로 응급 후송하였고 그것을 붙이는 수술을 최대한 빠른 시간 내에 받게 하였다.

남한 의료인들은 조금만 위험하고 문제가 될 것 같으면 빨리 후송하려 하며, 가지고 있는 역량의 50% 수준에서 안전하게 치료하려고 한다. 그러나 북측 의사들은 자기 역량의 120%라도 발휘해서 준비가 덜 된 곳에서도 진료해 나간다. 북녘 근로자들은 무상으로 진료하는 의사의 처방 및 주사와 의약품 투여 자체로 감사한다. 의사 및 의료인의 진료에 관한 책임에서 아직 많은 자유로움과 자신감이 있다. 한국이나 서양 의료인의 위축된 모습과는 다르다. 아프리카처럼 의료 혜택이 부족한 지역에서 진료하는 의료인의 모습을 참고하여 그들을 이해하고 바라보는 것이 중요하다. 응급상황에서 북한 의료진과 내가 협조해서 진료한 적이 있었다. 그 때 북한 의료진에게 어떤 것을 하지 말라고 했더니 그들은 자신의 수준이나 실력을 무시한다고 여겨 자존심이 손상된 내색을 비친 적도 있었다. 다행히 나 자신이 원장이어서 권위가 있기에 문제가 되지는 않았다.

의료 과실로 사고가 나면 담당 의료인이 모두 책임져야 하는 의료 제도를 설명해주면 북한 의료진은 고개를 갸우뚱거린다. 한국 의료 면허를 어렵게 취득하고 나서 한국의 한 병원에서 수련 받던 새터민 의사가 이런 개념 차이를 익히지 못한 채 의료 사고를 겪은 뒤, 감당해야 할 책임이 너무 커지자 견디지 못하고 자살했다는 슬픈 소식을 들었다. 통일 후 보건 의료 분야에서 고려할 문제점으로 이런 것도 깊이 인식해야 한다. 많은 토의와 협력 진료를 거친 다음에는 북한 의사도 이를 잘 이해하고 신중하게 처리해나가는 모습을 보게 되었다.

4) 개성 공업지구의 보건과 의료의 미래

실제 직원 1,000여 명이 근무하는 한 봉제업체에서 북측 직원들의 결근 사유서를 보고 놀랐던 적이 있다. 가장 많았던 이유는 병가였는데, 전체의 70% 였다. 두 번째 이유는 집 수리였고, 세 번째는 가정 문제나 집안 행사였다. 이런 결과를 보면서 그들의 건강 상태를 이해할 수 있었다. 매일 새벽 일찍 캄캄할 때 나와 저녁에 돌아가는 그들은 아침식사를 하기 어렵다. 점심은 도시락을 싸오는데 그나마 업체에서 제공하는 국 덕분에 의미 있게 먹는다. 오후에 주는 간식은 그들의 건강을 돕는 요소이기도 하다. 업체마다 전선을 연결하여 자신의 손전등을 충전하는 모습을 보면, 안전을 위해서 어두운 밤을 비추는 것이 필요하듯, 먹을 것과 기본 의약품을 준비하여 건강한 삶으로 이끄는 것도 필요하다고 느낀다.

어느 분이 지은 북한 관련 책자를 소개한다. 그 분은 한국인도 아니지만 개성공업지구의 중요성을 알고 많은 관심을 보여주었다. 특히 개성공업지구 개성협력병원의 보건 의료가 맡은 통일의 가교 역할을 그의 책자에 약간 소개하였다. 통일과 연합을 위해 세우는(build) 일은 물론 중요하다. 그러나 건물, 공장은 세우면서도 사람은 세우지 못하고 있다. 결론에서 그는 벽(Wall)을 세우지 말고 다리(Bridge)를 세워야 한다고 강조하고 있다. 보건 의료 분야의 진보를 이루기 위해서는 남과 북 사이에도, 우리끼리도 벽을 만들지 말고 서로 협조하고 이해하기 위한 다리를 만드는 일에 매진해야 하겠다.

지난 8년간 (재)그린닥터스 개성협력병원은 남북 의료 협력의 좋은 모형이 되었다고 생각한다. 그리고 지난 1년 몇 개월간 개성공업지구의 의료를 책임진 일산 백병원의 위탁 응급의료 센터를 위해 수고하시는 분들을 통해서, 더 발전된 개성공업지구 보건 의료의 본보기를 형성해나가기를 간절히 바란다.

공단 밖의 변화:: 개성주민과 북한사회

__정근식 · 김윤애

개성
시

제9장 공단 밖의 변화: 개성주민과 북한사회

정근식·김윤애

1. 모기장 또는 초코파이제이션

2014년 1월, 뉴욕 소호에서 채진주[1]의 〈북한의 초코파이화(The Choco Pie-ization of North Korea)〉라는 전시회가 열렸다. 전시된 12개의 작품은 개성공단에서 북한 근로자들에게 전해지고 있는 초코파이를 소재로 한 것이다. 작가 채진주는 초코파이가 북한에서 한국 자본주의의 상징이 된다고 보고, 이를 미국 자본주의의 상징인 코카콜라 로고로 표현하였다. 아래 사진은 북한의 '로동신문' 위에 초콜릿을 녹여 초코파이로 코카콜라 상표를 패러디한 그녀의 작품을 보여준다. 이 작품은 실크스크린을 바탕으로 초콜릿을 녹여내었다.

---

1 채진주는 홍익대 미대를 졸업한 후 도미하여 미국 콜롬비아 대학교를 졸업한 후 현재 뉴욕에서 작품 활동을 하고 있으며 대학에서 강의도 하고 있다.

그림 9-1. 채진주 작가의 초코파이 작품

(작품 원제목 : "Choco Pie with Communist Cream")
출처 : 연합뉴스

이 전시회장은 초코파이 냄새가 가득하고, 초코파이 내용으로 개사된 북한 국가가 흘러나온다. 쌓여있는 초코파이를 들고나가 먹어볼 수 있으며, 원할 경우 기부금도 낼 수 있다. 이 전시회는 초코파이가 코카콜라처럼 북한을 자본주의화하고 있다거나 그럴 수 있을 것이라는 희망을 표현하고 있다. 이 때문에 이 전시회는 미국 언론들에게 큰 호평을 얻었고, 북한에 대한 미국인들의 관심을 끌어 올렸다고 한다.

초코파이는 개성공단에서 북한 근로자들의 간식거리로 한 명당 하루에 2~8개씩 제공되고 있는데, 이들은 이를 다 먹지 않고 가지고 나가 가족들에게 주거나 시장에 팔기 때문에, 북한주민들에게 개성공단의 존재를 체험하도록 하는 상징으로 간주되고 있으며, 나아가 '자본주의의 유혹', '자본주의의 달콤함'으로 확대 해석되고 있다. 개성공단은 남한과 북한의 정부 간 합의에 의해 건설된 일종의 중소기업단지로, 남한자본과 북한노동력을 결합하여 운영한다. 이것은 남북한의 접경지역에서 북한은 남한의 중소기업에 토지와 노동력을 제공하고, 남한은 개성 공업지구에 전력과 물을 공급하면서 남한의 중소기업으로 하여금 이윤을 얻도록 기회를 제공하여 상호 이익을 얻는 경제협력모델인데, 이의 지속 및 발전 여부는 남북한 화해 협력의 가능성과 한계를 시험하는 지표였다. 개성공단은 2004년 처음으로 생산을 시작한 이래, 금강산 관광 사업과 함께 대표적인 남북한 화해 협력 사업으로 간주되어 왔다.

2000년 이후 지속적으로 확대되던 남북협력사업은 2008년부터 축소되기 시작하였다. 2008년 북한의 관광객 피살사건과 이명박 정부의 보수적인 대북 압박정책이 결합하여 금강산 관광 사업이 중단되었고, 2009년 북한의 제2차 핵실험에 뒤이은 2010년 천안함 사건으로 한국정부는 북한에 대한 신규 투자를 금지한 '5·24'조치를 단행했다. 남북관계의 악화에도 불구하고, 유지되던 개성공단은 2013년 북한의 제3차 핵실험과 새롭게 들어선 박근혜 정부의 대북 정책이 결합하여 2013년 4월 폐쇄되었다. 이 개성공단의 폐쇄국면에서 남한기업이나 북한당국이 보여준 공단 재개의 요구들에 힘입어서 개성공단은 8월부터 다시 운영되기 시작했다. 이 일시폐쇄 국면에서도 남한 정부는 개성지구에 물과 전기 공급을 지속하여 파국으로 가지 않도록 했다. 이런 과정을 반추해보면, 개성공단모델은 비록 한계는 있으나 어지간한 정치군사적 충격을 흡수할 수 있는, 내구성이 있는 화해협력 모델인 것은 분명하다. 개성공단의 지속가능성은 지금까지 언급한 비교적 단기적인 정치군사적 요인들 외에 보다 장기적인 경제적, 사회문화적 요인에 의해 영향을 받을 수 있다. 남북한이나 북미 간 후기 냉전적 충돌이 개성공단의 지속가능성에 부정적 영향을 주고 있다면, 2010년 이후 급속하게 증대된 북한경제의 중국의존, 그리고 남한경제의 중국의존성 증대는 역으로 남북경제협력의 확대를 불러오는 긍정적 요인으로 작동한다. 북한에 대해 남한이 펼친 2008년 이후의 6년간의 압박정책이 지닌 효과에 대한 비판 또한 개성공단모델의 지속 및 확대가능성에 긍정적으로 작용하는 요인으로 읽힐 수 있다. 이런 상황에서 개성공단의 초코파이 효과는 개성공단의 미래에 어떤 영향을 줄 것인가? 채진주의 전시회가 뜻하는 바처럼, 개성공단은 실제로 북한주민들을 변화시키고 있는가? 북한의 당과 정부는 개성공단을 어떻게 통제, 관리하고 있으며, 초코파이 효과에는 어떻게 대응할 것인가?

초코파이 효과는 엄밀하게 말하면, 개성공단 사업을 시작할 때 남한의 기업들이 의도한 것은 아니다. 개성공단에 투자한 남한의 기업들은 대기업들이 아니고 한계상황에 처한 중소기업들이었다. 이들은 개성공단이 정치적 불안정성을 안고 있음에도 불구하고 중국 노동시장에 비해 임금이나 물류비용의 측면에서 비교우위가 있기 때문에 여기에 투자를 하였다. 남한 정부가 개성공단 사업을 시작할 때 초코파이 효과를 기대했는지는 명확히 알 수 없다. 다만 많은 연구자들은 개성공단이 발전하면, 북한 노동자들이나 주민들의 자본주의 및 남한에 대한 인식과 태도에 상당한 변화를 일으킬 수 있다고 지적 하였다.

개성공단 사업에 대하여 북한의 입장은 군사적 양보와 경제적 이득을 교환하는 것이었다. 이것은 김정일의 정치적 결단에 의해 시작되었으며, 휴전선 인근의 대규모 군사시설과 군부대를 철수하면서까지 공단을 유치하여 경제적 어려움을 모면하고자 했다. 북한 당국은 개성공단이 가져다주는 북한 경제에 대한 긍정적 기여를 기대하면서,[2] 동시에 이것이 북한 주민들에게 미칠 부정적 효과, 즉 자본주의적 풍조가 만연하거나, 또는 남한에 대한 태도가 변화하는 것을 경계하였다. 북한은 이에 대한 대비책으로 '모기장'론을 여느 때보다 강조하여 왔다. '모기장'론은 1984년 최고인민회의에서 '합영법'

---

2 반실업상태에 있는 북한주민들에게 일자리를 제공하는 것을 넘어서서, 북한의 지배층에게 가져다주는 이득을 포함한다. 개성공단에서 공식결제수단인 미국 달러와 북한 화폐 사이에는 공식적 환율과 실질적 환율사이의 큰 격차가 존재하며, 북한 당국은 이 환차를 이용하여 체제유지비용을 확보한다고 간주되어 왔다. 개성공단에서 북한은 남한기업들로부터 달러로 근로자의 임금을 받고, 근로자들에게는 급료를 생활 필수품으로 지불함으로써, 차액을 남겨 이를 체제유지비용으로 충당한다는 것이다.

을 공식제정하고, 외화를 유치하기 위해 외국기업과의 합영을 정식 승인하면서 그 운영과정에 침습할 수 있는 자본주의요소들을 철저히 막기 위한 대책으로 제시되었던 것이다.[3] 이는 동구권 사회주의가 무너지면서 사회주의를 위협하는 자본주의적 풍조를 차단하기 위한 정책을 표현하는 용어로 바뀌었고, 1990년대 말부터는 체제 위협으로 간주되는 자본주의 문화나 '한류'의 영향을 차단하기 위한 방패막이 개념으로 쓰인다.

1990년대에 들어서 남한의 경제발전을 인정한 북한당국은 그때까지의 체제우위론 대신 모기장론으로 남한의 사회문화적 영향을 차단하는 데 주력을 다하였다. 북한 당국의 입장에서 보면, 개성공단에서 생산된 상품이 북한 시장에서 유통되는 것을 차단해야 하고, 또 개성공단에서 일어나는 일이 개성 외부로 확산되지 않도록 해야 한다. 흥미로운 것은 이런 방어 장치가 수평적 차단장치로서의 '장벽'이 아니라 보다 입체적 차단장치인 '모기장'으로 비유되었다는 점이다. 이것은 외부와 합영, 합작, 교류를 하더라도 '모기'와 '쉬파리'가 들어오지 못하도록 한다는 상상력에 기초하고 있다. 이런 입체적 상상력의 배경에는 한국전쟁의 피해 경험, 특히 공군력의 절대적 열세에 의한 피해경험이 농축되었을지도 모른다.[4] 북한은 경제난 때문에 남측과의 경제협력을 하지 않을 수 없으나, 경제협력이 확대될수록 주민들은 남한에 대한 태도가 달라지고, 자본주의적 인식과 태도에 익숙해지게 된다. 따라서 주민접촉면을 가급적 줄이려는 북한의 의도를 참작하여 통일부는 개성공단 출입을 제한하는 조치를 취하였다.[5] 이런 설명은 매우 흥미로운데, 이것은 한

---

3 김일성, 1995, "일군들의 혁명성, 당성, 로동계급성, 인민성을 높여 당의 경공업혁명 방침을 관철하자"(1989), 『김일성저작집』 42, 조선로동당출판사, pp.21~22.

4 한국전쟁에서 북한은 절대적 열세의 공군력 때문에 지상전을 제대로 수행할 수 없었고, 엄청난 피해를 입었다. 북한의 지도자나 주민들에게는 공중폭격에 대한 공포가 강력하게 존재한다.

5 통일부, 2008, 12, 1. 발표.

편으로는 개성공단에 근무하는 북한노동자들에 대한 북한당국의 이념적 통제나 일상적 규율에 관한 연구, 다른 한편으로는 개성 외부의 주민들과 개성 주민들 간의 소통에 대한 통제의 연구를 유도한다.

북한의 모기장론이 지닌 근본적인 한계, 즉 "접촉의 증대가 동반하는 새로운 문화 유입의 봉쇄는 원천적으로 불가능하다"[6]는 견해도 있지만, 결국 "개성공단이 북한 주민들에게 어떤 사회문화적 효과를 일으키는가?"라는 질문은 북한의 모기장 치기 전략과 초코파이 효과의 상호 대비를 통한 개성공단의 장기적 전망을 이끌어낸다. 북한의 지하시장으로 흘러들어가는 개성공단 상품과 이를 통한 개성공단의 특별한 이미지의 형성은 '모기장'을 뚫고 나아 가는 개성공단의 사회문화적 효과를 보여주는 것이다. 이 글은 개성공단이 공단 외부에 거주하는 북한 주민, 나아가 북한사회 전반에 어떤 영향을 미치고 있는가를 파악해보려는 것이다.

흔히 공업단지는 국가나 지방정부의 정책에 의해 설립되며, 경제적 비교우위를 확보하기 위하여 노동시장 및 노무관리의 예외적 규정을 허용하는 생산의 공간이다. 현재까지의 개성공단 연구는 크게 정치군사적 차원의 의미를 밝히거나 경제적 차원에서의 성과를 밝히는 연구로 대별된다. 정치군사적 차원에서는 남북한의 분단과 대립의 경계인 휴전선에 인접한 개성이라는 도시에 세워졌다는 점에서 지정학적 특수성이 강조되어 왔다. 공단 설립 이전, 개성 지역에는 대규모 군사시설이 있었으나 북한 군부의 반발에도 불구하고, '최고 지도자의 결단'에 의해 그것을 후방으로 이전하고 공단을 설립했다는 점에서 특별한 의미를 갖는 것으로 알려져 있다.

또한 개성공단 사업이 2002년 11월, 제2차 핵위기와 이에 대한 미국의 북한제재 국면에서 구상되었다는 점 때문에 개성공단 연구의 중요한 주제 중

---

6 이우영, 2008, 『북한 도시주민의 사적 영역 연구』, 한울아카데미, p.165.

의 하나는 한국과 미국의 긴장관계에 관한 것이었다. 개성공단을 둘러싼 한미 간 이견, 특히 2007년의 한미 FTA협상과 연관하여 연구되었고, 또 미국의 대북제재가 금강산관광과 개성공단 프로젝트에 의해 느슨하게 되었으며, 2008년 금강산 관광 중단 이후에는 미국의 견제 초점이 개성공단으로 집중되었다는 점도 지적되었다. 이와는 달리 배성인(2006)은 노무현정부의 개성공단 사업을 한국사회의 사회적 양극화와 자본과잉상태의 해결방안으로 선택되었다고 보고, 개성공단을 통한 남북 신뢰구축→국방비 절감과 통일비용 축소→국내 복지예산 증대→양극화의 축소라는 순환 고리로 설명하였다. 그러나 이 경우에 발생하는 국방예산 축소에 대한 군부 및 미국 군수산업체의 불만은 언급하지 않았다.

개성공단의 경제적 측면에서의 연구는, 한국의 해외투자와 연관하여 다른 공업지구와의 비교우위나 노동자 관리의 실태가 주로 논의되어 왔다. 조봉현(2011)은 개성공단의 경제적 의미를, 남북경제협력의 견인, 북한주민 변화의 촉매제, 북중경협 확대의 견제장치라는 의미가 있다고 밝혔다. 또한 개성공단의 쟁점을 5.24조치에 의한 경제활동 제한, 인력조달 및 노무관리의 한계, 3통(통행, 통신, 통관)+1통(소통)문제, 입주기업 금융지원, 한미 FTA와 원산지문제 등으로 구분하였다. 주봉호(2006)는 남북경협에 국내 경제의 경쟁력제고와 투자환경의 개선, 북한경제의 개혁-개방 촉진, 동북아 협력공간의 복원, 한반도 긴장완화의 안전판 확보 등의 의미가 있다고 보았다. 특히 개성공단은 경제협력이면서 평화협력 사업이며, 남북 경제공동체의 실험장, 북한 변화의 선도 창구라는 의미가 있다고 보았다. 그러나 실제로 북한 변화에 미치는 효과는 검증되지 않았다.

사회문화적 차원의 개성공단 연구는 위에서 말한 두 가지 차원의 연구와 밀접한 관련 속에서 개성공단의 상징적 의미, 그리고 남북한 주민의 접촉에 관한 미시적 효과를 주로 질문한다. 개성공단에서 남북한 주민 간 사적 접촉은 금지되며, 접촉이 이루어지는 경우, 북한주민은 반드시 2인 이상이어야 한다. 그러나 개성공단에서 일하는 노동자들은 남한의 기업 관리자들이나 기술자들과 접촉을 하고, 각종 복지서비스를 통하여 남한을 알게 된다. 양문수 등(2013)은 개성공단을 남북한 주민들이 일상적으로 만나는 접촉지대라고 보고, 접촉경험의 효과를 연구하였는데, 개성공단에서 북한주민에 대한 남한 주민의 접촉경험은 접촉의 효과가 일면적인 것이 아니며, 개성공단 상주 경험이 북한주민들에 대한 신뢰수준을 높이는 것은 아니라고 주장하였다. 개성공단에서의 접촉경험에서 나타나는 특징으로, 첫째, 공동의 목표 및 협력관계의 공유, 둘째, 접촉증대가 가져올 수 있는 북한주민들의 체제불안 공포, 셋째, 개인적 접촉 배후에 있는 북한당국의 큰 영향력, 넷째, 남한 관리자와 북한 근로자들 간의 관계에 대한 인식 차이 등이다.[7] 북한은 경제난 때문에 남측과의 경제협력을 하지 않을 수 없으나, 경제협력이 확대될수록 남한에 대한 태도가 달라지고, 자본주의적 인식과 태도에 익숙해지게 된다. 이것은 한편으로는 개성공단에 근무하는 북한노동자들에 대한 북한당국의 이념적 통제나 일상적 규율에 관한 연구, 다른 한편으로는 개성 외부의 주민들과 개성주민들 간의 소통에 대한 통제의 연구를 유도한다.

개성공단이 북한 주민들에게 어떤 의미를 지니고 있는지, 이들이 가지고 있는 개성공단의 이미지가 무엇인지를 파악하려면, 북한의 매체를 분석하거나 북한 주민과의 면접을 실시할 필요가 있지만, 북한 주민에게 직접 접근하기가 어렵기 때문에, 이의 대안적 방법으로 근래에 탈북하여 남한에 이주한 사람들과 심층 면접을 통해 이를 검토하는 방법을 선택하였다. 탈북자의 증언을 통해 북한주민들의 개성공단에 대한 인식과 태도를 파악하는 것은, 약

---

7 이와 관련하여, 남측은 남한의 법인장과 북한의 직장장의 관계를 수직적인 것으로 인식하는 반면, 북측은 그것을 수평적인 관계로 인식하는 경향이 있다고 보았다.

간의 편향성을 인정한다면, 현재 가능한 연구방법 중에서 선택할 수 있는 유력한 방법이다. 개성공단에 관한 탈북자의 증언은 탈북시점의 생각과 한국에 들어온 뒤 개성공단에 관해 획득한 정보를 혼합하여 이루어지며, 증언의 내용 또한 직접 경험한 것과 간접 경험한 것, 그리고 일종의 상상이 복합되어 있으므로, 이를 구분하여 분석해야 한다. 탈북시기와 탈북 전 거주 지역은 증언 분석에서 중요한 범주이다. 개성공단은 외부와 차단 및 통제되어 있고 이동의 자유가 제한되어 있으므로, 개성과 멀리 떨어진 곳에 사는 주민들은 개성공단에 대한 직접적 경험이 없거나 입소문을 통해 다소 피상적으로만 알고 있을 것이다. 이 논문을 위하여 개성에 거주한 경험이 있는 사례, 개성 가까이 거주했던 사례, 그리고 2010년 이후에 탈북한 사례라는 3가지 기준으로 탈북자를 선정하여 면접하였다. 그 결과 개성 지역에서 탈북한 2명과 개성 외부의 지역에서 탈북한 사람들 5명을 선택하였다.

표 9-1. 탈북이주민 심층 면접 대상자 현황

사례	성별	탈북일	탈북경로	탈북 전 거주지	탈북 전 직업	개성공단 접촉도
F	남	2013.8	직행	개성시	외화벌이 기지장	○
G	여	2005.12	중국체류	개성시	장사	○
H	남	2013.7	직행	황해남도 해주시	외화벌이 부원	△
I	남	2013.9	직행	황해북도 황주시	대학생	×
J	여	2010.8	직행	평안남도 북창군	회계원	×
K	여	2010.7	직행	황해북도 송림시	장사	×
L	여	2010.9	직행	남포특별시	연구원	×

주: 개성공단에 대한 직접경험자 ○, 간접경험자 △, 무경험자 ×
직접경험자는 개성에 거주하고 있으면서 가족, 친척, 친구, 마을사람들이 공단에 다니거나, 그들을 통해 직접적으로 경험한 사람을, 간접경험자는 타 지역에 거주하고 있으나 개성공단에 대한 국가 관리운영에 본인이 간접적으로 참여하거나 경험한 사람을, 무경험자는 개성공단에 대한 직접적 경험은 없으나 시장 활동과 지인관계를 통해 개성공단에 대해 알고 있는 사람을 의미한다.

면접대상은 3명의 남성과 4명의 여성으로, 이들 7명 중 2명은 개성에 거주하였던 사람이고, 1명은 개성에 거주하지는 않았으나 개성공단을 비교적 잘 알고 있는 사람이다. 나머지는 무경험자로 개성공단이 개성외부의 북한사회에 미치는 영향을 파악하기 위해 선정되었다. 개성 거주경험이 있는 한 사례는 상당기간 중국체류 후에 한국으로 들어온 반면, 나머지 6명은 모두 제3국에 거주하지 않고 북한에서 남한으로 곧바로 입국하였다. 면접대상자들이 대부분 최근 4년 이내의 탈북자들이며, 특히 이 중 두 명은 개성공단의 잠정 폐쇄 후 탈북하였으므로, 최근의 변화까지도 알 수 있도록 해 준다.

이들에 대한 면접은 표준화된 질문항목을 활용하였는데, 주요 질문항목은 탈북 전 거주지, 개성공단 인지도와 방문경험, 개성공단 근로자들과의 접촉여부, 개성공단 생산품 인지도와 실제 소비경험(구입경로), 중국 상품과의 비교, 초코파이 인지도와 소비경험. 개성공단에 대한 태도 등이다. 개성공단의 설립과 운영에 대한 해석(어떻게 알고 있고, 어떻게 해석하고 있는가? 떠도는 소문은 무엇인가?)과 한국 입국 후에 개성공단에 관하여 새롭게 알게 된 사실이 있는가에 대한 질문도 포함하였다. 이런 질문을 통하여 북한사회에 대한 개성공단의 물질적, 사회적, 문화적 효과를 파악해볼 것이다.

2. 개성의 지정학적 배경과 주민구성

1) 개성주민들의 역사적 경험

개성은 분단 경계에 서 있는, 과거에는 남북대결의 첨예한 대결장이면서 현재는 남북통합의 시험장이 된 한반도의 '배꼽도시'이다. 개성공단에 관한 지금까지의 연구에서 간과된 것 중의 하나가 개성이라는 도시가 '신해방지

▶ 김일성 동상이 있는 자남산으로 들어가는 개성의 통일거리
출처 : 구글

구'[8]에 해당한다는 점, 그리고 이 도시가 오래된 역사도시여서 풍부한 문화적 자원을 가지고 있었다는 점이다.

전쟁을 통해 남한 지역을 공화국에 귀속시켰다는 의미를 부여하여 개성을 '통일도시'로 일컫는다. 1992년 평양~개성고속도로를 완성한 북한은 자남산에 있는 김일성의 동상을 원점으로 고속도로로 이어지는 일선구간을 통일거리로 명명하였다.

개성은 인구가 20만 여 명에 이르며, 직할시로 지정되어 있는데, '분계연선' 도시에 대한 특별 국가배급이 적용되는 사례에 속하고, 또한 전통적 특성을 살려 방직공업, 인삼 가공업을 기본으로 하는 경공업이 발전된 도시이다. 개성의 고려인삼과 인삼주는 북한의 대표 상품이며, 고려의 수도여서 역사적 유적들이 비교적 많이 남아있고, 고전영화 촬영지로 이용되기도 한다.

1951년 북한공민이 된 개성주민들은 남북 간 군사적 대결과 심리전 속에서 많은 어려움을 겪었다. 북한은 주민들을 출신계급 뿐 아니라 전쟁기의 행

---

8 북한은 해방 후 38선 이남이어서 남한의 영역이었다가 한국전쟁 과정에서 북한 영역에 속하게 된 지역을 '신해방지구'로 명명하였다. 이에 상응하는 것으로 38선 이북이었다가 휴전 후 남한에 속하게 된 지역이 있는데, 이를 한국에서는 수복지구라고 한다.

동에 따라 분류하고, 매우 차별적으로 취급하는 정책을 취했다. 북한당국은 한국전쟁기 '반공화국 행위'를 하였거나 월남의 기회를 노렸다고 생각되는 사람들, '국군의 재진격과 제도가 뒤집어지기를 기다리던 사람'들을 색출하여 경중에 따라 숙청하거나 검증되지 않은 복잡군중으로 분리시켰다. 또한 체제를 위협하는 '간첩 적발 투쟁'을 지속적으로 진행하였다.[9]

> 개성에서 전쟁 끝난 후 9년 동안 미군이 진달래꽃 필 때 다시 온다는 소문이 파다했고, 남쪽 앞잡이 노릇을 하다가 정전이 되면서 월남도 못하고 그래서 집 지하를 파가지고 거기서 숨어서 밤이면 나와서 공기를 쏘이고 그러다 잡힌 사람들이 있었어요. 그런 사건 때문에 수시로 감시하고. 70년대 후반에 보안원이 우리 집에 들어와 천정도 찔러보고 돼기밭도 찔러보고, … 80년대 초반에 우리 큰아버지가 정치범이라는 딱지가 붙어 거기서 죽은 거죠. 그래서 우리 아버지한테까지 영향이 미쳐가지고……(사례 G).

개성을 비롯한 '신해방지구' 주민들은 특별관리 대상이었다. 해방 후 미군 정과 이승만정권의 통치를 경험했고, 접경지역이어서 월남자, '이적행위자', 국군가족, 귀환병 등이 많았기 때문이다. 이러한 주민들은 '당의 계급노선과 군중노선'[10]의 이율배반적인 '채치기' 대상이 되는 경우가 많았다. 신해방지구의 특별관리 정책은 지역을 관리하는 간부의 출신지별 분포에 영향

---

9 박소영, 2010, 「북한의 신해방지구 개성에 관한 연구: 지방통제와 지방정체성을 중심으로」, 동국대학교 박사학위논문, p.203.

10 계급노선은 첫째로 노동계급을 혁명의 영도계급으로 내세우고 농민계급과의 동맹을 강화하여 착취계급인 지주, 매판자본가, 민족반역자를 반대하는 사회혁명을 수행하며, 둘째로 사회주의제도 수립 후에도 전복된 착취계급이 외부세력과 손잡고 옛 지위를 되찾으려는 적대행위가 계속되므로 잡초 뽑아버리듯 완전히 제거하며, 제도를 위협하는 제국주의 세력을 반대하여 싸워야 한다는 것이다. 군중노선은 복잡군중을 믿고 차별하지 말며 지난 시기 공화국을 반대했거나 죄를 지었던 사람도 과거를 뉘우치면 포섭하여 당의 울타리 안에 묶어두어 적을 최소화하겠다는 것이다. 계급노선과 군중노선은 북한통치의 핵심이념이다.

을 미쳤다. 개성을 비롯한 신해방지구의 간부들은 거의 북쪽 지방 출신들이
며, 황해도나 개성시와 같은 신해방지구 출신들은 매우 드물다고 한다.

신해방지구는 이남과의 최경계선인데, 남조선에서도 새마을운동 할 때 분계
선 마을부터 먼저 했듯이, 북한도 자기들 핵심군중으로 꾸리고 요새화 하겠다
는 거죠. 자기 세상을 지지하고 버리지 않을 사람들로, 결국 신해방 지구 사람
들을 믿지 못하겠다는 거죠. 황해도 사람들 간부 없는 거 보라요. 하다못해 작
업반장 하는 사람들도 다 북에서 온 사람들이지 황해도 본토는 없어요(사례 I).

개성에 거주하는 주민들에게 큰 변화가 온 것은 1976년 8월 18일 발생한
'판문점 도끼 사건' 이후이다. 당시 북한은 준전시상태를 선포하고, 전 국가
적 동원령을 내리면서 전쟁에 대비한 전투태세와 함께 주민정리 사업에 들
어갔다. 먼저 1976년 10월부터 1979년 사이에 2차례에 걸쳐 평양시 주민
들에 대한 성분검증과 대대적인 소개사업[11]을 진행하였다. 뒤이어 1980년
대 초반까지 신해방지구의 주민 교체를 진행하였다. "1976년 8월 말부터 11
월 중순 까지 평양만 약 20만 명의 주민이 다른 지역으로 이주됐다. 황해도·
강원도 전연(전방)지대의 성분 불량자, 허약자들로 8천 세대 가량을 솎아냈
다."[12] 주민 성분조사를 기초로 하여 '복잡군중'으로 분류된 사람들을 북한
내륙지역으로 이주시키고, 이른바 핵심군중들로 대체하였다. 그에 대해 송
모씨는 다음과 같이 구술한다.

연안, 강령, 옹진, 배천, 개성 지방 사람들을 북으로 들여보냈어요. 그게 내각

---

11 당국의 조치에 따라 거주지를 강제로 옮기는 것으로, 주로 전쟁발발에 대비해 평양과 휴전선 지
역에 거주 하는 노약자, 성분 불량 계층 등을 함경도 지역으로 이주시키는 작업이었다. 이와 유사한
것으로 추방이 있는데, 추방은 범죄와 위법행위에 대한 처벌 및 법적 제재의 성격을 띤다.

12 정창현, 2007, 『김정일』, 중앙북스, p.140.

1980년대 초에는 중요한 군수공장에서 이런 사업이 이루어졌는데, 특히
중국을 비롯한 해외에 친척이 있는 주민들이 다른 지방으로 소개되었다. 이
처럼 1976년 이후 북한은 평양시와 신해방지구를 비롯한 정치, 군사, 전략적
요충지들에서 정권에 대한 잠재적 불만을 가진 사람들, 외부와 손잡을 수 있
는 사람들을 분산, 와해시켜 핵심군중의 포위 속에 들게 함으로써 체제의 안
정성과 만반의 전쟁준비를 갖추려 하였다.

개성은 군사분계선 가까이 위치하고 있어서 특별히 거주가 제한되고 외
부인의 출입이 통제된다. 개성에 거주하기 위한 자격요건은 개성에 부모가
있거나, 고향이거나, 중앙당이나 인민무력부에서 파견된 사람으로, 인민보안
성 주민등록국에서 거주승인을 받아야만 거주할 수 있다. 국경연선과 분계
연선은 특별 통행금지지역으로서, 그 지역에 직계가족이 있거나, 정당한 사
유로 인정될 때에만, 여행증명서를 발급받고 출입할 수 있다. 개성은 권력의
감시와 통제가 치밀하게 작동하는 지역으로, 거주와 통행이 통제되는 이유
는 다음과 같다.

서 대표적인 보루라고 보기 때문에 아무나 거주 안 시키죠(사례 H).

개성 시민들이 남한의 자본의 힘에 노출된 것은, 88서울올림픽과 제13차 세계평양학생축전 때부터라고 한다. 그것은 '골동장사'를 통해서였다. 개성의 문화적 자원들이 어떤 경로로 해외나 한국으로 반출되었는지, 문화재가 아닌 골동품이나 민화 등의 판매가 허용되었는지는 불명확하지만, 종종 도굴이나 문화적 자원들을 파는 행위가 엄벌에 처해진 사례가 있었다.[13]

> 내가 에돌아서 개성에 가봤는데 예로부터 골동장사를 해서 젤 먼저 사람을 총살한 곳이 개성입니다. 인삼, 해삼, 전복 그런 장사하다가 이젠 골동장 사로 유명했어. '고난의 행군'시기 모두 골동 찾아다니고 그랬는데, 그래서 돈이 많고 깨끗이 꾸리기도 했어. 골동 찾느라고 옛날 무덤은 다 뒤져서 자남산이 세 번 뒤집어졌다지 않아(사례 K).

2013년 6월 23일 제37차 유네스코 세계유산 위원회(WHC) 프놈펜 회의에서 개성역사유적지구를 세계문화유산으로 선정했다.[14] 개성은 고려자기를 비롯한 골동품, 문화재들과 함께 고분들이 집중되어 있는 역사적인 도시로, 무차별적인 도굴행위가 경제난 속에서 성행하였다.

2002년, 개성공단이 개성시 판문군 평화리 일대에 2,000만 평 규모로 자리 잡게 되면서, 그곳에 있었던 주택들이 철거되었다. 철거된 주택에 살던 주민들은 '뼈다귀집'[15]으로 불리는 빈 건물이나 창고를 배정받았다. 이들은

---

13 제13차 세계청년학생축전을 개최하기 위해 거액의 자금이 필요했고, 중앙당 통전부, 대남연락소, 39호실을 비롯한 외화벌이기관을 통해 골동장사를 지원했다는 설이 있다.

14 2014년 2월 17일, http://blog.unikorea.go.kr/3813

15 뼈다귀집이라는 용어는 1990년대 중반부터 북한 당국이 자재를 제대로 보장해주지 못해 벽체와 지붕만 씌우면, 그 다음에는 개인이 각자 알아서 출입문이나 창문을 비롯하여 주거시설을 꾸려야 하는 상황에서 나온 말이라고 한다.

벽체만 서있는 건물에 온돌을 놓고 부뚜막을 쌓는데 필요한 시멘트, 모래, 목재 등을 별도로 구입해야 했는데, 이들의 고충이 매우 컸다고 한다.

개성공단 한다고 외곽지대 주택들을 강제 철거하고, 집 없는 사람들은 공장건물 창고자리를 꾸려서 살고 그랬어요. 그런 사람들끼리 모여 앉아서 남한정부에서 돈을 다 줬다는데 집 지어 주겠지 생각했는데 결국 아니죠. 공장이 폐기되어 안 돌아가는 그런 건물, 벽체만 있는 창고에서 살았어요. 그야말로 재난이었어요. 개성공단 사람들뿐 아니라 다른 사람들도 2~3명이 모여앉아 얘기하다가 보위부에 들어가서 정치범수용소에 끌려간 일이 많은데요(사례 G).

북한당국은 남한으로부터 지장물철거비, 토지임차료, 근로자 임금을 비롯하여 적지 않은 돈을 받았는데, 철거주민들의 주택을 각 공장, 기업소, 기관별로 맡아 해결해주라는 지시만 내리고 금전적 보상은 전혀 하지 않았다고 한다. 남한으로부터 상당한 금액을 받은 사실이 주민들에게 알려지면서 분노하는 주민들이 많았던 것으로 보인다.

분계선을 사이에 두고 미디어, 삐라 등을 통해 남한을 추상적으로만 알던 개성 주민들은 개성공단의 설립공사를 보면서 남한을 구체적으로 확인하기 시작했다. 대형트럭과 첨단장비로 공단의 터전을 다지고 몇 달 새 건물을 완공하는 것을 보면서 개성주민들은 상당한 충격을 받은 듯하다.

남조선이 그렇게 잘살두나, 남조선이 들어오겠다고 그래서 북한에서 젤 척박하고 돌이 많은 그런 곳에 땅을 내줬다누만. 땅이 나쁘고 바윗돌 같은 땅을 내놨는데 저런 땅에다가 무슨 공장을 짓나 했는데 글쎄 하루 밤 자면 벼랑 같은 산도 없어지고 건물이 척척 들어서고(사례 K).

낙후한 장비와 설비부족으로 모든 건설작업을 인력에 의존하는 북한 사람들에게 남한의 공단 건설은 '빛의 속도'로 보였다.

2) 공단 근무자의 충원과 구성

개성공단은 노동당 통일전선부 민족경제협력위원회 개성공업지구운영관리총국에 소속되어 있다. 개성공단 근무자는 관리자(간부, 기술자, 사무원)와 노동자로 나뉘어 엄격한 기준에 따라 선발되는데 기술직과 주요 사무직, 보위부 일부 성원들은 평양에서 선발되어 온 사람(중앙당에서 직접 배치)들이다. 노동자들은 개성시 외 타 지역 사람들은 들어갈 수 없다.

개성공단의 기업은 북측대표가 있고, 그 밑에 안전관리와 작업반장들이 있는데 작업반 인원은 평균 100~200여 명이다. 2002년 '7월 1일 경제개선 조치' 이후 공장, 기업소의 자율성 확대를 위해 간부기준을 성분중시에서 능력중시로 바꾸었지만, 개성공단은 여전히 당 간부등용원칙[16]이 강하게 관철되고 있는 듯이 보이고, 당 고위간부와의 비공식적 관계가 영향을 미치고 있다.

> 이젠 간부 뽑는 기준이 바뀌어 대학 못 나와도 능력 있는 사람 공장장 시켜라, 자체로 운영해서 종업원 먹여 살려라, 다른 돈 돌려서라도 공장, 기업소 운영할 능력 있는 사람을 간부로 등용해라 해놓고 지나치게 능력이 인정되면 모가지를 잘라버려요. 개성공단 간부의 자격은 출신 학교, 당에 대한 충실성, 대적관념 등의 기준이 있어요. 그러나 실제로 선발되려면 뇌물도 많이 들어 가고, 간부 사람들은 자기한테 아첨하면 충성도가 높다고 평가하고(사례 I).

2014년 9월 현재, 개성공단에 있는 125개 회사들의 북측 대표는 당 간부부가 임명한 사람들로, 북한의 일반적인 공장운영체제[17]와는 달리 행정실무

---

16 간부등용원칙은 당 내부원칙으로, 핵심군중을 위주로, 충성심이 높고, 수령관 및 계급관이 투철하며, 실천에서 검증된 사람이어야 한다. 당 내부원칙은 계급노선이, 외부원칙은 군중노선이 적용된다.
17 행정대표(일꾼)는 유급 당일꾼 경력을 3년 이상 가져야 하며, 당일꾼과 분리되어 있다.

를 잘 모르는 경우가 많다. 개성공단은 정부가 아닌 당이 통제하고 있음을 보여주는 사례다.

그렇다면, 공단 근로자들은 어떻게 충원되었는가? 북한주민들이 취직하는 절차를 보면, 해당 노동과에 입직수속을 하고 15~20일 노동안전교양을 받은 뒤 직종배치를 받는데, 드물게 있는 제대군인들과 중학교 졸업생들의 집단배치 외에는 개별적으로 이루어진다. 그러나 개성공단은 공업지구 운영관리국에 입사문건을 제출하면 30~50여 명씩 그룹을 편성하고 그룹의 인원이 다 찰 때를 기다렸다가 동시에 취직한다. 일반 공장, 기업소와는 다르게 개별적이 아닌 그룹별로 취직시키는 것은 철저한 사상검증과 통제, 인원관리를 위한 것으로 풀이된다. 취업기준을 보면 군복무경력(남자에게 해당)과 함께 성분이 좋아야 한다. 생활제대자[18], 교화출소자, 노동단련대를 비롯한 전과자, 미신행위를 하거나 이혼한 사람들은 자격미달이다. 미신행위를 한 사람은 사상적으로 흐리터분하고 당적 신념과 '대적 관념'이 불확실한 것으로, 이혼은 북한사회의 상징성으로 일컫는 일심단결, 수령을 중심으로 하는 대가족의 균열을 일으키는 행위로 간주된다.

개성공단 운영초기에 근로자는 개성주민들 중 가구당 한 명씩만 취직할 수 있었는데, 이것은 북한당국이 급여와 복지혜택을 개성시민들에게 고루 분배하려는 의도를 가지고 있었기 때문이다. 공단규모가 적었던 초기에 취직기회를 얻기 위한 경쟁이 치열하여 뇌물현상도 나타났던 것으로 보인다.

> 개성사람들은 한 집에서 한 명씩 자기 가족 들여보내기 운동을 하는데, 형제
> 가 세 명이라면 한 명에게 돈을 집중해서 간부들에게 200~300달러고 이고
> (바치고) 들어가요. 벌어 들여오는 걸로 가족을 먹여 살리는 거죠. 한 집안에

---

18 군복무기간 과오를 범한 사람은 강제 제대시킨다.

서 두 명은 안 들여보내요(사례 I).

개성공단에 들어가기 위해 많은 로비를 벌인다는 것은 널리 알려져 있는 사실이다. 개성시 한 보안원이 개성공단에 들어가기 위해 상급에 뇌물을 바치고 제대하여 공단노동자로 취직한 사례를 통해, 보안원 생활보다 공단근로자의 생활이 훨씬 낫다는 것을 알 수 있다. 북한주민들에게 공단근로자가 된다는 것은 가족들의 생활을 책임지는 역할의 상징이면서 희망의 푯대이다. 따라서 개성 이외 지역의 주민들은 이른바 "지대혁명"[19]을 통하여 개성공단에 취직하려고 노력하며, 이를 비공식적 관계를 통해 해결하려고 한다. 개성공단에서 일하기 위해 거주지를 옮기려는 사람도 있으나 허락을 받기가 매우 어렵다. 개성시민에게만 근로기회를 국한시킨 것은 북한당국이 개성공단의 영향이 외부로 확산되는 것을 차단하려는 의도가 있다.

그렇다면, 개성공단에서 일하는 근로자들의 노동조건과 보수는 어떠한가? 개성공단 초기인 2005년도에는 당국이 공단근로자들에게 주는 보수에 대해 남측 기준을 따르지 않고 북한 일반노동자의 생활에 맞추어 지급하면서 배급 제도를 적용하였다.

당시 1인당 백미 40키로씩 줬어요. 가족배급에 해당하는 양인데, 국가가 여기서 벌어들이는 돈만 해도 엄청납니다. 쌀 사주는 값은 얼마 안 되죠. 한 달 월급은 1500~2000원, 다른 노동자 월급하고 같았어요. 월급을 제때에 주었다는 게 다른 공장하고 차이 나는 거죠. 우리 시누이 남편은 2천원 탔더라고요. 돈하고 쌀 40키로, 설탕 1키로, 기름 1키로, 작업복 주고, 이따금씩 간식 주는 거. 월급은 북한 일반노동자와 꼭 같이 주고, 정상월급을 주고, 물자를 더 줄 뿐이

---

19 북한은 거주이동의 자유가 제한되기 때문에 한 번 거주지를 옮기는 데 거치는 절차와 법적수속이 어려워 엄청난 노력과 경제력, 시간이 투하되어야 하므로 이른바 "지대혁명"이라고 부른다.

지요(사례 G).

개성출신 증언자에 따르면 현재 개성공단에서는 현금이 아니라 숫자상 장부에 올라있는 이른바 '돈표'가 사용된다. 근로자들은 돈표를 받아서 물자공급소에 가서 생활에 필요한 물자를 산다. 돈표는 서로 꾸어주기도 한다. 북측의 물자공급에 대해서는 남측 개성공단 관련 자료를 통해서도 확인된다. 고경빈(2007)에 따르면, "고려상업합영회사는 북한 근로자의 생필품, 즉 쌀, 밀가루 식용유, 설탕 등을 중국 등에서 수입한다……. 북한근로자들은 이 회사가 운영하는 개성백화점과 고려상점 등 12개 매장에서 개성공단 근로자임을 증명하는 신분증을 제시하고 물품구매권으로 필요한 물품을 구입한다. 이 과정은 이 회사가 수입하는 월별 물품대금과 개성공단 근로자에게 지급하는 월별 임금총액이 얼추 맞아 떨어진다."[20] 그러나 공단근로자에게 월급을 지불하는 달러로 중국 상품을 시장가격으로 매입하여 주는 경우, 차액이 발생하면서 고려상업합영회사 환차나 시장가격차를 포함한 이중적 이득을 얻을 가능성이 있고, 근로자들은 이를 불만으로 여길 수 있다.

근로자들이 일한 대가를 돈으로 받으면 한 달 쓸 물품을 구입하고 저축할 수 있지만 물품으로 받으면 그것이 어려워지고, 가격차에 따른 상대적 손실을 안게 된다. 이러한 현상은 근로자들에게 실제 자신에게 돌아와야 할 몫을 뺏긴다는 심리적 반감을 유발하고, 이를 다른 곳에서 보상·보충하려는 욕망을 만들어낸다. 한 증언에는 지급받는 중국 상품의 질에 대한 불신과 불만이 드러나 있다.

개성공단에서 일한다는 것 자체가 북한주민들에게는 생활안정의 큰 기회

---

20 고경빈, 2007, 「개성공단사업의 미래 단순한 경제사업 이상의 의미 내포한 개성공단」, 『통일한국』, 통권 제277호, p.33.

▶ 북한 여성근로자들의 모습
출처 : 연합뉴스

이지만, 내부에서 어떤 일을 하느냐에 따라 부가적으로 얻을 수 있는 자원이 달라지므로, 이들에게는 직종이 중요하게 된다. 공단 내에서 선호되는 직종은 먹거리를 다루는 식당 직원, 의약품을 다루는 의사, 그리고 산업쓰레기를 처리하는 미화공이다. 식당 관계자나 의사는 필요한 물품을 자신이 조절할 수 있는 기회가 생기므로, 이를 이용하여 잉여물품을 확보할 수 있고, 이를 통해 부가적인 이득을 얻을 수 있다. 먹을거리와 약품이 절대적으로 부족한 상황에서 이 약간의 잉여물품들은 다른 사람들, 특히 간부들과 인맥을 형성하고 자리를 지키는 좋은 자원이 된다.

> 오물(쓰레기)처리공이 제일 신나요. 북한에서는 버릴 오물이 없잖아요. 오물
> 이 다 돈인데, 박스, 비닐, 천 자투리, 이런 거 트럭으로 한 차면 1,500~2,000
> 달러에 팔려요(사례 F).

이 증언대로, 개성공단에서 나오는 산업쓰레기는 버려지는 것 하나 없이 수공업자들에 의해 상품으로 재생산되어 돈으로 전환되기 때문에, 쓰레기처리를 맡은 미화공은 매우 선호되는 직종이다.

간부와 함께 보위대도 선호직종이다. 보위대는 공단의 보안을 맡았기에

정문을 통과하는 차량과 근로자들을 감시 및 처벌하는 특권을 이용하여 이익을 추구할 수 있는 직종이다. 증언들을 종합하면, 공단 내에서 선호되는 직종은 사적 이익을 취득할 수 있는 기회와 권한에 따라 결정된다.

개성공단의 근로자 구성에서 중요한 특징이 성별 비율이다. 개성공단에 근무하는 북한근로자는 2013년에 총 5만 3천여 명이었는데, 이 중 여자가 72%, 남자는 28%였다.[21] 남성보다 여성이 높은 비율을 차지한다. 여성근로자들은 기혼자들의 비중이 높다. 이런 성별구성의 차이와 높은 기혼여성 비율은 어떤 사회적 효과를 가져 오는가?

> 남측 기업은 북한 남자들을 싫어해요. 여자를 선호한다고 그래요. 한국에서 남자와 여자의 월급차이가 있는지, 분명 이유가 있기 때문에 싫어하겠죠. 남자들은 집 지키는 멍멍이로 남아있어요. 남자가 새벽 5시부터 밥 끓여서 내보내고 가장의 역할이 바뀌어졌어요. 여성들은 새벽 5시부터 밤늦게까지 일하고, 야근은 돈을 더 주니까 낮에 일하고 야근을 빠지지 않고 참가하려고 해요. 남자가 나가서 일하려고 해도 여자보다 취직이 어려우니까요(사례 F).

북한의 가부장제와 남성지배적 문화가 강한 상황에서 불어닥친 경제난은 여성들로 하여금, 가사노동과 자녀양육 뿐 아니라 생계유지를 위한 추가노동을 하게 했다.[22] 기혼여성들이 개성공단에 출근하게 되면서, 한편 남성들에게 일자리가 제한되면서, 자녀양육과 가사노동, 그리고 집지키기가 남편의 몫으로 바뀌는 경향이 생겨났다. 집지키기가 별도의 일이 되는 맥락이 흥미롭다. 북한사회의 경제난은 유랑걸식자와 좀도둑을 크게 증가시켰다. 절도 방지는 가족의 생계와 관련하여 사활이 걸린 문제가 되었고, 이에 따라

---

21 YTN 뉴스, 2013년 10월 31일, "개성공단 직접 가보니… 지원 절실".

22 박현선, 2003, 『현대 북한사회와 가족』, 한울아카데미.

식구 중 누군가는 집을 지켜야 한다는 관념이 강해졌다. 일반 주민들보다 생활이 나은 개성공단 근로자들의 집은 도둑들의 표적이 되었다. 이 때문에 남편들은 '만 원짜리 열쇠'[23]가 되어 하루 종일 집을 지키고, 아내의 출근시간 보장을 위해 새벽밥을 지어야 한다.

> 아침 5시에 출근해서 밤 11시에 오죠. 매일 야근해요. 돈 더 벌겠다고. 기가 막혀요. 여자들 늘 나가서 사니까, 그래서 개성공단엔 8.3부부[24]가 많아요(사례 F).

북한남성들이 가지고 있던 봉건적 사고방식은 여성들의 경제활동이 커지면서 깨지고, 이들의 입지는 좁아지고 있다. 여성들에게는 집안에서 남편과 함께 있는 시간보다 직장동료들과 함께 있는 시간이 더 많다. 이에 따라 혼외 성관계 문제가 발생하는데, 이를 나타내는 신조어가 '직장 내 와이프/남편'이다.

3. 개성공단 상품의 유출과 유통

1) 개성공단 물자의 북한으로의 유출과정

개성공단에서 생산된 상품은 반제품이나 완제품으로 남한으로 운송되며,

---

23 여성들의 경제활동이 커지면서 남자들은 할 일 없이 "집 지키는 멍멍이", "낮전등"(필요 없는 존재) 또는 든든하고 비싼 열쇠라는 의미에서 "만 원짜리 열쇠"라는 유행어가 "고난의 행군" 시기에 등장하였다.

24 유부남과 유부녀들 간의 불륜관계를 말한다. 여성들의 경제활동 영역이 넓어지면서 8.3부부들이 많이 생겨나 사회적 문제로 되고 있다. 이 말은 본래 '8.3 인민소비품 생산운동'에서 비롯되었는데, 나중에 가짜나 사이비, 조악한 물품을 지칭하는 용어로 바뀌었다.

원칙상 북한 내부에 들어갈 수 없게 되어 있다. 서울이나 그 밖의 남한 시장과의 짧은 거리는 개성공단의 경쟁력을 강화시키는 중요한 요인이다. 그러나 개성공단에서 사용되는 물품이나 생산품들이 비공식적인 통로를 통해 북한 내부로 유출되기도 한다. 북한에서 유통되는 개성공단 물건이란 공단에서 생산된 상품만을 의미하는 것이 아니라 남한의 기업 관련자들이 사용하는 생활 필수품들을 포함한다. 이런 비공식적 통로를 통한 물자유출이 개성공단 운영 초기에 많았다. 이 통로는 간부나 관리자들을 통한 경로와 근로자를 통한 경로로 구분된다.

간부들은 직위유지를 위해 윗간부들의 부탁을 들어줘야 하고 자신의 주머니도 채워야 하므로 횡령의 유혹에 빠지기 쉽다. 이들은 남측대표들에게 은근히 부탁하여 필요한 것을 얻기도 하고, 종종 물자를 빼돌리는 경우도 있다. 이 경우 보위대나 차량운전수에게도 약간의 자원이 분배된다.

> 남측회사에서 물자를 주면 북한대표에게 주니 대표가 어떻게 하라고 지시하면 안전 관리원과 반장들이 그대로 집행한다. 각 회사마다 안전관리가 부대표로 되는데 그가 모든 회계나 실무처리를 하기 때문에 근로자들 속에서는 권한이 있는 자리이다. 그들은 한 달에 받는 거 말고도 2,000달러씩 번다는 소문도 있었다. 그런 사건이 많아서 3년 하면 잡아뗀다(사례 F).

간부들이 빼내가는 물품은 대체로 남측이 근로자들에게 인센티브로 제공하는 물품이 주를 이룬다. 권력을 이용한 간부들의 횡령행위는 근로자 입장에서 볼 때 "큰 도적"이고 자신들은 "좀도적"이다. 근로자들은 은밀한 방법으로 절취행위에 나선다. 공단정문에서 보위대가 퇴근길에 오른 근로자들의 가방과 몸수색을 하며 통제하지만 한계가 있다. 이들의 절취행위는 "생계차원에서 이뤄지는 저항적 성격을 띠고 있으며 공공재산의 절취와 유용은 한편으로는 개인적 대응기제(coping mechanism)인 동시에, 다른 한편으로는 사회적으로 가용한 재화를 재분배하는 의미를 지니는 것으로 볼 수 있다."[25] 그런 의미에서 북한에서는 공공 물자를 절취할 때 '도적질' 한다고 표현하지 않고 '조절'한다고 말하며, 관련자들을 '조절위원회'라고 부른다.

> 보위대가 있어서 정문 통과할 땐 몸수색까지 다 하는데, 그래도 눈치 보며 다 해요. 실토리(실톳, 실타래) 하나도 시장에 내다 팔면 돈이 되니까 그렇게 통제해도 조금씩 내오나봐요. 그러다 걸리면 잘리는 거죠. 내가 듣기론 처음엔 도적질하는 게 습관이 돼서, 원래 도적놈들은 아니고 일해도 아무런 보수가 돌아오지 않으니까 사람들은 공공재산 훔치는 게 도적이라는 인식이 별로 없어요(사례 L).

북한사회에서 절취에 대한 양심의 가책이 별로 나타나지 않는 것은 절대빈곤과 함께 오랜 사회주의적 분배의 관행이 작용한 듯하다. 자원이나 설비를 모두의 소유로 인식하는 경향이 강하고, 또한 국가권력에 접근해 있는 위치에 따라 이를 배분할 권한이 생기므로, 권력의 남용과 부정비리, 축재의 가능성이 크다. 생활필수품의 만성적 부족과 함께 시장에서 인기 높은 남한 상품의 희소성과 상품을 빠르게 현금화 할 수 있는 조건은 더욱더 절취행위를 부추긴다. 공동체 의식의 강조와 개인의 자율성 억압은 공공의 양심과 윤리 규범을 약화시켰다. 북한의 공식 생산 영역에서 일상화되어 있는 절취나 횡령행위를 집단주의 정신교육만으로는 완전히 제거할 수 없음을 보여준다. 그러나 근로자들이 절취해나가는 물품의 양이 얼마나 되는지는 의문이다. 공단 내에서 만연한 절취행위를 차단하기 위해 북한당국은 간부해임, 강제퇴직, 법적 처벌 등 단속을 강화하였다.

이런 공단초기의 만성적인 절취는 북한당국의 처벌, 특히 노동시장으로

---

25 조정아, 2011, 「북한주민의 '일상의 저항': 저항 유형과 체제와의 상호작용」, 『북한학연구』, 제7권 1호, p.341.

부터의 축출로 인한 위험의 인식 때문에 많이 점차 개선되고 있다.

많은 사람들이 해직 당하고 교화 갔다 왔는데, 어떤 사람은 조그마한 전동기를 도적질 했는데 자기 아버지가 목수하는 데 쓰려고 챘는데, 공화국 망신을 시킨 파괴암해분자로 몰아가지고 보낸 거죠. 그러니까 한 번이라도 실수하면 안 된다고 명심하죠(사례 F).

일반 주민들은 시장에서 하루에 평균 쌀 1~3kg을 살 수 있는 돈을 버는데, 그 돈으로는 부식, 땔감, 생활필수품을 모두 충당하기가 어렵다. 그러나 공단근로자들은 일반 주민보다 높은 월급과 각종 인센티브를 받으며 저축할 수 있는 여유를 누린다. 강제퇴직 당한 사람들이 예전의 생활고에 시달리며 목전의 이익만을 추구한 것에 대한 후회를 하는 것을 보고, 근로자들은 직업을 잃어서는 안 된다는 각성을 했으며, 이것이 절취행위를 감소시켰다. 또한 공단근로자들의 소소한 절취행위로 인한 손해가 남측 기업들에게는 별로 크지 않다. 절취에 의한 약간의 손실은 투자비의 일부에 속한다고 인식되기도 한다. 중국에 투자했다가 개성공단으로 이전한 기업주는 개성공단에서 발생하는 절취의 수준은 중국에 비해 훨씬 낮고, 오히려 개성공단의 상대적 저임금으로 인한 수익이 크다고 생각하므로,[26] 이에 대해 비교적 관대한 태도를 보이는 것으로 생각된다. 북한 근로자들은 개성공단의 입주 기업이 얻는 이익을 크게 생각하는 경향이 있다.

남한 기업은 상당히 이익이 난대요. 중국에서는 차로 막 도적질해 가는데, 북한은 그런 거 없대요. 중국에 들어간 기업이 망해가지고 나와서 개성공단으로

---

26 고경빈, 앞의 글, p.33. 2007년 당시 개성공단의 입주기업들이 북한에 지불하는 금액은 약 70만 불이지만, 생산된 물품총액은 800만 불이었다.

나왔다는 거죠. 언어가 통하고 조직화 돼있고, 북한 사람들이 가난하다 보니
일을 억척스럽게 하고, 인건비가 싸니까 남한 사람들은 이익 엄청 볼 거예요
(사례 F).

공단근로자들에게 인센티브로 공급되는 간식이나 화장품을 비롯한 물품
은 직접 소비되지 않고 상품으로 되팔거나 인사차림으로 이용된다. 한 증언
에 따르면, 근로자들의 간식으로 제공되는 초코파이가 많으면 10개에 이르
는 데, 한 달이면 보통 200개 이상이 된다. 공단근로자들은 임금을 물자로
받기 때문에 현금경제의 효과를 누리지 못하지만, 초코파이는 기업에서 직
접 제공하고, 이를 지하시장을 통해 유통시켜 현금을 얻을 수 있기 때문에,
중요한 의미를 갖게 된다. 그것의 달콤한 맛은 물질적인 것이라기보다는 상
징적인 것이다. 이를 통해 남한의 존재감이 각인된다. 공단 근로자들은 간
혹 남측 성원들이나 기업주로부터 선물이나 기념품을 받는데, 이것 또한 자신
들이 사용하지 않고 시장에 넘기는 경우가 많다. 북한시장은 만성적으로 공급
이 부족하므로 사소한 물건이라도 상품성이 있으면 즉시 현금으로 전환된다.
공단에서 나오는 물품은 이를 전문적으로 취급하는 도매꾼들에 의해 사
리원과 평성, 신의주를 비롯한 전국 도처에 열차나 자동차로 운반되는데 이
경로에는 돈주, 출하도매꾼, 달리기꾼, 입고도매꾼, 송금중개자 등이 존재한
다. 이들은 하나의 연쇄를 구성한다. 돈주는 현지에서 상품을 각종 운송수
단을 동원하여 전국의 도매꾼들에게 넘겨주고, 송금중개업자나 인력을 통해
돈을 다시 회수한다. 근래에는 예전처럼 무리하게 장사짐을 직접 메고 다니
는 것이 아니라 기차나 운송수단을 이용하는데, 운임비가 비싼 자동차보다
기차를 많이 이용한다. 직업적 신뢰가 있는 열차원들에게 삯비를 지불해주
고 상품이나 돈을 이관해주는 경우가 많다.

공단상품이 전국에 다 나가요. 원산, 평양까지 고속도로가 있고, 개성–신의주, 사리원–함흥, 사리원–만포행 열차가 있어서 기차로 수화물을 부치는데, 이를 짐쏘기[27]라고 하지요. 전화로 연락하면서 상품과 돈이 오가죠. 물건 보낼 사람과 받는 사람을 연결시켜주는 거간꾼도 있어요(사례 F).

상품도매는 선불, 후불로 나눠지는데 후불로 상품을 넘겨받은 도매꾼은 일정기한 내 돈을 송금해주며, 이 과정에서 신용금융거래가 발생한다. 상품 후불거래는 국가금융기관이나 법의 담보가 개입되지 않기 때문에 양심적인 상호신뢰관계를 전제로 진행된다. 신뢰는 지인, 혈연, 의리 관계에 기초하며, '신용은 곧 자본'이라는 논리가 작동된다.

전국시장의 상품들이 이런 식으로 오가면서 수수료를 받고 송금을 중개해 주는 지역 송금중개업자가 생겨나면서 유통을 연결해주는 개인차원의 신용 금융제도가 성립되었다. 예를 들어 평양의 돈주가 혜산 도매꾼에게 먼저 상품을 기차로 보내면, 혜산 도매꾼은 송금 중개업자에게 평양에서 혜산으로 송금할 또 다른 사람이 있는가를 알아본다. 송금은 상품거래자와 별도로 같은 지역 사람끼리 주고받게 되는데 그 경로를 도식화 하면 다음과 같다.

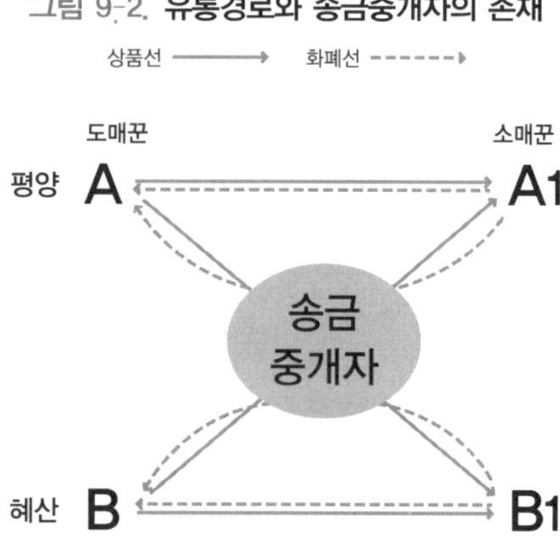

그림 9-2. 유통경로와 송금중개자의 존재

---

27 기차로 수화물을 붙이거나 인편을 통해 짐을 보내는 행위를 말한다.

주민들 다수가 장사에 매달리므로 주요 도시들 간의 송금수요자들이 중개업자에게 의존한다. 전국에 분포되어 있는 송금중개업자는 거간비로 3%의 수수료를 받고 지방별로 연결해주며, 달러와 위안화를 북한 화폐로 바꿔주는 이른바 돈장사를 겸한다. 이 모든 작업은 전화로 이루어지는데 북한주민들의 휴대폰 사용은 국경일대로 유입되는 중국 상품, 개성공단에서 나오는 상품, 무역선을 통해 들어오는 상품들의 상호교환과 함께 금융흐름을 활성화하고 시장경제의 가속화를 촉진시키는 요인으로 되고 있다. 차문석은 "북한에서는 화폐의 교환과 송금, 보관, 대부, 지불, 결제 등에 관련된 은행업과 금융업 및 기타 신용제도, 그리고 이들로 이루어진 화폐시장이 국가의 강력한 방해로 존재하지 못했다"고 하였다.[28] 하지만 근래에는 국가와는 무관하게 송금, 지불을 비롯한 금융결제, 신용금융제도가 초보적으로 형성되어 상품판매 시장과 화폐시장이 결합된 형태로 발전하고 있다.

공단상품이 집중되어 도매로 거래되는 시장은 사리원과 평성시장이다. 사리원은 교통상 신의주, 황해남북도, 강원도와 연결되어 있어 지방 도매장사꾼들이 모여드는 곳이다. 평성시장은 북한의 가장 큰 도매시장으로서 서부와 동부, 북부와 남부를 연결하는 교통중심지이다. 평양시는 출입이 제한되어 있어서 북한의 물류는 평성시장에 집중되고 있다.

한번 혜산에 가니까 개성공단의 오뚜기카레, 소고기 맛나, 그런 것들을 평양 장사꾼이 짐쏘기로 보냈더라고요. 팔아달라고. 우리 직장 사람이 개성여자와 결혼했는데 그 여잔 계속 개성공단 상품을 날랐어요. 개성엔 함부로 여행증 안 떼줘요. 개성에 친척 있는 사람 말구는요. 그 여잔 미원, 신발, 옷, 샴푸, 화장품 등 각종 상품을 날라오는데 시장에서 안 팔아요. 다 돈주들이나 잘사는 사람들이 주문하는 걸 받아오고 집집마다 다니면서 팔고 그래요. 시장에서 직

---

28 차문석, 2007, "북한의 시장과 시장경제-시장을 대체한 화폐", 『담론』.

접 팔면 단속되고, 시장 안 나가도 살 사람은 다 있으니까 '구들장'하는 거죠
(사례 I).

남한상품이 공급에 비해 수요가 많고, 상품의 공식적 유통을 당국이 통제
하므로, 암시장이 발달하게 된다. 시장에서 남한상품을 숨겨놓고 팔거나 소
비할 만한 재력이 있는 집집에 직접 찾아다니면서 판매하고 있는데 이를 '구
들장'이라고 한다.

북한시장에는 달리기꾼이라는 존재가 있다. 거간꾼을 의미하는데, 전문
업종에 따라 분화되어 있고, 전국적 연결망을 형성하고 있다. 남한 상품의
수요가 높아짐에 따라 중국 상품을 나르던 도매꾼들이 발 빠르게 개성공단
상품 도매로 전환하여 공단 상품이 중국 상품을 밀어내는 역할을 하였다.

내가 아는 그 평성 장사꾼은 사리원에 집을 정하고 중국 상품을 날라오고, 우
리 전자제품을 날라가고 그랬지. 한번 그 여자 집에 가니 개성공단 상품이 산
더미처럼 쌓여있는데 신발, 옷가지 없는 거 없어. 그래서 가뜩이나 부러운 생
각이 있었는데 그걸 보니 더 환장하겠더라. 그 여자 말이 자기 상품 내가자마
자 장사꾼들 싸움질하며 가져간다는 거야. 중국 상품을 딱 끊고 개성공단 상
품을 나르기 시작했어(사례 J).

사례 J가 말하는 평성 장사꾼이 공단상품을 나르면서부터 기존에 그가 나르
던 중국 상품 자리에 남한상품이 끼어들게 되었다.

그러나 상품유통의 통로가 개성공단에서 근무하는 사람들에게 한정돼있
고 가격이 비싸기 때문에 북한시장에서 차지하는 비중은 크지 않다. 다만 구
매력이 확실한 고객들을 상대로 한 남한상품 유통은 이익을 추구하는 상인
을 매개로 하여 지속적으로 재생산되며, 남한상품의 불법적 유통을 막기 위
한 단속통제와의 숨바꼭질이 계속되는 것은 확실하다. 이런 과정에 촉매제

로 작용하는 것이 이동통신기기의 보급이다.

2) 공단 상품에 대한 주민들의 인식

2004년 12월 15일 롯데백화점에서 개성공단 첫 제품인 스테인리스 냄비 600세트가 폭발적인 인기를 얻어 2시간 30분 만에 판매되는 기록을 세웠던 적이 있었다.[29]

> 우리 동생네 시누이 남편이 공단에서 일했는데 스뎅그릇(스테인리스 냄비)을 만들었어요. 시제품 몇 만 개를 뽑았는데 반은 서울, 반은 평양으로 가져갔는데, 평양으로 간 것은 다 간부들이 가지고, 서울에서도 폭발적 인기를 얻었다 그래요(사례 G).

▶ 2004년 개성공단 첫 제품 생산기념식
출처 : 연합뉴스

▶ 2013년 9월 서울에서 열린 개성공단 우수상품 기획전
출처 : 뉴시스

북측 근로자들에 의해 생산된 상품이 남한시장에서도 인기가 있는데, 북한에서는 두말할 것 없다고 한 증언자는 말했다. 북한시장에서 가장 인기 있었던 상품은 남한·일본·미국산이지만 최근 일본과의 관계 악화, 미국 상품

---

29 이제훈, 2005, 「개성공단, 남과 북이 함께 만드는 평화의 인큐베이터」, 『문화과학』 41호, 시사논단.

의 제한으로 인해, 남한 상품의 인기가 더 증대되었다. 의류, 화장품, 식료품을 비롯하여 한국산 상표가 붙어 있는 상품은 잘 판매된다.

개성공단에 입주한 남한의 기업이 중소기업이라는 점은 종종 북한주민들에게 남한 경제를 좀 더 발전된 것으로 상상하도록 하는 요인이 되기도 한다. 남한의 유명한 대기업에 비해 훨씬 뒤떨어졌을 중소기업의 수준이 중국보다 앞섰으니 남한경제의 발전이 어떤 정도인지 짐작할 수 있다는 증언은 이를 잘 나타낸다.

북한 주민들의 남한상품선호는 중고품에까지 미치고 있다. 한 증언자는 중국산 새 제품보다 남한의 중고품 의류를 선호하는 이유는 해질 때까지 색상이 퇴색되지 않기 때문이라고 말하고 있다.

> 내가 남한 상품을 첨으로 접해본 게 1997년이었어요. 러시아에서 남한 원단을 사다가 평양수출피복공장들에서 옷을 지어간 적이 있었는데 우리 사촌 오빠가 점포와 아동 옷을 한 배낭 메고 팔아달라고 가져왔어요. 우리 엄마 보구 세계적으로 방직공업은 남조선이 1위를 차지하니까 남조선 거라면 무조건 사라고 그랬어요. 기차칸에서두 사리원 있는 어떤 사람이 남조선 바지가 5천원인데 아무리 입어도 구김이 안 간다고 말해서 호기심이 났어요. 그 당시 웬만한 옷은 1000~1500원이면 사는데 엄청 비싼 거죠. 우린 한 번 옷 사면 보통 오래 입어야 하잖아요. 10년 넘게 입거든요. 그러니까 질겨야 하는데 중국 건 인차 낡고 해지니까 한심했어요(사례 L).

개성공단이 들어서기 이전부터 북한주민들은 국경일대에서 중국인들과의 접촉이나 외국에 드나드는 사람들을 통해서 남한상품의 우월성을 알고 있었다.

> 공단상품 써봤는데 중국 상품보다는 훨씬 좋아요. 중국 건 몇 번 쓰면 인차 거

덜이 나는데 남한 건 질기고 오래 가니까 사람들이 좋아해요. 젤 인상에 남는 건 개성공단 보안원 아내가 화장품을 우리 도시에 날라오군 했어요. 우리 친구가 그걸 받아서 팔았는데 남한 화장품은 용기부터 다르더라고요. 고급스럽고, 중국산은 향이 코를 찌르는데 남한산은 은은한 무냄새가 나고, 그래서 향이 세게 나는 건 싸구려라고 생각했어요. 우리 친구가 남한화장품 6개월 쓰니까 얼굴이 하얗게 되고 목은 원래 피부니까 경계가 나고, 모공이 넓던 애인데 쫀쫀해지고, 나 너무 신기하고, 마술 같더라고요. 그래서 죽기 전에 남한 화장품 써보는 게 소원으로 남고, 난 그냥 상품 사거나 팔 때마다 남한 꺼만 불러 대니까 우리 친구들이 '넌 남조선에 미쳤냐?'고 그랬어요. 다른 애들도 날더러 상품 가져오려면 남한산만 가져오라 그래요. 북에 있을 때 옷은 중고라도 남한산하고 일본산만 입었거든요. 중국산은 싸구려라서 절대 안 입었어요(사례 L).

이 사례를 보면, 북한여성들에게 주는 남한 화장품의 매력은 대단하다. 북한의 제일 항구도시인 남포에 거주했던 증언자는 무역선 선원들이 가져오는 여러 동남 아시아산 상품을 비교하면서 남한 상품의 인기를 말했다. 증언자들의 대부분은 개성공단 상품을 중국 상품과 비교하면서 개성공단에 관한 이미지뿐 아니라 남한의 이미지를 형성하고 있다. 중국이 개혁개방과 경제 발전을 통해 북한을 판매시장으로 만들었지만, 북한의 전통적인 민족주의에 더하여 중국산 제품의 품질에 대한 불신이 남한 이미지 형성에 크게 작용하 고 있다.

뿐만 아니라 공단상품은 가격이 비싸기 때문에 북한 사회에서 지위와 신분을 구별하는 지표로 기능하기도 한다. 남한 상품은 역설적으로 북한 주민 내에서 부와 지위를 자리매김하는 상징성을 띠고 있다.

개성공단 상품 사는 사람들은 중류층부터라고 보시면 돼요. 전 돈이 없어서 한 번씩 큰 맘 먹고 공단 상품 샀어요. 심지어 대학에서도 실력보다 학생들의 옷차림, 외모를 보고 교수들도 대하는 것이 다르니까, 남한 상품을 쓰면 '재

좀 노네', '쟤 좀 수준 있네' 이러는 거죠. 사람의 가치를 매기는 거죠(사례 I).

북한주민들 다수가 시장을 통한 장사활동으로 생활을 영위하고 부를 축적한다. 시장이 미치는 영향이 커지면서, 돈은 사회적 지위와 능력, 인간의 가치를 정하는 기준이 되었다. 조정아의 연구에서 드러나듯이 "이전 시기에는 좋은 출신성분을 가진 주민들에 한해 혁명적 담론의 틀 내에서 충족될 수 있었던 '자존감의 욕구'와 '자아실현의 욕구'가 지금은 시장 활동을 통한 자산의 축적과 소비행위를 통해 충족되고 표현되고 있다."[30]

그러나 남한 상품의 이미지가 나빠진 사례도 있다. 한국 상품이 중국 상품을 밀어내며 시장에서 인기를 독점하자 중국 상인들은 북한의 시장동향을 파악하고 한국산 상품을 모조하여 짝퉁을 내보낸다. 한 증언에 따르면, 중국의 '짝퉁' 상품 유통이 많아지자, 북한주민들은 국경으로 유입되는 한국산 상품은 가품으로 의심하며, 유입경로에 주목하기 시작하였다.

또한 모든 남한 상품이 좋은 상품으로 인식되는 것은 아니다. 개성시장에서 닭고기, 돼지고기, 닭알(달걀)과 같은 남한산 식료원자재는 북한산보다 가격이 더 싸다.

> 한국산 고기도 개성에 많거든요. 개성공단 식당근무자들이 명태, 돼지고기, 닭, 조미료까지 다 내오는데 조미료는 괜찮은데 고기는 못 먹겠고, 계란도 맛이 없어요. 그래서 북한 것보다는 저렴하죠. 북한 돼지고기는 얼마나 고소하나, 그래서 남한 건 좀 못사는 사람들이 먹고, 잘 사는 사람들은 북한 산을 먹어요(사례 F).

북한에서 돼지나 닭과 같은 가축은 남한처럼 가공 사료가 아닌 풀, 채소,

---

30 조정아, 앞의 글, pp.66~67.

옥수수가루, 쌀겨, 두부찌꺼기를 비롯한 자연산 사료를 먹인다. 국경일대에서도 닭알(달걀)은 중국산보다 북한산이 더 비싸며 국경 넘어 중국마을에서 염소나 돼지고기를 사가는 경우도 있다고 한다. 비료와 농자재부족으로 곡식이나 채소가 일종의 유기농 상품이 되는 구조의 역설이다. 그래서 남북교류가 활성화되면 북한산 채소나 고기가 유기농 식품으로 남한으로 유입될 가능성이 있다.

3) 공단 유휴자재의 재상품화와 수공업의 발전

북한의 시장은 외부에서 피상적으로 관찰할 때 외부상품을 되거리(되넘기, 물건을 곧바로 다른 곳에 넘겨 파는 일)하여 유통시키는 구조이다. 차문석(2007)은 북한시장의 특징은 상업자본이 주체이고 상업자본이 산업자본으로 전환되기 어렵다고 주장하였다.[31] 그러나 증언자들의 증언내용을 분석해 보면, 상업자본이 성장하여 산업자본으로 서서히 진화하면서 비공식적으로 자본주의적 생산관계가 나타나고 있음을 알게 된다.

북한의 국가별 무역비중을 보면 중국과의 비중이 전체 무역의 89.1%를 차지하지만[32] 국경일대의 사적 거래와 교역, 밀수를 통해 들어오는 잡화상품까지 합치면 90% 이상을 훨씬 넘어서는 것으로 보인다. 손바늘이나 이쑤시개까지 중국 상품이 북한 시장을 지배하며, 남북교류가 차단되면서 중국 의존도가 극심해졌다. 북한 시장은 구조가 취약하고 환율에 의한 물가파동으로 순식간에 장사밑천을 잃을 수 있는 위험이 내재되어 있다. 이런 가운데 국가 경제의 전반적 생산이 없는 시장속 틈새를 비집고 수공업자들이 생겨났다. 이들은 외부 상품을 수공업적 방법으로 모방하여, 저렴한 가격으로 시

---

31 차문석, 앞의 글.

32 박기원, 2012, 「2011년도 북한의 대외무역동향」, 대한무역투자진흥공사.

장에 자리를 잡고 서서히 중국 상품을 견제하기 시작하였는데 그 중심에는 낮은 인건비가 놓여있다. 수공업자들의 생산품은 중국 상품과 구별이 어려울 정도이고 값이 저렴하므로 시장에서 유통이 빠르다고 한다.

수공업자들의 역할이 확대되면서 시장의 유통과정은 돈주→도매꾼→생산자→소매꾼→구매자로 이루어졌다. 예를 들면 의류제조업자는 천을 가위로 벤다는 의미로 일명 '써레기'로 불리는데, 돈주가 중국에서 원단을 들여와 의류제조업자들에게 도매하면 그들은 점퍼, 솜옷, 계절에 따른 유행옷을 외부에서 유입되는 생김새 그대로 모방·재단하여 고용된 재봉사들을 통해 완성하여 소매꾼에게 넘겨준다. 가구제조업자는 옷장, 소파를 비롯한 가구를 만드는 데 필요한 원자재를 들여다 여러 나라에서 들여오는 잡지의 최신식 모양을 본 따 가구, 소파, 등을 제조하고, 가방제조업자는 등산배낭, 책가방, 핸드백을 비롯하여 명품까지 모방할 수 있는 원자재, 부자재를 사들여 제조한다. 모방 기술이 얼마나 발달되었는지 본 상품과 구별하기 어려우며 예를 들어 신의주 신발공장에서 생산되는 운동화보다 오히려 개인이 만든 운동화가 훨씬 맵시난다고 한다.

이러한 과정을 통해 재력을 가진 사람은 인력을 고용할 수 있고 숙련기술과 기능을 가진 사람은 노동력을 상품화할 수 있는 노동시장이 형성되면서 고용주와 피고용주, 수공업자라는 자본주의적 생산관계가 형성되었다.[33] 이것은 전국적인 현상으로 이들에 의해 수공업상품[34]은 시장에서 자리를 넓

---

33 여기서 고용주는 돈주이고, 자신의 숙련기술로 상당부분 축적한 화폐로 원자재를 도매하여 상품생산 노동에 직접 참여하면서 인력을 고용하는 사람을 수공업자, 노동력과 기술로 하루 밥벌이를 하는 사람을 피고용자라고 한다.

34 외부상품과 공장상품은 본품·정품, 수공업자들에 의해 만들어진 상품은 가품, 또는 8.3제품으로 구별 하여 부른다. 8.3이란 1984년 8월 3일 부족한 경공업소비품들을 가내반, 부업반, 협동단체, 공장, 기업소의 생활 필수품 직장들에서 수공업적 방법을 동원하여 생산하는 방법을 언급한 김정일의 인민소비품 생산운동론에서 유래되었다. 주민들 속에서 8.3은 비전문성, 짝퉁의 의미로 쓰인다.

혀 나가고 있다. 사리원 시장이 개성과 근접해 있어 개성공단 상품이 집결되어 도매되는 시장이라면 평성, 남포시 강선 지역, 청진 지역은 수공업이 가장 발전된 대표적 지역으로 수공업상품이 많은 자리를 차지하는 도매시장이다. 오랜 경험과 학습효과를 토대로 한 수공업자들의 능동적 행위에 의해 개성공단에서 나오는 산업쓰레기를 비롯한 유휴자재는 상품으로 재생산되어 시장에 나온다. 물론 개성공단 산업쓰레기는 원자재의 일부를 차지할 뿐이다.

공업지구 쓰레기는 박스, 비닐, 생고무 할 것 없이, 모든 것이 다 돈이 돼요. 공업지구 회사 이름을 적어주면 대충 알 수 있는데, 브래지어 만들고 남은 해면 자투리로 개인 수공업자들이 풀로 붙여서 형타를 만들고 침대마다 라스(매트리스)를 만들죠. 중국에서 들어오는 것보다 더 질이 좋은데, 실밥, 천 자투리는 소파 만들 때 안에다 넣고, 버릴 것이 하나도 없어요. 상품 만들어서 북한의 방방곡곡에 나가는데 상표는 별루 붙이지 않고 개성공단 자재로 만든 것이라고 소개하며 파는데, 중국 거와 질이 달라서 사람들 보면 다 알아요. 개성공업지구 200개 회사 오물(쓰레기)이 얼마나 많겠는가? 실밥, 실, 고무 자투리까지 다 돈이다. 하다못해 불쏘시개 감으로라도 쓰니까, 페트병도 돈이 된다. 안 될 것이 없다(사례 F).

원료와 연료가 부족한 북한에서 개성공단의 산업쓰레기는 '꿩 먹고, 알 먹고, 둥지 털어 불 땐다'는 속담이 그대로 적용된다.

공단 유휴자재로 생산된 상품은 중국 상품보다 질이 좋고 가격이 적절하다. 중산층 이상에게만 한정되었던 개성공단 상품이 재활용을 거쳐 서민층에까지 침투하면서 개성공단의 효과는 폭을 넓혀가고 있다. 역사적으로 수공업자들과 상인들에 의해 자본주의적 생산관계가 형성되었던 것처럼 현재 북한의 돈주, 수공업자들은 노동력을 구매하여 상품생산에 인입시키고 고용주 역할을 담당하고 있다. 이를 자본주의적 사회구성으로의 이행이라고 볼 수도 있으므로,[35] 특별히 주목할 필요가 있다.

4. 북한주민의 개성공단에 대한 인식과 태도

1) 공단에 대한 당국의 통제

탈북 전 개성시에 거주하였으며 개성공단을 직접 목격·경험하였던 증언자들은 개성공단의 운영관리, 남측성원들과 근로자들 간의 관계, 북한당국의 역할에 대해 많은 정보를 제공해준다.

북한당국은 강연회, 학습회, 생활총화를 통해 공단근로자들에 대한 끊임없는 사상교육과 남측성원들과 관계에서 지켜야 할 사항들을 주입시키는데 이를 '대적강연'[36]이라고 한다. 분단체제의 핵심원리인 적대적 상호의존에 의해 북한당국은 정치·사회적 일탈행위를 방지하기 위한 사상교양과 법적 처벌, 공개 처형을 할 때마다 남한의 안기부와 연관시키며, 남한 사람이라면 다 안기부와 연결된 것으로 의심하도록 교육된다. 북한주민에게 안기부란 반 공화국모략의 소굴로 각인되어 있다.

북한주민들에 대한 통제는 당, 보위부, 보안소, 조직별 감시체계가 정교하게 엉켜있는 구조를 통해 이루어지며, 이 통제망은 지속적인 사상교양과 규율 훈련으로 작동하는데 개성공단에서는 그것이 배가된다.

개성공단은 그냥 통제받아요. CCTV 통해서 말도 막 하고 작업총화하고, 강연회, 생활총화하는 것도 다 촬영되고, 그래서 안에선 못하고 나가서 하게 되었다. 남조선사람하고 말만 해도 눈에 띄면 결단이 나죠. 동료 3명 이상 있는 조

---

35 이우영, 앞의 책, p.35.
36 적을 대상으로 한다는 뜻으로 주로 미국, 남한과의 관계에서 이 용어를 사용한다.

건에서 묻는 말에 대답할 수 있게 규정해 놓았죠. 내 뒤에 2명 이상 있어야 남
측인원과 대화할 수 있으며 정치적 발언은 절대 금지이다. 그냥 안부만 물었
다고 해도 누가 증명 안 하면 끌려가서 취조 받아야 되고, 규율이 엄청 세서
올가미에 걸려있는 것 같아요(사례 F).

공단 근로자들에 대한 통제는 노동시간이 끝난 후, 그리고 휴일에 이루
어 지므로, 제대로 휴식하기가 어렵다. 증언자들에 따르면, 북한당국은 자기
의 영토에 남측인원들이 들어와 상주해 있으며 북한주민들과 접촉하는 것에
대한 굉장한 두려움을 느끼고 있다. 남북한 경제협력이 확대될수록 북한주
민들의 남한에 대한 동경심, 상대적 박탈감에 의한 민심동요가 커질 수 있으
며, "경제적 예속은 정치적 예속"이라는 논리대로 남한에 흡수될 수 있다는
당국의 체제불안감이 개성공단에서는 더 크게 작동한다. 개성공단에서 남북
이 한 공간에서 어울리는 기회를 틈타 북한당국의 표현대로 '자본주의 날라
리, 수정주의, 황색바람'이 전국에 확산된다면 체제를 뒤흔드는 중대한 문제
로 된다. 개성공단은 분계선을 넘어 두 체제 간 서로 다른 이념, 경제, 문화가
직접 마주치며 충돌하는 지역이다. 따라서 북한은 혁명의 모기장론을 공단
근로자들에게 엄격하게 적용하려고 행정적·법률적 대책을 세우고 있다. 북
한이 남측에 공단을 내준 것은 완벽한 통제 체제를 구축하고 남한의 영향을
막을 수 있다는 자신감이 있었기 때문이기도 하다.

그러나 한 증언자는 아무리 당국이 사상교양과 통제를 강화해도 공단근
로자들과 주민들에게는 먹혀들어가지 않으며 통제가 무서워 순종하는 척 할
뿐이라고 한다. 그 이면에는 주민들 상호관계에 의해 구성된 밑바닥 사회가
있어서 국가통제가 강화될수록 이를 배제·이용하거나, 열성을 보이는 척하
는 이중적 행위양식이 동시에 발전하게 되기 때문이다. 분계연선 지방 주민
들은 오래 전부터 남한의 대북 전단지, TV 등을 통해 남한에 관한 정보를 간
접적으로 접하였는데, 개성공단에서는 남한 정보가 직접적으로 전달된다.

눈앞의 현실과 사상·선전의 충돌, 상품의 시장유입을 통한 직접비교를 경험하게 되자, 이것이 북한당국에 대한 불신과 불만을 강화시키면서 일방적인 세뇌교육의 효과는 크게 감소하고 있다.

공단근로자들은 일자리를 매개로 간부들에게 종속된 관계에 놓여 있다. 공단근로자들은 남측성원들이 주는 선물이나 물건을 당비서나 보위원, 조직책임자에게 바치도록 되어있고, 이 규정을 어기는 경우 처벌된다. 이런 권한을 가진 간부들에게는 근로자들에 대한 남측성원들의 물질적 호의가 오히려 부정축재의 기회로 되는 또 하나의 역설이 존재한다. 관리자들 사이에는 묘한 경쟁의식도 있다.

개성공단 가동초기 북한당국은 남측성원들에게 드러내기 불편한 현실들, 특히 생활난을 감추려고 근로자들이 도시락 싸오는 것까지 통제하였다.

처음엔 도시락 싸갖고 다녔는데, 도시락도 무조건 고기 몇 점, 계란도 있어야 한다고 요구했어요. 고기도 비싸고, 그 도시락 싸는 돈이 얼만데요? 남한 사람들을 기만하기 위해서 그랬겠죠. 2005년 4월부터 공단근로자들에게 국을 끓여준다고 그러더라고요. 여기선 고기가 아무것도 아닌데 북한에선 1년에 별러 먹어야 하니 밥도 이밥 싸가나? 옥수수밥, 시래기밥 가져가는 사람도 있고, 그러니까 남한사람들 보지 않게 먹으라고 통제했다고 하더라고요(사례 G).

주민들의 생활형편이 그대로 담겨있는 도시락은 북한의 현실을 남측성원들에게 그대로 드러내 보였고, 남측성원들은 북한의 식량난을 직접 확인하는 기회가 되었다. 공단가동이 시작된 초기 근로자들의 생활형편과 북한당국의 체면이 적절하게 결합되어 남측기업이 2005년부터 근로자들에게 점심에 국과 반찬, 여러 형태의 인센티브를 제공하게 되면서 근로자들의 생활은 개선되었다. 북한주민들의 얼굴에는 식생활이 그대로 나타난다. 일반 주민들의 얼굴과는 달리 개성공단 근로자들은 얼굴이 허옇고 윤기가 나기 때문에 시장에 나타나면 "공단사람들이야. 잘 먹어서 저 얼굴 좀 보라"고 수군거리며 쳐다본다고 한다.

2) 일탈과 처벌

개성공단이라는 공간에서 남북한 성원들의 접촉은 북한의 감시통제 하에 극히 제한적으로 이루어진다. 공단근로자들에게 남측성원이란 사적 접촉의 경우 자신에게 피해를 줄 수 있는 두려움의 대상이면서 동시에 한 민족, 한 동포라는 동질감에 바탕을 둔, 소통하고 싶은 호기심의 대상이다. 주적으로 간주되던 남한사람들을 직접 만나보니 적대감보다 '부드러운 말투, 하얀 피부, 깍듯한 인사, 특유의 친절성'이 두드러지고, 근로자들의 호감을 자극하기엔 충분하다. 물론 공적영역에서는 표현되지 않지만, 사적영역에서는 남한 사람들에 대한 평가를 하는 기회가 많고, 공단 외부의 주민들도 남한사람들을 알고 싶어 한다.

> 남조선 사람들 어드렇니? 내가 친구한테 물어보니까 야~ 사람 간장 녹일 정도로 말 사근사근하게 하는데 간지러워, 그렇게 말해요(사례 H).

> 우리 식구들과 동네사람들 입담 들어보니까 우리가 교육 받던 것과 다르다. 쌀독에서 인심난다고 경제가 좋으니까 사람들 인심이 후하다고 말해요. 공단 차가 들어올 때 내가 남한 사람들이 선하고, 경제적으로 여유로워 보이고, 사상을 떠나서 인간미가 넘쳐 보인다고 우리 엄마에게 이야기 했어요(사례 G).

남측성원들은 호의적 표시로 선물을 주고 싶어 하지만, 이를 받는 경우 공단근로자는 조직 내 규율, 규범을 벗어난 일탈자로 희생의 대가를 치르기도 한다. 그런 사례가 많지는 않지만, 본보기('시범껨')로 걸리는 경우 처벌을 면할 수 없는데 같은 죄를 지어도 권력자들의 느낌에 따라 징역, 사형 등으로 처벌은 다르게 적용된다.[37] 실제 죄목은 처형할 이유로 성립되기 어려우므로 사상적 변질이나, 적들의 모략 책동에 동조하였다는 정치적 이유로 처형(총살)하기도 한다. 여기서 빌미는 남측 안기부의 사주를 받아 어떤 임무를 수행하려는 자들과 내통하여 비밀이나 자료를 넘겨주었다는 것이다.

> 접촉해본 사람들 이야기가 남한사람들 진짜 인정이 많은데, 그래도 주는 물건 받지 말라 하였다. 23살 난 한 처녀애가 부츠를 받았는데 그것으로 공개처형 되었어요. 진짜 했어요. 총살할 때 오라고 했는데, 난 안 갔는데, 갔다 온 사람들 말이 너무 아까운 애가 죽었다고 그랬어요. 총살도 너무 많이 하니까 우리가 다 무심히 지나가요. 남한사람들에게 물건 받고, 사상적으로 변질되었다고 처형했어요. 시범껨으로 당했어요(사례 G).

처벌은 국가권력의 억압과 통치의 연장선상에 있으며, 운이 나빠 걸려들었을 뿐이라는 무감각과 체념이 일반화되어 있다. 대량 아사를 경험한 주민들에게 처형으로 인한 죽음 역시 흔히 있는 일상사이기 때문이다. 북한 사회가 사적영역까지 침투한 공권력의 통제와 감시 하에서 살기 위해서는 목숨을 걸어야 하는 위기의 사회로 변화되면서 생명에 대한 무감각은 심각하다. 혹독한 감시 하에서도 은밀한 남녀관계가 이루어지고, 성적 일탈행위가 일어나고 있다. 그것은 남측성원과 북한 여성근로자 사이에서 발생하는 경우도 적지 않다. 공단에서 여성근로자들이 마주치는 남한남자들은 가부장적이며 공격적이고 거친 북한남성들과는 달리 부드럽고 지적으로 보인다. 증언자들은 모두 남측성원들의 부드러운 말투와 유연함을 중요한 특징으로 꼽았다. 반대로 남측성원들에게 북한여성들은 순수하고 꾸며지지 않은 이미지로 다가온다. 인간적 감정에 따른 은밀한 관계를 공권력으로 막는 데는 한계가

---

37 우정, 2000, 『북한사회구성론』, 진솔북스, p.386.

있을 수 밖에 없고, 소수의 일탈행위가 있었던 것으로 보인다.

남한사람하고 몰래 연애하는 것도 있어요. 만나서 성관계까지 가지고, 그래서
탄로 나서 가족까지 추방 갔죠. 한 명은 아버지가 보안소 소장이었고, 한 명은
개성시 교통보안원 하다가 시집가서 남편하고 이혼한 사람인데 개성공단에서
남쪽 남자하고 친해서 탄로 나서 구류장에 들어가서 예심까지 받았죠. 아이까
지 낳은 여자도 있었어요. 한때 군중들을 경기장에 모여 놓고 차에 가족들 하
구 짐까지 실어놓고 공개재판하고 추방도 했는데, 잡혀가고 구류장에 가두고
교화, 노동단련대로 보내지고 가족은 추방되고, 아무리 통제해도 몰래 다 해
요(사례 F).

북한에서 처형은 혁명의 이름으로 정당화되어 체제유지와 주민통제강화
를 위한 정치적 목적의 수단으로 사용되며, 한 사람을 죽여 주민 다수를 교
양하는 방법이다. 공개재판도 군중을 각성시키고 군중심리를 자극하여 집단
적으로 통제하는 수단으로 채택되어 있다. 그러나 처형·처벌의 이유가 선
물, 사랑 등과 연관되어 있으므로 납득하기 어렵고, 그 잔인성이 두드러진
다. 당국은 반체제 행위로 간주하지만 주민들은 '죄 아닌 죄'로 총살당하는
것에 대한 공포와 분노가 동시에 형성된다.

3) 체제비판의 준거 형성 및 민족적 자긍심 형성

북한이 사회주의의 슬로건으로 내걸었던 "이밥에 고깃국"은 여태껏 주민
들의 희망으로만 되어 있다가 개성공단이라는 작은 공간 안에서 실현되었다
는 생각이 잠재되어 있었다. 공단근로자들은 식당에서 끓여주는 국과 반찬
이 평시에 먹어보기 힘든 것들이어서 식구들 주려고 도시락에 싸가지고 간
다. 배고픈 사람에게 빵을 주는 것만큼 감사한 일은 없다. 음식과 함께 체내
에 스며드는 남측에 대한 고마움, 가족을 통한 배가의 물질적 효과는 식의주

(의식주) 문제를 해결하지 못한 당국의 무능함을 재확인시킨다.

북한의 인센티브 제도는 물질적 자극보다 사상적 평가를 앞세운다는 논리에 의해 표창, 훈장, 명예칭호와 같은 상징적 인센티브가 기본을 이루며, 상금과 같은 물질적 인센티브는 극히 제한된다. 노력의 대가로 차례지는(돌아오는) 훈장이나 메달, 급수에 따라 연로 보장금과 배급량이 달라지는데 국가가 배급기능을 상실한 후부터 그 의미를 상실하여, "개도 안 물어가는 훈장"이 되었다. 노동은 개인 삶의 영위보다 혁명에 헌신하는 당과 수령에 대한 정치 도덕적 의무, 공민의 의무로 강조되며, 생명유지의 1차적 조건인 물질보다 의식이 우선이라는 사상적 허구가 북한사회의 경제적 위기를 초래한 원인이 되었다.

집단주의적 노동의식의 이완과 함께 경제난의 가중은 생산성을 급속히 감소시켰는데 그 이유를 인센티브의 결여라고 본다면[38] 개성공단의 인센티브 체계는 특기할 만하다. 근로자들이 받는 초코파이를 비롯한 인센티브는 새로운 것으로, "북한주민들에게 학습과 경험의 기회를 제공함으로써 인센티브 구조의 비가역성을 형성"시켰다.[39]

북한주민들에게 개성공단은 상상 속에 존재하던 남한의 자본이 직접 들어와 운영하는 것에 대한 호기심과 동경심을 유발하고 식의주(의식주) 문제 해결과 경제적 여유를 축적할 수 있는 이상적인 지역으로 선호된다. 북한에서 개성공단과 비교할 수 있는 곳은 중앙당 39호실이 운영하는 수출피복 공장들이다. 북한이 외화를 벌어들이기 위해 외국에서 주문을 받아 의류산업을 시작한 것은 1980년대 후반부터라고 한다. 처음엔 구소련의 기업들이 시

---

38 우정, 위의 책, p.296.

39 오승렬, 1999,『북한경제의 변화와 인센티브구조: 비공식부문의 확산에 따른 개혁전망』, 통일연구원.

작하였는데 현재는 주로 중국의 기업들이 거래한다. '고난의 행군' 시기에
정상적으로 배급체계가 유지된 곳은 이 수출피복 공장들이었다. 북한주민들
은 이를, 발전된 자본주의 나라들에서는 재단사나 재봉사가 원단을 다루면
서 먼지를 많이 먹기 때문에 건강상 이유로 잘 하지 않으려 해서 저발전국가
들에서 생산해 들여가는 것으로 이해하고 있다.

> 39호실 산하에서 옷도 만들고, 수예, 뜨개도 하고 그런 덴 배급도 주고 하거든
> 요. 그러나 개성공업지구만큼 물자 공급하는 데 없고, 돈으로 환산해도 제일
> 높은 곳이 공업지구이다. 39호 산하 피복 공장들은 외국에서 원자재를 들여다
> 생산하고 외국에 내가는 것인데 개성공단만큼 임금 주는 데가 없어요. 개성공
> 단은 육체적으로 헐하면서도 보수가 많으니까(사례 F).

> 개성공단이 들어와서 자본주의 경제하고 집단주의 경제가 완전히 비교되잖아
> 요. 우린 다 같이 일하고 국가가 월급 주는 대로 살라고 하는데, 국가가 돈 없
> 다고 안 주면 그만이고, 그냥 무보수 일하잖아요. 개성공단은 자본가들이 직
> 접 지불해주니까 우리한텐 환상적이죠. 개성공단 근로자들은 북한에서 중산
> 층에 들어가요. 한 달에 기름 두 키로, 설탕, 쌀 이런 거 꼭꼭 주지. 탄 주지. 돈
> 쓸 일도 별로 없고 그러니까 돈을 모으는 거예요. 다른 직장과 비교가 안 돼
> 요. 한 명만 들어가면 온 가족이 먹고 사니까. 장사 뼈 빠지게 해도 끼니 에우
> 기 힘든데. 자꾸 비교가 되는 거예요. 이렇게 살아서 무얼 하나, 공단 같은 게
> 더 많이 생기면 우리 모두 들어갈 텐데. 좀 그런 생각도 해봤어요. 우린 진짜
> 괜히 사는 인생이라는 생각이 들어요(사례 L).

일반주민이 직장에 출근하여 받는 월급은 1,700~5,000원 정도로, 그마저
6개월~1년 이상씩 밀려 겨우 받기 때문에 월급에 대한 개념이 없다. 2009
년 화폐개혁 이후부터는 중앙기관 공무원, 군수공장, 군인만 국가가 월급을
주고, 나머지는 기관단위, 지방별 자체로 벌어 주민들 월급을 주라고 국가는

책임을 떠넘겼으나 지방은행에서 생활비를 지급할 능력은 거의 상실되었다. 북한주민들에게는 쌀 1킬로그램 값도 안 되는 월급을 타봤자 풋돈(푼돈)일 뿐, 그래서 시장을 통한 여성들의 경제활동이 중심이 되었다.

시장을 통해 생계를 유지하는 것은 매우 힘들다. 국가권력의 단속통제로 상품을 빼앗기고 이를 되찾는 과정에서 생기는 두려움과 공포, 상품을 팔아야만 가족의 끼니꺼리를 마련할 수 있다는 초조감과 불안감은 주민들을 위축시킨다. 모든 사람이 시장에 매달리는 탓에 판매를 실현하기 위한 치열한 경쟁에서 자리를 지키려면 고객요구와 시장변화에 민감하고 그에 맞는 상품을 확보할 줄 아는 빠른 두뇌 회전, 서비스, 언변술을 비롯한 일종의 술수와 능력이 요구된다. 장사능력은 누구나 다 있는 것은 아니어서 경쟁에서 뒤처진 사람은 불안한 생활을 연명할 수밖에 없다. 그러나 공단근로자들은 장사능력이 없어도 일단 출근하여 기업주들이 시키는 일만 하면 본인과 가족까지 안정적 생활을 보장 받을 수 있다고 생각한다.

공단근로자들이 시장장사꾼들보다 높은 생활수준을 유지하고 있다는 믿음은 널리 퍼져 있기 때문에 북한주민들은 개성공단과 같은 시설이 증가되기를 희망한다. 증언자들은 북한의 무너진 경제를 북한정권의 힘으로는 추켜세울 수 없다고 생각하며, 이를 해결하는 방도는 합영·합작으로 공단을 설립하고, 외부 기업들이 북한에 투자하는 길밖에 없다고 한다.

면접 증언자 7명 중에서 5명은 개성공단과 같은 시설이 지역마다 생기면 주민들의 생계를 유지시키는 데 도움이 되고 경제적 발전도 기대할 수 있다고 하였다. 나머지 2명은 개성공단에 대해 부정적 태도를 취하고 있었고, 다른 한 증언자는 북한에 있을 때는 이들과 같은 생각이었으나 체제를 변화시키고, 주민들의 생활안정을 위해서는 공단을 해야 한다는 입장으로 바뀌었다. 북한에서는 생활고 때문에 품게 된 정권에 대한 불만이 공단설립을 반대하는 요인이었다면, 남한에 정착하면서, 그는 고향에 대한 향수와 함께, 남은 가족들과 친구들이 살아갈 수 있는 현실적 수단으로 공단이 필요하다는 생각을 하게 된 것이다. 다른 증언자는 남한의 햇볕정책과 대북지원정책에 대해서도 비판적이어서 그 연장선에 있는 개성공단 프로젝트는 '간부공화국'의 생명연장에 이용되는 수단이므로, 더 이상 생기면 안 된다고 본다. 이런 입장은 직업상 특성으로 간부들의 비리행위와 정권의 부패상을 많이 알게 되면서 발생하는 분노에 기인한 것으로 보인다.

북한주민들의 시선에 비치는 바, 다른 지역으로 공단을 확장한다는 것은 북한을 점진적으로 흡수하여 통일하는 것으로, 이에 대한 찬반이 이미 북한사회에도 형성되어 있다. 입장의 차이가 있지만, 북한사회가 남한의 자본에 의해 점령될 수밖에 없다고 생각하는 사람들이 증가되고 있는 것은 사실이다. 한 증언자는 경제적 효과에 앞서 공단 근로자들의 인권이 말살되는 것에 대한 분노와 반감을 표출한다. 증언을 통해 체제를 지키려는 국가권력과 그에 추종하는 간부들의 권력남용·부패행위에 의해 공단 내에서 성추행과 성폭행, 인권유린이 상당히 일어나고 있음을 확인할 수 있다. 일반주민들과 격리시킨 특별 공간에서 국가권력이 근로자들의 신체에 관여하는 방식에 관한 언급들은 개성공단에 관한 연구의 시각을 다르게 한다. 개성공단이 남북 합의에 의해 설립되고 남북의 화해, 협력에 기여한다는 점 때문에, 공단근로자들의 인권은 상대적으로 무시된 측면이 있다. 공단근로자들을 종합적으로 이해하려면, 이들을 화해와 상생이라는 민족주의의 상징으로만 보거나 돈 버는 기계 또는, 권력의 희생물로만 보는 일방적 시각을 벗어나야 한다는 것이 점점 뚜렷해지고 있다.

남한상품에 대한 선호는 중국상품에 대한 비판적 의식과 함께 같은 민족이 만든 물건이라는 우회적인 민족적 자긍심을 갖게 만들었다.

중국 건 싸구려로 보고, 민족적 감정이 많이 작용했던 거 같애. 중국거보다 월

등하게 좋다는 인식이야 다 가지고 있었지 뭐. 중국인들에게 열등감을 느끼다
가 남한 게 더 좋으니까 우리 민족이 제일이라는 그런 생각이 있었 어. 난 중
국에서 우리 개성에다 공장을 지어주고 이윤을 뽑아간다면 열등감을 느꼈을
거야(사례 J).

북한시장을 지배하는 중국 상품은 북한 주민들에게 상품시장이나 자본주
의에 대하여 특별한 태도를 형성하는 효과가 적지만, 개성공단 상품은 중국
상품에 비해 훨씬 질이 좋고, 이를 통해 남한의 자본주의적 발전의 수준을
상상하게 하며, 이는 사회적 상징으로서의 의미가 매우 크게 나타난다. 개성
공단 상품을 통해 중국에 비할 바 없이 발전한 남한의 경제성장을 확인하고
민족의 반쪽만이라도 자기들을 경제적으로 지배하고 있는 중국을 앞서고 있
는데 대한 민족적 긍지와 우월감을 느낀다.

5. 사회적 의의를 다시 생각하기

2013년 4월 개성공단 가동이 중단되기 전까지 개성공단은 남북관계가 악
화되더라도 결코 닫히지 않는다는 생각이 남북한 주민 모두에게 있었다. 그
것은 금강산 관광 사업의 중단과 대비되면서 내구적이며 성공적인 남북협력
사업 모델로 간주되었다. 그러나 개성공단도 가동중단, 또는 폐쇄가 가능하
다는 점이 2013년에 확인되었고, 막상 가동중단이 이루어지자, 남북 모두에
게 개성공단이 얼마나 중요한가를 일깨워 주었다. 이런 현상은 특히 남측 기
업인들뿐 아니라 공단근로자들도 개성공단이 자신들의 삶에 얼마나 도움이
되었는가를 깨달았다. 당시 북한당국은 남측에 책임을 전가하면서 개성시민
들의 불만을 잠재우려고 선전하였지만 역부족이었다.

개성공단이 중단되었을 때 그냥 농촌동원 다녔어요. 3만 5천 명이 농촌 동원 가고, 나머지는 도로 닦기, 경기장 건설, 성균관대학(고려성균관 종합 대학, 옛 개성경공업단과대학) 건물을 하나 더 지었는데, 그것이 원래 김정일의 유훈인데 4~5년이 넘도록 완공을 못해서 이 때 주민들이 총동원되어 지었다. 4. 15까지 국가적으로 완공해야 하는 계획에 물려 있어서 여기에 동원되었다. 공단이 돌아가지 않을 때는 여러 가지로 먹을 것이 부족하고, 아우성이 많고, 그때 두석 달만 더 막았으면 아마 많은 사람들의 불평불만이 터질 수 있는 위기가 왔을 거예요. 시위가 일어나기 직전이었지. 북한에서 노동당 간부들이 나와서 근로자들을 철수시켰으니 북한이 잘못했다는 걸 잘 알죠(사례 F).

2013년 4월 8일 개성공단 근로자들을 전원 철수한다는 북한의 조치로 개성공단이 중단되었고 같은 해 9월 재가동되기 전까지 공단근로자들은 각종 노동에 동원되었는데 이는 대가가 없는 봉사활동으로 간주되었다. 북한주민들에게 노동은 혁명, 당과 수령에 대한 충성으로 호명되어 의무로 강조되어 왔다. 이런 의무는 국가로부터 보상받을 배급과 복지의 권리와 교환된다. 그러나 경제난 이후 이런 균형은 거의 사라졌다. 개성공단 가동 이후 공단근로자들에게 무보수 노동은 과거와는 달리 당국에 대한 불만과 비판의식을 확대 시켰다. 의도하지 않았지만, 물질주의적 가치관이 증대되었기 때문이다. 북한당국은 개성공단의 재개를 남한에 요구했고, 결국 개성공단은 다시 가동되었다. 개성공단의 재가동은 결국, 북한 당국과 공단근로자, 남한 기업가들의 이해, 좀 더 말한다면 한국정부의 이해가 접점을 찾았기 때문이다.

지금까지 살펴보았듯이, 개성공단의 효과 중에서 가장 중요한 것의 하나는 북한주민들에게 개성공단이 북한사회에 대한 북한주민의 비판적 준거 틀을 형성한다는 점이다. 북한경제를 지배하는 중국 상품은 북한주민들에게 상품시장이나 자본주의에 대하여 특별한 태도를 형성하는 효과가 적지만, 개성공단 상품은 중국 상품에 비해 훨씬 질이 좋으므로, 이를 통해 남한의 자본주의적 발전의 수준을 상상하게 하며, 이는 개성공단이 물질적 효과뿐 아니라 사회적 상징으로서의 의미를 지니고 있다는 것을 보여준다.

그러나 개성공단의 의미를 북한주민의 체제비판의 준거점으로 국한시킬 수는 없다. 만약 그런 기능만 가지고 있다면, 북한 당국이 개성공단의 재개를 요청하거나 합의하지 않았을 것이다. 북한당국은 개성공단을 통해 개성주민들의 절대적 빈곤을 넘어서도록 하는 기회를 제공한다는 소극적 의미뿐 아니라 좀 더 전진적인 남북협력이나 체제개방을 실험하는 장으로 활용한다는 적극적 의미를 가지고 있는 것은 아닐까.

북한은 오랫동안 미국의 경제적 제재 대상이었고, 특히 핵실험 이후 국제사회의 제재는 더 강화되었다. 5·24 조치 이후 북한의 대외무역은 중국과의 교역량과 남한과의 교역량이 엇비슷했다가 균형이 깨졌고, 중국 의존도가 크게 심화되었다. 이런 상황에서 북한의 강력한 민족주의가 작동하고 있다. 민족주의적 울분과 열등의식에서 벗어나기 위한 보이지 않는 노력이 있다. 개성공단은 민족적 긍지와 우월감을 주는 대리만족의 거울효과가 있는 것으로 보인다.

탈북자들에게 국한되는 현상이기는 하지만, 북한주민들은 파괴된 경제를 복구하고 자신들이 다시 일어설 수 있는 힘을 개성공단에서 보기도 한다. 개성공단을 근접 경험하면서 남북간 체제비교를 통해 남한의 우월성을 확인하기도 하고, 통일에 대한 희망을 키우기도 한다. 개성공단이 탈북에 얼마나 영향을 미쳤는지는 확실하지 않으나 북한주민들의 의식 변화에 작용한 것은 확실하다. 중국의 영향을 많이 받는 국경일대 주민들과 달리 일반주민들은 개성공단을 통해 남한의 영향을 더 많이 인식한다. 그러나 개성공단 프로젝트에 대한 태도는 모두 일치하는 것은 아니다. 개성시에 거주하고 개성공단을 직접 목격·경험하였던 증언자들은 개성공단의 기능에 대한 비판의식이 뚜렷했다. 타 도시에 거주하였던 증언자들은 이와 반대로 개성공단의 상징적 효과를 긍정적으로 평가하였다. 탈북자들의 개성공단에 대한 인식과 태도 조사에서 이들은 모두 개성공단의 경제적 효과를 높이 평가하였는데, 다수는 개성공단이 북한사회의 개방을 촉진하는 효과가 있으므로 개성공단은 유지되거나 확대되어야 한다는 생각을 가지고 있었지만, 소수는 개성공단이 북한 정권을 살리고, 특히 간부들을 도와주는 효과가 있으므로, 개성공단을 폐쇄하는 것이 남북통일을 위해서 좋다는 의견을 품고 있었다.

이런 것들을 종합한다면, 북한의 개성공단에 대한 국지화를 의미하는 모기장론은 한계가 있는 것이 분명하나, 초코파이 효과론 또한 좀 더 정교하게 다듬어져야 할 설명 방식으로 생각된다. 개성공단이 북한주민들에게 자신의 사회체제에 대한 비판적 준거점으로 작동한다는 점을 포함하여, 개성공단은 매우 복합적 의미를 지니고 있다. 북한 당국과 주민, 그리고 한국정부와 기업가들에게 개성공단은 상이한 의미를 지니고 있지만, 이들을 하나로 묶어내는 공통의 기반을 마련하고 있다.

개성공단 실험과 한반도형 통일모델

_박명규

1. 작은 통로와 큰 정치의 결합

2. 교류의 제도화와 신뢰자산의 축적

3. 부문별 자율성과 통일전략의 조응

4. 평화와 통일의 조합

제10장 개성공단 실험과 한반도형 통일모델

박명규

개성공단이 가동되어 첫 제품이 생산된 지 꼭 십 년이 된다. 2014년 현재 5만여 명의 북측 근로자들과 남측 기업인이 함께 작업하고 있으며, 관련 물자와 상품이 매일 군사분계선을 넘어 남북을 오가고 있다. 2013년까지 총 28억불에 해당하는 생산이 이루어졌고, 개성공단은 남북한이 모두 일정한 이익을 확보한 '상생'의 현장이다. 남북한의 긴장이 높아지고 정치적으로 험한 설전이 벌어지는 가운데서도 공단은 지속적으로 가동되고 있어서 마치 한반도의 별천지처럼 인식되기도 하였다. 남북한 협력의 가능성을 전형적으로 보여주는 현장으로서 개성공단은 통일을 전망하는 한민족에게는 물론이고 동북아의 평화와 협력을 바라는 이웃 국가들에게도 소중한 공간이다. 그런 의미에서 개성공단의 출현과 가동 그 자체만으로도 상당히 성공한 프로젝트라고 할 수 있을 것이다.

하지만 개성공단은 여전히 미완의 상태이고 불확실성이 상존하는 곳이다. 원래의 계획에 비해 10% 수준에 그친 1단계 개발도 완전하게 이루어지지 못해 초기의 계획단계에 언제 도달할 수 있을지 예측이 어렵다. 공단 가동 10년이 된 지금도 통행, 통신, 통관의 절차에 불편한 제약이 남아있고 이를 해소하기 위한 절차도 어려움을 겪고 있다. 시장원리가 충분히 보장받기에는 법적, 제도적 안정성이 충분하지 못하고 국제적으로 매력적인 투자처로 인정받는 수준에 이르지도 못했다. 무엇보다도 한반도의 정치적 상황에 영향을 크게 받는 곳이어서 가동중단의 위험이나 근로자 억류사태, 나아가 공단폐쇄의 우려를 불식하지 못한 곳이기도 하다. 남북한 화해와 상생의 주요 현장으로 인식되는 상징성과 함께 미완성, 불안정, 불확실성이 구조적으로 내재해 있는 독특한 남북한 접촉의 현장이 바로 개성공단인 셈이다.

성공사례이자 미완의 기획이며 불안정성을 내장한 현장으로서 개성공단은 특히 한반도의 통일을 전망할 때 진지한 연구와 성찰의 사례가 된다. 개성공단에서 보는 성공과 좌절, 발전과 퇴보, 협력과 갈등의 양 측면은 향후 남북한의 통일과 통합의 전 과정에서 경험해야 하는 전환의 예표라 할 수 있다. 또한 경제와 정치, 사회심리적 요인들이 독특하게 상호 연결되는 공단의 전 과정이 남북관계의 다양한 층위를 조율하는 값비싼 실험장으로서 가치를 지니기도 한다. 따라서 어느 한편의 성격만을 부각시켜 그 의의나 한계를 지적하는 것은 적절한 평가가 되지 못하며 특정 시기의 현상에 사로잡혀 성공과 실패를 논의하는 것도 바른 태도는 아니라 하겠다.

개성공단을 통해 한반도형 통일모델을 생각할 때, 다음과 같은 몇 가지 시사점을 얻을 수 있다. 첫째로, 통일의 첫걸음은 다양한 작은 만남들이 활성화하는데서 시작되지만 이를 위해서는 통일을 전망하는 큰 정치가 작동해야 한다. 부분적인 교류협력과 작은 신뢰가 일시적인 사건이 아닌 제도화된 상호작용으로 발전하기 위해서는 통일을 향한 정책적 뒷받침이 필수적이기 때문이다. 둘째, 남북관계의 제도화는 처음부터 완비될 수는 없고 상당기간 중간단계를 거치면서 제도화의 수준이 높아지는 동적 과정으로 이해되어야 한다. 초기 신뢰조성 단계에서 안정적인 협력체계 구축단계로 이행해가는 전 과정에서 후퇴와 좌절의 위험을 극복해내고 불확실성을 이겨내는 노력이 지속적으로 따라야 하는 것이다. 셋째로, 남북한 관계의 제도화에는 경제, 정치, 사회, 문화, 심리정서 등 모든 영역이 포괄될 뿐 아니라 민족감정, 국내법, 남북 간 합의, 북한법, 그리고 국제법 등이 함께 작동한다. 이처럼 총체적이고도 시대창조적인 과정에는 상이한 법체계 간의 불일치나 국내외 정치세력들의 견해차가 불가피하고 이 과정에서 내부의 긴장과 갈등이 상존하게 마련이다. 이러한 쟁점들을 적절하게 조절하고 활용하려는 유연하고 복합적인 거버넌스가 작동하지 않으면 통일과정은 현실화되기 어렵다. 넷째로 남북 관계를 통일과정으로 전환시키는 데는 국제적인 협력과 지원이 필수적이다. 부분적인 교류협력도 궁극적으로는 정전체제를 기초로 하는 현 분단체제의 극복과 연결될 수밖에 없고 이것은 국제적인 협력과 국제정치경제적 고려를 수반하기 마련이다. 남북관계의 합의나 신뢰도 국제적인 차원에서 뒷받침될 때 제도화의 효과가 극대화될 수 있는 것이다. 이상의 내용들을 염두에 두고 개성공단 사례를 통해 한반도형 통일모델이 어떤 과정과 절차, 원칙을 필요 로 하는지를 재구성해 보는 것으로 이 책의 결론을 삼고자 한다.

1. 작은 통로와 큰 정치의 결합

개성공단은 남북한의 통일이라는 큰 과제에 비추어보면 부분적인 성취라 할 수 있다. 한국경제에서 점하는 비중이 매우 큰 것도 아니고 남북한 주민 들의 정서적 교감이나 상호이해에 미치는 영향도 생각보다는 제한적이다. 개성공단이 가동된다고 해서 DMZ의 정치군사적 성격이 근본적으로 전환된 것도 아니다. 통일로 가는 긴 여정에 작지만 유용한 상생의 장 하나를 개척했다고 보는 것이 적절할 것이다. 하지만 작은 성취라고 해서 그 의미가 작은 것은 결코 아니다. 작은 교류협력의 현장들이 다양하게 또 지속적으로 만들어질 때 비로소 통일이 가시화될 것이라는 점에서 매우 중대한 전환의 첫걸음이라고 평가되어야 마땅하다.

평화통일을 위해서는 남북한 사이의 작은 통로, 작은 만남이 우선 시작되어야 한다. 인적 물적 교류가 완전히 단절된 휴전선에 창조적인 균열이 일어나는 것은 작고 부분적인 변화에서부터 시작될 수 있기 때문이다. 공간적으로 오고가는 길이 열리고 사람들이 만나고 소통할 수 있는 장이 구축됨으로써 물자와 아이디어가 교환되고 공유되면 이와 연계되어 상호작용의 깊이와 너비가 급격하게 확장되는 놀라운 변화가 가능해진다. 따라서 작은 통로, 작은 길을 여는 것에 힘을 기울여야 한다. 이런 접점의 창출은 다양한 영역에서 가능하고 영역별로 걸리는 시간이 다르다. 정치군사적인 소통과 교류, 경제적인 협력과 공동사업, 사회문화적인 교감과 이해증진은 추진주체, 필요한 자원, 감당해야 할 위험 수준들이 서로 다르고 불확실성과 불안정성의 정도도 같지 않다. 남북한의 통일이 평화롭고 남북한 모두에게 도움이 되기 위해서는 이런 다양한 차원과 수준에 맞게 여러 접점들이 만들어지고 독자적으로 확대될 수 있어야 한다. 작은 통일들이 다양하게 진전되어야 큰 통일이 원만하고 또 건설적으로 진행될 수 있기 때문이다.

다양한 작은 통일, 작은 접점의 창출이 가능하려면 의지와 동기를 지닌 민간의 주체들, 행위자들의 자율성을 최대한 지원하고 활성화하는 것이 필요하다. 인도적 지원이든, 경제협력이든, 사회문화적 교류든, 민족동질성 회복을 위한 노력이든 민간 주체들의 적극적 참여가 없이는 이런 접점창출이 불가능하다. 헤어진 이산가족들의 상봉의지, 고향에 대한 향수와 그리움, 북한주민에 대한 동포애, 인도주의 단체들의 대북지원사업, 민족문화에 대한 관심, 북한의 산하와 자연에 대한 관광 욕구, 북한의 자원과 노동력을 필요로 하는 경제적 동기, 북한을 통해 대륙으로 이어지는 공간 확장의 욕구 등 접점창출의 동력을 지닌 주체들은 실로 다양할 수 있다. 개성공단은 이 가운데서 정주영 명예회장의 개인적 동기, 현대라는 기업의 계산 등이 주된 동력으로 작용한 사례에 해당될 것이다. 남북한의 통일을 고려할 때 이런 유형의 접점창출 주체들을 적극적으로 발굴하고 뒷받침하는 것이 매우 중요하다.

남북관계에서는 아무리 작은 통로, 부분적 협력이라 해도 남북한 당국이 개입할 수밖에 없고 따라서 통일을 내다보는 전략적 사고, 큰 정치의 뒷받침이 필수적이다. 개성공단의 사례는 이 점을 명확하게 보여준다. 즉 개성공단의 발상이 민간기업의 경제적 계산이나 독자적 추진력에 의해서 이루어졌다고 해도 그것이 실현될 수 있었던 것은 곧 남북한 정치지도자들의 지지와 당국 간의 합의였다. 탈냉전의 세계사적 변화 속에서 한반도의 냉전대립을 해소하겠다는 김대중 대통령의 정치적 신념, 정주영 회장의 한국적 기업가 정신, 남북협력을 통해 체제위기를 극복하겠다는 북한 김정일 위원장의 결단 등이 절묘하게 결합함으로써 비로소 개성공단이 구체화할 수 있었다. 실제로 공단조성 과정에서도 사람과 물자가 DMZ를 통과하기 위해서 정전협정 체제 하의 여러 제약과 난관들을 극복해야 했고 이 과정은 하나같이 정치적 결단, 전략적 판단을 요하는 것이었다. 공단조성이 2000년 남북정상회담 직후에 본격적으로 추진될 수 있었던 것은 그런 사정을 잘 보여준다. 개성공단 자체는 공단이라는 경제적 현장에 국한될지 모르나 이 공단의 조성과정과 운영의 전반은 남북관계의 복합적인 조건들과 제약들이 어떻게 작동하고 또 변화될 수 있는지를 보여주는 종합전시장이라 해도 과언이 아니다.

개성공단이 한반도형 통일의 한 실험사례라고 할 수 있는 이유는 바로 이런 독특성 때문이다. 즉 민간의 강력한 동기를 존중하면서 동시에 이를 뒷받침하려는 큰 정치가 작동한 대표적인 사례에 해당하기 때문이다. 아무리 작은 부분에서의 접점창출도 현재의 분단구조 하에서는 다양한 위험과 불확실성을 감내하겠다는 전략적 정치행위가 수반되어야 한다. 예컨대 DMZ를 통과하여 북한과 접촉한다는 것은 내부로는 국가보안법을 비롯한 법적 제약을 고려해야하고 외부로는 유엔의 법적 관할권을 부분적으로 허가 받는다는 점에서 유엔사령부의 개입을 필요로 하며, 정전협정의 당사국인 중국과 미국의 협의도 필요로 한다. 사안에 따라서는 남북한 국방당국이 협력하지 않으면 안 되며 북한과 다양한 법적, 제도적인 합의가 필요하다. 뿐만 아니라 국내에서도 환경보전과 지역개발, 토지분쟁 등의 문제를 포괄하는 특별법을 제정하고, 친환경적인 종합관리계획 및 자연환경보전종합계획의 수립이 필요하다. 각 영역별 한계와 제약조건을 무시하지 않되 통일을 향한 창조적 접점창출이라는 큰 전략적 원칙 하에서 부문별 변화를 뒷받침하려는 노력이 필요한 것이다.

2. 교류의 제도화와 신뢰자산의 축적

남북한의 관계가 평화로운 통일의 방향으로 진행되기 위해서는 다양한 교류협력이 제도화되고 이를 통해 신뢰자산이 축적되어야 한다. 만남과 접촉의 통로들이 지속적이고 안정적인 틀을 갖추게 되는 가운데 서로가 공유하고 지켜야하는 어떤 원칙과 절차, 규범의 확산이 나타나게 될 때 비로소 남북한의 통합수준이 크게 증진될 수 있다. 한국의 민족공동체 통일방안은 이러한 과정을 상정한 전략구상이다. 즉 교류협력이 지속되면 자연스럽게 남북연합이라는 새로운 단계로 이행할 수 있고 궁극적으로는 통일공동체가 만들어질 것이리라는 판단이 이 통일구상의 핵심을 이룬다. 실제로 교류협력이 정서적인 동포애나 정치적 의지에 의해 추동될 때는 일회성 행사의 성격을 띠기 쉽고 그 생명력이 길지 않다는 점을 지난 경험은 잘 보여주고 있다. 서울대학교 통일평화연구원이 발표하고 있는 남북통합지수의 변동에서도 제도화되지 않은 접촉이 가진 불안정성을 확인할 수 있다. 정치적 차원의 교류협력은 제도화되지 못한 탓에 등락폭이 매우 크고 불안정성이 높은 데 비해 경제 분야의 통합은 제도화를 요구하는 탓에 진전 속도는 느리지만 일단 형성된 관계의 지속성과 영향력은 훨씬 높다. 이것은 경제 분야의 상호작용에는 시장의 제도적 규정력이 강하게 작용하기 때문이다.

개성공단은 이런 제도화 효과를 가장 전형적으로 보여주는 사례다. 북한이 매우 험한 도발적 언사로 한국을 비난하고 있는 가운데서도 개성공단을 폐쇄하지 않는 점이나 한국이 5.24 조치로 모든 대북경협을 제한하는 중에도 개성공단을 예외로 인정하는 것은 모두 공단이 창출해낸 제도화의 힘에 기인한다. 다시 말해 120여 개의 기업 활동에 자신의 생계를 의탁하고 있는 한국의 기업인과 노동자, 그리고 역시 개성공단의 가동을 통해 외화를 확보하는 북한의 이해가 다양한 법제, 관행, 실천을 통해 제도화되어 있어서 자체의 동력이 일정하게 존재한다. 내부적으로도 공단 안에는 남한과 북한을 연결하는 제도적 장치들이 마련되어 있는데 예컨대 남북경협사무소는 남북 한의 경제협력을 협의하고 논의하는 제도화된 공간이다. 남북한 정부 당국 간에 상설 연락채널이 없어서 '남북연락사무소' 개설을 당면과제로 삼고 있는 것이 현실임을 감안하면 개성공단에 이러한 상설사무소가 설치되어 가동된다는 것은 중요한 의미를 지닌다. 한국전력과 우리은행은 남북한의 전력과 금융의 소통기능을 담당하며 여기에는 북측 근로자와 남측 관리인원이 함께 근무하고 있다. 남북협력병원도 건설되어 있고 한누리호텔도 2010년 3월 문을 열었다. 남북한 간 협력 소프트웨어가 비교적 잘 갖추어져 있는 셈이다. 그 안에서 은밀히 진행되는 보이지 않는 변화들도 중요하다. 남북한 노동자들이 제도적으로는 서로 만나지 못하도록 되어있고 북한노동자들의 통제권한도 남한기업에게는 없지만 공단 안에서 실제로 벌어지는 현실은 심대하다. 마음과 마음이 통하는 이해와 화해, 소통의 공간으로 작용하고 있는 것이다. 개성공단의 사례는 남북한이 합의한 잠정적 제도들이 궁극적으로 쌍방 모두를 규율하는 공통의 규범, 위임적 제도로 발전할 수 있음을 보여준다. 남북한 통일과정에서 제도적 위임기구의 형성은 필수적 조건이다. 투자보장합의서는 남과 북의 국회에서 각각 비준되어 법률적 효력을 가지고 있으며, 출입·체류 합의서는 개성공단에서의 안전한 출입 및 체류를 보장한다. 2004년 1월 체결된 "개성공업지구와 금강산관광지구 출입 및 체류에 관한 합의서" 제12조와 제13조에서는 남북경협지구의 관리기구를 공동으로 설치할 것을 명시하고 있다. 금강산관광지구에는 이 관리기구가 설치되지 못했지만 개성공업지구에는 2004년 10월 「개성공업지구관리위원회」가 설치되었다. 이 '관리위원회'는 개성공업지구의 행정 지원기관으로서 개성공업지구와 입주기업의 생산성 향상을 위해 설립된 북한 내 법인이지만 그 위원장은 한국 측 인사가 맡고 있는데 북한 중앙특구개발지도총국과 공단 제도의 정비 및 투자환경 개선을 협의하는 역할도 담당한다. 물론 이 '관리위원회'의 자율성은 충분치 못해서 2013년 공단폐쇄의 위험을 겪을 때 별다른 기능을 하지 못하는 한계를 보이기도 했다. 2013년의 갈등국면을 지나면서 개성공단이 재가동되는 가운데 남북한은 개성공단 문제를 상시적으로 협의하기 위해 당국 간 기구로 '개성공단 남북공동위원회'를 구성하고 그 산하에 4개 분과위원회 및 상설사무처를 개설하였다.

개성공단은 남북 간 협력방식은 상이한 체제이념 탓에 갈등이나 모순이 나타나는 것을 피할 수 없음을 인정하면서 현실주의적으로 접근함으로써 단계적 제도화의 가능성을 보여주었다. 개성공단은 북한지역이지만 남한기업이 주체가 되어 사업을 추진하고 있으며, 남한주민이 북한주민과 함께 거주하면서 생산 활동을 전개하고 있기 때문에 남북합의서, 남한법률과 북한법률이 중층적으로 적용된다. 이처럼 근본적으로 상이한 법체계 사이에 존재하는 법률적 충돌과 모순을 근본적으로 해결하는 것은 통일 이전에는 불가능하다. 사실 남북관계는 세 가지 성격, 즉 군사적으로 대립하는 적대관계이면서 통일을 지향하는 민족관계이자 국제법상 별개의 주권체 사이의 준국가관계가 중첩된 관계이다. 개성공단은 이런 모순성과 제약성을 감안하면서 실사구시적으로 접근함으로써 상당한 성취를 보여주었다. 비록 남북합의서가 조약의 성격을 지니지 못하여 규범력에 한계가 있지만, 기본적으로 '통일을 지향하는 과정에서 형성된 잠정적 특수관계'라는 규정을 적극적으로 활용하여 새로운 협력공간을 창출하는 데 성공했다. 또 4개 경협합의서를 비롯한 개별 법률들을 통해 남한주민이 북한지역에 투자한 자산을 보호하고, 남북교류협력을 안정적으로 발전시키기 위한 최소한의 제도를 마련했다. 나아가 갈등해결을 위해서도 현실주의적으로 갈등을 관리하고 해소하는 절차들을 만들어내는 노력을 보여주었다. 이런 제도화의 노력과 성과, 낮은 제도화에서부터 점차 높은 수준의 제도화로 이행해가는 공통경험이 마련되는 것이야말로 통일의 매우 중요한 과정이자 자산이 아닐 수 없다.

3. 부문별 자율성과 통일전략의 조응

통일은 경제, 정치, 사회 분야에서 서로 다른 세 가지 힘이 함께 작용해야 가능한 대변혁이다. 우선 경제적 이익을 좇고 불이익을 멀리하는 인간의 공리적 동기가 통일과정에서도 중요한 변수가 된다. 최근 조사에서는 통일을 추동하는 핵심 동력이 상호이익과 실리추구로 바뀌고 있음을 보여준다. 통일은 당위적이라기보다 국가 및 자신에게 어떤 실제적인 이익이 돌아오는가에 따라 선택 가능한 가치로 여겨지고 있다. 통일에서 기대하는 이익은 남한

보다 북한이 월등히 높은 것으로 평가된다. 서울대학교 통일평화연구원의 조사에 의해 보면 2013년의 경우 남한주민은 48.6%가 통일이 남한에 이익이 될 것이라고 보고 있고 자신에게 이익이 될 것이라는 인식은 21.8%로 낮다. 반면 북한주민은 북한에 도움이 된다는 의식이 99.3%이며 개인에게도 이익이 된다는 응답이 95.5%로 매우 높다. 통일을 해야 하는 이유를 많은 사람들이 실리적 관점에서 바라보고 있으므로, 향후 통일의 방향은 경제적 상호이익이라는 관점에서 기획될 필요가 있고 개성공단 모델을 적극 원용해야 할 필요도 있다. 개성공단은 이런 점에서 남북한이 희망하는 가장 유력한 통일모델을 제시하고 있는 셈이다.

개성공단은 경제적 이익창출을 위해서는 독특한 형태의 정경협력, 정치적 비전이 필수적이라는 점을 보여준다. 비록 공단은 경제적 동기를 주된 동력으로 삼는 곳이지만 이것을 가능케 하는 것은 실리적인 이윤을 추구하는 기업논리나 시장원리가 아니었다. 민족공동체가 분열되어 갈등하고 있는 현실을 반드시 해소하고 통일을 이루어야 한다는 강력한 정치적 의지가 그 배후에서 작동한 것이다. 남북정상회담과 뒤이은 남북교류과정에서 피력되어 온 민족적 가치, 민족공동체론은 남북한 주민들이 장차 같은 생활공간을 구축하고 하나의 공동체로 회복하겠다는 집합적 의지를 의미한다. 경제적인 상호성이 힘을 얻고 안정적으로 발전되기 위해서는 정부의 개입이 불가피하고 그런 점에서 독특한 전략적 정경협력이 필수적이다. 문제는 정부가 적극적으로 개입한 결과, 사업 자체가 정치의 영향을 받을 가능성이 크다는 점인데 낮은 수준의 정략적 개입을 넘어서 미래비전을 실현하려는 핵심적인 전략구상과 연관된 정경협력방식을 창안해내는 것이 매우 중요하다. 개성공단 사업을 추진하면서 경험한 많은 난관들, 정치적 고려와 경제적 계산의 편차, 군사적 위험과 정치경제적 협력 사이의 긴장, 정전협정의 적용과 관련한 국내 외의 이견 등을 포괄적으로 다루어가는 통일전략, 미래정책이 없다면 어떤 협력도 일정 부분 이상을 넘어서기 어렵다.

또한 개성공단은 전국민들이 남북한의 화해와 상생, 교류와 협력이 소중하다는 점을 인식하고 이에 호응하면서 사회적 합의를 이루어낸 사업이다. 개성공단은 경제적 이익이나 정치적 결정에 그치지 않고 고향방문과 이산가족 상봉과 같은 남북한 인적교류와 상생협력의 대표적 사례로서 국민적 정당성을 확보하는 데 성공한 사례에 해당한다. 개성공단과 관련한 여러 가지 특별법이나 특수한 정책지원에 대해 반대하는 목소리는 별로 없었고 공단의 잠재적 위험요소에 대해서도 감내할 가치가 있다는 사회적 합의가 형성되어 있다. 개성공단이 단순한 제조업 공장이 밀집해 있는 지역을 넘어서 남북경협을 위한 각종 전시장, 거래상담 창구, 노동자 교육 및 시장경제 교육, 기술교류의 장 등 남북경협의 거점으로 받아들여질 수 있는 것은 이런 사회적 공감 때문이다.

이런 공감 위에서 개성공단은 남북한이 다시금 하나의 공동체로서 정체성을 회복하는 데 필요한 복합공간이라는 발전 잠재력을 갖고 있다. 개성은 역사의 고장으로 고려시대의 유물과 정신문화의 정수가 여러 곳에 남겨져 있고 성균관, 남대문, 선죽교 등 역사유물들이 보존되어 있어 역사학 연구에 귀중한 자료가 되는 유물이 잔존하고 있다. 또한 공단에 민속촌, 테마파크, 영상단지 등 문화시설을 건설한다면 평화와 협력의 공간으로 손색이 없을 것이며, 이산가족면회소 등 남북교류협력 기능을 담아낼 수 있는 유리한 조건을 갖고 있다. 이미 개성공단에는 2005년부터 10월부터 남북경제협력협의사무소가 운영 중이며 남북경제협력추진위원회 회의와 남북 기업인들의 투자 상담 장소로 활용되고 있다. 한마디로 개성공단은 남북한의 상생, 협력, 교류의 가치를 중시하는 민족정서를 구체적이고 제도적인 형태로 가시화하는데 성공한 기획이라 할 수 있다. 개성공단이 남북한 통일기획의 전형적인 모델이 되는 이유는 이상의 세 요소, 즉 경제적 이해, 정치적 결단, 사회적 합의라는 세 요건을 적절하게 충족하는 것이 가능하다는 것을 구체적으로 보여주고 있기 때문이다.

4. 평화와 통일의 조합

우리는 모두 평화통일을 바라지만 한반도의 통일이 반드시 평화롭게 진행된다는 보장은 없다. 남북한은 서로 막대한 희생을 초래한 전쟁을 겪었고 종전 이후 60년이 넘도록 평화 상태를 제도화하지 못했다. 현재의 남북관계는 국제법상으로는 잠정적 정전상태이고 이 정전협정상태는 북한과 중국, 미국을 포함하는 유엔사의 공동 관리로 유지되고 있다. 휴전선을 경계로 한 DMZ에는 세계에서 가장 중무장한 양측의 군사력이 일촉즉발의 긴장감 속에서 대치하고 있다. 통일은 이 불안정한 한반도의 정전협정 상태를 근본적으로 해소하는 길임에 틀림없지만 무력충돌이나 적대성의 분출을 차단하지 않으면 심각한 폭력이나 전쟁의 위기로 휩쓸릴 수 있다.

따라서 한반도형 통일은 평화를 수단으로 함과 동시에 목표로 삼아야 한다. 이상적으로는 평화협정이 체결되어 군사적 대치와 긴장이 완화되어야 이러한 일들이 순조롭게 진행되겠지만, 그 전까지는 개성공단 사업과 같은 부문별 프로젝트를 통해 평화를 구체화하고 다면화하는 작업을 진행해야 한다. 평화협정을 체결하는 것도 매우 중요한 과제이지만 한반도 평화 상태를 협정체결이라는 정치적 타협으로 일거에 이룰 수 있으리라고 믿는 것은 곤란하다. 평화협정은 평화의 필요조건일 수 있지만 충분조건이 되는 것이 아니기 때문이다. 유럽 국가들이 평화협정 체결을 통해서가 아니라 정치, 경제, 군사, 사회, 문화적인 포괄적 신뢰 구축 조치와 군비감축을 통해 냉전을 종식시키고 평화를 이룩한 사실에 주목해야 한다. 이런 점에서 한반도 평화협정 체결 문제에 대해 고정관념에서 벗어나 이러한 구체적인 평화사업들이 모여서 실질적인 평화를 구축하는 '한반도형 평화체제' 구상도 고려해 보아야 한다.

이런 맥락에서 보면 분쟁지역이나 갈등지역에 공단을 건설하겠다는 구상은 평화를 구축하는 파격적 시도로 볼 수 있다. 금강산에서 관광을 통해 남북 간 화해와 협력을 도모하겠다는 시도가 먼저 있었는데, 관광이나 생태환경공원 조성 같은 것은 분쟁지역이나 갈등지역에서 평화를 증진시키는 방법으로 유엔(UN)이나 세계관광기구가 시도하였다. 유엔은 "관광은 평화로의 여권"이라는 슬로건을 1967년 국제관광의 해에 지정하였고 2001년 서울 총회에서 관광과 평화에 관한 선언문을 채택한 바 있다. 그러나 휴전선과 같은 위험한 지역에 공업단지를 건설하겠다는 구상은 쉽게 나올 수 있는 아이디어가 아니다. 통일을 이미 성취한 독일도 통일 이전에 수많은 교류와 협력이 동서독 간에 있었지만 양국이 함께 공단을 건설하여 운영해보려는 생각은 하지 못했다고 한다. 물론 독일의 경우에는 지리적 조건이 주변 여러 나라로 연결되어 있어서 상대적으로 폐쇄된 남북한과 같이 두 나라간의 경제협력 필요성이 절실하지 않았던 때문이기도 하다. 어쨌든 갈등분쟁 지역에 공업단지를 건설하여 평화를 실현하겠다는 발상은 매우 독특하며 한국적 상황과 환경에서 나온 창의적 평화구상이라 할 수 있다.

개성공단은 대표적인 평화의 공간, 또는 크게 보아 평화공원(Peace Park)이라 불러도 좋을 것이다. 평화를 만드는 방법, 특히 지속가능한 평화를 구축하는 방법으로 공간 활용의 구상은 평화연구에서 자주 언급되는 보편적인 전략이다. 독일통일 과정에서도 의도적으로 한 것은 아니지만, 베를린의 공간적 위치는 동서독의 화해와 평화를 구축하는 데 결정적인 역할을 하였다. 동서독 분단 상황에서도 베를린의 지리적 위치 때문에 교통교류, 통신교류과 같은 교류와 상호협력의 환경이 조성되었다. 사람들 간의 교류와 소통을 증진하는 데 있어서 지리적 위치와 공간적 역할은 매우 중요하며, 이런 점에서 개성공단은 남북한의 협력과 상호이익을 창출함으로써 한반도의 지속가능한 평화를 구축하는 핵심적인 역할을 담당하고 있다.

개성공단은 여러 가지 한계와 문제점도 노정하고 있다. 무엇보다도 남북한의 체제 차이가 공단의 안정성, 확장성, 예측성을 제한한다는 것은 부인하기 어렵다. 기업경영에 있어서의 자율성이나 노동자들의 단결권이 허용되지 않으며 특이한 형태의 정치행정적 간섭을 피하기 어렵다. 임금의 책정, 회사의 확장, 투자규모나 노동자 선발 등을 기업인이 주체적으로 결정하지 못하는 부분들도 적지 않다. 또한 북한이 아직 시장경제체제를 정책적으로 받아들이지 않음으로써 개성 이외 지역과의 연관효과도 극히 제한된다. 2013년의 일시중단 파동에서 보듯 남북관계의 악화로 인해 하루아침에 그 안정성이 현저하게 위태로워질 수 있는 곳이기도 하다. 현재 '개성공단 국제화'가 추진되고 있지만 국제자본의 참가가 여의치 않고 한국에서도 대기업이 아닌 중소기업들, 그것도 주로 낮은 노임을 필요로 하는 산업이 주종을 이루고 있는 것도 한계 중의 하나다.

따라서 개성공단의 현재 및 미래에 대한 평가는 어떤 관점에서 평가하느냐에 따라 그 의의나 역할이 다르게 판단된다. 경제적으로만 본다면 개성공단은 한국경제규모에서 차지하는 비중이 크지 않으며 그마저도 불확실성이 적지 않은 곳이다. 일각에서 한계기업들의 최후선택지 수준을 크게 벗어나지 않는다고 보는 소극적 평가가 가능한 이유이기도 하다. 북한과의 지루하고도 예측하기 어려운 협상을 생각하면 어느 순간 십여 년의 공든 탑이 무너질 수도 있다는 불확실성은 부정할 수 없다. 하지만, 바로 이런 점 때문에 개성공단의 경험은 결과적으로 남북관계의 공동자산이 될 수 있다는 점에 주목할 필요가 있다. 즉 개성공단은 현저한 이념대립, 힘의 불균형, 낮은 신뢰, 군사적 위협이라는 조건 하에서 남북한이 대화하고 타협하여 공동의 이익점을 찾아가는 과정, 그 과정을 관리하는 메카니즘을 구축하기 위한 모색, 이를 안정화하기 위한 상호협약 및 법제화의 방안 마련 등을 생생하게 점검하고 확인할 수 있는 현장이다. 이런 측면에서 개성공단을 한반도형 통일모델이라는 관점에서 종합적으로 검토해 볼 필요가 있다. 이 장에서는 지금까지 살펴본 개성공단의 여러 측면들을 근거로, 한반도형 통일모델로서 개성공단이 갖는 함의를 종합적으로 검토함으로써 이 책의 결론을 삼고자 한다.

참고문헌

::국내문헌

개성공업지구관리위원회,『개성공업지구 통계자료』, 각 월호.

개성공업지구법제연구회, 2012,『개성공업지구 법제의 진화와 미래』, 경남
　　　대학교 극동문제연구소.

개성공단5년 발간위원회, 2007,『개성공단5년-개성에 가면 평양이 보인다』,
　　　통일부 개성공단사업 지원단.

고경빈, 2007,「개성공단사업의 미래 단순한 경제사업 이상의 의미 내포한
　　　개성공단」,『통일한국』, 통권 제277호.

구해우, 2008,「한미FTA와 개성공단 생산품의 법적 문제」,『국제관계연구』
　　　제13권 제2호.

김계홍, 2008,「남북관계발전에 관한 법률에 따른 남북합의서의 발효절차에
　　　관한 사례연구 및 개선 방안에 관한 고찰」,『법제』603호.

김명진, 2003,『개성공단사업의 군사 안보적 평가』, KIDA Press.

김병연, 2011,「북한경제성장의 결정요인」,『포스리경영경제연구』, 포스코경
　　　영연구소.

김병연·정승호, 2014,『중국의 대북한 거래기업 분석』, 서울대 통일평화연
　　　구원 연구보고자료.

김병연·김병로·박명규·정은미, 2009,『남북통합지수, 1980~2008』, 서울대
　　　학교출판부.

김연수, 2006,「개성공단건설이 남북한 군사적 긴장완화에 미치는 영향」,
　　　『북한연구학회보』제10권 제2호.

김연철, 2004,「개성공단, 탈분단의 상상력」,『황해문화』, 봄호.

김연철, 2006,「한반도평화경제론: 평화와 경제협력의 선순환」,『북한연구학

회보』 제10권 제1호.

김주연, 2011, 「개성공단 입주기업 투자보장을 위한 경협보험 개선방안」, 『통일과 법률』 제6호.

김천식, 2014, 「노태우정부의남북교류협력법제정과정에관한연구」,북한대학원대학교박사학위논문.

김치욱, 2014, 「행위자-네트워크 이론으로 본 남북경협: 개성공단을 중심으로」, 『네트워크로 보는 세계 속의 북한』, 서울대 국제문제연구소·통일평화연구원 공동학술회의.

남궁영, 2007, 「한미 FTA와 개성공단: 갈등과 쟁점」, 『국제정치논총』 제47집 3호, 대외경제정책연구원, 2014, 『개성공단의 국제경쟁력 강화 방안 연구』.

도회근, 2008, 「남북관계 법제의 발전과 한계」, 『헌법학연구』 제14권 제3호.

동용승, 2007, 「개성공단과 미국의 대북경제제재」, 『KDI 북한경제리뷰』.

라우어, 로버트 H., 1985, 『사회변동의 이론과 전망: 변동의 유형, 메카니즘, 전략』, 정근식·김해식 역, 한울아카데미.

문휘창, 2012, 『K-전략』, 미래의창.

박기원, 2012, 「2011년도 북한의 대외무역동향」, 대한무역투자진흥공사.

박명규·김병로·송영훈·장용석·정은미, 2013, 『2013 통일의식조사』, 서울대 통일평화연구원.

박소영, 2010, 「북한의 신해방지구 개성에 관한 연구: 지방통제와 지방정체성을 중심으로」, 동국대 학교 박사학위논문.

______, 2012, 『개성 각쟁이의 사회주의 적응사: 북한 신해방지구 개성의 변화』, 선인출판사.

박영환, 2009, 『개성공업지구와 북한선교』, 도서출판 바울.

박정원, 2012, 「북한의 국가법률체계와 입법체계 분석」, 『통일법제 인프라 구축을 위한 입법과제』, 국민대학교 북한법연구센터 학술대회 자료집.

박현선, 2003, 『현대 북한사회와 가족』, 한울아카데미.

법무부, 2006, 『북한 북남경제협력법 분석』.

______, 2003, 『북한 개성공업지구법 분석』.

배국열, 2014, 「개성공단 정상화(8.14) 합의의 평가 및 개성공단의 발전적 개선방안」, 『통일정책연 구』 제23권 1호.

배성인, 2006, 「한미 FTA와 개성공단, 한미간 애증의 정치경제」, 『문화과학』 47권.

서정일, 2005, 「남북상사중재위원회의 법적 성격과 효율적 운영방안」, 『기업법연구』 제19권 제4호.

손광주·신종호·노진국, 2013, 「개성공단 10년 평가와 새로운 남북경협 모델 모색」, 경기개발연 구원 정책연구 2013-42.

송영훈, 2013, 「국제정치이론과 인간안보의 이해」, 서보혁 엮음, 『인간안보와 남북한 협력』, 아카넷.

송영훈·김병로·박명규, 2014, 『북한주민 통일의식 2008~2013: 북한이탈주민에게 묻다』, 서울대 통일평화연구원.

송진호, 2012, 「북한법 이해의 새로운 모델: 분류와 체계」, 제2회 아시아법제포럼 남북법제분과 학 술대회 자료집.

신현윤, 2010, 「개성공단 투자보장과 분쟁해결절차의 법적 문제점과 개선방안」, 『법학연구』 제20권 제1호.

양문수, 2007, 「개성공단 사업 점검: 현황, 쟁점과 과제」, 한국무역학회 춘계학술발표대회.

______, 2013, 「한반도 평화 회복을 위한 국가전략: 개성공단 사업을중심으로」, 『국가전략』, 제19권 2호.

양문수 외, 2012,『개성공단 현장 백서: 개성공단에서 통일경제의 희망을 본다』, 개성공단기업협 회·중소기업청.

양문수 외, 2013,「개성공단 북한근로자에 대한 남한주민의 태도에 관한 연구」,『통일문제연구』, 제 25권 제1호.

오승렬, 1999,『북한경제의 변화와 인센티브구조: 비공식부문의 확산에 따른 개혁전망』, 통일연구원.

우 정, 2000,『북한사회구성론』, 진솔북스.

유 욱, 2007,「민족내부거래 관점에서 본 개성공단 관련법제 정비방안」,『북한법연구』제10호.

＿＿＿, 2011,「북한의 법체계와 북한법 이해방법」,『통일과 법률』.

원용수, 2005,「남북간 상사중재제도 운영방안」,『통일논총』제23호.

이경아, 2008,「중국진출 한국기업의 노동자가치관과 문화적 적응」,『중국학연구』제45집.

이규석, 2011,「남북한 경제협력사업의 성과와 과제: 개성공단 사례를 중심으로」,『사회과학연구』, 제22권 1호, 충남대 사회과학연구소.

이규창, 2010,「남북법제통합의 기본원칙 및 방향과 과제」,『저스티스』제122권.

＿＿＿＿, 2010,「통일 유형에 따른 남북한 법제통합 기본방향」,『월간법제』.

이상철, 2010,「개정 양안관계조례 연구」,『통일과 법률』제2호.

이영훈, 2006,「남북경협의 평가: 결정요인과 남북한 경제에 미친 영향을 중심으로」,『북한연구학회 보』, 제10권 2호.

이용화·홍순직, 2012,「개성공단 사업 평가, 전문가와 입주기업 설문조사 : 3통과 기숙사 문제 해 결이 가장 시급」,『경제주평』, 현대경제연구원.

이우영, 2008,『북한 도시주민의 사적 영역 연구』, 한울아카데미.

이재호·양문수·홍순직, 2013,『중소기업의 남북교류협력 확대 방안-개성공단을 중심으로』, 중소 기업연구원.

이재호·이원경, 2013, 「개성공단과 중소기업: 현황과 전망」, 『KDI북한경제
　　리뷰』 9월호.

이제훈, 2005, 『개성공단, 남과 북이 함께 만드는 평화의 인큐베이터』, 문화
　　과학 41호, 시사논단.

이주원, 2008, 「남북상사중재에 있어 중재인 선정방식에 관한 연구」, 『중재
　　연구』 제18권 제1호.

이효원, 2005, 「북한법률의 국내법적 효력」, 법조 통권 제583호.

＿＿＿, 2005, 「개성공단에서의 남북한 법적용 문제」, 북한법 및 남북관계법
　　학술회의 발표논문집.

＿＿＿, 2006, 「남북한특수관계론의 국제법적 활용방안」, 『북한법연구』 제9
　　호.

＿＿＿, 2006, 「남북한 형사사건의 합리적 해결방안」, 『법조』 제55권 제9호
　　및 제10호.

＿＿＿, 2006, 『남북교류협력의 규범체계』, 경인문화사.

＿＿＿, 2007, 「개성공업지구지원법의 북한적용 실효성 확보방안」, 남북경협
　　법제 학술회의 발표논 문집.

＿＿＿, 2008, 「남북관계발전과 남북한 사법공조」, 『저스티스』 통권 106호

＿＿＿, 2010, 「남북통일 이후 사법조직의 통합방안」, 『법학』 제51권 제1호.

＿＿＿, 2011, 「개성공단의 법질서확보 방안」, 『저스티스』 통권 124호.

＿＿＿, 2014, 『통일법의 이해』, 박영사.

이해정, 2012, 『U-turn to 개성공단: 개성공단의 경제적 이점과 활용방안』,
　　경제주평, 현대경제연구원.

임동원, 2008, 『피스메이커: 남북관계와 북핵문제 20년, 임동원 회고록』, 중
　　앙북스.

임성택, 2011, 「개성공업지구의 분쟁해결을 위한 사법제도」, 『통일과 법률』
　　　제6호.

임을출, 2005, 『웰컴투 개성공단: 역사, 쟁점 및 과제』, 도서출판 해남.

장기석, 2008, 「개성공단 3통 문제 해결을 위한 제도화 방안」, 『북한법연구』
　　　제11호.

정영철, 2011, 『북한주민의 의식과 행위: 일상의 소란과 행위』 제7권 1호.

정창현, 2007, 『김정일』, 중앙북스.

제성호, 2001, 「남북한 법제통합의 방향모색」, 『법정논총』 제50권.

조봉현, 2010, 「전환기의 새로운 개성공단 발전방안」, 『KDI북한경제리뷰』 2
　　　월호.

______, 2011, 「남북관계에 있어서 개성공단의 발전방안」, 『북한경제리뷰』, 10
　　　월호.

______, 2012, 「김정은 체제의 경제 분야 과제와 전망」, 『통일정책연구』 제21
　　　권 1호.

조정아, 2011, 「북한주민의 일상의 저항: 저항 유형과 체제와의 상호작용」,
　　　『북한연구』 제7권 1호.

주봉호, 2006, 「남북경협의 방향과 과제: 개성공단을 중심으로」, 동북아시아
　　　문화학회 국제학술대회 발표자료집.

조명철, 2010, 『개성공단과 주요 해외공단과의 경쟁력 비교연구』, 지식경제
　　　부·한국무역협회.

조명철 외, 2005, 『개성공단 진출기업 생산제품의 해외수출 가능성 및 확대
　　　방안』, 대외경제정책연 구원 연구보고서.

조지프 나이, 1996, 『소프트 파워』, 홍수원 역, 세종연구원.

탁성한, 2013, 「개성공단의 군사·안보적 함의」 『KDI북한경제리뷰』 8월호.

차문석, 2007, 「북한의 시장과 시장경제 : 시장을 대체한 화폐」, 『담론』.

통일교육원, 1990, 『1990 통일백서』, 통일부 통일정책실.

__________, 2005, 『2005 통일백서』, 통일부 통일정책실.

통일부, 2001, 『남북대화』 제67호.

______, 2002, 『남북대화』 제68호.

______, 2003, 『남북대화』 제69호.

______, 2004, 『남북대화』 제70호.

______, 2006, 『남북대화』 제71호.

______, 2008, 『남북대화』, 제74호,

통일부·중소기업진흥공단, 2010, 「개성공단 입주기업 경영·투자 환경 개선 방안」, 연구용역 보고서.

한국은행, 2014, 『개성공단 조성의 경제적 효과 분석』, 금융경제연구원 동북아 경제팀.

한국산업단지공단, 2010, 『개성공단 기업의 국내산업 파급효과 및 남북 산업간 시너지 확충방안』.

한명섭, 2008, 『남북교류와 형사법상의 제문제』, 한울아카데미.

______, 2006, 「남북교류협력 활성화에 따른 남북사법공조 방안 모색」, 『북한법연구』 제9호.

허련, 2011, 「개성공단 개발사업의 성과와 함의」, 『대한지리학회』 제46권 제4호.

허인, 2011, 「개성공업지구의 법제 현황과 과제」, 『통일과 법률』 제4호.

홍석률, 2012, 『분단의 히스테리: 공개문서로 보는 미중관계와 한반도』, 창비.

홍순직, 2013, 「개성공단 사업의 의미와 경쟁력 평가」, 『개성공업지구 사업의 발전과제』, 남북경협 세미나, 현대경제연구원·한국산업단지공단.

______, 2014, 『개성공단 개발의 경제적 효과』, 통일부 연구보고서.

황나미, 2014, 「통일대비 보건의료분야의 전략과 과제」, 『보건·복지 Issue & Focus』, 한국 보건사 회연구원.

황일도, 2004, 「개성공단개발로 휴전선 사실상 북상」, 『신동아』 1월호.

::해외문헌

Anderson, Robert T. & Aderson, Barbara Gallatin, 1964, *The Vanishing Village: A Danish Maritime Community*, University of Washington Press.

Baldwin, David A., 1997, "The Concept of Security," *Review of International Studies*, Vol. 23. David Alton & Rob Chidley, 2013, *Build Bridges-Is There Hope for North Korea?*, Lion Hudson.

Buzan, Barry, 1991, *People, States, and Fear: An Agenda for International Security Studies in the Post-Cold War Era*, 2nd ed. Harvester Wheatsheaf.

Goldman, Marshall & Venon, Raymond, 1984, "Economic Relations." *The Making of America' s Soviet Policy*, edited by Joseph S. Nye, Jr, New Haven, Yale University Press.

Kaplan, Abraham, 1964, *The Conduct of Inquiry: Methodology for Behavioral Science*, Chandler Publishing Company.

Lasswell, Harold D., 1950, *National Security and Individual Freedom*, McGraw-Hill Book Company.

Lippman, Walter, 1943, *U.S. Foreign Policy: Shield of the Republic*, Little Brown.

Nash, Manning, 1967, *Machine Age Maya : The Industrialization of a Guatemalan Community*, The University of Chicago Press.

Newman, David, 2006, "Border and Bordering: Towards an Interdisciplinary Dialogue," *European Journal of Social Theory*, Vol. 9, No. 2.

Oommen, T. K., 1995, "Contested Boundaries and Emerging Pluralism," *International Sociology*, Vol. 10, No. 3.

Paasi, Anssi, 1998, "Boundaries as Social Processes: Territoriality in the World Flows," *Geopolitics*, Vol. 3, No. 1.

Starr, Harvey, 2013, "On Geopolitics: Spaces and Places," *International Studies Quarterly*, Vol. 57, No. 3.

Wolfers, Arnold, 1952, ""National Security" as an ambiguous Symbol," *Political Science Quarterly*, Vol. 67, No. 4.

::법령 및 합의문

「개성공단 건설 실무협의회 제1차 회의 합의서(2002.11.2)」

「개성공단 남북공동위원회 구성 및 운영에 관한 합의서(2013.8.28)」

「개성공단협력 분과위원회 제1차 회의 합의서」

「개성공단 정상화를 위한 합의서(2013.8.14)」

「개성공업지구법(2002.11.20)」

「개성공업지구와 금강산 관광지구의 출입 및 체류에 관한 합의서(2004.1.29)」

「군사분계선 통행에 관한 합의」

「남북경제협력사업에 관한 합의서」

「남북경제협력추진위원회 제2차 회의 합의문」

「남북경제협력추진위원회 제7차 회의 합의문」

「남북경제협력추진위원회 제8차 회의 합의문」

「남북관계발전과 평화번영을 위한 선언(10.4 선언)」,

「대한민국국방장관과 조선민주주의인민공화국 인민무력부장 간 회담 공동
     보도문(2000.9.26)」

「동·서해지구 남북관리구역 임시도로 통행의 군사적 보장을 위한 잠정합의
     서(2003.1.27)」

「2007년 남북정상회담 회의록」

「제8차 남북장관급회담 공동보도문」

「제17차 남북장관급회담 공동보도문」

「제7차 개성공단 실무회담 합의 관련 발표문」

「제145회 국회·외무통일위원회 회의록(제3차 회의)」

「제216회 및 제218회 국회·통일외교통상위원회 회의록(제2차 회의)」

::신문기사

동아일보, 2002년 12월 29일. '개성공단 착공식 내년으로 연기'.

로동신문, 2015년 2월 19일, "식민지주구의 경망스러운 입질."

신동아, 2005년 2월 1일, "개성공단 일대 군사시설 전격철거".

연합뉴스, 2009년 6월 20일, "북, 개성공단 5억 달러엔 안보가치 포함."

연합뉴스, 2013년 6월 25일, "북, 개성공단 방식 개발확대 부정적 입장 확인."

연합뉴스, 2014년 6월 11일, "개성공단에 외국기업 첫 진출 … 바늘 판매 독일기업".

연합뉴스, 2014년 6월 15일, "北, 개성공단 '대표 간식' 초코파이 거부 잇달아".

연합뉴스, 2014년 12월 6일, "북한 '개성공단 노동규정 개정' … 최저임금 인상률 제한 없애(종합)"

연합뉴스, 2015년 2월 20일, "북한, 워싱턴 인권토론회 비난… 초강경대응"

우리민족끼리, 2014년 11월 20일, "북한 최고인민회의 상임위원회, 「개성공업지구 노동규정」 개정".

조선닷컴, 2014년 6월 15일, "北측, 개성공단 초코파이 거부 잇따라…" 고기나 밥, 달러로 달라 "왜?".

조선일보, 2014년 3월 29일, "김정은 "신의주~개성 고속철·도로 外資유치해"".

조선일보, 2015년 2월 16일, "박대통령, "북, 몽골·베트남 변화의 길 따라야."""

폴리뉴스, 2013년 2월 7일, "북 "개성공단 건들면 다시 군사지역으로 만들겠다"".

CBS노컷뉴스, 2014년 3월 13일, "北 개성공단 근로자 실질월급은 80달러 수준".

YTN 뉴스, 2013년 10월 31일, "개성공단 직접 가보니… 지원 절실".

The Guardian, 8 May 2014, "Choco Pies disappear from the streets of Pyongyang", North Korea network.

The Washington Times, 22 January 2014, "Obama says Internet more powerful than military, sanctions against North Korea"

::인터넷 자료

개성공업지구지원재단·개성공업지구관리위원회 홈페이지, http://www.kidmac.com

대한무역투자진흥공사 홈페이지, http://www.kotra.or.kr

아산정주영뿌리연구회의 홈페이지, http://www.asanlove.com

청도수출가공구홈페이지, http://www.qdepz.com

최저임금위원회 홈페이지, http://www.minimumwage.go.kr

탄뚜언공단 홈페이지, www.tanthuan.com

통일부 홈페이지, http://www.unikorea.go.kr

한국산업단지공단 홈페이지, www.kicox.or.kr

현대아산 홈페이지, www.hyundai-asan.com

e-나라지표, http://www.index.go.kr/potal/main/EachDtlPageDetail.do?idx_cd=2717